le dico des métiers

onisep **Ministère de l'Éducation nationale, de la jeunesse et de la vie associative - Ministère de l'Enseignement supérieur et de la recherche** · Office national d'information sur les enseignements et les professions - 12, mail Barthélemy-Thimonnier, Lognes, 77437 Marne-la-Vallée Cedex 2, tél. : 01 64 80 35 00 · Publication de l'Onisep : © Onisep janvier 2011 · **Directeur de la publication :** Pascal Charvet · **Directeur adjoint :** Alain Taupin · **ÉDITIONS > Direction Cross-Média :** Virginie Sainte-Rose, Arielle Girot · **Conception éditoriale :** Christine Aubrée et Nelly Burgaleta · **Rédactrice en chef :** Christine Courtois · **Secrétariat de rédaction :** Nicole Mamigonian, Catherine Marc, Claudine Moitier · **Rédaction :** Martine Bouteldja, Séverine Maestri, Dominique Rouchès, Murielle Wolski · **Nouveaux métiers :** Grégoire Akian, Anne-Marie Bourdinaud, Isabelle Hallgren · **Correction :** Valérie Doineau · **Iconographie :** Brigitte Gilles de la Londe · **RESSOURCES DOCUMENTAIRES > Directrice du département :** Catherine Méric · **Documentation :** Hélène Baffin, Anne-Camille Bazzoli, Chantal Brige, Patricia Bru, Arlette Deroche, Hélène Ferron, Marie Forestié, Valérie Forestiez, Pascale Guellier, Sophie Grassin, Dominique Kanonidis, Mireille Reynier, Hervé Tabarly, Émilie Roger · **FABRICATION > Directrice :** Marie-Christine Jugeau · **Photogravure :** Key Graphic (Paris) · **Imprimeur :** Aubin (86 Ligugé) · **STUDIO > Chef de studio :** Bruno Delobelle · **Maquette et mise en pages :** Corinne Dastot, Évelyne Delzescaux et Isabelle Sénéchal · **Illustrations :** Guillaume Decaux · **DIFFUSION ET COMMERCIALISATION >** Onisep VPC, 12 mail Barthélemy Thimonnier, Lognes, 77437 Marne-la-Vallée Cedex 2 · **Internet :** onisep.fr/lalibrairie · **Relations clients :** service_clients@onisep.fr · **Diffusion-distribution Belin :** 501004 · **Code de diffusion Onisep :** 901004 · **ISBN :** 978-2-273-01004-7 · **Plan de classement Onisep :** EMP 4000 00 · **Le kiosque :** Métiers · **Dépôt légal :** janvier 2011

Cette publication a été réalisée dans le cadre de la convention de coopération signée entre le ministère de l'Éducation nationale, de la jeunesse et de la vie associative, l'Agefa-PME et l'Onisep.

le dico des métiers

+ Tous les nouveaux métiers à découvrir...

onisep

le sommaire

Les métiers de A à Z 74 à 246

Vous savez déjà quel métier exercer, mais vous avez besoin d'en savoir plus. Vous pouvez aller directement à la fiche concernée. Près de 600 métiers sont décrits par ordre alphabétique.

Lexique 247 à 255

Pour en savoir plus sur les diplômes cités dans les fiches métiers ou sur les différents modes d'exercice professionnel, consultez le lexique.

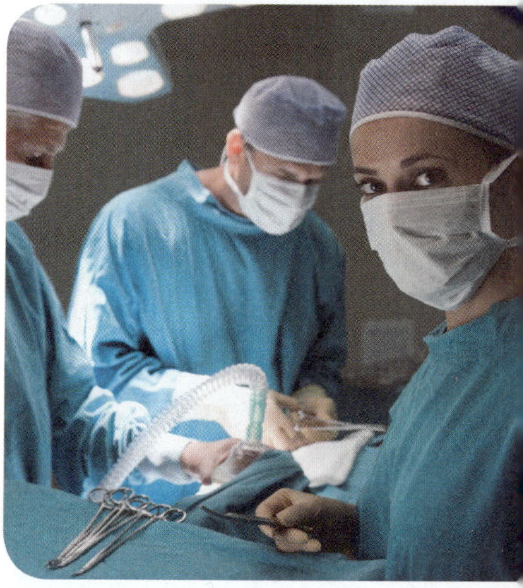

Index des métiers 256 à 296

Mon avenir ? j'y

Pas facile d'envisager son avenir à 12 ou 15 ans.
10 bonnes raisons pourtant d'y réfléchir dès le collège.

M'informer n'engage pas un choix professionnel

Rien de plus stressant que de devoir faire un choix dans la précipitation. Surtout s'il engage l'avenir. C'est pourquoi, commencer à réfléchir, à s'informer sur les métiers dès le collège est très confortable : on peut rêver, explorer ses désirs, discuter de leur travail avec les membres de sa famille ou des voisins, lire le Dico des métiers, sans aucune pression !

Tâtonner me fait avancer

Il est très rare de savoir à 15 ans quel métier on exercera plus tard ! Ce sont vos lectures, vos rencontres, vos stages qui, peu à peu, vont vous aider à préciser vos objectifs. Douter, tâtonner, remettre en question ses choix, c'est normal… et même souhaitable ! À condition de tirer bénéfice de ses revirements, de prendre l'habitude, très jeune, de s'interroger : qu'est-ce qui m'attire dans ce métier ? L'argent, le prestige, l'indépendance, la sécurité, la solidarité ? Cherchez le point commun entre tous les métiers qui vous tentent : c'est ainsi que vous finirez par trouver ce qui compte vraiment pour vous.

Je ne me laisse pas piéger par mes notes

Il y a des circonstances où les notes sont déterminantes, car elles facilitent ou, au contraire, interdisent un choix. C'est pour cela que vos parents sont souvent aussi soucieux de connaître vos résultats scolaires ! Pourtant, lorsque vous réfléchissez à votre avenir, n'ajustez pas vos rêves à vos notes : indicateurs de vos performances à un moment donné, elles ne reflètent pas toutes vos capacités et ne disent rien de vos désirs. On voit de très bons élèves s'engouffrer dans des filières dites d'excellence sans y trouver leur bonheur, et d'autres, moyens, se réveiller au lycée, parce qu'ils se sentent mieux dans leur peau, se découvrent des intérêts nouveaux. À ce moment-là, ils s'efforcent d'obtenir des résultats à la hauteur de leurs ambitions.

pense dès le collège

Personne ne doit décider à ma place

À chaque palier d'orientation, c'est-à-dire en 3e, en 2de, après le bac, vous devrez choisir une formation qui corresponde à vos intérêts. Cela suppose de bien se connaître et d'être capable d'anticiper l'avenir. Sous la pression ou par manque d'information, il est tentant d'imiter un camarade ou de s'en remettre à ses professeurs ou à ses parents. Même s'ils vous conseillent très bien et sont animés des meilleures intentions, l'orientation est un choix personnel. Nul ne peut vivre votre avenir à votre place, donc personne ne peut choisir votre orientation.

Je suis formidable, mais je ne le sais pas encore

On a tous une panoplie de dispositions qui ne demandent qu'à s'exprimer : cela peut être la patience d'un ange, des doigts de fée, des yeux de lynx, une mémoire d'éléphant, la bosse des maths, etc. Vos qualités sont vos points forts. Bien sûr, elles ne sont pas encore toutes visibles et certaines ont besoin de temps pour émerger. Cherchez aussi à repérer vos points faibles, vos défauts, sans complexe, sans culpabilité. Ce qui est important, c'est d'apprendre à se connaître, à identifier ce qui dans cette combinaison de forces et de faiblesses fait de vous un être unique.

J'apprends à cerner mes désirs

Petit, vous rêviez de devenir pompier pour piloter un beau camion rouge, ou vétérinaire pour dorloter des animaux... Adolescent, vous aimez toujours les bêtes, mais les longues études pour devenir vétérinaire vous font un peu peur. Votre personnalité est en plein chamboulement, vous ne savez plus ce qui vous intéresse. Ce n'est pas grave. Vos aspirations ont besoin de temps pour mûrir. C'est compliqué de connaître ses motivations sans expérience du monde du travail. Comparez des fiches métiers, rencontrez des professionnels, ouvrez grand les yeux et les oreilles pendant les stages. Et surtout, prenez l'habitude de vous interroger sur vos goûts, vos intérêts : ce sont des repères stables. N'hésitez pas à en discuter avec vos parents, vos amis ou un conseiller d'orientation-psychologue.

Mon avenir ? j'y pense dès le collège

J'ai le droit d'avoir des idées déraisonnables

Comment avouer à ses parents que l'on veut devenir pilote de chasse, footballeur, agent secret, chanteur… ? Petits, nous rêvons à des métiers sans penser aux obstacles. Puis, progressivement, nos rêves d'enfant sont étouffés par la réaction de l'entourage, le manque de débouchés, les résultats scolaires, une contre-indication médicale, et nous les oublions. Pourtant, sans rêves, comment imaginer son avenir ? Alors, ne censurez pas vos ambitions aujourd'hui, à l'âge où tout est encore possible. Certains y ont renoncé en cédant à la pression ou au découragement et le regrettent toute leur vie. « Il faut bien regarder la réalité en face ! », va-t-on vous opposer. Certes, si vous rêvez de devenir chirurgien, mais que vous ne faites rien à l'école, le miracle n'aura pas lieu. Mais personne n'a dit qu'on peut réaliser ses rêves sans efforts…

Je vais en voie pro après la 3^e^

Si vous avez choisi de préparer un métier directement après la 3e, vous serez amené à réfléchir tôt à votre avenir ! Mais si la décision vient du collège, vous allez avoir tendance à repousser la réflexion. Et c'est dommage, parce qu'en refusant catégoriquement l'idée de la voie professionnelle, vous prenez le risque, si vos enseignants vous trouvent trop fragile pour une seconde générale, de vous trouver orienté en fin d'année dans une filière qui ne vous convient pas. Dans le doute, regardez de près les domaines qui pourraient vous intéresser, étudiez les programmes, repérez les disciplines dans lesquelles vous avez le plus de facilités. L'objectif est de vous tourner vers l'avenir : demain, un CAP ou un bac pro ; après-demain, en renouant avec le succès et la motivation, vous pouvez très bien réussir dans l'entreprise ou continuer vos études. Car, aujourd'hui, il existe beaucoup de passerelles entre les différentes formations.

J'envisage mon avenir avec optimisme

L'adolescence symbolise une nouvelle étape vers l'indépendance. Les parents, déstabilisés par une organisation différente des études et des procédures d'orientation, ont peur que leurs enfants prennent les mauvaises décisions. Avec leur angoisse du chômage, de l'incertitude, leurs mises en garde répétées, certaines personnes arrivent à communiquer une vision négative du monde du travail. Certes, la situation économique n'est pas formidable, mais il faut vous protéger, ne pas endosser toutes les angoisses des adultes, sinon vous ne pourrez pas vous projeter dans l'avenir. Un monde qui change voit des activités disparaître, mais des métiers se transforment et d'autres se créent. Il y en aura forcément un pour vous !

J'utilise le Dico des métiers selon ma situation

Je sais ce que je veux faire !

Une vocation depuis tout petit ? Quelle chance d'avoir déjà une passion ! Il vous suffit de chercher la profession qui vous intéresse dans la partie « Les métiers de A à Z » (➤ p. 74-75).

J'ai des passions, mais pas d'idée de métier !

C'est déjà un très bon début ! Partez de vos centres d'intérêt, le sport, la mode, le spectacle, la nature, les animaux… et rendez-vous dans la partie « Les métiers selon vos goûts » (➤ p. 18-19).

Je veux vite apprendre un métier !

Après le collège, il est possible de suivre une formation professionnelle ! Tous les métiers dont les formations sont accessibles après la 3e sont signalés dans la partie « Index des métiers » (➤ p. 256).

Produire mieux en polluant moins

© Phovoir

Du recyclage des déchets et des ordinateurs à la conception de produits écologiques, l'industrie joue la carte du développement durable… tout en gardant ses objectifs de rentabilité ! Un double impératif auquel répondent de nouveaux métiers.

Chargé/e de valorisation agricole des déchets

> Des déchets fertiles !

Les déchets urbains, industriels ou agricoles peuvent être utilisés pour fertiliser les sols agricoles. En effet, les boues issues des stations d'épuration ainsi que les composts de déchets verts ou d'ordures ménagères contiennent des éléments fertilisants. Ces déchets sont donc précieux pour enrichir les sols à la place des engrais chimiques.

Le chargé de valorisation agricole des déchets réalise des analyses de ces boues et des études d'impact des sols à fertiliser pour déterminer si les sols peuvent recevoir ces boues.

Formation école d'ingénieurs agronome (bac + 5) avec une spécialisation « déchets ».

➤ **Goûts associés** > J'aime la nature / Je veux protéger la planète / J'aime bien faire des expériences

➤ **Métiers proches** > agronome • conseiller en environnement.

Chef de projet biodiversité

> Restaurer les écosystèmes

Un projet d'autoroute va détruire l'habitat de papillons, un déboisement va perturber le devenir de certaines espèces animales ou végétales… Chaque année, des dizaines de milliers d'hectares naturels disparaissent ainsi, suite à des projets d'aménagement humain.

La mission du chef de projet biodiversité ? Préserver l'équilibre de la nature en compensant ce qui a été détruit. À lui de trouver le nouvel espace pour restaurer faune et flore : négocier, par exemple, l'achat ou la location de terres agricoles présentant les mêmes caractéristiques écologiques que le terrain détruit.

Pour cela, il doit mobiliser les acteurs locaux (exploitants agricoles et forestiers, élus, aménageurs fonciers…) et les convaincre de l'utilité de son projet : une exploitation des sols à terme plus écologique.

Formation école d'ingénieurs ou master en écologie (bac + 5).

➤ **Goûts associés** > J'aime la nature / Je veux protéger la planète

➤ **Métiers proches** > conseiller en environnement • ingénieur en environnement.

Chef de projet sites et sols pollués

> Opération « terre neuve »

Un site a été pollué par une activité minière ou industrielle : des déchets ont été enfouis, des liquides déversés… Une situation qui présente un risque pour l'homme et l'environnement.

Si l'on veut céder ce terrain avant une nouvelle occupation ou le vendre à l'occasion d'une transaction immobilière, il est indispensable de le dépolluer. C'est là qu'intervient le chef de projet sites et sols pollués. Chargé de réhabiliter le site, il réalise un diagnostic, étudie les différents types de pollutions des sols et réalise les travaux de dépollution : par exemple, excaver les terres polluées et les amener sur un site de traitement.

Formation bac + 5 en géologie, hydrologie, environnement…

➤ **Goûts associés** > J'aime la nature / Je veux protéger la planète

➤ **Métiers proches** > écotoxicologue • géologue.

Gestionnaire de « flux reverse logistic »

> Faire la chasse au gaspi !

Un ordinateur, une imprimante peuvent éviter la casse et avoir une seconde vie ! C'est le rôle de ce logisticien nouvelle tendance : il récupère sur le terrain des photocopieurs, des logiciels ou tout autre matériel technologique, il les ramène dans son atelier, les teste, les nettoie et les remet en état aux standards en vigueur. Une fois réparés, ces appareils reprennent du service.

Une qualité nécessaire : le sens de l'organisation ! Car il monte souvent des collectes dans plusieurs pays différents ou effectue des réparations sur plusieurs sites. Un métier d'avenir avec l'avènement de produits évolutifs et réutilisables.

Formation accessible à un titulaire d'un bac + 2, en logistique notamment.

➤ **Goûts associés** > Je veux protéger la planète / Je suis branché high-tech

➤ **Métiers proches** > logisticien • technicien de maintenance informatique.

Spécialiste affaires réglementaires

> Contrôler les produits chimiques

Parabène, bisphénol : des substances chimiques reconnues dangereuses pour la santé… Aujourd'hui, pour chaque substance produite, l'entreprise doit s'assurer qu'elle est conforme à la réglementation Reach* en évaluant l'impact sanitaire et environnemental de sa production et de son utilisation. Du pain sur la planche pour le spécialiste affaires réglementaires, qui constitue un dossier d'enregistrement dans lequel figurent les différentes informations techniques concernant la qualité des produits (toxicité, type de nocivité envers l'homme ou l'environnement, etc.).

Il doit également effectuer une veille réglementaire, scientifique et technologique, nationale et internationale, afin d'être toujours à jour sur les différentes obligations de l'entreprise en la matière.

Formation école d'ingénieurs ou master spécialisé en biologie, biochimie ou pharmacie (bac + 5), plus une expérience en laboratoire d'analyses de biologie médicale et/ou en affaires réglementaires.

* Reach : réglementation européenne qui signifie « enregistrement, évaluation et autorisation des substances chimiques ».

➤ **Goûts associés** > Je veux protéger la planète / Je veux être utile aux autres

➤ **Métier proche** > responsable hygiène, sécurité, environnement.

Responsable achats en développement durable

> L'écologie au cœur de l'entreprise

Sa mission : acheter des produits et encourager des modes de production respectueux de l'environnement… sans oublier les contraintes de gestion et de rentabilité de son entreprise. Un défi ? À voir : écologie et économie ne sont pas forcément contradictoires ! Par exemple : encourager les économies d'énergie.

Ses actions sont multiples et concernent tous les services de l'entreprise : acheter du matériel bureautique respectant les écolabels, faire diminuer la quantité de plastique d'emballage ou le nombre de camions de livraison…

Formation école de commerce ou d'ingénieurs (bac + 5), avec une spécialisation en achats ou développement durable.

➤ **Goûts associés** > Je veux protéger la planète / J'ai la bosse du commerce

➤ **Métier proche** > acheteur.

Philippe Schiesser, **écoconcepteur**

Inventer des produits écolo

« Enfant, je voulais trouver des solutions pour préserver notre planète. C'est en cela que consiste mon travail. » Directeur d'Ecoeff, agence d'écoconception, Philippe évalue l'impact d'un produit sur l'environnement. *« À nous d'imaginer des techniques pour limiter au maximum la pollution engendrée par la fabrication d'un produit. J'interviens aussi bien sur la conception que sur la fabrication. J'essaie pour chaque étape de trouver la solution la plus adaptée aux exigences de mon client et de la nature. »*

Il brandit une canette de jus d'orange : *« On prend en compte l'emballage, l'origine du fruit, du sucre, le transport, l'énergie… On quantifie tout cela en CO_2, on calcule l'impact sur la couche d'ozone… Bref, on analyse le cycle de vie du produit, de sa conception à sa dégradation finale.*

Quand j'ai commencé il y a quinze ans, l'écoconception était du domaine de la science-fiction. Il s'agissait surtout de recyclage et d'enfouissement des déchets. Aujourd'hui, c'est une vraie préoccupation de l'industrie et du grand public. »

Il est vrai que toutes les entreprises ont intérêt à s'engager dans cette voie, pour de multiples raisons : une réglementation de plus en plus stricte, des consommateurs de plus en plus sensibles à la problématique du développement durable et même, parfois, un coût de production inférieur !

Formation licences pro (bac + 3), masters pro et recherche en écoconception.

➤ **Goûts associés** > Je veux protéger la planète / J'aime la nature

➤ **Métiers proches** > ingénieur environnement • responsable qualité, sécurité, environnement.

Cap sur l'efficacité énergétique

© Pedro Castellano/Istockphoto

Le pétrole pollue… et s'épuise ! L'avenir est donc aux énergies « renouvelables » ? Mais il faut aussi économiser, en isolant mieux les bâtiments par exemple. Autant de métiers qui repensent notre façon de consommer, de travailler…

Constructeur/trice de maisons bioclimatiques

> Ne pas chauffer les courants d'air

Orientation des ouvertures vers le sud, architecture adaptée selon le terrain et les vents dominants, agencement des pièces, triple vitrage… tout est étudié dans la construction d'une maison ou d'un immeuble bioclimatique pour diminuer la consommation d'énergie. En partant d'une analyse de terrain, le constructeur bioclimatique propose l'utilisation de matériaux écologiques de très bonne qualité thermique (parois à ossature bois, en briques à alvéoles verticales ou en béton cellulaire, de chanvre ou de cellulose…), ainsi que d'équipements à énergies renouvelables (pompe à chaleur, panneaux solaires…).

Formation du BTS spécialisé dans le bois et les systèmes constructifs jusqu'au diplôme d'ingénieur de bureau d'études ou d'architecte spécialisé dans les maisons climatiques.

➤ **Goûts associés** > J'aime la nature / Je veux protéger la planète / Je serai un pro du bâtiment

➤ **Métiers proches** > architecte • charpentier bois.

Consultant/e bilan carbone

> Halte à l'effet de serre !

La consommation d'énergie, les déplacements des salariés, le transport des matières premières, les déchets… toute entreprise ou collectivité génère des émissions de gaz à effet de serre (GES). Le consultant bilan carbone identifie l'ensemble de ces activités pour en faire le calcul.

Une manière de sensibiliser les acteurs économiques aux enjeux du réchauffement climatique. Au-delà, cet expert propose des solutions concrètes. Un métier vert de plus en plus recherché par les employeurs.

Formation école d'ingénieurs (bac + 5) avec une spécialisation en environnement, énergie, thermique, développement durable. Formation de l'Ademe (Agence de l'environnement et de la maîtrise de l'énergie) pour obtenir le titre de consultant bilan carbone.

➤ **Goûts associés** > Je veux protéger la planète / J'aime jongler avec les chiffres

➤ **Métier proche** > économe de flux.

Diagnostiqueur/euse immobilier

> Un contrôleur technique

Isolation, chauffage, ventilation, orientation… tous ces paramètres sont passés au peigne fin pour établir le diagnostic de performance énergétique (DPE) d'un logement. Objectif : indiquer à l'acheteur la consommation prévisionnelle d'énergie. Il est réalisé par un professionnel certifié : le diagnostiqueur immobilier. Lors de sa visite, ce dernier doit aussi vérifier la présence d'amiante, de plomb, de termites, la conformité des installations de gaz et d'électricité, les normes de sécurité incendie, l'accessibilité des personnes handicapées...

Formation licence pro expert en diagnostic de l'immobilier (bac + 3) ou équivalent, puis certification « diagnostiqueur » obligatoire pour exercer.

➤ **Goûts associés** > Je serai un pro du bâtiment / J'aime jongler avec les chiffres

➤ **Métier proche** > économe de flux.

Géothermicien/ne

> Réinventer l'eau chaude !

La chaleur de la terre stockée dans le sous-sol, notamment sous forme de nappes d'eau, est une véritable source d'énergie, abondante et fiable. Au géothermicien de la capter pour chauffer les villes et les maisons, ou produire de l'électricité localement. En collaboration avec les géologues, il explore les sols. Quand il découvre un nouveau site, il évalue ses possibilités de rendement, avant de lancer les opérations de forage, souvent coûteuses.

Formation école d'ingénieurs ou master (bac + 5) en thermique, hydrogéologie, hydrologie...

➤ **Goûts associés** > J'aime la nature / Je veux protéger la planète

➤ **Métiers proches** > géologue • hydraulicien.

Ingénieur/e efficacité énergétique des bâtiments

> Piloter un projet innovant

L'ingénieur efficacité énergétique intervient dès le début du projet immobilier, qu'il s'agisse d'une construction ou d'une rénovation. Il conseille le promoteur (ou la collectivité commanditaire) et l'architecte afin d'optimiser la consommation d'énergie. Il réalise des études (obtention de label, étanchéité de l'air, étude réglementaire, simulation dynamique...), propose de nouveaux matériaux, élabore des solutions techniques innovantes et performantes, et chiffre l'ensemble des coûts. Il a des connaissances dans les méthodes de calculs énergétiques et thermiques et connaît la technicité des bâtiments (étanchéité, matériaux…).

Formation école d'ingénieurs (bac + 5) généraliste ou spécialisée en énergie, environnement ou génie thermique.

➤ **Goûts associés** > Je veux protéger la planète / J'aime bien faire des expériences

➤ **Métier proche** > énergéticien.

Technicien/ne de maintenance éolienne

> Un métier dans le vent !

Les éoliennes ne sont pas de simples moulins à vent ! Leur mécanique est complexe, précise et lourde. Le technicien de maintenance veille en permanence à leur bon fonctionnement et en assure l'entretien. De son bureau, sur un écran de télésurveillance, il suit les paramètres techniques et de production de chaque éolienne et réagit à la moindre anomalie, prêt à intervenir. Généralement affecté à un site, il peut, en cas de nécessité, se déplacer sur toute la France.

Formation bac pro ou BTS (bac + 2) en électrotechnique, mécanique ou maintenance industrielle ; formation complémentaire de maintenance en technique de parc éolien.

➤ **Goûts associés** > J'aime la nature / Je veux protéger la planète / J'aime les sensations fortes

➤ **Métier proche** > technico-commercial.

Portrait

Marie-Pierre Achard, **assistante à maître d'ouvrage HQE***

Concevoir des bâtiments jusqu'à l'écoquartier

« Vous avez dit HQE ? L'objectif de la démarche haute qualité environnementale est double : réduire les consommations d'énergie d'une construction et protéger l'environnement. Assistante à maître d'ouvrage HQE dans une entreprise de conseil du BTP, Marie-Pierre intervient dès la conception du programme immobilier. « *J'analyse le site en tenant compte des atouts et des contraintes (ensoleillement, zone inondable…). Lors du dépôt de permis de construire, je veille au respect des normes, comme la dimension des locaux pour les déchets.* » La jeune femme vérifie également la conformité au cahier des charges établi par l'architecte et le bureau d'études. « *Ce cahier recense les exigences techniques en matière d'isolation, d'émissions performantes de chaleur et d'eau chaude… Avec à la clé certains labels : THPE (très haute performance énergétique) ou BBC (bâtiment basse consommation).* »
En cours de chantier, Marie-Pierre veille à la propreté de celui-ci. À la livraison du programme, elle dresse un bilan des actions menées. Enfin, elle procède à une enquête de satisfaction auprès des usagers. Marie-Pierre a suivi des études de chimie, mais différents parcours existent. « *Désormais, on raisonne en termes d'écoquartier. Avoir une très bonne connaissance de la collectivité locale est primordial.* » »

* HQE : haute qualité environnementale.

Formation master scientifique ou aménagement, école d'ingénieurs (bac + 5) et connaissances dans le domaine de l'environnement.

➤ **Goûts associés** > Je veux protéger la planète / Je serai un pro du bâtiment

➤ **Métier proche** > énergéticien.

Nouvelles technologies : du virtuel au réel

© Phovoir

Web social, sites mobiles, cinéma en 3D, informatique verte… de multiples besoins émergent dans le secteur du numérique. Qui recrute tous azimuts des experts en développement, en communication-marketing, en création et design.

Bio-informaticien/ne

> Modéliser le monde vivant

Pour modéliser des structures de protéines ou annoter des génomes, l'outil informatique est indispensable. Spécialiste à double casquette, le bio-informaticien crée les logiciels et les bases de données recueillant les informations issues du monde vivant. Grâce à la puissance de calcul de son ordinateur, les milliards de données produites par les gènes peuvent être exploités, analysés et comparés par les chercheurs en biologie. Les enjeux sont importants : découverte de nouveaux traitements, amélioration des espèces, préservation de la biodiversité, contrôle qualité dans l'agro-industrie et l'environnement…

Formation masters en bio-informatique ou spécialisation en école d'ingénieurs (bac + 5).

➤ **Goûts associés** > J'aime bien faire des expériences / J'aime jongler avec les chiffres

➤ **Métiers proches** > biologiste • informaticien • statisticien.

Community manager

> Mettre les blogueurs dans sa poche !

Ce qui se dit d'une entreprise sur le Web peut avoir un effet sur son image et donc sur sa vie réelle ! Au *community manager* de faire parler de sa marque sur la Toile. Internaute expert des outils de communication du Web 2.0 et de la blogosphère, il anime en interne le site communautaire de l'entreprise et influence ceux qui en parlent à l'extérieur sur les réseaux sociaux, les blogs et les forums, en fédérant les profils susceptibles de s'intéresser à la marque qu'il défend.

Formation formation universitaire en sciences humaines, école de commerce, marketing, communication (bac + 2 à bac + 5).

➤ **Goûts associés** > Je suis accro au multimédia / J'aimerais me lancer dans la communication

➤ **Métiers proches** > animateur de site web • webmarketeur.

Consultant/e Green IT*

> Appuyer sur la touche verte…

Il ne suffit pas de ne plus imprimer tous ses *mails* ! Pour réduire de façon significative leur consommation et leur facture énergétiques, les entreprises possédant de gros parcs informatiques font appel à un consultant Green IT*. Réduction des impressions, télétravail à domicile, outils de téléconférence, imprimantes multifonctions, gestion dynamique des données, optimisation de l'espace dans les salles machines, renouvellement des machines moins fréquent… les solutions qu'il propose sont multiples. Un métier tout neuf qui se développe à grande vitesse !

Formation école de commerce ou d'ingénieurs avec option Green IT (bac + 5).

➤ **Goûts associés** > Je veux protéger la planète / Je suis branché high-tech

➤ **Métier proche** > informaticien.

* Green IT : *Green Information Technology.*

Développeur/euse d'applis pour mobiles

> Programmer pour les portables

GPS, écran tactile, webcam embarquée… grâce au développeur d'applications pour mobiles, les smartphones offrent toujours davantage d'options. Maîtrisant un langage propre au téléphone portable (Java, CSS, XML…), cet informaticien nouvelle génération intervient à toutes les étapes du projet : architecture de l'application, optimisation des codes, veille technologique... Avec le succès commercial des smartphones, ce métier est promis à un bel avenir.

Formation école d'ingénieurs ou master (bac + 5), avec une spécialisation en informatique industrielle, électronique ou télécommunications.

➤ **Goût associé** > Je suis branché high-tech

➤ **Métiers proches** > développeur informatique • ingénieur télécoms et réseaux • ingénieur logiciel.

Localisateur/trice

> Traduire local… pour un marché global

Grâce au localisateur, on passe du bouton « yes » au bouton « oui » ! Que ce soit pour un logiciel, un jeu vidéo ou un site Internet, l'harmonisation d'un matériel informatique et multimédia s'impose avant son lancement sur un marché local.

Dans un monde internationalisé, le localisateur répond à un contexte différent de celui qui existait au départ pour un seul public (généralement anglophone ou asiatique). Traduction linguistique, bien sûr, mais aussi adaptation des références culturelles, taille des écrans, options des menus, ergonomie… il « localise » tous les éléments à « franciser ». La maîtrise des logiciels multimédias et des langues étrangères (anglais indispensable) est nécessaire.

Formation master en langues ou industrie de la langue et traduction spécialisée (bac + 5), avec une spécialisation en communication multilingue et multimédia.

➤ **Goût associé** > Je suis accro au multimédia

➤ **Métiers proches** > concepteur multimédia • ingénieur logiciel.

Motion designer

> Animer les écrans

Habillage TV, génériques de films, bannières publicitaires pour le Web... le *motion designer* donne vie à des contenus animés, audiovisuels ou interactifs pour mettre en scène une identité visuelle. Il s'appuie sur un esprit créatif pour exploiter au mieux des connaissances techniques très pointues (vidéo, animation 3D, graphisme, typographie, sons, effets spéciaux…). Dans ce monde d'images, surtout depuis Internet et l'arrivée du numérique, le *motion designer* est appelé à évoluer en pleine lumière.

Formation BTS en audiovisuel (bac + 2) ; école d'audiovisuel, d'arts appliqués ou d'ingénieurs (bac + 5) : Ensci, Les Gobelins, Supinfocom…

➤ **Goûts associés** > Je suis accro au multimédia / Je veux travailler dans l'audiovisuel

➤ **Métiers proches** > designer graphique • webdesigner.

>>>

Rudy Som, **nettoyeur web**

Spécialiste en e-réputation

Grandes entreprises, célébrités, journalistes, particuliers… ils sont de plus en plus nombreux à solliciter Rudy, spécialisé dans les « stratégies de communication de crise sur Internet ». Car, désormais, la réputation se fait (et se défait !) *on line* : *« Avec l'envolée du Web participatif, chacun donne son avis. Pour les marques, cela a des avantages mais aussi des inconvénients. »* Plusieurs études ont d'ailleurs démontré l'influence des internautes : ils sont 90 % à consulter les avis d'autres consommateurs avant d'acheter. Et 35 % des recruteurs ont déjà éliminé un candidat après avoir tapé son nom sur un moteur de recherche... *« Les gens doivent prendre conscience que des traces laissées sur le Net peuvent nuire »*, prévient Rudy, dont l'activité ne cesse d'évoluer depuis un an. *« Le nettoyeur web doit être un bon communicant, mais aussi maîtriser les rouages du Net et du référencement naturel. On touche à des domaines aussi variés que la création de contenus, la négociation avec les différents intervenants, l'animation de réseaux… »*

Rudy est-il un pirate du Web ? *« Dans les faits, nous ne supprimons rien directement, c'est illégal. Nous nous arrangeons pour effacer le contenu en question quand les deux parties y trouvent leur compte. Dans d'autres cas, nous essayons d'affaiblir le poids des sites nous posant problème, en en mettant d'autres en avant, plus neutres. Il s'agit d'éclairer les éléments positifs et de contrer les aspects négatifs. »*

Formation école spécialisée en marketing informatique ou en communication *on line* (bac + 2).

➤ **Goût associé** > Je suis accro au multimédia

➤ **Métiers proches** > animateur de site web • référenceur • webmarketeur.

>>>

Stéréographe

> Le monde en relief

Films de cinéma, retransmission de matchs de foot, de concerts… la 3D envahit nos écrans. Et le stéréographe a le vent en poupe ! Son rôle ? Cordonner et retranscrire les images d'un tournage pour que les points de vue puissent être recréés en post-production. En collaboration avec le réalisateur et le chef opérateur, il vérifie la distance des éléments (personnages, objet central, décor de fond…) afin de respecter une profondeur de champ conforme à la transformation 3D. Dans le cas contraire, l'effet tridimensionnel risque d'être inégal d'une scène à une autre.
Bénéficiant du boom de la 3D, le stéréographe est l'élément central de tous les projets incorporant des images de synthèse.

Formation école d'audiovisuel (la Fémis, Louis Lumière…) ou école d'ingénieurs avec pour spécialité la 3D relief (bac + 5).

➤ **Goûts associés** > Je suis accro au multimédia / Je veux travailler dans l'audiovisuel

➤ **Métiers proches** > animateur 3D • directeur des effets spéciaux • infographiste • réalisateur 3D.

Traffic manager

> Avoir de « l'affluence »

En contact avec les publicitaires, le *traffic manager* met en ligne les campagnes de pub sur le site Internet pour lequel il a été sollicité et en assure le suivi. Il gère l'espace des annonceurs et les demandes spécifiques (insertion d'une bannière, d'une animation Flash, de pop-up…).
Rigoureux, le *traffic manager* veille à ce qu'aucun bogue ne perturbe le site (deux publicités sur un même espace, erreurs de visualisation…). Plus généralement, il cherche à augmenter la fréquentation du site. Dans ce but, il analyse le comportement des internautes (ordre de navigation, intérêt pour un domaine en particulier, préférences publicitaires, nombre de clics pour telle enseigne…).
Avec la nécessité pour les publicitaires d'être présents sur le Web et le développement des logiciels, ce métier se « trafique » un joli avenir.

Formation école supérieure d'informatique, BTS informatique, DUT services et réseaux de communication (bac + 2) ; école d'ingénieurs ; master en management de nouvelles technologies (bac + 5)…

➤ **Goûts associés** > Je suis accro au multimédia / J'ai la bosse du commerce

➤ **Métier proche** > webmarketeur.

Web-ergonome

> Attirer l'œil de l'internaute

Entre infographie et marketing, ce métier demande une grande polyvalence. Chargé d'améliorer l'interface et l'accès du site à tous, y compris aux personnes handicapées visuelles, le web-ergonome bénéficie de la multiplication des sites d'e-commerce, ses principaux clients. Sa mission : rendre agréable l'architecture du site pour que le visiteur se transforme en consommateur…
L'autre objectif du web-ergonome est de cerner les attentes réelles ou supposées des utilisateurs. Pour cela, il les interroge, analyse leur navigation, teste de nouvelles approches... Et si le web-ergonome n'est ni un technicien, ni un informaticien, il doit avoir de solides connaissances du vocabulaire Internet et des outils de développement.

Formation master en ergonomie, informatique, marketing, psychologie ou sciences et technologies (bac + 5).

➤ **Goûts associés** > Je suis accro au multimédia / J'aimerais me lancer dans la communication

➤ **Métier proche** > concepteur multimédia.

La solidarité, un

Quand la morale rime avec le business…
Le développement durable, c'est aussi promouvoir l'égalité des chances et lutter contre les discriminations dans le monde du travail.
Avec à la clé des métiers inédits qui conjuguent générosité et efficacité.

Audio-descripteur/trice

> Une voix *off* pour les malvoyants

L'audio-descripteur élabore les textes qui rendent compte, en voix *off*, d'une scène de cinéma par exemple. Il rend ainsi accessibles films, spectacles ou expositions aux personnes non voyantes ou malvoyantes. À lui de faire le choix des éléments visuels à décrire, de définir le temps disponible et de délivrer l'information au bon rythme. Pour ce faire, l'audio-descripteur doit ressentir l'émotion artistique de l'œuvre, comprendre les intentions de l'auteur, définir les enjeux dramatiques… Un véritable travail d'auteur !

Formation cursus littéraire de préférence. Formation de l'association Valentin Haüy.

➤ **Goûts associés** > Je veux être utile aux autres / Je suis fort en langues

➤ **Métier proche** > auteur.

© Banjee/Onisep

Conseiller/ère microcrédit

> Aider des « petits » projets

Il n'y a pas que des *traders* dans la finance ! Ce « banquier solidaire » soutient les projets de ceux qui n'ont pas accès au système bancaire classique. Au sein d'un organisme associatif ou coopératif, il reçoit les demandes et étudie sérieusement les dossiers, avant d'octroyer un « microcrédit » (ce sont de petites sommes d'argent). S'il s'agit d'un véritable prêt et non d'une allocation, l'aspect humain et la motivation du candidat priment sur sa couverture financière ! Il accompagne ensuite le projet dans son déroulement et suit les remboursements. L'objectif est de redonner confiance à des personnes souvent en difficulté, voire en situation précaire, en leur permettant de démarrer une activité avec un apport de fonds minime.

Formation BTS ou DUT (bac + 2) dans le secteur bancaire ou commercial ; licence pro (bac + 3) ou master pro (bac + 5) en banque-finance ; école de commerce.

➤ **Goûts associés** > Je veux être utile aux autres / J'ai le sens du contact / J'aime jongler avec les chiffres

➤ **Métier proche** > chargé de clientèle (banque).

Fundraiser

> Charité bien ordonnée…

ONG mais aussi musées, universités… ils sont de plus en plus nombreux aujourd'hui à faire appel à la « levée de fonds ». Le « *fundraiser* » conçoit des plans de collecte, chiffre ses objectifs et prépare ses messages. Il sollicite la générosité publique en organisant des manifestations culturelles, des concerts, des pièces de théâtre, des collectes dans la rue... Et recherche en permanence de nouveaux donateurs, particuliers ou entreprises, qu'il contacte par mail, téléphone. Un métier en plein essor qui allie altruisme et pragmatisme.

Formation Sciences Po ou école de commerce (bac + 5).

➤ **Goûts associés** > Je veux être utile aux autres / J'ai le sens du contact / J'aime jongler avec les chiffres / J'aimerais me lancer dans la communication

➤ **Métier proche** > chargé de clientèle (banque).

Opérateur/trice en visio-assistance

> Le veilleur en ligne

Permettre aux personnes âgées de demeurer le plus longtemps possible à leur domicile est un des enjeux de notre société. Grâce à la visio-assistance, un opérateur peut être en contact visuel avec une personne âgée, malade ou isolée, et équipée d'un bracelet ou d'un pendentif permettant de déclencher une alerte. Cette action met en route la caméra qui va la filmer. L'opérateur en ligne l'écoute, la rassure, la conseille et l'oriente vers d'autres professionnels, ou mobilise les secours en cas de problème grave. Un métier qui devient incontournable avec la durée de vie qui ne cesse de s'allonger.

Formation pas de diplôme requis, mais le niveau bac est souhaitable. Nombreuses formations en interne. Des notions de secourisme sont un plus.

➤ **Goût associé** > Je veux être utile aux autres

➤ **Métier proche** > téléassistant.

Jean-Michel Monnot,
responsable diversité

Lutter contre les préjugés

« Aujourd'hui, dans le monde du travail, il n'y a pas que le business qui compte ; les entreprises ont intégré la dimension sociale », explique Jean-Michel, responsable diversité Europe chez Sodexo.
Première étape : expliquer, convaincre. *« Je dois faire prendre conscience aux collaborateurs qu'on est plus intelligent avec des équipes variées, et leur montrer comment bien vivre ensemble, respecter les différences et les valoriser pour que ce soit plus sympa, plus productif. »* Pour cela, il développe des actions de parrainage : aider des jeunes diplômés des banlieues qui éprouvent plus de difficultés à trouver un job, ou encore accompagner des seniors qui peuvent être déconnectés du monde du travail…
La diversité concerne les femmes, les personnes d'origine sociale ou culturelle différente, les personnes handicapées… Lancée avec la Charte de 2004, cette notion prend de plus en plus d'importance dans les entreprises. Un métier passion pour Jean-Michel qui occupe ce poste depuis trois ans après une longue carrière en tant que directeur général régions : *« On a le sentiment d'ouvrir des portes, de faire évoluer le monde du travail ! »*
Un métier pour les jeunes ? *« Oui,* affirme-t-il. *Ils sont très demandeurs de sens et de valeurs et qu'y a-t-il de plus porteur que la diversité ? »*

Formation master (bac + 5) puis DU manager de la diversité (École de management de Strasbourg) et DU égalité des chances et droit des discriminations (université de Perpignan).

➤ **Goûts associés** > Je veux être utile aux autres / J'ai le sens du contact

➤ **Métier proche** > directeur des ressources humaines.

Les métiers selon vos

Matière de prédilection, cadre de vie, sujet de préoccupation, aptitude personnelle, trait de caractère…

Tout peut être pris en compte pour élaborer son projet professionnel. Une centaine de profils ont été regroupés autour de 27 grands centres d'intérêt. Cherchez ceux qui vous correspondent le plus !

goûts

pages 18 à 73

J'aime, j'ai envie…

Autour de votre centre d'intérêt principal,
vous pouvez choisir parmi des dizaines de métiers.
À vous de choisir l'univers qui vous tente le plus !

Je veux être utile aux autres

Expliquer un exercice de maths à un camarade ou aider un aveugle à traverser la rue, pour vous, c'est naturel. Vous ne pouvez rester indifférent aux difficultés des autres ! C'est un moteur important pour exercer de nombreux métiers, autour de l'éducation, du soin, de la sécurité ou des services.

Quiz Plus vous cochez de cases, plus vous avez le profil pour les métiers proposés ! ☒

- J'ai plaisir à aider les autres. ☐
- Les autres se confient volontiers à moi. ☐
- Je vois d'abord les qualités chez les autres. ☐
- Je pense qu'on peut toujours s'en sortir. ☐
- Je suis patient. ☐
- Je sais dire franchement les choses. ☐
- J'aime travailler en groupe. ☐
- Je ne pense pas qu'on peut faire le bonheur des autres malgré eux. ☐
- Je sais écouter sans juger. ☐
- J'aimerais lutter contre les injustices. ☐
- Quand j'aide quelqu'un, je n'attends pas forcément quelque chose en retour. ☐

Expliquer, conseiller, ça me plaît

Aider les enfants ou des adultes à progresser, c'est le rôle des enseignants et des formateurs. Une mission passionnante pour qui ne s'intéresse pas seulement à une discipline, mais prend plaisir à voir son public évoluer. Dans la sphère scolaire ou professionnelle, des conseillers d'orientation accompagnent des jeunes ou des adultes dans leur réflexion sur leur avenir. Savoir écouter, comprendre les besoins de son interlocuteur, l'aider à surmonter ses difficultés sans faire à sa place pour lui permettre de gagner en autonomie, c'est aussi le quotidien de la plupart des professionnels du social : assistant de service social, éducateur, conseiller en économie sociale et familiale.

Profil > savoir écouter sans juger, aimer les gens, avoir envie de les faire avancer. Formations de bac + 3 à bac + 5 selon les métiers.

Métiers à consulter >
assistant de service social • auxiliaire de vie sociale • conseiller d'orientation-psychologue • conseiller en économie sociale et familiale • éducateur • enseignant • formateur • technicien de l'intervention sociale et familiale.

Je veux soulager les souffrances

Lorsque vous pensez « utile », vous pensez « santé », et votre objectif est d'abord de soigner, de soulager les souffrances. Les métiers qui pourraient vous intéresser sont très nombreux : les multiples spécialités de la médecine, mais aussi les professions paramédicales (infirmier, masseur-kinésithérapeute, opticien, orthophoniste, puéricultrice, etc.). Schématiquement, les médecins diagnostiquent les maladies, prescrivent les remèdes et les séances de rééducation nécessaires au rétablissement du patient, et les paramédicaux appliquent les prescriptions. Tous ces métiers peuvent s'exercer en France, mais aussi à l'étranger, dans le cadre de missions humanitaires.

Profil > des compétences techniques : six à onze ans d'études pour les médecins, trois à quatre ans pour les professions paramédicales. Des qualités humaines : capacité à affronter la souffrance, sang-froid, patience, douceur.

Métiers à consulter >
aide médico-psychologique • aide-soignant • auxiliaire de puériculture • chef de mission humanitaire • diététicien • ergothérapeute • infirmier • masseur-kinésithérapeute • médecin • orthophoniste • orthoprothésiste • orthoptiste • ostéopathe • pédiatre • pédicure-podologue • pharmacien • podo-orthésiste • psychanalyste • psychologue • psychomotricien • puéricultrice • sage-femme.

Je veux protéger les citoyens

Pour vous, « utile » rime plutôt avec sécurité, justice, protection, secours. On pense alors naturellement à tous les métiers de la police, de l'armée : le pompier protège les personnes en intervenant lors d'accidents, d'incendies, d'inondations ; le lieutenant de police participant à l'arrestation de criminels contribue à notre protection. On songe aussi aux juristes chargés de faire respecter la loi, de défendre les citoyens (avocat, juge, procureur, notaire, etc.), aux professionnels qui vérifient la bonne application des lois et des procédures de sécurité dans l'entreprise (inspecteur du travail, responsable de sécurité).

Profil > courage et psychologie pour les professionnels spécialisés dans la protection de terrain.

Métiers à consulter >
avocat • commissaire de police • consul (diplomate) • douanier • gardien de la paix • gardien d'immeuble • gendarme • greffier • huissier de justice • inspecteur du travail • juge • lieutenant de police • militaire • notaire • pisteur-secouriste • pompier • responsable hygiène, sécurité, environnement (HSE) • substitut du procureur.

Index métiers > page 256

Je veux aider en dépannant et réparant

Si vous avez envie d'être utile et si en plus vous êtes bricoleur, vous serez très convoité ! Intervenir pour réparer une télévision ou une machine à laver en panne, nettoyer un ordinateur infesté de virus, redémarrer un chauffe-eau en plein hiver, une voiture la veille d'un départ en vacances ou une chaîne de production dans une usine… c'est s'assurer un grand capital de sympathie !

Profil > une habileté manuelle, un goût pour la technique, de la rigueur, de la logique et de la méthode pour diagnostiquer une panne et la réparer. Formation de bac pro à bac + 2/3.

Métiers à consulter >
ascensoriste • chauffagiste • climaticien • dépanneur en électroménager (dépanneur en produits grand public) • dépanneur en installations sanitaires (plombier) • hot-liner • mécanicien auto • mécanicien bateau • mécanicien moto • mécanicien-réparateur en matériel agricole • plombier • technicien de maintenance en micro-informatique.

pour en savoir plus onisep.fr

Les métiers selon vos goûts

Le dico des métiers | 69

Quiz

Un petit jeu pour commencer à réfléchir
à ce qui vous attire, vous motive,
à ce qui est important pour vous.

Métiers à consulter

Pour chaque profil, des suggestions
de métiers à découvrir.

Profil

Les qualités et
compétences requises.

J' aime la nature

Vous avez envie d'évasion, de grand air. Quelles que soient les saisons, faire face aux éléments naturels ne vous fait pas peur. Vous voulez tout apprendre sur la nature, la faire découvrir, la protéger. Ces métiers sont faits pour vous !

Je veux vivre de la terre et de la mer

Faire pousser des plantes, améliorer les espèces végétales, travailler la terre, pêcher, élever des animaux… c'est le quotidien de milliers de personnes qui exercent des métiers très différents, mais dont le point commun est l'amour de la nature. L'agronome sélectionne les semences, l'agriculteur les met en terre, le pépiniériste commercialise les plantes, et le fleuriste les met en valeur. Les éleveurs élèvent, soignent, nourrissent les animaux (coquillages et crustacés pour l'aquaculteur ; veaux, vaches ou porcs pour l'éleveur…). Tous ces professionnels de la terre sont secondés par des conseillers agricoles qui les aident à améliorer leurs techniques et leur rendement. Enfin, les amoureux de la mer pourront vivre dans leur élément en choisissant la pêche ou le transport maritime qui permettent de travailler sur des bateaux.

Profil > une santé de fer et l'amour de la nature ne suffisent pas. Patience, robustesse et sens de l'observation constituent des qualités nécessaires. Les niveaux de diplôme s'échelonnent du CAP à bac + 5 pour l'agronome. Les exploitants agricoles, qui sont leur propre patron, doivent aussi avoir des compétences en gestion.

Métiers à consulter >
agriculteur • agronome • aquaculteur • batelier • capitaine de la marine marchande • conducteur de machines agricoles • conseiller agricole • conseiller en environnement • éleveur • fleuriste • horticulteur-pépiniériste • mareyeur • marin de commerce • matelot • œnologue • ouvrier agricole • ouvrier sylviculteur • pêcheur.

Quiz

Plus vous cochez de cases, plus vous avez le profil pour les métiers proposés ! ☒

- Je n'aime pas beaucoup la ville. ☐
- À la campagne, je sais toujours m'occuper. ☐
- Je m'intéresse aux plantes, aux animaux, je connais leurs noms. ☐
- Le vent, la pluie, le froid ne m'empêchent jamais de sortir. ☐
- Je peux marcher pendant des heures en montagne sans m'ennuyer. ☐
- Je ne me vois pas travailler dans un bureau. ☐
- Je préfère aller bricoler dans les bois que jouer aux jeux vidéo. ☐
- J'ai des plantations sur mon balcon ou dans mon jardin. ☐
- Je suis très sensible aux problèmes liés aux pollutions. ☐

Je veux entretenir et protéger la nature

Il y aura toujours des arbres à élaguer, des forêts à débroussailler, des jardins à créer et à entretenir. Pour y parvenir, vous pouvez vous former aux métiers d'élagueur, de bûcheron, de paysagiste… La protection de l'environnement, de la faune ou de la flore passe par des actions d'éducation, de prévention et de répression. Si cela vous intéresse, vous pourrez devenir garde champêtre, garde du littoral…

Profil > ces amoureux de la nature doivent être incollables sur les espèces végétales et animales. Pour les métiers en contact avec le public (garde d'espace naturel…), sont demandées de réelles qualités de pédagogue.

Métiers à consulter >
bûcheron • élagueur • garde champêtre • garde-côte • garde d'espace naturel • garde du littoral • garde forestier • ouvrier paysagiste • paysagiste • technicien forestier • technicien paysagiste.

Je veux étudier la nature

L'astronome observe le ciel, le botaniste répertorie la flore, l'hydrobiologiste étudie les rivières et les plans d'eau… Tous ces scientifiques observent la Terre et l'Univers pour comprendre leur fonctionnement et anticiper les phénomènes météorologiques ou les catastrophes naturelles comme les séismes, les tsunamis, les disparitions d'espèces… Sur le terrain, des ingénieurs et des techniciens gèrent les projets d'aménagement et d'exploitation de cet immense territoire, tout en respectant l'environnement.

Profil > sens de l'observation et de l'adaptation, esprit d'analyse, patience sont les qualités indispensables pour ces experts qui ont fait entre deux ans (techniciens) et huit ans d'études (pour les chercheurs).

Métiers à consulter >
astronome • botaniste • géologue • géomètre-topographe • hydrobiologiste • ingénieur environnement • ingénieur forestier • météorologiste • océanologue • volcanologue • zoologiste.

Index métiers > page 256

Je veux faire connaître la nature

Si vous êtes un sportif passionné de la nature, vous pourrez joindre l'utile à l'agréable en devenant accompagnateur, guide ou skipper, et faire ainsi découvrir les paysages de France ou du monde entier à des groupes de touristes. Vous pourrez aussi transmettre ce goût pour la nature en travaillant sur l'image comme le photographe ou le réalisateur de documentaires, ou encore le cartographe qui crée des atlas ou des plans.

Profil > vigilance et réactivité, deux maîtres mots pour les moniteurs et les guides. Il ne suffit pas d'être un sportif accompli, il faut posséder des qualités pédagogiques pour transmettre sa passion. Pour les métiers de l'image, la créativité doit s'appuyer sur une très bonne maîtrise technique.

Métiers à consulter >
accompagnateur de moyenne montagne • accompagnateur de tourisme équestre • animateur nature • cartographe • guide de haute montagne • moniteur d'équitation • moniteur d'escalade • moniteur de ski • moniteur de voile • photographe • pisteur-secouriste • réalisateur • skipper.

pour en savoir plus onisep.fr

Je veux m'occuper d'animaux

Chiens, chats, dauphins, chevaux… vous aimez tellement les animaux que vous pourriez passer votre vie à les bichonner ! Un rêve accessible, car il existe de nombreux métiers permettant de dresser, soigner, élever et protéger petites et grosses bêtes.

Je veux élever et dresser des animaux

Accueillir les petits à leur naissance, les nourrir jour après jour, veiller à leur bon développement, c'est le quotidien choisi par les éleveurs qui vivent été comme hiver au rythme de leurs animaux. Les dresseurs, même s'ils ne sont pas en contact avec des animaux, entretiennent une relation très privilégiée avec eux : il leur faut bien observer pour comprendre leur comportement, leurs réactions et les amener à adopter les attitudes attendues. Vous pouvez dresser les animaux les plus divers : des chiens, bien sûr pour protéger les biens et les personnes (maître-chien) ou faciliter la vie quotidienne des aveugles (éducateur de chiens guides d'aveugles), mais aussi des chevaux (écuyer dans un cirque ou lad-jockey sur un champ de course), des fauves, des dauphins, des serpents pour préparer des numéros de spectacles !

Profil > pour les métiers de l'élevage, des connaissances variées sont désormais essentielles : techniques d'élevage, agronomie, agriculture, biologie, gestion… Patience, endurance, sang-froid, intelligence tactique sont indispensables pour contrôler les réactions de l'animal et se faire obéir.

métiers à consulter >
agriculteur • aquaculteur • dresseur d'animaux • écuyer (artiste de cirque) • éducateur canin • éducateur de chiens-guides d'aveugles • éleveur • lad-jockey • maître-chien.

Quiz

Plus vous cochez de cases, plus vous avez le profil pour les métiers proposés ! ☒

- Je vis avec un ou plusieurs animaux. ☐
- Je monte à cheval avec passion. ☐
- J'aime câliner mon chat, mais je pense aussi à changer sa litière. ☐
- J'aime observer le comportement des petites bêtes. ☐
- Je me sens responsable de mon chien : je le sors, je le nourris, je le dresse… ☐
- Je lis des magazines sur les animaux et adore les documentaires animaliers. ☐
- Je suis calme, patient, attentionné. ☐
- J'aimerais protéger des animaux en danger. ☐

index métiers
> page 256

Je veux soigner et protéger les animaux

Si vous avez un chat ou un chien, si vous montez à cheval, vous avez sans doute eu l'occasion d'observer le travail du vétérinaire, métier rêvé pour tous ceux qui ont envie de s'occuper d'animaux. En ville, il soigne surtout les petits animaux de compagnie dans son cabinet ou sa clinique, mais à la compagne il se déplace dans les fermes pour aider les petits à venir au monde, prévenir les maladies. Il peut aussi travailler dans les zoos auprès d'animaux bien plus exotiques ! Avec un CAP ou un bac professionnel, vous pouvez aussi devenir auxiliaire spécialisé vétérinaire, bras droit du vétérinaire, et réaliser pansements, points de suture et tatouages ! Les passionnés des chevaux se tourneront plutôt vers des métiers de maréchal-ferrant, palefrenier. Enfin, si le braconnage, les décharges sauvages vous révoltent, si vous souhaitez assurer la protection des espèces et de leur milieu, devenez garde-chasse ou garde-pêche, sortes de « policiers de la faune », ou encore zoologiste.

Profil > les soins aux animaux demandent une grande habileté, le sens de l'observation... et de longues études (cinq ans au minimum pour le zoologiste, sept ans pour le vétérinaire). Les soigneurs doivent non seulement avoir une aisance particulière avec les animaux, mais aussi une bonne résistance physique et nerveuse. Pour les protecteurs, il faut être un amoureux de la nature et incollable sur les espèces animales.

métiers à consulter >
auxiliaire spécialisé vétérinaire • garde-chasse • garde-pêche • inséminateur • maréchal-ferrant • palefrenier • soigneur d'animaux • toiletteur d'animaux • vétérinaire • zoologiste.

J'aime bien donner des conseils

L'éleveur et l'agriculteur ont besoin d'assistance et de recommandations. Le conseiller agricole aide les exploitants à améliorer la quantité et la qualité de leur production animale. Le contrôleur de performances renseigne les éleveurs de vaches, de brebis ou de chèvres sur la qualité et la quantité de lait. Il surveille aussi la croissance des animaux. Ces métiers de conseil sont nécessaires au bon fonctionnement des activités de l'élevage. Dans un tout autre univers, le vendeur animalier concilie son intérêt pour les animaux et le commerce, puisqu'il doit à la fois conseiller les clients et veiller à la bonne santé des animaux. Enfin, au rayon des métiers utiles, un métier insolite : taxidermiste. Contrairement aux idées reçues, il ne fait pas qu'empailler les animaux, il pérennise aussi les espèces rares ou en voie de disparition pour un musée ou une exposition.

Profil > pour conseiller, il faut posséder une excellente connaissance des espèces animales, savoir écouter et s'adapter aux besoins et contraintes de ses interlocuteurs.

métiers à consulter >
conseiller agricole • contrôleur de performances • taxidermiste • vendeur animalier.

pour en savoir plus onisep.fr

Je veux protéger la

Deux à quatre espèces animales ou végétales disparaissent chaque année, en grande partie à cause des activités humaines. Ce n'est pas une fatalité. Vous pouvez, comme ces professionnels, contribuer à réduire cet impact sur l'environnement.

Je suis pour le « développement durable »

Si vous pensez que l'industrie et l'agriculture doivent produire sans sacrifier l'environnement, vous êtes pour un développement durable ! Depuis quelques années, les scientifiques alertent les populations sur les conséquences des activités économiques : le trou dans la couche d'ozone qui laisse passer davantage les rayons du soleil et provoque le réchauffement de la planète, la pollution des sols, des eaux, de l'air, etc. Pour continuer à cultiver la terre et à fabriquer des objets sans détruire la planète, des professionnels mettent au point des produits moins agressifs, cherchent à réduire les déchets, la consommation d'eau, d'énergie, etc.

Profil > il faut avoir de bonnes connaissances techniques (on les apprend en deux à cinq ans après le bac), mais aussi aimer convaincre, car il faut beaucoup dialoguer pour amener les gens à changer leurs habitudes !

Métiers à consulter >
agronome • biologiste • chercheur • conseiller agricole • conseiller en environnement • économe de flux • ingénieur chimiste.

Quiz

Plus vous cochez de cases, plus vous avez le profil pour les métiers proposés ! ☒

- Je ne supporte pas l'idée que des espèces puissent disparaître. ☐
- La couche d'ozone, le réchauffement de la planète, j'en ai déjà entendu parler. ☐
- Les pollutions me révoltent et j'ai envie d'agir. ☐
- Je ne jette jamais un papier par terre. ☐
- Je fais la différence entre mes envies et mes besoins. ☐
- J'éteins la lumière en quittant une pièce. ☐
- Je ne laisse pas le robinet ouvert en me lavant les dents. ☐
- J'aime bien dialoguer et convaincre. ☐

Jérome Pallé/Onisep - © Philippe Graffion/Onisep

J'aimerais prévenir les risques industriels et naturels

Une toute petite fuite dans la tuyauterie d'une raffinerie de pétrole ou d'une centrale nucléaire et ce sont des kilomètres de fleuve pollués… C'est dire le rôle important que jouent les ingénieurs et les techniciens dont la mission est de prévoir tous les incidents possibles, leurs conséquences et leurs parades ! Ils travaillent dans les usines qui présentent le plus de risques comme la chimie ou le pétrole, mais pas seulement : un petit incendie dans une imprimerie peut

planète

Air GASPILLAGE
Eau QUALITÉ
AVENIR DÉCHETS
Écologie FORÊT
Pollution

ravager des kilomètres carrés et produire des gaz très toxiques ! Certains professionnels ont, eux, pour mission de prévenir les risques naturels : une avalanche, une tempête, un tremblement de terre ou un cyclone.

Profil > il faut aimer tout prévoir ! Au-delà des connaissances techniques à acquérir en deux ou cinq ans après le bac, il faut aussi avoir le sens pratique, être rigoureux, ne négliger aucun détail, être capable d'écouter, de dialoguer pour transmettre à tous les salariés d'une entreprise la culture de la sécurité.

Métiers à consulter >
écotoxicologue • géologue • ingénieur environnement • météorologiste • responsable HSE (hygiène, sécurité, environnement) • responsable qualité • technicien en radioprotection • technicien nucléaire • volcanologue.

Je veux combattre les pollutions

Les fumées d'usine, les engrais chimiques, les déchets des entreprises et des familles…, toutes les activités humaines laissent des traces dans l'air, le sol et l'eau. Des professionnels interviennent pour éviter la pollution ou nettoyer. Ainsi, des techniciens spécialisés dans la mesure de la qualité de l'air grimpent au sommet des cheminées d'usine pour vérifier que les fumées sont conformes aux normes autorisées, alors que d'autres vont analyser les eaux ou les sols situés à proximité des entreprises. Chaque jour, il faut s'occuper des déchets que nous produisons, s'assurer que l'eau du robinet est de bonne qualité. Lorsqu'un accident se produit ou lorsqu'une entreprise à risque déménage, il faut nettoyer les sols contaminés : on ne peut construire des immeubles, des écoles sur l'ancien site d'une usine chimique.

Profil > une partie du travail s'effectue sur le terrain pour relever les mesures de pollution, l'autre en laboratoire pour analyser les prélèvements.

Métiers à consulter >
acousticien • agent de propreté urbaine • géologue • hydrobiologiste • hydrogéologue • inspecteur des affaires maritimes • technicien en radioprotection • technicien pollution • technicien traitement des déchets • technicien du traitement des eaux.

Index métiers
> page 256

Je veux éduquer à l'environnement

Chacun a un rôle à jouer pour protéger la planète : l'État, les entreprises, les citoyens et les associations. Il existe des milliers d'associations, petites ou grandes, animées par des personnalités militantes qui souvent inventent leur métier. Un exemple : Guillaume cherche les sources de pollution pour WWF, caméra au poing. Il les filme et fait du buzz sur Internet pour interpeller l'opinion. D'autres informent, éduquent à l'environnement pour sensibiliser les populations.

Profil > pédagogue, créatif, militant, il aime convaincre et ne renonce pas facilement !

Métiers à consulter >
animateur nature • conseiller environnement • garde-côte • garde d'espace naturel • garde du littoral • garde forestier • journaliste • juriste en droit de l'environnement.

pour en savoir plus onisep.fr

J'aime bouger

Le cocooning ? Très peu pour vous ! Votre ambition : courir le monde, bouger. Vous avez l'âme d'un globe-trotter ! De nombreux métiers permettent de se déplacer, de découvrir de nouveaux horizons, en France comme à l'étranger.

Mon ambition ? Travailler dans le tourisme

Surfer sur le Net pour regarder des carnets de voyages, aider les parents à trouver le Bed and Breakfast le moins cher pour un week-end familial à Londres ou ailleurs, pour vous, c'est un vrai plaisir… avant même d'être sur place ! Travailler dans le tourisme vous plairait sûrement. Une précision s'impose : seuls 20 % des professionnels du secteur multiplient les déplacements ; les autres sont sédentaires. Parmi les grands voyageurs, on trouve les guides, les interprètes, les animateurs, les hôtesses de l'air, les conducteurs de cars, etc. Le métier qui fait rêver ? Le concepteur de voyages, chargé de concocter les circuits vendus clés en main. Il va sur le terrain sélectionner le bon hôtel, les excursions, les différentes prestations à associer… Du tourisme à l'hôtellerie-restauration, il n'y a qu'un pas : la gastronomie française est si appréciée à l'étranger qu'un cuisinier peut y exporter son savoir-faire !

Profil > sens du contact évidemment, maîtrise des langues étrangères (anglais, espagnol, chinois, russe).

Métiers à consulter >
accompagnateur • animateur de tourisme • concepteur de voyages • conducteur (autocar, train) • cuisinier • directeur d'hôtel (hôtelier) • guide accompagnateur • hôtesse de l'air • interprète • moniteur sportif • restaurateur • serveur • skipper.

Quiz

Plus vous cochez de cases, plus vous avez le profil pour les métiers proposés ! ☒

- J'aime bien changer de lieu de vacances tous les ans. ☐
- J'ai déjà vécu à l'étranger. ☐
- J'aimerais vivre à l'étranger. ☐
- Je suis bon en langues. ☐
- Je noue des contacts très facilement. ☐
- Je n'aime pas les habitudes. ☐
- J'ai un peu la bougeotte ! ☐
- Je suis curieux. ☐
- Je ne pourrais pas passer ma vie assis sur une chaise ! ☐
- Dans un lieu nouveau, je trouve vite mes repères. ☐
- Mes amis ne se ressemblent pas tous. ☐
- J'aime bien les gens originaux. ☐

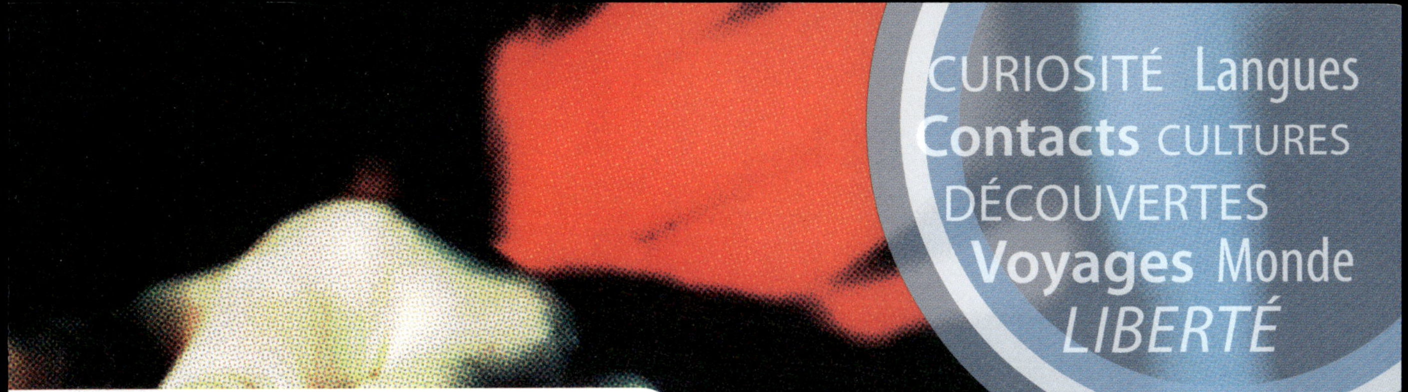

Mon passeport ? Mes talents artistiques

Tandis que vos amis épuisent leur mercredi devant la télévision, vous enchaînez les cours de solfège ou de théâtre. Vous développez une fibre artistique qui peut vous mener en tournée dans le monde entier. Une bonne idée. Le talent n'a pas de frontières : dans les compagnies de théâtre, lors du tournage de films ou de comédies musicales, on prend les meilleurs sans se soucier de la nationalité. Tous les métiers qui gravitent autour du monde artistique et de l'audiovisuel permettent de s'exporter.

Profil > la maîtrise d'un art, de langues étrangères, la volonté de se hisser au meilleur niveau pour entrer dans la compétition internationale !

Métiers à consulter >
animateur de film d'animation • animateur 3D • artiste de cirque • cadreur • cascadeur • chanteur • chef d'orchestre • chorégraphe • comédien • costumier • danseur • directeur des effets spéciaux • éclairagiste • journaliste • machiniste • musicien • perchman • photographe • réalisateur • régisseur • scripte.

Je veux bouger, mais en France

L'idée d'avoir un écran d'ordinateur pour seul horizon vous effraie. Vous voulez que ça bouge, mais sans pour autant vous expatrier. La palette des métiers « animés » est bigarrée. Dans les entreprises, ce sont surtout les commerciaux qui se déplacent pour démarcher les clients, les relancer, assurer les relations après-vente, mais aussi les auditeurs qui vérifient les comptes ou les méthodes de travail dans les filiales. Certains secteurs exigent des déplacements : le BTP où chacun, du chef de chantier au plâtrier en passant par l'architecte, suit les chantiers ; les services à domicile (chauffeur-livreur, déménageur ou infirmier). Sans oublier le facteur qui, chaque jour, fait sa tournée, à vélo ou en voiture.

Profil > hormis les qualités propres à chaque métier, il faut aimer conduire et passer des heures derrière un volant !

Métiers à consulter >
architecte • auditeur d'entreprise • chauffeur-livreur • chef de chantier du BTP • commercial • conducteur de travaux • déménageur • détective • facteur • gardien de la paix • gendarme • généalogiste • infirmier • motard • pêcheur • technico-commercial.

index métiers
> page 256

Je veux vivre à l'étranger

L'Hexagone est trop petit pour vous. Vous voulez parcourir le monde, multiplier les expériences à l'étranger. Selon vos centres d'intérêt, vous pourrez vous tourner vers les associations humanitaires, l'armée, la diplomatie (les personnels des ambassades ne restent jamais plus de quelques années au même endroit), la recherche (les chercheurs du monde entier se retrouvent très souvent pour échanger), le commerce international.

Profil > ouverture aux autres cultures, capacité d'adaptation à des univers différents, maîtrise de langues étrangères.

Métiers à consulter >
archéologue • capitaine de la marine marchande • diplomate • ethnologue • logisticien de l'humanitaire • marin de commerce • matelot • mécanicien de pêche • militaire • océanologue • paléontologue • reporter-photographe • technicien pétrolier • volcanologue • zoologiste.

pour en savoir plus onisep.fr

Le sport est ma passion

Vous pratiquez avec passion un ou plusieurs sports. Comme pour de nombreux jeunes, cette passion suscite chez vous une véritable vocation. Plus de 122 disciplines s'exercent dans des environnements variés. Ce qui ouvre bien des possibilités.

J'aimerais être sportif professionnel

Vous rêvez de rejoindre le club prestigieux des sportifs professionnels. Il faut savoir que tous les champions ont pour point commun d'avoir commencé leur activité très jeunes. D'une durée de dix à vingt ans, leur carrière exige une entière disponibilité, des déplacements fréquents et des entraînements intenses. Mais il n'y a pas que la compétition. Certains métiers artistiques sont tout aussi riches en exploits. Acrobates, danseurs, cascadeurs procurent aussi des émotions fortes à leurs spectateurs. Enfin, si vous préférez vous épanouir dans une activité utile, la police et l'armée peuvent vous intéresser. Plongeur-démineur, pisteur secouriste (« le pompier des neiges »), ou encore cordiste dans le BTP sont des professions exercées par des sportifs accomplis.

Profil > goût pour l'effort et la compétition. Vous devez être tenace, dynamique et adopter une hygiène de vie irréprochable. Il faut savoir accepter les conseils et les critiques. La plupart des sportifs professionnels ont le bac et/ou une autre qualification professionnelle pour leur future reconversion professionnelle.

Métiers à consulter >
arbitre • artiste de cirque • cascadeur • chorégraphe • danseur • entraîneur • footballeur • garde républicain (à cheval) • lad-jockey • parachutiste (militaire) • pilote automobile • pisteur secouriste • pompier • sportif professionnel.

Quiz

Plus vous cochez de cases, plus vous avez le profil pour les métiers proposés ! ☒

- Je pratique au moins un sport hors du temps scolaire. ☐
- J'aime l'ambiance du club. ☐
- J'adore les compétitions ou les tournois. ☐
- J'ai tapissé ma chambre de mes champions préférés. ☐
- Je suis l'actualité sportive. ☐
- Rhume ou contrôle à réviser, je ne rate jamais un entraînement. ☐
- Ma devise est : « Jamais sans mon ballon ou ma raquette ! » ☐
- Je ne suis pas très doué, mais je m'amuse quand même. ☐

index métiers
> page 256

L'animation et l'éducation sportive me tentent

Ce qui vous motive en priorité, c'est de partager votre passion pour le sport. Alors, pourquoi ne pas combiner cet intérêt avec le plaisir de l'enseignement ? Vous pouvez devenir prof d'EPS pour enseigner tous les sports à des élèves, ou encore moniteur, spécialisé sur un sport mais auprès de publics plus variés. Vous pouvez aussi combiner votre passion pour le sport et votre intérêt pour les activités liées au bien-être et à la détente dans des secteurs comme le tourisme et l'animation. De nombreux clubs de loisirs recrutent des animateurs et des éducateurs sportifs. La plupart des activités sont saisonnières comme les sports d'hiver, occupent à temps partiels, le soir et le week-end. De plus en plus de moniteurs sportifs sont polyvalents et enseignent deux disciplines comme le ski et l'escalade, afin de travailler tout au long de l'année.

Profil > être un bon pédagogue, capable d'encadrer des groupes. Avoir le sens du contact et des connaissances en anatomie humaine. Certains brevets d'animation comme le BAFA ou jeunesse et sports (BEES, BPJEPS) sont accessibles sans diplôme. Les techniciens ont un niveau bac à bac + 3 ; les enseignants, un bac + 5.

Métiers à consulter >
accompagnateur de moyenne montagne • accompagnateur de tourisme équestre • animateur • guide de haute montagne • maître nageur sauveteur • moniteur d'équitation • moniteur d'escalade • moniteur de ski • moniteur de voile • professeur d'EPS • professeur de danse • professeur de sport • skipper.

Je veux travailler dans l'univers du sport

On peut travailler dans l'univers du sport sans être… un grand sportif ! Si ce milieu vous attire, vous pouvez lui apporter d'autres compétences. Médicales, comme les médecins, kinésithérapeutes, diététiciens, qui suivent les athlètes, les soignent ou les aident à entretenir leur forme par des soins et des conseils adaptés. Commerciales, puisque le sport, véritable empire, emploie des professionnels de la vente, de la gestion et du marketing. Techniques, car les services des sports et des associations ont besoin d'organisateurs, de conseillers et de responsables d'équipement sportif. Journalistiques, si vous aimez l'actualité sportive... ou même juridiques, pour gérer les problèmes de contrat.

Profil > ces métiers sont tous différents, mais ils demandent de solides aptitudes en communication et… de bonnes connaissances dans le domaine sportif. Comptez au minimum un bac + 2 pour la vente et la diététique, de bac + 3 à bac + 5 pour les managers et les journalistes, et jusqu'à bac + 12 pour les médecins du sport.

Métiers à consulter >
conseiller technique sportif (entraîneur) • gestionnaire du sport • journaliste • juriste • masseur-kinésithérapeute (du sport) • médecin (du sport) • préparateur physique (entraîneur) • vendeur.

pour en savoir plus onisep.fr

Je serai un pro de la

Passionné de deux-roues ou de belles voitures, vous n'avez qu'une hâte : passer le permis. Nombre de métiers vous permettront de conduire, pour transporter des marchandises ou des personnes, ou simplement pour vous déplacer.

J'aime conduire sur la route

La conduite vous fascine. Vous pouvez en faire votre métier. Plutôt solitaire, vous avez envie de voir du pays ? Au volant de son camion, le routier avale des kilomètres pour transporter des marchandises, comme parfois le déménageur qui transporte meubles, appareils et cartons. Vous préférez les petits trajets et le contact avec la clientèle ? En ville ou sur les routes, le conducteur de car, l'ambulancier et le chauffeur de taxi véhiculent des personnes en toute sécurité. Vous aimez la vitesse ? Quelques pilotes s'entraînent sur les circuits avec pour seul objectif : gagner des courses. D'autres professionnels passent du temps au volant, sans être des as de la conduite. Commercial, infirmière, assistante sociale, pompier, gendarme… ils se déplacent chaque jour pour rencontrer des clients, effectuer des visites ou porter secours.

Profil > savoir conduire, avoir une bonne acuité visuelle et une audition correcte, du sang-froid, une grande capacité d'attention et de bons réflexes.

Métiers à consulter >
ambulancier • cascadeur • chauffeur de taxi • chauffeur-livreur • chauffeur particulier • commercial • conducteur de bus, de benne à ordures (agent de propreté urbaine), d'engins de TP, de char (militaire), de machines agricoles • déménageur • moniteur d'auto-école • motard • pilote auto • pompier.

Quiz

Plus vous cochez de cases, plus vous avez le profil pour les métiers proposés ! ☒

- J'adore regarder la Formule 1. ☐
- Petit, je jouais des heures avec mon circuit. ☐
- Sur mon VTT ou mon BMX, je fais des prouesses. ☐
- J'adore les simulateurs de conduite. ☐
- Je ne prends jamais de risques inconsidérés. ☐
- Je suis fasciné par les 38 tonnes. ☐
- Je peux faire un long trajet sans m'ennuyer. ☐
- Piloter un avion, j'en rêve. ☐
- Je sais garder mon sang-froid. ☐
- Le mal des transports, je ne connais pas. ☐

conduite

MER Voyage
Avion Transport
Voiture
Rail Moto
PILOTE Bateau

index métiers
> page 256

Je veux être aux manettes d'un train

Vous aimez les chemins de fer, les gares, les aiguillages... Le métier de conducteur de train est fait pour vous. Aux commandes d'un TGV ou d'un train Corail, il transporte des voyageurs et/ou des marchandises à travers le territoire, tout en admirant de beaux paysages. Ce qui l'oblige parfois à dormir à l'hôtel avant de repartir vers sa gare d'origine. Vous préférez les petits trajets, rester près de chez vous ? Métro et tramway vous permettront de rouler sur des rails dans un cadre urbain, à l'air libre ou sous terre.

Profil > esprit d'analyse, rigueur, méthode, maîtrise de soi, sens des responsabilités, capacités d'attention et d'anticipation, autonomie. Aimer se déplacer souvent, accepter d'être absent de chez soi pour les grandes lignes, pouvoir rouler sans appréhension dans les tunnels ou sous terre.

Métiers à consulter >
conducteur de train, de tram ou de métro.

Je veux piloter un avion, un hélicoptère

Dès que vous entendez vrombir dans le ciel, vous levez les yeux pour voir l'appareil. Le métier de pilote d'avion recouvre des réalités différentes. Dans les compagnies aériennes, le pilote de ligne transporte des voyageurs sur moyen ou long-courrier. Dans ce dernier cas, il fait escale et doit s'adapter au décalage horaire. Dans l'armée de l'air ou dans la marine, le pilote d'avion ou d'hélicoptère est chargé de transporter des hommes, du matériel ou des marchandises. S'il se pose d'ordinaire sur une base aérienne ou un porte-avions, en temps de guerre, il doit atterrir sur des terrains difficiles d'accès et dangereux. À bord d'un avion de combat, le pilote de chasse mène des opérations de surveillance, de reconnaissance et de destruction.

Profil > avoir du sang-froid et de bons réflexes pour réagir en cas d'imprévu, une excellente acuité visuelle et une formation technique de haut niveau, afin de contrôler les nombreux appareils du tableau de bord et synchroniser les multiples commandes.

Métiers à consulter >
officier de l'armée de l'air ou de la marine • pilote d'avion • sous-officier de l'armée de l'air ou de l'armée de terre.

Je veux naviguer

Lorsque vous entendez la sirène d'un bateau qui quitte le port, vous rêvez d'abandonner la terre ferme pour de lointains horizons. Le transport de marchandises vous permettra de naviguer et de voir du pays, sur la mer comme le capitaine de marine marchande ou le marin de commerce, sur les canaux et les fleuves comme le batelier. À la barre de son voilier, le skipper accompagne des touristes en croisière, ou reconduit le bateau en cale à la demande d'un propriétaire. Vous aimez les bateaux, mais pas forcément les voyages… Le métier de moniteur de voile permet de transmettre ses compétences à des groupes d'apprentis marins ; celui de pilote de port, de diriger en toute sécurité les manœuvres à l'entrée et à la sortie des ports.

Profil > savoir naviguer, connaître les techniques mais aussi la mer et ses dangers, avoir une bonne condition physique et une grande résistance, être pédagogue pour le moniteur.

Métiers à consulter >
batelier • capitaine de marine marchande • marin de commerce • marin-pompier • matelot • mécanicien de pêche • moniteur de voile • officier de la marine • officier marinier • pêcheur • pilote de port • skipper.

pour en savoir plus onisep.fr

J'aime les sensations

L'imprévu, l'aventure, les émotions… tout plutôt que l'ennui de journées qui se suivent et se ressemblent. Sécurité, humanitaire, sport, spectacle : des univers pour vivre des sensations fortes sans prendre de risques inutiles.

J'ai l'étoffe d'un héros

Alerte à la bombe, prise d'otages, ministre ou président étranger à escorter, immeuble en feu, hold-up, guerre de gangs, mission humanitaire à sécuriser… pour affronter toutes ces situations périlleuses, il faut vraiment aimer les sensations fortes. La police, l'armée, mais aussi l'humanitaire, en particulier l'humanitaire d'urgence qui intervient dans des contextes difficiles (guerres, catastrophes naturelles, etc.), ont besoin de professionnels courageux, sérieux, bien formés.

Profil > le plus important dans ces missions, c'est de savoir prendre des risques sans mettre sa vie ou celle des autres en danger. Pour cela, il faut être rigoureux, responsable, avoir du sang-froid, être courageux, mais pas casse-cou, savoir observer des règles de sécurité et les faire respecter.

Métiers à consulter >
chef de mission humanitaire • commissaire de police • démineur • gardien de la paix • gendarme • lieutenant de police • logisticien de l'humanitaire • maître-chien • militaire • officier (armée de l'air, armée de terre, marine) • pisteur-secouriste • sapeur-pompier • sous-officier.

J'aime anticiper, prévoir

Beaucoup moins connus que les pompiers, les policiers ou les militaires, des professionnels veillent dans l'ombre à la sécurité des entreprises. Ils répertorient tous les dangers potentiels, anticipent tous les accidents, imaginent les pires scénarios (explosion d'une usine chimique, fuite radioactive, etc.) et les actions à mener en cas d'accident. Moins vital, mais capital pour la survie de l'entreprise, le risque financier : pour vivre au rythme des salles de marché et des aléas de la Bourse, comme les traders, mieux vaut

Quiz

Plus vous cochez de cases, plus vous avez le profil pour les métiers proposés ! ☒

- Pendant les contrôles, je ne perds pas mes moyens. ☐
- Je ne me suis encore jamais rien cassé ! ☐
- J'adore les romans policiers, les films qui font peur. ☐
- J'aime les surprises. ☐
- Je parle volontiers devant toute ma classe. ☐
- Je participe à des compétitions sportives. ☐
- Je sais ce qu'est l'adrénaline ☐
- Je suis encore meilleur avec le trac. ☐
- Je sais évaluer les risques. ☐
- Je trouve toujours que les journées sont trop courtes. ☐

© Phovoir

fortes ...

IMPRÉVU Risque
Enthousiasme
Courage JEU
Surprises
Frissons

aimer le stress ! Et puis, il y a ceux qui gèrent le risque lié à l'activité de leur entreprise : l'aiguilleur du ciel, qui doit éviter les collisions d'avions, le convoyeur de fonds toujours sur le qui-vive parce qu'il ramasse et transporte l'argent des banques…

Profil > être capable d'analyser et évaluer des risques, d'anticiper, de réagir très vite. Du sang-froid pour résister au stress, le sens des responsabilités. Le sens de la pédagogie et de la communication aussi pour ceux chargés de la sécurité dans l'entreprise.

Métiers à consulter >
agent de sécurité • aiguilleur du ciel • convoyeur de fonds • responsable HSE (hygiène, sécurité, environnement) • responsable qualité • technicien en radioprotection • technicien nucléaire • trader.

Je préfère les émotions artistiques et sportives

Il y a le trac de l'acteur ou du musicien qui va monter sur scène face à son public, la sensation vertigineuse du trapéziste qui s'élance dans le vide pour saisir les mains de son partenaire, le sang-froid plein d'autorité du dresseur de fauves… ou comment mêler avec le plus grand bonheur son appétit d'émotions et son sens artistique ! Des sensations fortes aussi dans le sport avec les compétitions ou les activités de haute montagne.

Profil > une bonne forme physique, de la résistance, de la volonté, de la rigueur, de la créativité.

Métiers à consulter >
arbitre • artiste de cirque • cascadeur • chanteur • chef d'orchestre • chorégraphe • comédien • danseur • dresseur d'animaux • guide de haute montagne • musicien • pilote automobile • pilote d'avion • pilote de chasse (officier de l'armée de l'air) • sportif professionnel.

index métiers
> page 256

J'ai envie de sensations utiles

Comment mettre ses capacités physiques et son goût pour les sensations fortes au service des autres sans pour autant s'engager dans l'armée ? Il suffit de lever les yeux au ciel et de rejoindre les élagueurs qui grimpent sur la cime des arbres, les charpentiers qui escaladent le toit de nos maisons, les professionnels qui entretiennent les surfaces en verre des buildings et des monuments d'art, mais aussi les peintres, maçons, couvreurs et soudeurs formés à l'alpinisme qui interviennent en altitude ou sur les sites difficiles d'accès. Comment changer un boulon sur le viaduc de Millau ? Une seule solution : la corde. Sensations garanties…

Profil > une formation professionnelle au métier (CAP, bac pro dans la spécialité) et à la technique d'escalade, le goût pour le travail en équipe, l'autonomie, la rigueur dans les consignes, aimer travailler en extérieur et en hauteur. Et avoir une bonne condition physique !

Métiers à consulter >
charpentier • cordiste (guide de haute montagne) • couvreur • élagueur • maçon • peintre • soudeur…

pour en savoir plus onisep.fr

Je veux travailler de mes mains

On vous félicite souvent, car vous êtes méticuleux et particulièrement habile de vos mains. De multiples activités professionnelles associent avec bonheur dextérité manuelle et ingéniosité pour restaurer des objets, soigner des personnes ou encore confectionner des petits plats.

J'ai de l'or dans les mains

Votre petit frère est ravi : vous venez de lui réparer son jouet ! Vos talents manuels pourront faire de vous un professionnel heureux ! Connaissez-vous le point commun entre un horloger, un couturier ou encore un maçon finisseur ? Des mains particulièrement habiles ! Ce n'est pas un hasard si des mécaniciens ou des ébénistes sont aussi fiers du résultat de leurs interventions que les chirurgiens après une opération délicate. Car, sans dextérité manuelle, aucun de ces pros aux doigts de fée ne pourrait exercer sa profession.

Profil > une bonne vue, un esprit patient et méthodique, une grande habileté. Niveau d'études selon les spécialités professionnelles.

Métiers à consulter >
ajusteur-monteur avion • audioprothésiste • bottier • carreleur-mosaïste • chaudronnier • cordonnier • horloger • horticulteur • maçon • maroquinier • menuisier • micro-technicien • modéliste • monteur en optique-lunetterie • orthoprothésiste • peintre en bâtiment • plâtrier • plombier • podo-orthésiste • prothésiste dentaire • retoucheur • soudeur • tailleur de pierre • techniverrier • verrier au chalumeau.

J'aime créer de belles choses

Non seulement vous avez la main verte, mais votre composition florale est aussi plaisante à contempler que l'élégant vase en terre cuite qui la protège. Comme les fleuristes et les potiers, vous êtes inventif. Vous savez tirer parti du cuir, du verre, du tissu, du bois pour créer ou restaurer de beaux objets. Pour rejoindre les artisans d'art, vous compléterez votre créativité, votre sens esthétique par des compétences

Quiz

Plus vous cochez de cases, plus vous avez le profil pour les métiers proposés ! ☒

- Je suis soigneux, méticuleux. ☐
- On me dit que j'ai du goût, que je fais de jolies choses. ☐
- J'aime toucher les cheveux, faire des massages. ☐
- Je sais faire de belles crêpes, bien rondes ! ☐
- Je suis fier de fabriquer un objet. ☐
- Je suis plus Kapla, bricolage ou cuisine que roller et vélo. ☐
- J'offre souvent des objets que j'ai faits moi-même. ☐
- Je ne peux m'empêcher de toucher les objets que je trouve beaux. ☐
- J'aime le contact avec la matière, j'aime la transformer. ☐

en mécanique, musique, architecture, maçonnerie. C'est l'union du talent et du savoir-faire qui permet d'exercer ces professions reconnues et gratifiantes.

Profil > possséder des compétences techniques, des qualités artistiques (dessin, musique, poterie, peinture, couture...) et de la curiosité. De nombreux diplômes de métiers d'art sont accessibles du CAP jusqu'à bac + 2.

Métiers à consulter >
bijoutier • céramiste • costumier • couturier • créateur de meubles • ébéniste • encadreur • étalagiste • ferronnier • fleuriste • graveur sur métal • luthier • marionnettiste • modiste • mosaïste • orfèvre • peintre en lettres • potier • relieur • restaurateur d'art • sculpteur sur bois • tailleur • tapissier • verrier • vitrailliste.

Je suis un tactile !

Lorsque vous voyez un ami souffrir, vous lui prenez spontanément la main pour le réconforter, le contact physique ne vous gêne pas, vos gestes sont doux, apaisants. Ces qualités sont indispensables pour acquérir des gestes techniques et exercer un métier lié aux soins aux personnes. Ils ont pour objectif d'embellir, de détendre ou de rééduquer le corps humain. Chirurgie réparatrice, massages, soins de la peau ou des cheveux... que vous choisissiez de prodiguer des massages dans le décor glamour d'un institut de beauté ou des soins dans l'univers plus austère d'un hôpital, d'un cabinet médical ou d'une maison de retraite, les manipulations ne sont jamais anodines et elles s'appuient sur des connaissances professionnelles très précises.

Profil > avoir de bonnes aptitudes relationnelles, une grande capacité d'écoute. Du CAP pour les coiffeurs et les esthéticiens à bac + 3 dans le domaine paramédical. Bac + 12 pour le chirurgien.

Métiers à consulter >
agent hydrothermal • chirurgien • coiffeur • esthéticien • maquilleur • masseur-kinésithérapeute • ostéopathe • pédicure • sage-femme.

index métiers
> page 256

J'aime mettre la main à la pâte

Gourmand, vous aimez identifier les saveurs des plats, regarder vos parents cuisiner et... leur donner un coup de main. Peu à peu, vous vous lancez : vous faites des crêpes pour vos amis, testez des recettes... Vous aimez aussi vous attarder devant la vitrine du traiteur ou du chocolatier pour admirer une apothéose de couleurs et de saveurs qui reflète le génie de leur créateur. Comme lui, vous vous verriez bien derrière les fourneaux à mitonner de bons petits plats et à créer des gâteaux aussi beaux que délicieux. C'est ainsi que des fins gourmets, inventifs et dynamiques ont choisi d'offrir leurs talents à l'un des nombreux métiers de bouche qui font le succès de la gastronomie française.

Profil > de la créativité, de l'audace, une bonne résistance physique. Acquérir les techniques de base pour préparer, réaliser, présenter des produits culinaires commercialisables (CAP et bac pro).

Métiers à consulter >
boucher • boulanger • charcutier • chocolatier • cuisinier • fromager • glacier • pâtissier • restaurateur • traiteur.

pour en savoir plus onisep.fr

Réparer, bricoler, j'adore ça

Pour comprendre le fonctionnement d'un appareil, vous allez volontiers voir « ce qu'il a dans le ventre » et vous cherchez à analyser la fonction de chaque pièce. Réparer une panne, faire du neuf avec du vieux en restaurant un objet, vous pouvez exercer vos aptitudes dans différents secteurs.

J'adore la mécanique

Alors que certains savent à peine à quoi sert un moteur, vous avez toujours été à l'aise avec les cylindres, les pistons, les engrenages et autres pièces mécaniques. Comprendre d'où vient une panne, trouver la solution pour la réparer, ou tout simplement monter, ajuster, souder des pièces entre elles en suivant un plan de montage vous captive. Or, ce sont les défis quotidiens des ouvriers et techniciens de la mécanique qui exercent leurs talents sur différents engins : avions, mais aussi voitures, motos, machines agricoles, bateaux, trains… Attention, vous aurez une grande responsabilité : une erreur d'appréciation peut s'avérer fatale pour la vie des autres. Après réparation, le contrôle du bon fonctionnement de la machine achèvera votre travail. Enfin, l'ingéniosité, l'habileté manuelle sont très utiles pour fabriquer des prothèses médicales sophistiquées.

Profil > être précis, patient, minutieux, avoir une bonne vue quand on travaille sur de petits éléments. Être prêt à travailler dans un environnement bruyant en étant souvent debout ou plié. La plupart de ces métiers sont accessibles après la classe de 3e en deux à trois ans d'études.

Métiers à consulter >
ajusteur-monteur avion • carrossier-réparateur • conducteur d'engins de travaux publics • conducteur de machines agricoles • contrôleur technique auto • électricien auto • mécanicien (auto, bateau, avion, moto, engins agricoles, etc.) • orthoprothésiste • podo-orthésiste.

Quiz

Plus vous cochez de cases, plus vous avez le profil pour les métiers proposés ! ☒

- Je peux rester des heures à bichonner ma mobylette. ☐
- Je sais démonter et remonter des objets. ☐
- Je veux toujours savoir comment fonctionne un appareil. ☐
- J'ai déjà ma caisse à outils. ☐
- Je suis méthodique et persévérant. ☐
- Je sais travailler seul ou en équipe. ☐
- J'aime le travail bien fait. ☐
- Je cherche toujours la solution à un problème. ☐
- Je suis bon en technologie. ☐
- J'aime les objets anciens. ☐

index métiers
> page 256

J'aime bien trouver les pannes !

L'ordinateur tout neuf de vos parents fait un bruit terrible ! Dans ce cas-là, c'est vous qu'on appelle à la rescousse, car rien ne vous amuse plus que démonter, observer, traquer la pièce ou le branchement défectueux et remonter le tout. Ce talent est une chance ! L'informatique, l'électricité font partie de notre quotidien et bien des secteurs s'arracheraient vos services : le bâtiment a besoin d'électriciens pour traquer les courts-circuits électriques dans les maisons, de plombiers pour localiser l'origine des fuites d'eau, les services après-vente recherchent des techniciens compétents en mécanique et en électronique pour réparer télévisions, ordinateurs, lecteurs DVD, mais aussi cuisinières, lave-linge et autres appareils électroménagers. L'industrie aura toujours besoin de techniciens ou d'ingénieurs pour concevoir des installations à grande échelle, anticiper les risques de panne en assurant une maintenance régulière.

Profil > être curieux, rigoureux, aimer enrichir en permanence ses connaissances. Les techniciens et ingénieurs se forment dans un domaine (électronique, informatique, électricité, mécanique…) en deux à cinq ans d'études après le bac avant de se spécialiser, éventuellement, en maintenance.

Métiers à consulter >
ascensoriste • chauffagiste • climaticien • dépanneur en produits grand public • électricien • frigoriste • hot-liner • hydraulicien • installateur en télécommunications • maintenancier industriel • micro-technicien • plombier • technicien de maintenance en micro-informatique • technicien thermicien.

Je veux rénover des objets anciens

Ce vieux coffre dans le grenier, vous l'avez décapé, nettoyé, poncé, peint, verni… À présent, il est comme neuf ! C'est une joie et une fierté que vous pouvez retrouver dans la vie professionnelle, car il existe des métiers qui permettent de travailler le bois, le tissu, le cuir et de redonner toute sa splendeur à un objet usé. Qu'ils soient passionnés par la musique, la mode, les bijoux ou les meubles, ces professionnels de la restauration aiment, en manipulant ces objets, voir le travail réalisé avant eux et leur redonner une seconde vie. Une façon aussi de voyager à travers les siècles, les objets et les matières.

Profil > de l'habileté, de la précision, de la patience, des connaissances techniques et en histoire de l'art pour restaurer en respectant le style de l'époque. Ces métiers se préparent directement après la 3e ou après le bac (entre deux et cinq ans d'études).

Métiers à consulter >
accordeur de piano (facteur d'instruments de musique) • cordonnier • couturier • ébéniste • encadreur • ferronnier • horloger • luthier • marionnettiste • menuisier • mosaïste • orfèvre • relieur • restaurateur d'art • retoucheur • staffeur • tapissier d'ameublement • vendeur spécialisé en bricolage • vitrailliste.

pour en savoir plus onisep.fr

Je serai un pro du bâtiment

Pour bâtir un immeuble ou un pont, il faut des gens qui dessinent des plans, des professionnels qui font sortir les projets de terre et d'autres qui se chargent des finitions. Une multitude de métiers qui combinent savoir-faire traditionnels et technologies ultramodernes.

J'aime être à l'origine des projets

Si vous aimez imaginer des univers, des lieux où les gens se sentent bien, si vous pensez qu'un petit dessin vaut mieux qu'un grand discours, vous vous sentirez certainement à l'aise dans un bureau d'études. En effet, c'est dans ce lieu où fourmillent les idées que démarre tout projet de construction ou d'aménagement. Qui pourrait imaginer que pour créer le futur centre commercial de votre ville ou rénover votre école, se mobilisent un nombre impressionnant d'experts, d'architectes et d'ingénieurs particulièrement inventifs ? Assistés par un bataillon de techniciens aux compétences variées, ils vont mener les expertises de terrain, dessiner des plans, y intégrer des calculs, choisir les matériaux et évaluer les coûts de la construction. Chaque étape du chantier est programmée avec soin. Cette activité se déroule également à l'extérieur, car les allers-retours sont fréquents entre le bureau d'études et le chantier.

Profil > être créatif et apprécier l'utilisation de logiciels très sophistiqués. Savoir dessiner des plans et effectuer les calculs. Ces connaissances s'acquièrent du bac pro (techniciens) jusqu'à six ans d'études supérieures, pour les architectes. Des qualités d'expression et d'écoute sont nécessaires pour les activités de négociation.

Métiers à consulter >
acousticien • architecte • dessinateur-projeteur • économiste de la construction • géomètre-topographe • ingénieur du BTP • ingénieur électricien • ingénieur frigoriste • technicien frigoriste • technicien thermicien • urbaniste.

Quiz

Plus vous cochez de cases, plus vous avez le profil pour les métiers proposés ! ☒

- J'aime voir le résultat de mon travail. ☐
- J'aime les choses concrètes. ☐
- Je suis sensible à la beauté des monuments ou des buildings. ☐
- J'ai de l'imagination. ☐
- Je dessine bien, j'ai le sens des proportions, des volumes. ☐
- Je suis habile de mes mains et fier de mes réalisations. ☐
- J'ai envie de travailler en plein air. ☐
- J'aime travailler en groupe. ☐
- Je m'intéresse à la technique et à la technologie. ☐

index métiers
> page 256

J'aime voir mon travail progresser

Si vous aimez construire, voir les résultats de vos efforts, si le travail dans un bureau ne vous tente pas, vous serez sans doute plus à l'aise sur un chantier. Là, s'affairent une foule d'ouvriers, de techniciens et d'ingénieurs en s'interpellant à voix haute pour couvrir les bruits des grues, des pelleteuses, des marteaux-piqueurs. Sous la direction d'un chef de chantier, une armée de terrassiers, de maçons, de couvreurs et de charpentiers s'active pour poser les fondations, élever des murs ou casser un bâtiment ancien. Ce sont les spécialistes du gros œuvre. Ils sont les premiers à passer à l'action en réalisant tous les gros travaux de maçonnerie et d'étanchéité à l'extérieur. Si vous préférez voir les choses en grand, vous choisirez les chantiers de travaux publics pour construire des autoroutes, des ponts, des viaducs, en France et à l'étranger.

Profil > apprécier la vie au grand air et le travail en équipe. Être en bonne condition physique. Il faut aussi appliquer les normes de qualité et de sécurité du bâtiment et manifester des aptitudes en technologie et en géométrie. Après la classe de 3e, de nombreux CAP et bacs pro permettent d'acquérir les compétences techniques et manuelles propres à chaque métier.

Métiers à consulter >
canalisateur • charpentier • chef de chantier du BTP • conducteur d'engins de travaux publics • conducteur de travaux • constructeur de routes • couvreur • étanchéiste • façadier • grutier • maçon • tailleur de pierres.

J'ai plaisir à fignoler

Une fois les murs et la toiture posés, les canalisations d'eau et de gaz enfouies sous la terre, d'autres ouvriers et techniciens entrent en scène à leur tour. Ce sont les professionnels du second œuvre. Si vous aimez bien travailler de vos mains, si vous accordez de l'importance aux détails, si vous êtes précis, soigneux, vous serez très recherché dans les entreprises de finition. Leur mission ? Aménager tout l'intérieur et le rendre fonctionnel. Électriciens et plombiers installent les équipements électriques et sanitaires, puis raccordent tous les appareils au réseau de distribution d'énergie. Les peintres, les menuisiers et les carreleurs interviennent ensuite. Ils posent la faïence, habillent les murs et les sols, installent les fenêtres et les escaliers. Ils travaillent à l'intérieur et apportent la dernière touche aux décors. Leur maître mot ? Faire rimer finition avec perfection.

Profil > leurs mains sont des outils en or. Ils ont l'œil et l'esprit critique pour mener à bien une activité qui réclame un bon sens esthétique. Méthodiques et organisés, ils sont autonomes et connaissent bien les matériaux utilisés grâce à des formations très pointues en CAP et en bac pro.

Métiers à consulter >
agent d'entretien du réseau gaz • ascensoriste • chauffagiste • climaticien • domoticien • électricien d'équipement • menuisier • métallier • peintre en bâtiment • plâtrier • plombier • solier-moquettiste • staffeur-ornemaniste • techniverrier • verrier • vitrailliste.

pour en savoir plus onisep.fr

J'aime bien faire des expériences

Découvrir un vaccin contre le sida ou le cancer, de nouvelles énergies plus respectueuses de notre environnement, nous permettre de vivre mieux et plus longtemps… les défis scientifiques ne manquent pas pour tous ceux qui aiment explorer, faire des expériences !

Je veux inventer les aliments du futur

Avec la mode de la nourriture « bio », les chercheurs tentent chaque jour de faire cohabiter qualité de ce que nous mangeons et sécurité alimentaire. Toute une gamme de métiers peut vous permettre de satisfaire votre soif d'expérience. Ici, les ingénieurs agronomes essaient de fabriquer une nouvelle variété de pomme de terre ou de tomate (l'orange ou le raisin sans pépins, c'est eux !). Là, les chimistes cherchent à mettre au point des conservateurs moins nocifs et qui empêchent la multiplication des microbes pour la fabrication des plats préparés et des conserves. Lorsque vous goûtez un bonbon au goût de fraise ou un yaourt aromatisé à la vanille, c'est l'œuvre des aromaticiens. D'autres, à la fois chimistes et cuisiniers, expérimentent la « cuisine moléculaire » en créant des glaces à l'azote ou des cannellonis aux fraises, tandis que certains surfent sur la vague des alicaments (aliments qui soignent : yaourts anticholestérol, laits enrichis en vitamines, etc.). Dans tous les cas, mettre sur le marché des produits de bonne qualité pour mieux se nourrir ne se fait pas sans le concours des agriculteurs et des chimistes qui imaginent des pesticides et des engrais écologiques.

Profil > sensibilité aux questions d'environnement, de développement durable, d'agriculture et d'alimentation biologiques, aimer la nature, excellentes notions de chimie pour pouvoir faire des expériences en toute sécurité. Entre deux ans et cinq ans d'études selon le métier.

Métiers à consulter >
agriculteur • agronome • aromaticien • botaniste • écotoxicologue • géologue • hydrobiologiste • ingénieur R & D en agroalimentaire • océanologue • technicien du traitement des déchets • technicien du traitement des eaux • technicien nucléaire • technicien pollution.

Quiz

Plus vous cochez de cases, plus vous avez le profil pour les métiers proposés ! ☒

- J'adore la physique-chimie, les SVT. ☐
- J'aime les manipulations. ☐
- Petit, je m'amusais déjà avec le coffret du parfait petit chimiste. ☐
- J'aime bien les énigmes, les jeux de déduction. ☐
- Si je me trompe, je recommence jusqu'à ce que je trouve une solution. ☐
- J'aime tâtonner, j'apprends de mes erreurs. ☐
- Je suis méthodique, rigoureux, logique. ☐
- J'ai toujours envie d'apprendre. ☐
- Je cherche toujours à comprendre comment marchent les choses. ☐
- Je suis patient, je peux rester concentré longtemps sans me lasser. ☐

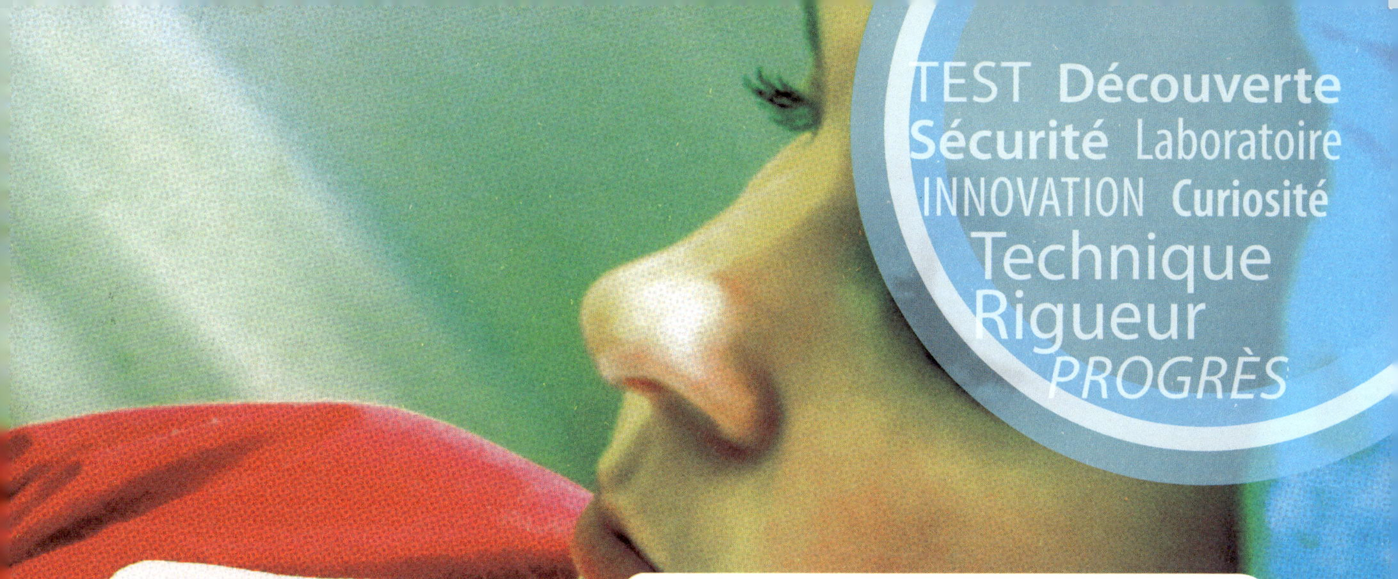

index métiers
> page 256

J'aimerais créer des produits innovants

Peinture aimantée, lessive plus efficace et moins toxique, Botox qui gomme les rides... l'imagination des hommes n'a aucune limite lorsqu'il s'agit d'améliorer notre quotidien. Tous les produits sont concernés (cosmétique, produits ménagers, voitures, bateaux, avions, outils, etc.). À l'origine de ces nouvelles inventions, il y a les ingénieurs, des scientifiques de haut niveau capables, selon leur spécialisation, d'inventer un produit nouveau, de réaliser un prototype, de mener les premiers essais, puis de produire en série. À chaque étape, de la conception à la commercialisation des produits, des techniciens secondent les ingénieurs.

Profil > inventif, méthodique, autonome, esprit d'analyse, réactif aux solutions à apporter en cas de problème. Comptez cinq ans d'études pour les ingénieurs et deux à trois ans pour les techniciens.

Métiers à consulter >
formulateur • ingénieur chimiste • ingénieur contrôle qualité • ingénieur électricien • ingénieur en automatismes (automaticien) • ingénieur en construction aéronautique • ingénieur en construction navale • ingénieur en électronique • ingénieur en hydraulique (hydraulicien) • ingénieur en mécanique • ingénieur en optique industrielle • ingénieur frigoriste • ingénieur logiciel • ingénieur papetier • ingénieur plasturgiste • nez • physicien • technicien biologiste • technicien chimiste.

Je veux faire progresser la médecine

Quel bonheur pour un physicien d'inventer un appareil qui va détecter les maladies à l'intérieur du corps (IRM, scanner...) ou permettre d'observer les étoiles et les planètes ! Quelle satisfaction pour un chercheur (pharmacien industriel, biologiste, généticien) de trouver le détail qui va révolutionner la lutte contre le cancer ! Depuis l'isolement de la molécule jusqu'aux essais sur l'homme, le travail de recherche est en effet une longue aventure, semée de doutes et d'échecs, qui mobilise la créativité, le dynamisme et la rigueur de chacun. Car la recherche est avant tout un travail d'équipe mêlant des compétences (biologiste, biochimiste, physiologiste, etc.) et des profils (chercheurs et techniciens) différents.

Profil > rationnel, curieux, patient, volontaire, passionné. Bac + 2/3 pour les techniciens, bac + 8 au minimum pour les chercheurs.

Métiers à consulter >
biologiste • chercheur • enseignant-chercheur • généticien • médecin • pharmacien industriel • physicien • préparateur en pharmacie • technicien biologiste • technicien chimiste • technicien d'analyses biomédicales.

pour en savoir plus onisep.fr

j'aime jongler avec les chiffres

Tandis que vos amis souffrent sur leurs devoirs de maths, vous considérez ces exercices comme autant de jeux, d'énigmes dont il faut trouver la solution ! Une chance : votre intérêt pour les chiffres vous ouvre de vastes horizons professionnels.

Je veux des chiffres et que des chiffres !

Additions, divisions, équations à plusieurs inconnues… pour vous, ce n'est que du plaisir ! Plus de la moitié des diplômés en mathématiques ont trouvé leur bonheur dans la fonction publique, et les trois quarts d'entre eux… comme enseignants ! Enseigner les mathématiques ou la physique est le plus sûr moyen de vous consacrer à votre passion pour les chiffres… et de la transmettre. Les plus motivés pourront même, après huit ans d'études, enseigner à l'université et faire de la recherche. Le ministère de l'Économie propose aussi de nombreux emplois aux amateurs de chiffres (contrôleur des impôts, inspecteur des finances, etc.). Dans les chiffres du matin au soir également, le statisticien qui transforme taux de natalité, consommation des ménages ou salaires en pourcentages, courbes et graphiques, ou encore l'administrateur de bases de données qui traite des milliers d'informations et les organise pour que chacun puisse les utiliser.

Profil > passion pour les chiffres, logique, esprit de synthèse, rigueur, et, pour les enseignants, de la patience, de la pédagogie pour rendre séduisantes les maths à un jeune public. Bac + 5 au minimum pour tous.

Métiers à consulter >
administrateur de base de données • contrôleur des impôts • inspecteur des finances • professeur • statisticien.

Quiz

Plus vous cochez de cases, plus vous avez le profil pour les métiers proposés ! ☒

- Je trouve que les maths, c'est facile. ☐
- En calcul mental, je suis imbattable. ☐
- Ça me fait plaisir quand je trouve une solution que j'ai longtemps cherchée. ☐
- J'aime les jeux de chiffres comme le sudoku. ☐
- J'adore faire des tests de logique. ☐
- J'aime les jeux de stratégie. ☐
- Je gère bien mon argent de poche. ☐
- Je trouve que l'économie, c'est important. ☐
- Je pense que les maths, c'est très utile. ☐
- Je suis précis, méthodique, ordonné. ☐

JEU Logique
Anticipation
Analyse CONSEIL
Statistiques
Rigueur

J'aime les chiffres et le risque

La capacité à manipuler et à analyser des données chiffrées se révèle très utile dans tous les secteurs où il faut évaluer, anticiper des risques. Des secteurs où les fans de statistiques ou de calculs de probabilités vont s'épanouir ! Dans les temples de la spéculation, les salles des marchés, la Bourse, des traders passent leurs journées à acheter à bas prix des produits, des actions dont ils anticipent la hausse, et à les vendre lorsqu'ils anticipent leur baisse. Émotions garanties : on peut gagner beaucoup… ou tout perdre ! Un peu moins stressant, mais lourd de conséquences aussi, le travail de l'actuaire chargé de calculer les risques : ainsi, le tarif d'une mutuelle dépend de l'âge de l'assuré ! Assurances, banques, organismes de retraite apprécient ces visionnaires qui s'appuient sur les méthodes mathématiques et statistiques les plus sophistiquées.

Profil > agilité avec les chiffres, résistance au stress et à la pression, volonté de s'informer en permanence. Bac + 5.

Métiers à consulter >
actuaire • analyste financier • courtier • gestionnaire de contrats • trader.

J'aime compter, calculer

Vous, vous aimez les chiffres avec le plus de zéros possible avant le sigle € ou $! Une réduction de 15 % sur le jeu vidéo convoité ? Vous calculez très vite ce que vous gagnez ! Une qualité très utile pour tous les professionnels du commerce, mais aussi naturellement pour les comptables et pour ceux qui travaillent dans la banque, les assurances ou la finance. Pour négocier des tarifs avec des fournisseurs, vendre des produits d'épargne ou des assurances vie à des clients soucieux de la rentabilité de leurs investissements, mieux vaut être à l'aise avec les chiffres ! Si ces secteurs ne vous attirent pas, rassurez-vous : quelle que soit votre activité, en montant les échelons, cette habileté sera toujours précieuse pour composer avec un budget !

Profil > savoir compter mais aussi écouter pour tous les postes commerciaux. Bac + 2 au minimum dans la spécialité.

Métiers à consulter >
chargé de clientèle • comptable • conseiller (en assurances, financier) • économe • négociateur immobilier • producteur • tous les chefs d'entreprise (commerçant, artisan, directeur d'établissement).

Index métiers
> page 256

J'aime bien donner des conseils

Dans l'entreprise, des amateurs de chiffres jouent, loin du grand public, un rôle très important. Alors que le comptable suit au jour le jour les entrées et sorties d'argent, le contrôleur de gestion analyse les coûts pour aider la direction de l'entreprise à prendre les bonnes décisions. C'est aussi le rôle de consultants extérieurs : l'expert-comptable chargé de vérifier les comptes, l'auditeur qui analyse les budgets et les méthodes de travail pour améliorer le fonctionnement de l'entreprise.

Profil > goût pour les chiffres, le concret, l'analyse, l'anticipation. Savoir écouter, communiquer. Formation bac + 5 à bac + 8 (expert-comptable).

Métiers à consulter >
administrateur judiciaire • auditeur • consultant • contrôleur de gestion • économe • expert-comptable.

pour en savoir plus onisep.fr

Je suis branché high tech

Chater sur MSN, jouer à la Wii ou à la PS3, envoyer des SMS, écouter de la musique avec votre portable, bien sûr, vous aimez ! Mais vous vous intéressez aussi à « comment ça marche ». Peut-être, plus tard, participerez-vous aussi à la création de réseaux ou d'objets intelligents…

J'aime être à la pointe de la technologie

Lorsque les systèmes informatiques et les réseaux ont été créés dans l'entreprise, des ingénieurs et des techniciens se chargent de les exploiter, de les entretenir et de les améliorer en suivant les évolutions technologiques. 24 heures sur 24, ils veillent à leur bon fonctionnement pour que chacun puisse accéder en permanence à toutes les informations dont il a besoin pour travailler. Si la performance des réseaux informatiques et télécoms d'une entreprise est très importante, leur sécurité est vitale : des ingénieurs doivent les protéger des virus, des hackers (pirates informatiques), garantir la confidentialité des échanges. Toujours à l'affût également d'un dysfonctionnement ou des évolutions technologiques, le responsable du parc informatique est chargé de l'achat et du bon état de tout le matériel informatique de l'entreprise.

Profil > capacité d'analyse, d'anticipation des problèmes, réactivité, sang-froid, envie de mettre à jour constamment ses connaissances. Bac + 2/3 au minimum à bac + 5, selon les fonctions et la complexité des systèmes.

Métiers à consulter >
administrateur de bases de données • administrateur de réseau • technicien en électronique • technicien en électrotechnique • technicien en informatique industrielle • testeur de produits informatiques • veilleur technologique • webmaster.

Quiz

Plus vous cochez de cases, plus vous avez le profil pour les métiers proposés ! ☒

- J'ai hâte d'essayer les derniers modèles de portables ou de baladeurs. ☐
- Lorsque j'ai un nouvel appareil dans les mains, j'explore toutes ses fonctions. ☐
- Je m'intéresse à ce qu'il y a dans mon ordinateur. ☐
- Je ne m'énerve pas tout de suite quand mon ordinateur bogue. ☐
- J'aime bien travailler à plusieurs. ☐
- Je suis précis, rigoureux et organisé. ☐
- Je prends plaisir à résoudre des problèmes. ☐
- Je suis fasciné par les satellites et les robots. ☐
- Je sais ce qu'est une puce ou un composant électronique. ☐

TECHNOLOGIE **Recherche**
Intelligence artificielle
RÉSEAUX **Électronique**
TÉLÉCOMS
Robotique
Informatique

Index métiers
> page 256

Ce que j'aime, c'est créer, inventer

Pour qu'un personnage de jeu vidéo puisse vivre et évoluer sur l'écran, pour qu'un ordinateur reconnaisse la voix, pour trier, archiver, échanger des millions d'informations dans une banque, pour que vos amis reçoivent vos SMS, il faut qu'à un moment des hommes aient transmis cette « intelligence » à la machine. Des chercheurs, des analystes-programmeurs, des ingénieurs en informatique ou en électronique inventent des logiciels toujours plus perfectionnés pour répondre aux besoins de leurs clients. Pour que le robot Rover puisse explorer la planète Mars, pour maintenir une température constante dans une maison, déclencher l'arrosage à heure fixe ou sa cafetière dès son réveil, il faut l'intervention de professionnels de la robotique, de la domotique, une science qui mêle informatique, électronique, télécommunications : ils programment et coordonnent les tâches entre elles. Enfin, pour que l'on puisse téléphoner dans le monde entier, pour que tous les services ou les filiales d'une entreprise puissent communiquer entre eux, il faut créer des réseaux permettant la circulation des informations. C'est le travail des architectes réseau, des architectes de système d'information qui analysent les besoins, imaginent, testent des solutions techniques et supervisent leur mise en œuvre.

Profil > savoir écouter les utilisateurs des outils et se mettre à leur place pour comprendre leurs besoins, aimer résoudre des énigmes. Capacité d'analyse, esprit de synthèse, grandes compétences techniques. École d'ingénieurs ou formation bac + 5 au minimum en informatique, télécommunications.

Métiers à consulter >
architecte réseau • automaticien • cogniticien • dessinateur-projeteur • développeur informatique • développeur multimédia • domoticien • ingénieur en électronique • ingénieur en optique industrielle • ingénieur logiciel • ingénieur télécoms et réseaux.

J'aime la technique et j'ai le sens du service

Contrairement à une image trop répandue, les informaticiens ou les experts en nouvelles technologies ne sont pas des chercheurs passionnés de technique plongés dans leurs algorithmes, hermétiques au monde extérieur. Même les créateurs et les administrateurs de systèmes doivent répondre aux besoins des clients ! Mais si vous souhaitez marier votre passion pour les nouvelles technologies et votre goût pour le contact avec les autres, d'autres métiers répondront mieux encore à vos aspirations. Former des utilisateurs à de nouveaux matériels et logiciels, les assister ou les dépanner sont des activités qui font appel à des compétences techniques pointues et… relationnelles. Enfin, pour tous ceux qui aiment la vente, la commercialisation des produits de haute technologie peut aussi représenter une activité très intéressante.

Profil > des compétences techniques, mais aussi des qualités pédagogiques, c'est-à-dire être capable de s'adapter à son public et de parler simplement de technologies compliquées à des gens qui n'y connaissent rien.
Bac + 2 au minimum.

Métiers à consulter >
formateur • hot-liner • ingénieur d'affaires • professeur • technicien de maintenance en micro-informatique • vendeur spécialisé.

pour en savoir plus onisep.fr

J'ai la bosse du commerce

Heureux celui qui a la bosse du commerce, celui pour qui vendre, acheter est le plus amusant des jeux ! Car aujourd'hui comme demain, il sera toujours un professionnel très convoité !

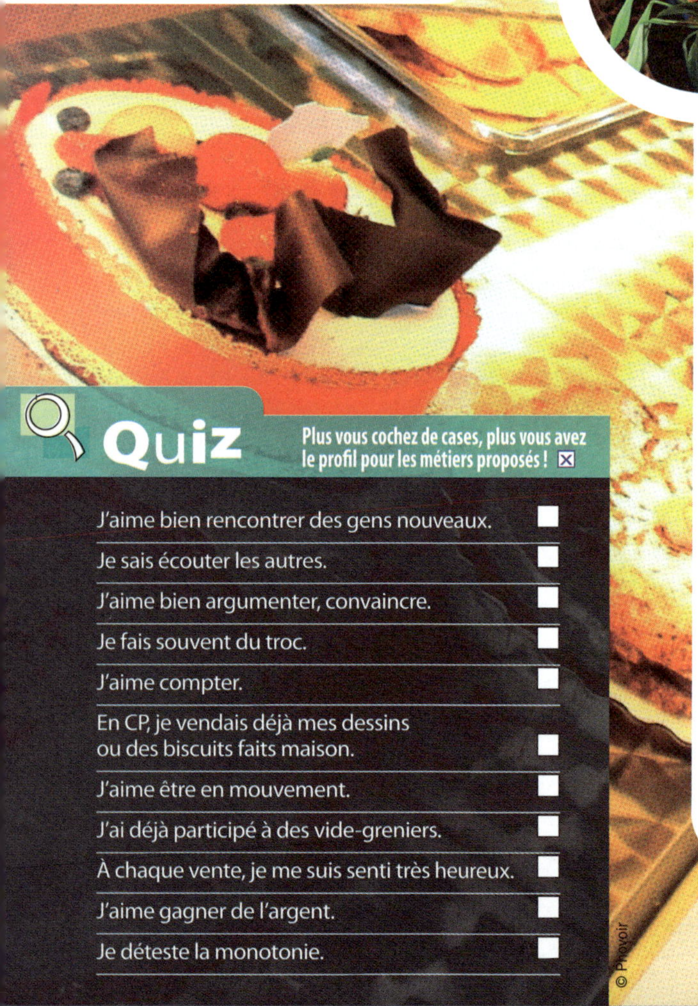

J'aimerais être mon propre patron

À l'idée d'avoir un chef pour vous dire comment organiser votre travail, vos cheveux se hérissent. Vous préféreriez être votre propre patron. Si vous aimez le commerce et le contact direct avec la clientèle, vous pouvez ouvrir une boutique, acheter des produits qui vous plaisent (des vêtements, des jeux vidéo, des portables) et les vendre. Si vous aimez en plus créer, fabriquer vous-même, vous avez le profil d'un artisan. Tous les talents peuvent s'exprimer sous cette forme : gastronomique, esthétique, technique, artistique. Le point commun des commerçants, c'est leur implication personnelle dans leur petite entreprise, car ils ne comptent pas leurs heures. La réussite est à ce prix. La liberté aussi.

Profil > la soif d'indépendance ne suffit pas. Il faut être passionné par son métier, être à l'écoute de ses clients, savoir s'adapter à la demande et proposer de nouveaux produits. Chef d'entreprise, le commerçant doit aussi gérer sa boutique : acheter au bon prix, tenir sa comptabilité.

Métiers à consulter >
bijoutier • boucher • boulanger • charcutier • chocolatier • coiffeur • commerçant • cordonnier • couturier • encadreur • fleuriste • fromager • glacier • horloger • horticulteur-pépiniériste • libraire • modiste • opticien • pâtissier • poissonnier • quincaillier • restaurateur • retoucheur • teinturier • vendeur de mode • vendeur spécialisé...

Quiz

Plus vous cochez de cases, plus vous avez le profil pour les métiers proposés ! ☒

- J'aime bien rencontrer des gens nouveaux. ☐
- Je sais écouter les autres. ☐
- J'aime bien argumenter, convaincre. ☐
- Je fais souvent du troc. ☐
- J'aime compter. ☐
- En CP, je vendais déjà mes dessins ou des biscuits faits maison. ☐
- J'aime être en mouvement. ☐
- J'ai déjà participé à des vide-greniers. ☐
- À chaque vente, je me suis senti très heureux. ☐
- J'aime gagner de l'argent. ☐
- Je déteste la monotonie. ☐

J'aime vendre, négocier

Pour vendre, il faut d'abord acheter ! Par exemple, pour fabriquer un T-shirt, il faut de la matière première et de la main-d'œuvre pour la transformer : c'est un acheteur qui cherche dans le monde entier le meilleur coton au meilleur prix, puis le meilleur fabricant au meilleur tarif. Il négocie avec des fournisseurs. Ce sont ensuite des commerciaux qui vont vendre ces T-shirts, choisir pour cela des réseaux de distribution adaptés et négocier avec les responsables de magasins ou d'hypermarchés. En bout de chaîne, les vendeurs en boutique sont en contact direct avec les clients. Tous aiment et savent négocier, discuter, mais sont aussi souvent des spécialistes dans leur domaine (textile, automobile, high-tech, outillage, etc.). Tout se vend, tout s'achète : on recherche des commerciaux dans tous les secteurs. De la grande distribution à l'agence de voyages en passant par les assurances, l'industrie, en France comme à l'étranger, itinérant au volant d'une voiture ou encore sédentaire dans un magasin, il y en a pour tous les goûts.

Profil > « avoir la tchatche » est recommandé, mais ne suffit pas ! Pour bien vendre, il faut savoir écouter ses clients, comprendre leurs besoins. Pour les conseiller, les convaincre, il faut aussi très bien connaître ses produits.

Métiers à consulter >
acheteur • agent de réservation • antiquaire • billettiste • caviste • chargé de clientèle • chef de rayon • commercial • commercial export • conseiller en assurances • conseiller financier • directeur d'agence de voyages • directeur de magasin • ingénieur d'affaires • négociateur immobilier • technico-commercial • téléconseiller • vendeur • vendeur spécialisé (animalier, bricolage, librairie, matériel agricole, mode, parfum-cosmétique, pièces détachées, etc.) • visiteur médical.

Index métiers
> page 256

J'adore analyser le comportement des autres

Le yaourt, avec ou sans fruits ? Avec un emballage blanc ou de couleur ? Vendu avec ou sans gadget ? Avant de lancer un produit sur le marché, des professionnels du marketing mènent l'enquête pour connaître le comportement, les attentes des consommateurs. Pour éviter l'échec commercial, tous les moyens sont bons : sondages, réunions de groupe, entretiens individuels, etc. Toutes ces données sont analysées pour décider du développement du produit, de la campagne de publicité. Ces « Sherlock Holmes » de la consommation travaillent dans tous les secteurs d'activité.

Profil > des statistiques, des courbes, voilà le quotidien des « marketeurs ». Il faut donc être à l'aise avec les chiffres, mais aussi avoir du bon sens, de la rigueur pour les analyser correctement.

Métiers à consulter >
chargé d'études marketing • chargé de produit marketing • chef de produit marketing • chef de publicité.

pour en savoir plus onisep.fr

J'aime être aux commandes

Être commandé ou obéir sans comprendre, vous n'avez jamais beaucoup aimé. Ce qui vous plaît, c'est organiser, prendre des initiatives. Selon votre métier, vous pourrez prendre la tête d'une équipe pour coordonner le travail, rejoindre l'équipe de direction d'une entreprise ou encore devenir votre propre patron.

Quiz

Plus vous cochez de cases, plus vous avez le profil pour les métiers proposés ! ☒

- J'aime organiser des activités. ☐
- J'aime convaincre les autres. ☐
- Je n'aime pas qu'on décide pour moi. ☐
- J'aime faire des projets. ☐
- J'ai confiance en moi. ☐
- J'aimerais bien fréquenter des gens importants. ☐
- J'aime relever des défis. ☐
- Je ne me décourage pas facilement. ☐
- Je peux travailler beaucoup sur un sujet qui m'intéresse. ☐
- Les autres me suivent facilement. ☐
- Je ne stresse pas avant les contrôles. ☐
- Je n'aime pas la routine. ☐
- Je pense qu'on est plus intelligent à plusieurs. ☐

© Phovoir

Je veux être indépendant !

Dans le petit monde des entrepreneurs, il y a deux catégories : le cadre supérieur qui grimpe dans la hiérarchie d'une grande entreprise, et celui qui souhaite consacrer toute son énergie à un projet personnel ou tout simplement exercer une profession où il n'a de comptes à rendre qu'à lui-même ! Ceux qui créent leur entreprise ont envie d'indépendance, d'être leur propre patron et d'agir en toute liberté. Naturellement, cette liberté a un prix : on doit trouver ses clients, organiser le travail, gérer les hommes et les finances, avoir sans cesse de nouveaux projets… Cela demande de s'investir beaucoup, de savoir prendre des risques calculés, de ne pas se décourager, bref d'avoir vraiment envie de réussir ! Il est possible de se mettre à son compte ou de créer son entreprise dans tous les secteurs d'activité. Outre le commerce ou l'artisanat, vous pouvez aussi ouvrir un cabinet de juriste ou de médecin, et exercer en libéral. Peu importent les horaires, les contraintes, les fins de mois incertaines ! Seul ou avec plusieurs employés à vos côtés, vous serez l'unique maître à bord de votre bateau.

Profil > organisé, rigoureux, volontaire. Une solide compétence dans son métier et en gestion est nécessaire pour créer sa société. Pour user d'un titre professionnel comme architecte, coiffeur ou médecin, un diplôme est obligatoire.

Métiers à consulter >
architecte • artisan (chauffeur de taxi, garagiste…) • avocat • commerçant • dentiste • graphiste • infirmier • informaticien • ingénieur • médecin • traducteur • vendeur.

index métiers
> page 256

J'aime organiser, coordonner une équipe

Lorsque vous préparez un exposé à plusieurs, vous avez tendance à prendre les choses en mains : vous avez rapidement une vue globale du sujet, vous travaillez sur le plan, peu à peu vous vous retrouvez à répartir le travail, à faire le lien entre chacun. Sans le savoir, vous faites du management ! Ce sont des qualités très appréciées dans toutes les entreprises, quel que soit le secteur, lorsqu'il faut gérer au quotidien le travail d'une équipe ou mener un projet qui fait intervenir des professions différentes : conduire des travaux sur un chantier, animer une équipe de vendeurs dans un hypermarché. Les managers fixent les objectifs de leurs équipes, évaluent les méthodes de travail et les performances, s'efforcent d'instaurer un climat de confiance et de faire progresser chacun pour que le groupe obtienne les meilleurs résultats. Ils exercent aussi des tâches administratives et techniques.

Profil > les chefs d'équipe ont du charisme, un grand sens de l'écoute et résistent au stress. Ils savent concilier disponibilité, autorité et sens de la diplomatie. Une expérience professionnelle est indispensable pour accéder à des fonctions d'encadrement. Le niveau de diplôme accélère souvent la rapidité de la prise de responsabilités.

Métiers à consulter >

chef d'orchestre • chef de chantier • chef de mission humanitaire • chef de projet multimédia • chef de rayon • chorégraphe • éditeur • entraîneur • gouvernante • maître d'hôtel • manager culturel • metteur en scène • rédacteur en chef (journaliste) • responsable d'un Smur (ambulancier) • responsable ressources humaines (chef du personnel) • sous-officier.
Mais presque tous les métiers peuvent évoluer vers le management, notamment les ingénieurs.

Je veux diriger une entreprise

Monter dans la hiérarchie de l'entreprise signifie souvent prendre la responsabilité d'équipes et de budgets de plus en plus importants, celle d'un département, d'une filiale… Plus le manager se rapproche de la direction, plus il participe à la stratégie de l'entreprise : doit-on créer un nouveau produit ? Pour quel public ? Doit-on produire en France ou à l'étranger ? Ces managers assument de lourdes responsabilités puisqu'ils peuvent gérer des entreprises employant des milliers de salariés dans plusieurs filiales réparties dans le monde entier. Si le milieu de l'entreprise ne vous attire pas, rassurez-vous ! Ces qualités sont aussi attendues dans d'autres secteurs : le directeur d'association humanitaire comptant plusieurs centaines de salariés, le proviseur d'un gros lycée qui gère l'équivalent d'une PME, le commissaire de police qui coordonne l'action de nombreux lieutenants sur le terrain, les hauts fonctionnaires qui dirigent l'administration.

Profil > avec diplomatie, les cadres dirigeants font preuve d'autorité, d'organisation et d'esprit de décision. Connaissances en gestion et en comptabilité essentielles. Niveau bac + 5 dans le domaine juridique, industriel, financier ou commercial.

Métiers à consulter >

administrateur judiciaire • chef d'établissement scolaire • commissaire de police • directeur d'hôpital • directeur d'office de tourisme • directeur de magasin • exploitant agricole • gestionnaire du sport • hôtelier • ingénieur • officier • producteur • responsable d'entrepôt • restaurateur…

pour en savoir plus onisep.fr

J'ai le sens du contact

Donner, échanger, partager… des mots qui, pour vous, sont synonymes d'offrir, d'aider, de faire plaisir. Vous vibrez au rythme des rencontres et vous souhaitez faire un métier qui mette l'accent sur les relations humaines.

Je veux faire partager ma passion

Vous pouvez parler pendant des heures de votre sport favori ou de vos voyages. Les secteurs du tourisme, des loisirs ou de l'éducation offrent des métiers riches en relations humaines. Un guide conférencier passionné par l'histoire de sa ville saura certainement rendre son discours vivant pour captiver les touristes qu'il accompagne. Un guide de haute montagne conduira son groupe vers les plus beaux sommets en respectant les règles de sécurité. Plus polyvalent, l'animateur (souvent salarié dans un hôtel ou un club de vacances) devra savoir passer d'un cours de gym pour adultes à un jeu pour enfants. Si transmettre un savoir vous tient à cœur, les métiers de l'éducation répondront à vos attentes.

Profil > vous avez une passion et vous souhaitez la faire partager, une bonne condition physique, de la patience. Bac + 2 à bac + 5 selon le métier.

Métiers à consulter >
accompagnateur de tourisme équestre • agent d'accueil de tourisme • agent de comptoir • agent de développement local • agent de réservation • animateur • concepteur de voyages • conseiller principal d'éducation • directeur d'office du tourisme • formateur • guide accompagnateur de tourisme • guide conférencier • guide de haute montagne • guide interprète • interprète • médiateur culturel • moniteur d'auto-école • moniteur sportif • professeur.

Quiz

Plus vous cochez de cases, plus vous avez le profil pour les métiers proposés ! ☒

- J'adore être entouré. ☐
- Peu importe l'activité, pourvu que je sois avec des amis ! ☐
- Entre le basket et la philatélie, j'ai vite choisi. ☐
- J'aime faire de nouvelles rencontres. ☐
- Je peux discuter pendant des heures. ☐
- Mon carnet d'adresses est plein. ☐
- Je fais facilement le lien entre les gens. ☐
- J'ai une grande capacité d'écoute. ☐
- Je suis toujours prêt à aider quelqu'un qui va mal. ☐
- Je sais donner sans attendre en retour. ☐
- J'adore faire rire les autres. ☐

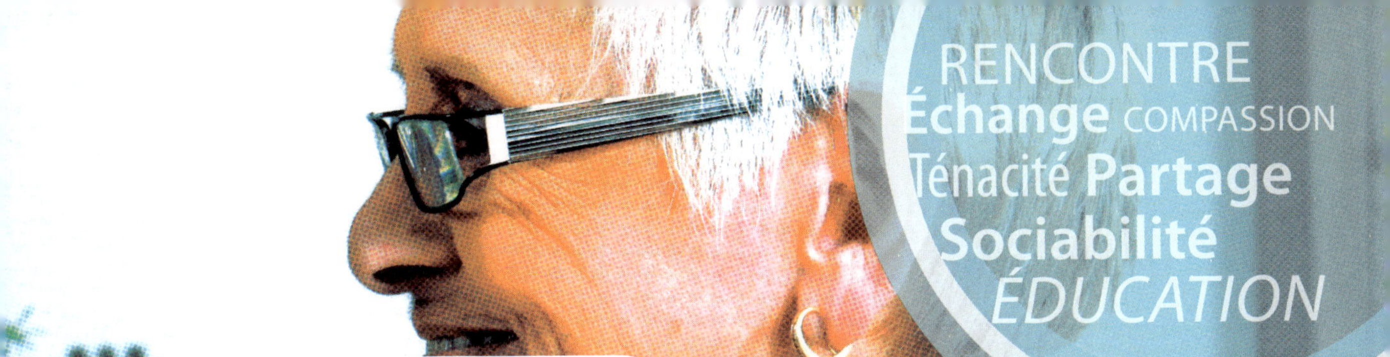

index métiers
> page 256

Je privilégie le dialogue

Plus que la vie trépidante du groupe, vous aimez les relations à deux, l'écoute, la solidarité. Les professionnels de la psychologie favorisent le dialogue pour soigner les troubles d'ordre psychique. Les travailleurs sociaux interviennent, eux, auprès des jeunes, des personnes handicapées ou âgées… pour dénouer des conflits familiaux ou les aider à gérer des situations administratives complexes. Enfin, les professionnels du conseil (avocat…) accompagnent, défendent ceux qui se trouvent dans une situation difficile. Diversité du public, des études (dix ans au minimum pour un psychiatre, un an pour l'auxiliaire de vie sociale), des lieux d'exercice (hôpitaux, crèches…), il y en a pour tous les goûts !

Profil > compassion, discrétion, tact, sens de l'écoute, maîtrise de soi et formation technique adaptée.

Métiers à consulter >
aide médico-psychologique • animateur • assistant de service social • assistante maternelle • auxiliaire de puériculture • auxiliaire de vie sociale • avocat • conseiller d'orientation-psychologue • conseiller en économie sociale et familiale • écrivain public • éducateur • enseignant spécialisé • ergothérapeute • gardien d'immeuble • hôte d'accueil • moniteur-éducateur • psychanalyste • psychiatre • psychologue • psychomotricien.

J'ai le sens du commerce

Plus jeune, vous vendiez vos jouets dans les brocantes. Aujourd'hui, vous prenez facilement la parole en classe pour défendre votre point de vue et savez être convaincant. Professionnellement, il existe mille possibilités d'allier richesse des relations et fibre commerciale. Tous les métiers du commerce mêlent la vente et le contact. Vous pouvez les combiner avec d'autres centres d'intérêt pour affiner votre choix : libraire pour les passionnés des livres, pâtissier pour les gourmands créatifs, conseiller financier pour les amateurs de chiffres, agent artistique pour ceux qui ont envie d'accompagner la carrière d'un artiste !

Profil > timides et solitaires, s'abstenir ! Il ne faut pas avoir peur d'affronter des personnalités fortes. Un impératif : avoir confiance en soi.

Métiers à consulter >
agent artistique • attaché de presse • billettiste • chargé de clientèle.
Voir « J'ai la bosse du commerce ».

J'adore faire plaisir aux autres

Organiser une fête, préparer un anniversaire-surprise, vous savez faire ! Les métiers de l'hôtellerie-restauration, du gérant au maître d'hôtel en passant par la femme de chambre, réunissent des personnes pour lesquelles choyer le client est une seconde nature. Si certaines professions vous sont familières comme celui de barman ou de réceptionniste, il en existe d'autres moins connus : vous deviendrez peut-être ce sommelier qui conseille au client le vin qui accompagnera au mieux son repas. Savez-vous également qu'un concierge n'est pas seulement un gardien d'immeuble, mais aussi une « nounou », dans les hôtels de luxe, capable de satisfaire les demandes de sa clientèle ?

Profil > ne pas compter ses heures, savoir s'adapter à une clientèle variée. Ces métiers fatigants exigent également une bonne condition physique et se préparent en deux ans après une classe de 3e ou en deux ans après le bac suivant le diplôme.

Métiers à consulter >
barman • chauffeur particulier • employé d'hôtel (groom, portier, concierge) • femme (valet) de chambre • garçon de café (serveuse) • gouvernante d'étage • hôtelier • maître d'hôtel • réceptionniste • restaurateur • secrétaire • sommelier.

pour en savoir plus onisep.fr

Je suis fort en langues

Vous êtes doué en langues. Vous souhaitez valoriser cet atout dans votre future profession. Avec une mondialisation qui favorise de plus en plus les échanges professionnels, l'industrie, le secteur des services et l'enseignement offrent des activités variées aux polyglottes.

Quiz

Plus vous cochez de cases, plus vous avez le profil pour les métiers proposés ! ☒

- Je saisis chaque occasion de parler avec un étranger. ☐
- J'adore voyager dans d'autres pays. ☐
- Je suis abonné à un magazine comme Vocable. ☐
- Je regarde toujours les films en VO. ☐
- J'ai déjà fait des séjours linguistiques. ☐
- J'aime utiliser les mots avec précision. ☐
- Je traduis mes chansons préférées. ☐
- Je chate avec mon correspondant. ☐
- Je m'intéresse aussi à la culture des pays dont j'apprends les langues. ☐

Je suis attiré par la traduction

Pour traduire, il faut aimer les langues étrangères… et sa propre langue !

Vous aimez le contact et les déplacements ? Le métier de guide interprète sera l'occasion par exemple d'accompagner des touristes étrangers dans un musée, de commenter les tableaux...

Vous aimez l'effervescence des réunions ? Vous pourrez assister à des colloques internationaux et traduire en direct les propos échangés par les intervenants, chacun dans sa langue, afin qu'ils se comprennent. Très réactif, l'interprète passe ainsi d'une langue à l'autre, écoute et parle en même temps… sans perdre le fil de la discussion en cours. Concentration et mémoire exigées.

Vous préférez le calme des bureaux ? La traduction vous permettra de travailler pour des éditeurs et de rendre accessibles des textes étrangers. En littérature, la maîtrise de la syntaxe et du vocabulaire français se doublera de qualités stylistiques. Dans le domaine technique, des capacités de vulgarisation permettront de retranscrire, en langage simple, guides pratiques et modes d'emploi.

Profil > une grande culture générale, un excellent niveau en français et dans une à trois langues étrangères. Trois à cinq ans d'études assortis de séjours à l'étranger.

Métiers à consulter >
guide interprète • interprète • traducteur.

ANGLAIS **Étranger**
Voyages Langues
INTERNATIONAL
Contact
Multiculturel

Je veux travailler en langue étrangère

« Welcome », « Bienvenida », « Willkommen », « Youkoso »... quel plaisir de souhaiter la bienvenue dans plusieurs langues à des touristes, qu'ils soient à bord d'un avion ou dans un hôtel. Le tourisme n'est pas le seul secteur à permettre l'usage des langues étrangères. Les métiers de l'international, commerce en tête, impliquent d'aller dans d'autres pays pour faire affaire. Parler russe, chinois, japonais, allemand, espagnol est alors un plus. Il est souvent plus efficace de traiter dans la langue de son interlocuteur. C'est vrai aussi pour les reporters, les diplomates, les chefs de projet humanitaire, les ingénieurs des travaux publics qui supervisent des chantiers partout dans le monde.

Si vous ne voulez pas jouer les globe-trotters, sachez qu'il est possible de manier les langues sans quitter son bureau. Dans les grandes multinationales, les équipes sont multiculturelles et peuvent compter une quinzaine de nationalités différentes. L'anglais devient alors la langue de communication quotidienne.

Pour réduire les coûts de transport et de séjour, il est de plus en plus fréquent de réunir des partenaires internationaux en visioconférence. C'est alors l'anglais qui est utilisé. L'anglais, qui est aussi la langue de la technique, celle que l'on retrouve par exemple dans les manuels de maintenance aéronautique ou qui est employée exclusivement par l'aiguilleur du ciel.

Profil > dynamisme, mobilité, goût du contact, curiosité, ouverture d'esprit et un niveau de formation qui va du bac pro à bac + 5.

Métiers à consulter >
mondialisation oblige, presque tous les métiers sont concernés.
Reportez-vous à l'index des métiers.

index métiers
> page 256

J'ai envie d'enseigner

Que votre passion porte sur l'anglais, l'espagnol ou le chinois, vous n'avez qu'une envie : partager votre enthousiasme en enseignant ! Vous pouvez suivre les traces de vos professeurs, mais aussi choisir d'autres voies. L'apprentissage des langues étrangères s'étend aux adultes désireux d'enrichir leur répertoire linguistique, pour des raisons professionnelles ou personnelles. Les formateurs en langues interviennent ainsi au sein des entreprises ou bien dans le cadre de cours pour adultes. Vous pouvez aussi enseigner le français à des étrangers. Et si vous aimez la technique, pensez aux industries de la langue : linguistes et terminologues développent des outils pédagogiques (dictionnaire en ligne, correction automatique, aide à la rédaction…).

Profil > être un bon pédagogue, c'est-à-dire se montrer patient et savoir adapter ses explications à divers publics. Une formation de niveau bac + 5 est généralement requise pour le professorat.

Métiers à consulter >
formateur • linguiste • professeur.

pour en savoir plus onisep.fr

J'aimerais me lancer dans la communication

La communication, c'est vaste ! Cela recouvre le journalisme, les relations presse, la création d'événements, la publicité, l'édition, la documentation… et une foule d'autres spécialités à découvrir !

Informer ou communiquer, j'hésite…

Informer, c'est le travail des journalistes presse, radio, télé ou web : ils interviewent différentes personnes pour donner une information qui se veut objective. Communiquer, c'est la mission des professionnels de la… communication d'entreprise, chargés de délivrer des messages qui donneront une image positive de leur société. La communication, qui a une image très « paillettes », recouvre en réalité des métiers très différents : le directeur de la communication qui parle stratégie avec son PDG, l'attaché de presse qui cherche à convaincre les journalistes de parler de son produit, le responsable des relations publiques qui organise des événements et fait appel à des prestataires du monde du spectacle…

Profil > une bonne formation technique, mais surtout une solide culture générale, de l'aisance relationnelle, de l'intérêt pour l'actualité, de la créativité, et avant tout de l'organisation.

Métiers à consulter >
agent artistique • animateur de site web • animateur radio ou télé • attaché de presse • chargé de communication • directeur de communication • hôtesse d'accueil • journaliste • photographe • régisseur de spectacles • reporter d'images • reporter photographe • scripte.

Je veux vivre dans les coulisses de la publicité

Vous n'êtes jamais avare d'un bon mot. Vous savez croquer les attitudes des gens qui vous entourent. Dans la publicité, cela peut être un avantage ! Le concepteur-rédacteur jongle avec les mots, les univers pour mettre en avant les qualités d'un

Quiz

Plus vous cochez de cases, plus vous avez le profil pour les métiers proposés ! ☒

- Je vais facilement vers les autres. ☐
- Je suis toujours au courant de tout. ☐
- J'adore être le premier à donner l'info. ☐
- Je sais écouter, je m'intéresse aux gens. ☐
- Je suis l'actualité. ☐
- Je peux me montrer très convaincant. ☐
- J'aime jouer avec les mots. ☐
- Je suis curieux… de tout. ☐
- C'est moi qui propose des activités, qui organise. ☐
- J'aime mélanger des amis différents. ☐
- Je sais communiquer mon enthousiasme. ☐
- Je suis délégué, j'écris dans le journal de mon établissement, je m'investis. ☐

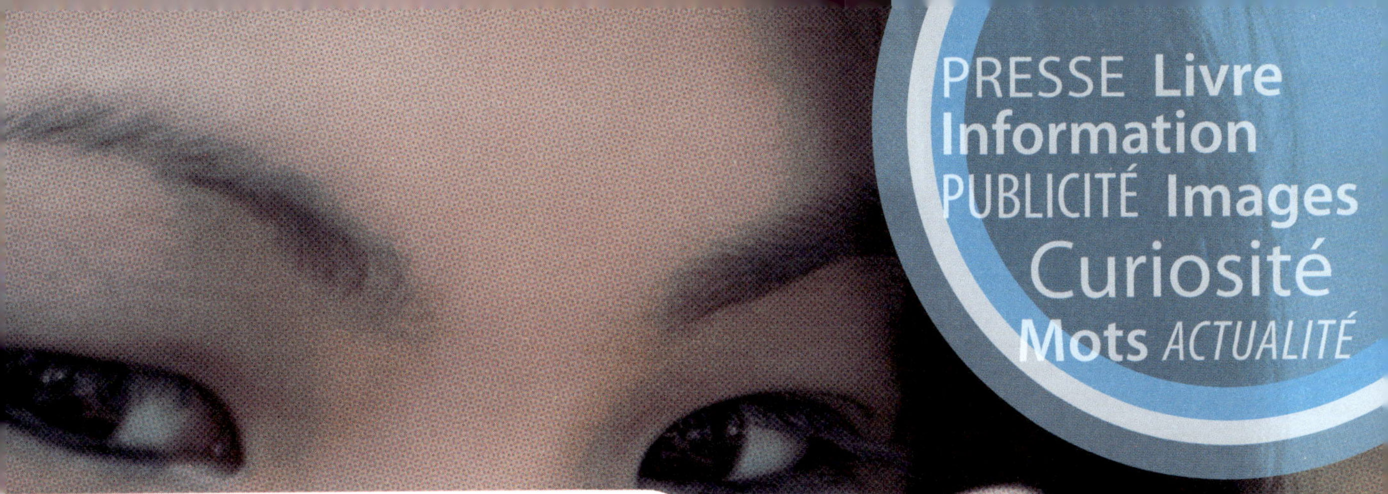

produit. Il faut que cela « fasse mouche » auprès des consommateurs. Comme la publicité s'affiche aussi, le directeur artistique s'attelle, lui, au visuel, que ce soit une photo, un dessin ou un film. Pour que les publicités apparaissent sur les écrans, dans les couloirs du métro…, les commerciaux négocient les meilleurs emplacements, au meilleur moment.

Profil > la curiosité n'est pas un vilain défaut pour qui veut devenir publicitaire. Il faut s'intéresser à tout : à l'art, au cinéma, à la politique, à la littérature, à la mode. Tout est source d'inspiration, tant pour les mots que pour l'illustration.

Métiers à consulter >
chargé de promotion marketing • chef de publicité • concepteur-rédacteur • designer • directeur artistique • média-planneur • roughman.

J'aimerais évoluer dans le monde du livre

Publier un livre est un vrai travail d'équipe. Derrière l'auteur dont le nom figure sur la couverture, interviennent éditeur, correcteur, maquettiste, photographe, iconographe (il recherche des photos), illustrateur, imprimeur, etc. Le livre est ensuite commercialisé par des vendeurs qui le présentent dans les points de vente, grandes surfaces ou librairies de quartier. L'édition est un tout petit monde qui aborde pourtant tous les domaines : littérature, ouvrages scientifiques, techniques, guides touristiques, manuels scolaires…

Profil > aimer lire ou écrire ne suffit pas ! Il faut être créatif, mais aussi savoir dialoguer, s'organiser, gérer la pression, les délais toujours trop courts… à tous les stades : de l'auteur à la mise en maquette jusqu'à la livraison du livre chez le libraire. Les auteurs exercent généralement un autre métier : professeur, journaliste, scientifique, etc.

Métiers à consulter >
auteur • chef de fabrication en imprimerie • correcteur • dessinateur de BD • éditeur • fabricant • graphiste • iconographe • illustrateur • infographiste • libraire • maquettiste • peintre en lettres • rédacteur • secrétaire d'édition • secrétaire de rédaction • traducteur.

index métiers
> page 256

J'ai envie de faire partager la culture

Incollable sur un auteur ou un réalisateur, un style de musique, votre région, vous aimez faire découvrir et partager vos passions : vous pouvez penser aux métiers de guide conférencier, de médiateur culturel, animés justement par cette envie de transmettre. Si vous êtes plus timide et ne voulez pas d'un public qui vous scrute, les métiers d'archiviste ou de bibliothécaire constituent des alternatives à ne pas négliger. Ils mettent la culture à disposition.

Profil > connaissances sur votre sujet. Savoir captiver un auditoire, mesurer son degré d'attention et de maîtrise du sujet est essentiel.

Métiers à consulter >
archiviste • attaché culturel (diplomate) • bibliothécaire • documentaliste • documentaliste de CDI • écrivain public • guide conférencier • guide interprète • ludothécaire • manager culturel • médiateur culturel • organisateur de festivals, de concerts, d'expos (manager culturel)…

pour en savoir plus onisep.fr

Je suis accro au multimédia

Grand amateur d'encyclopédies électroniques et de jeux vidéo, vous êtes intéressé par l'éventail de métiers qui ont propulsé la communication interactive à un sommet interplanétaire. Technicien, créatif ou encore organisateur, chaque talent peut trouver sa place.

C'est la technique qui m'intéresse

Vous obtenez le son mais pas d'image sur votre console vidéo. Cela vous intrigue et vous essayez de trouver la solution. Vous rêvez de rejoindre le monde des techniciens, car, comme eux, vous adorez analyser et résoudre les problèmes. Ces professionnels n'ont pas peur de l'imprévu. Leurs connaissances en informatique sont un précieux renfort pour tous les professionnels du multimédia. Leurs interventions vont du dépannage à la conception technique d'un site Internet. Ingénieurs et techniciens du monde virtuel peuvent être mobilisés quelques heures ou quelques mois d'affilée sur une mission particulière. Du montage d'un film à l'assistance d'une équipe de créateurs, les situations ne requièrent pas la même disponibilité. Mais l'urgence fait toujours partie de leur quotidien, la semaine comme le week-end.

Profil > être curieux, patient, disponible, ouvert d'esprit, soucieux de mettre à jour ses connaissances régulièrement. De bac + 2 pour les techniciens à bac + 5 pour les ingénieurs, les formations en informatique s'imposent pour accéder aux métiers techniques du multimédia.

Métiers à consulter >
développeur multimédia • hot-liner • ingénieur logiciel • ingénieur télécoms et réseaux • intégrateur HTML • technicien de maintenance en micro-informatique • testeur de produits multimédias • webmestre.

Quiz

Plus vous cochez de cases, plus vous avez le profil pour les métiers proposés ! ☒

- J'aime explorer mon ordinateur. ☐
- Je sais régler des problèmes simples. ☐
- J'aime les jeux vidéo, Internet, les effets spéciaux. ☐
- J'ai créé mon blog et je l'alimente régulièrement. ☐
- J'y intègre de la vidéo, du son, etc. ☐
- Je m'intéresse aux nouveaux logiciels. ☐
- J'aime inventer des histoires, dessiner. ☐
- Je ne bloque pas sur les maths, je suis logique. ☐
- Les aspects techniques et créatifs m'intéressent autant. ☐
- Je suis organisé. ☐
- J'aime travailler en groupe. ☐

Index métiers
> page 256

Je suis créatif

Ce qui vous intéresse en priorité, c'est de créer des animations, de concevoir l'habillage textuel, visuel et sonore d'un mobile ou encore d'imaginer un scénario. Dans ce secteur, les métiers se situent à la limite des domaines artistiques et techniques. Par exemple, dans la création de jeux vidéo, s'affairent ensemble généralement des infographistes, des scénaristes, des professionnels du son et de l'image. Tous ces professionnels ont une formation spécialisée dans leur domaine, mais ils doivent aussi être capables de comprendre les contraintes des autres et de dialoguer avec chacun. Ainsi, le scénariste qui invente une histoire, des personnages, les étapes du jeu a besoin du graphiste pour réaliser l'univers qu'il a imaginé et d'un animateur 3D pour donner vie à l'ensemble. En entreprise ou dans une petite agence multimédia, ce travail se pratique souvent de manière irrégulière, mais à un rythme intense.

Profil > on attend du créateur de l'autonomie, de la flexibilité et de l'ouverture d'esprit. Faire preuve d'une bonne expression orale et écrite et avoir le contact facile avec les autres. Des études de bac + 2 à bac + 5 en informatique sont une bonne porte d'entrée pour ce métier.

Métiers à consulter >
animateur 3D • animateur de film d'animation (layoutman, story-boarder) • animateur de site web • bruiteur • concepteur multimédia • iconographe • infographiste • ingénieur du son • monteur (mixeur son/image) • musicien • réalisateur 3D • rédacteur web • webdesigner • webmestre.

J'aime bien organiser

Pour qu'un projet aboutisse, il faut des concepteurs qui créent le contenu (idées, mécaniques, niveaux), des programmeurs qui développent le contenant (aspect technique), des graphistes pour l'habillage visuel, des testeurs, des musiciens et un chef d'orchestre. Le chef de projet multimédia coordonne et anime ces équipes d'informaticiens (développeur, intégrateur, ingénieur logiciel), de créatifs (concepteur, graphiste) et de commerciaux. Il donne vie au projet et l'accompagne jusqu'à sa mise en ligne ou sa commercialisation. Pendant des mois, il planifie et suit l'activité de ces différents talents, s'assure que chacun réalise sa mission au mieux, dans les délais fixés, et que le produit correspond aux attentes du client.

Profil > avoir une culture à la fois artistique, technique et informatique dans tout ce qui se rapporte aux nouvelles technologies de la communication. Études supérieures, de bac + 3 à bac + 5 en communication, informatique, gestion et commerce.

Métiers à consulter >
chef de projet ou de produit multimédia • directeur de production • ingénieur d'affaires • référenceur • technico-commercial • webmarketeur • webmestre.

pour en savoir plus onisep.fr

Je veux travailler dans l'audiovisuel

Vous aimez l'image, la musique, les rencontres, l'imprévu... Vous avez toujours mille projets et l'énergie pour les lancer... Pas étonnant que vous soyez attiré par l'audiovisuel ! Un tout petit monde que celui de la télé et du cinéma, mais il fourmille de métiers !

Ma passion, c'est l'image !

Image fixe ou animée ? L'image fixe, même si tout son art consiste à donner vie à des sujets, est l'affaire du photographe qui pose sur le monde un regard à la fois artistique et technique. Portraits de mariés ou de stars, reportages de guerre, le photographe vend ses clichés aux particuliers, aux médias, aux agences photo où des iconographes, chasseurs d'images, vont puiser pour illustrer des articles ou des ouvrages. Avec l'image animée, on pénètre dans les univers de la télévision et du cinéma. Pour concilier passion de l'image et passion de l'information, le métier de journaliste reporter d'images est idéal. Figure emblématique, le réalisateur dirige la fabrication d'émissions ou de films avec une équipe constituée d'un scénariste, d'un directeur de la photographie, d'un cadreur, d'un opérateur de prise son, etc. D'autres professionnels interviennent après le tournage, notamment le monteur et le mixeur qui vont donner le rythme au film, choisir les meilleures images, intégrer les effets spéciaux, synchroniser l'image et le son.

Profil > le sens de la composition et des contrastes auquel s'ajoutent la capacité à raconter des histoires et le sens du rythme dans le cinéma. Une solide formation technique en école spécialisée. Capacité à gérer une équipe pour le réalisateur.

Métiers à consulter >
cadreur • chef opérateur (directeur photo) • directeur artistique (pub) • iconographe • JRI • mixeur • monteur • photographe • projectionniste • réalisateur • scénariste • truqueur.

Quiz

Plus vous cochez de cases, plus vous avez le profil pour les métiers proposés ! ☒

- J'ai de l'imagination. ☐
- Je ne reste pas passif devant un écran. ☐
- Je regarde beaucoup de films très différents. ☐
- Je suis sensible à la qualité et au rythme des images. ☐
- J'aime prendre des photos pour les faire vivre dans un album. ☐
- J'ai déjà fait des petits films. ☐
- Si un sujet m'intéresse, je peux beaucoup travailler. ☐
- J'aime bien prendre des initiatives. ☐
- Je préfère l'imprévu à la sécurité. ☐
- Je ne stresse pas facilement. ☐
- Je ne me décourage pas rapidement. ☐

TÉLÉ Cinéma Image SON Effets spéciaux Photographie Tournage

Index métiers > page 256

Je veux vivre au rythme des tournages

Autour des réalisateurs, des acteurs de cinéma, des animateurs de télévision, fourmillent une multitude de métiers qui n'interviennent pas sur l'image, mais sans lesquels aucune émission, aucun film ne pourrait voir le jour. Maillons essentiels du dispositif : l'assistant réalisateur, bras droit du réalisateur, qui prépare le tournage ; le régisseur, homme à tout faire, qui s'occupe de toute la logistique ; la scripte qui note absolument tout ce qui se passe sur le tournage. D'autres professionnels s'affairent encore sur les plateaux : costumier, habilleur, maquilleur, décorateur, ouvriers (ébénistes, peintres, électriciens, etc.), machinistes, etc.

Profil > sens de l'observation et du détail, débrouillardise, formation en école spécialisée. Accepter la précarité du statut d'intermittent et aimer les déplacements.

Métiers à consulter >
accessoiriste • assistant réalisateur • costumier • décorateur • machiniste • maquilleur • régisseur • scripte.

J'aime la musique, les sons

Difficile d'imaginer aujourd'hui un film sans son ! Bien avant le tournage, l'ingénieur du son réfléchit à l'ambiance sonore du film avec le réalisateur. Il est assisté d'un preneur de son qui tend les micros, et fait appel à des bruiteurs qui créent des effets et à des musiciens qui composent la bande originale. En « post-production », le monteur, puis le mixeur, synchronisent le son avec les images.

Profil > un sens artistique, un intérêt pour la musique, mais aussi pour la dimension technique du son. Formation en école spécialisée. Accepter la précarité des métiers.

Métiers à consulter >
bruiteur • ingénieur du son • mixeur son • monteur son • musicien • perchman • preneur de son.

Je veux promouvoir les films

Que deviendraient les artistes et les œuvres audiovisuelles sans des professionnels passionnés de l'image qui consacrent toute leur énergie à trouver des financements, des réseaux de distribution, à assurer la promotion des films ? Le producteur, tout d'abord, est celui qui va croire au projet et le lancer, secondé par un directeur de production : monter un budget, chercher l'argent, constituer une équipe (réalisateur, acteurs, techniciens…). Le projet réalisé, encore faut-il le vendre. Côté promotion, l'attaché de presse concocte le dossier de présentation du film, conçoit des événements pour « créer le buzz », rappelle inlassablement les journalistes. Côté information : les journalistes justement, qui visionnent les films en avant-première, les analysent et en font la critique à la radio, à la télé ou dans la presse.

Profil > de la ténacité, de l'organisation, de l'enthousiasme, de la conviction, le sens du contact, des qualités rédactionnelles. Idéalement un bac + 5 pour les connaissances générales, complété par une bonne culture cinématographique.

Métiers à consulter >
attaché de presse • chargé de production • directeur de production • journaliste • producteur.

pour en savoir plus onisep.fr

J'ai un bon coup de crayon

À la maison, au café, dans le bus… vous crayonnez tout le temps. Et vous n'imaginez pas faire un métier sans rapport avec cette passion. Outre les artistes, beaucoup de professionnels font des croquis pour illustrer un article ou donner à voir la ligne d'une robe.

Je veux embellir les espaces de vie

Dessiner une maison à la fois belle et fonctionnelle est le défi de l'architecte. Aménager un lieu de vie à votre image, celui de l'architecte d'intérieur. Si dans les deux cas, ces professionnels maîtrisent le dessin, et en particulier les logiciels de conception assistée par ordinateur (CAO), ils devront aussi être incollables sur les perspectives et les volumes. Autant d'ailleurs que le maquettiste qui réalise des maquettes miniatures à échelle sur ordinateur à partir des plans d'architecte, ou que le dessinateur-projeteur qui modélise en 3D le prototype d'un objet conçu par un designer. Sans oublier le paysagiste que l'on sollicite pour imaginer un parc d'attractions ou une aire de jeux.
Si vous souhaitez allier ces qualités à votre passion pour le théâtre, le cinéma ou la danse, vous pourrez devenir décorateur pour concevoir les décors qui serviront de cadre au déroulement d'une histoire.

Profil > esprit mathématique, sens créatif, bonne connaissance des matériaux et des contraintes techniques de construction, adaptabilité et réactivité.

Métiers à consulter >
architecte • architecte d'intérieur • architecte naval • décorateur-scénographe • dessinateur-projeteur • maquettiste • paysagiste.

Quiz

Plus vous cochez de cases, plus vous avez le profil pour les métiers proposés ! ☒

- Je ne sors jamais sans mon bloc à dessin. ☐
- L'art plastique est ma matière préférée. ☐
- J'adore la BD et les livres illustrés. ☐
- Petit, j'adorais les jeux de construction. ☐
- Aujourd'hui, je suis un fan des logiciels de 3D. ☐
- Pour moi, le détail fait la différence. ☐
- Je suis perfectionniste. ☐
- Je passe souvent par le dessin pour expliquer quelque chose. ☐
- Je suis sensible à la composition, aux couleurs… ☐
- Je trouve qu'un dessin vaut mieux qu'un long discours. ☐
- J'ai le sens de l'observation. ☐

J'aime m'exprimer en dessinant

Graffs, croquis, planches… vous avez déjà une collection d'œuvres personnelles et on vous dit que vous avez un style, un trait bien à vous. De nombreux secteurs permettent d'exercer ce talent. L'édition, la presse, la publicité font ainsi appel à des dessinateurs pour habiller livres, magazines ou affiches. La condition : que le style plaise et surtout qu'il coïncide avec l'image de l'entreprise et son public.
Bien souvent, les éditeurs et les publicitaires préfèrent « passer commande » aux illustrateurs pour s'assurer que les dessins collent à leur identité visuelle.
Professionnels de la communication plutôt qu'artistes, les graphistes ont pour mission de donner du relief à un texte, de faire passer un message par l'image, qu'il s'agisse d'un dessin humoristique pour un quotidien, d'une carte pour un manuel ou un atlas, ou encore d'une illustration technique pour un livre médical. C'est vrai aussi du maquettiste qui crée l'ambiance d'un magazine ou d'un livre, tout en agençant au mieux les textes et les images dans ses pages. Un métier qui suppose d'avoir un réel sens esthétique et des bases… en dessin (règles de la composition, connaissance des couleurs, etc.).
La technologie étant très présente, les dessins sont plus souvent réalisés avec la palette graphique d'un ordinateur qu'avec une plume ou un crayon.
Si vous aimez le dessin, et plus largement l'art, vous pouvez enseigner cette discipline dans les écoles.

Profil > imagination, capacité à répondre à la demande, culture générale et précision (notamment pour l'illustrateur technique et le cartographe), fibre commerciale si vous voulez trouver des clients et bien négocier vos contrats.

Métiers à consulter >
cartographe • dessinateur de BD • dessinateur de presse • graphiste • illustrateur • infographiste • maquettiste • peintre en lettres • professeur d'art • roughman • webdesigner.

Index métiers
> page 256

J'aimerais créer des objets

Né dans l'esprit de son créateur, un objet prend vie une fois croqué sur le papier. Si vous voulez créer des chapeaux comme la modiste, inventer des robes comme le styliste, concevoir des objets en métaux précieux comme l'orfèvre, imaginer la ligne d'une voiture comme le designer automobile…, vous devrez avoir un bon coup de crayon. Mais pas seulement ! Pour procéder à la fabrication du modèle (prototype), tous ces professionnels doivent avoir une bonne connaissance des matériaux utilisés et tenir compte des contraintes techniques. Et, comme ils créent des produits non par pur plaisir mais aussi dans l'intention de les vendre, ils gardent toujours à l'esprit les attentes du client, les tendances du moment...

Profil > créativité, sens de l'esthétique, connaissance du marché, souplesse pour pouvoir s'adapter aux contraintes techniques et financières de chaque projet.

Métiers à consulter >
bijoutier • bottier • céramiste d'art • créateur de meubles • designer produit • ferronnier d'art • graveur sur métal • luthier • marionnettiste • maroquinier • menuisier en sièges • modiste • mosaïste d'art • orfèvre • restaurateur d'art • styliste • tailleur • verrier-cristallier • vitrailliste.

pour en savoir plus onisep.fr

La mode me fait rêver

Prada, Dolce & Gabbana, Diesel, Katie Holmes ou Gisele Bündchen… ces noms vous transportent immédiatement dans l'univers magique de la mode. Vous rêvez d'y faire votre place ? C'est possible, à condition de regarder aussi ce qui se passe derrière les stars…

Je veux créer la mode !

Un défilé de mode est un véritable spectacle où la créativité artistique s'exprime dans un agencement original de formes, de couleurs et de matières. Pour que les idées les plus folles se réalisent, il faut être talentueux, mais aussi avoir les pieds sur terre ! Le créateur ne travaille pas seul, il doit bien connaître les tissus et les aspects techniques pour discuter avec les responsables de la fabrication et, surtout s'il exerce dans le prêt-à-porter, adopter une démarche marketing (que va aimer le client ?) pour communiquer avec le directeur de collection assisté de chefs de produit. Les stylistes peuvent créer des vêtements, des chapeaux, des bijoux, des chaussures, des accessoires, des parfums, des coiffures, etc. Ils doivent savoir dessiner pour « croquer » leurs idées.

Profil > du talent, mais aussi de la volonté, de la rigueur, de la souplesse, de l'humilité pour être capable de se remettre en question, une grande sensibilité à l'air du temps, la capacité à travailler en équipe. Formation technique en école spécialisée et maîtrise de l'anglais indispensables.

Métiers à consulter >
bottier (cordonnier) • conseiller en image (esthéticienne) • créateur de bijoux (bijoutier) • créateur de parfum (nez) • créateur textile • designer textile • maquilleur • maroquinier • modiste • styliste de mode • styliste visagiste (coiffeur).

Quiz

Plus vous cochez de cases, plus vous avez le profil pour les métiers proposés ! ☒

- Je ne rate pas un défilé à la télé. ☐
- Je soigne mon look, mais je ne pense pas qu'à ça. ☐
- Je m'intéresse aux matières, aux couleurs, aux volumes. ☐
- Je sais coudre ou tricoter. ☐
- J'aime transformer, personnaliser mes vêtements. ☐
- Je suis les tendances… et pas seulement de la mode. ☐
- Mes amis « copient » mon look. ☐
- Je suis observateur. ☐
- J'ai des idées et je sais les défendre. ☐
- Je ne me laisse pas décourager facilement. ☐

Index métiers
> page 256

Je veux promouvoir et vendre la mode

Magique, la mode n'en reste pas moins un secteur comme les autres : elle a besoin de vendre. Derrière ses ambassadeurs les plus « glamour », les mannequins, la mode vit aussi grâce à des photographes, des professionnels de la communication et de la publicité. L'attachée de presse est chargée de faire parler le plus et le mieux possible des vêtements, des accessoires ou des parfums de la marque qu'elle représente. Ses interlocuteurs, les journalistes de mode, assistent aux défilés, commentent les tendances qui vont influencer le public. Comme tous les produits fabriqués, les vêtements et accessoires ont besoin d'acheteurs, de professionnels du marketing, de vendeurs… Des idées à garder en tête pour tous ceux qui n'ont pas l'étoffe d'un styliste mais qui veulent travailler dans l'univers de la mode !

Profil > tous ces métiers ont en commun d'exiger le sens du contact, de savoir inspirer confiance et sympathie. Il faut toujours être un « battant » disponible, très débrouillard et plein d'entrain.

Métiers à consulter >
acheteur • attachée de presse • chargé de communication • chef de produit marketing • chef de publicité • commercial export • journaliste de mode • mannequin • photographe de mode • technico-commercial • vendeur de mode.

J'aime fabriquer de mes mains

La mode ne vit pas que par le seul talent des créateurs ! Dans les ateliers de confection œuvrent des artisans au savoir-faire précieux, selon une organisation rigoureuse : la « première d'atelier » interprète en volume les croquis du créateur et assure la réalisation technique en dirigeant l'équipe ; la « seconde d'atelier » assume les responsabilités administratives et logistiques ; les « premières mains qualifiées » réalisent tout ou partie d'un modèle à la machine ou à la main ; les plus jeunes commencent par des travaux d'aiguille.
Dans l'industrie du prêt-à-porter, des ouvriers et des techniciens fabriquent les vêtements en série à partir de modèles déclinés dans toutes les tailles. Toutes les matières peuvent être travaillées : les tissus, mais aussi le cuir, le plastique, le métal.

Profil > de l'habilité, de la sensibilité au toucher et le sens de l'esthétique. Formation spécialisée professionnelle de CAP à bac + 2, selon les métiers.

Métiers à consulter >
coupeur • couturier • modéliste • patronnier-gradeur • piqueur • retoucheur • tailleur.

pour en savoir plus onisep.fr

Je veux travailler dans le spectacle

Cirque, danse, théâtre… ces univers vous fascinent et vous aimeriez y avoir une place. Sur scène ou en coulisses, il y en a pour tous les goûts. Néanmoins, pour que la magie opère, les professionnels du spectacle doivent savoir travailler en équipe.

Quiz

Plus vous cochez de cases, plus vous avez le profil pour les métiers proposés ! ☒

- J'aime attirer l'attention sur moi. ☐
- En groupe, je n'ai pas peur de m'affirmer. ☐
- Je raconte bien les histoires, les blagues. ☐
- Je pratique tous les jours mon activité artistique. ☐
- Je m'investis beaucoup dans les spectacles de fin d'année. ☐
- À table, même avec des adultes, je sais attirer l'attention. ☐
- Bien gagner ma vie n'est pas mon objectif prioritaire. ☐
- J'aime aller au spectacle.
- Je suis prêt à travailler beaucoup pour réussir. ☐
- Je supporte l'imprévu et les situations incertaines. ☐

© Phovoir - © Laurence Prat/Onisep

Je veux monter des spectacles

Enfant, vous adoriez faire des spectacles. Vous inventiez une histoire, déguisiez vos copains en leur attribuant des rôles, utilisiez objets et meubles de la maison pour le décor… Les métiers de la mise en scène peuvent vous intéresser. Virtuoses du divertissement, les chorégraphes, metteurs en scène, directeurs de cirque… montent une pièce, créent un ballet, un numéro… D'autres réalisent un projet pour la télévision ou une salle, à la demande d'un producteur qui se charge des aspects financiers. Du projet à la réalisation, ces professionnels pensent à tous les détails : jeu des comédiens, chorégraphie, décors, éclairages, musique, bruitages, costumes, accessoires… Ce sont eux qui choisissent les intervenants et coordonnent leur travail.

Profil > avoir multiplié les expériences, montrer une résistance physique et psychique hors du commun et faire preuve de ténacité. Le plus important est la capacité à savoir diriger une équipe polyvalente.

Métiers à consulter >
chorégraphe • directeur artistique • metteur en scène.

Je veux être artiste interprète

Vous prenez plaisir à jouer des personnages, à exprimer des sentiments avec les mots, votre voix ou votre corps. Vous pourrez donner toute la mesure de votre talent en exerçant un métier d'artiste interprète. Jongleurs, comédiens, chanteurs, danseurs… savent ainsi transporter leur auditoire dans un autre monde, le faire vibrer au gré de leurs émotions… Une qualité d'interprétation qui suppose une grande sensibilité, mais qui s'apprend aussi, et s'enrichit au contact d'artistes chevronnés. Tous partagent une vocation sans faille qui leur

permet de supporter les déplacements, la course aux cachets et les lendemains incertains. Si quelques-uns font partie d'une troupe ou d'une compagnie, la plupart des professionnels sont intermittents du spectacle ou complètent leurs revenus avec une autre activité, l'enseignement par exemple.

Profil > comédie, chant ou danse, avoir suivi une formation est essentiel. Être motivé et entretenir avec soin son carnet d'adresses est indispensable.

Métiers à consulter >
artiste de cirque • cascadeur • chanteur • chef d'orchestre • comédien • danseur • marionnettiste • musicien • professeur de danse • professeur de musique.

La technique, c'est magique

Au théâtre, vous êtes sensible au décor, aux costumes, au son et à la lumière. Comme les techniciens du spectacle, vous pourrez trouver un compromis entre votre fibre artistique et des compétences techniques. Les métiers sont variés. Le régisseur lumière dirige ainsi les projecteurs en fonction des effets imaginés par l'éclairagiste. Le régisseur son lance la musique et les bruits préalablement enregistrés. Les machinistes préparent les accessoires, installent les décors et les déplacent aux changements d'acte ou de tableau… En coulisses, l'habilleuse aide les comédiens à mettre les tenues conçues par le costumier.
Engagés le temps d'un spectacle comme intermittents, les techniciens peuvent être salariés d'un théâtre et suivre les artistes en tournée.

Profil > avoir un solide bagage technique qui s'acquiert du CAP au bac, pour les techniciens, et de bac + 2 à bac + 5 pour les concepteurs (éclairages, costumes, décors). Savoir faire des concessions pour s'adapter aux exigences du metteur en scène.

Métiers à consulter >
chargé de production • costumier • décorateur-scénographe • éclairagiste • ingénieur du son • machiniste • maquilleur • régisseur.

index métiers
> page 256

J'aime organiser, vendre

À l'affût du moindre événement culturel, mais sans talent artistique particulier, plus tard vous aimeriez contribuer à la promotion de spectacles. Si vous avez la fibre commerciale, plusieurs métiers peuvent vous intéresser. L'agent artistique, par exemple, est chargé de négocier des contrats pour les comédiens ou les chanteurs, et de superviser leur carrière. Le chargé de diffusion a, lui, pour mission de proposer des spectacles aux centres culturels. Le producteur, pour sa part, est chargé de convaincre des mécènes d'aider financièrement une compagnie à monter son spectacle. Touche-à-tout, ces professionnels de la promotion s'occupent autant de la communication que des dossiers de subvention.

Profil > une formation supérieure en droit, commerce ou gestion, mais aussi un grand intérêt pour le monde du spectacle.

Métiers à consulter >
agent artistique • attachée de presse • manager culturel • producteur.

pour en savoir plus onisep.fr

J'aime le contact avec les enfants

Vous débordez d'énergie et adorez les enfants ! De nombreux métiers permettent de travailler auprès d'eux dans des secteurs très différents. Éduquer, soigner, protéger ou distraire : à chacun de choisir son univers professionnel et son public, bébés, enfants ou adolescents.

L'éducation m'attire

Il y a des gens qui trouvent plaisir à expliquer, à voir les autres évoluer, progresser. On les retrouve tout naturellement dans l'univers scolaire : professeurs des écoles en maternelle ou à l'école primaire, professeurs spécialisés dans une discipline en collège ou en lycée, mais aussi professionnels qui ont choisi de mettre leurs compétences au service des enfants et des adolescents : documentaliste, conseiller d'orientation-psychologue, psychologue scolaire, etc. Dans les crèches, les haltes-garderies, ce sont des éducateurs de jeunes enfants qui s'occupent de l'éveil des moins de six ans.

Profil > trois ans d'études après le bac pour les éducateurs, cinq ans pour les profs, de l'énergie, de l'enthousiasme, de la rigueur et de la patience. Savoir écouter, accrocher l'attention de son auditoire, expliquer les choses clairement. Il faut aimer l'univers de l'école !

Métiers à consulter >
chef d'établissement scolaire • conseiller d'orientation-psychologue • conseiller principal d'éducation • documentaliste de CDI • éducateur de jeunes enfants • enseignant spécialisé • professeur de collège ou de lycée • professeur des écoles • psychologue scolaire.

Je veux les soigner

Soigner ne signifie pas la même chose pour tout le monde ! Pour beaucoup, soigner, c'est guérir et donc l'affaire des médecins : le pédiatre, médecin généraliste des enfants, le gynécologue-obstétricien qui met au monde les bébés avec la sage-femme, tous les spécialistes qui choisissent de

Quiz

Plus vous cochez de cases, plus vous avez le profil pour les métiers proposés ! ☒

- Les bébés, je les trouve trop mignons ! ☐
- J'adore jouer avec mes petits cousins. ☐
- Je fais ou aimerais faire du baby-sitting. ☐
- J'aime bien aider mes frères et sœurs à faire leurs devoirs. ☐
- Je suis patient. ☐
- Je suis très sensible à la souffrance des enfants. ☐
- J'ai beaucoup d'imagination. ☐
- Je suis dynamique et plein d'énergie. ☐
- J'ai hâte de passer mon BAFA. ☐

travailler avec des enfants, comme le pédopsychiatre qui traite les souffrances psychologiques. Soigner, cela peut être aussi corriger, améliorer la diction (orthophoniste), la dentition (orthodontiste), les muscles des yeux (orthoptiste) ou un comportement (psychomotricien). Enfin, pour les professionnels de la petite enfance (assistantes maternelles, auxiliaires de puériculture), c'est pouponner, câliner à l'hôpital ou en crèche.

Profil > aimer les enfants n'est pas un critère suffisant. Aucun diplôme requis pour être assistante maternelle, mais au moins onze ans d'études pour le pédopsychiatre. Et, pour tous, patience, disponibilité, douceur sont indispensables.

Métiers à consulter >
assistante maternelle • auxiliaire de puériculture • ergothérapeute • gynécologue-obstétricien • orthodontiste (dentiste) • orthophoniste • orthoptiste • pédiatre • psychiatre • psychologue • psychomotricien • puéricultrice • sage-femme.

Je veux les distraire

Pourquoi ne pas croiser son envie de travailler avec des enfants et une autre passion : la lecture, le jeu, le sport, le spectacle, la nature ? Entrez alors dans l'univers des animateurs, artistes, moniteurs de sport… une large palette de métiers allant du monde du spectacle à celui du sport en passant par celui de la culture.

Profil > à chaque spécialité, son profil. Mais pour tous, une véritable sensibilité, du dynamisme, de l'enthousiasme, un sens de l'organisation.

Métiers à consulter >
animateur • artiste de cirque • bibliothécaire • entraîneur • garde d'espace naturel • ludothécaire • maître-nageur • médiateur culturel • moniteur d'équitation • moniteur d'escalade • moniteur de ski • moniteur de voile.

index métiers
> page 256

Je veux les protéger

Pour protéger les enfants, deux grandes orientations possibles : les métiers du social ou de la justice. Choisir de travailler dans ces deux univers, c'est décider d'affronter le côté obscur de la vie : abandon, maltraitance, divorce, deuil, délinquance, etc. Les professionnels du social suivent, chacun dans sa spécialité, les jeunes et leurs familles sur le terrain ou dans des centres spécialisés. C'est un travail d'équipe qui requiert aussi des compétences extérieures (psychologues). Dans un cadre plus juridique, interviennent le juge pour enfants et l'éducateur de la PJJ (protection judiciaire de la jeunesse). Leur objectif : protéger le jeune en danger, prendre des mesures et le suivre lorsqu'il a commis un délit.

Profil > patience, disponibilité, sens de l'observation et de l'écoute, persévérance, fermeté et souplesse. Formation en un an pour le moniteur-éducateur, mais trois ans d'études après le bac pour les professions du social, sept ans pour devenir juge pour enfants.

Métiers à consulter >
assistant de service social • conseiller en économie sociale et familiale • éducateur de jeunes enfants • éducateur de la PJJ • éducateur spécialisé • éducateur technique spécialisé • juge des enfants • moniteur-éducateur • technicien de l'intervention sociale et familiale.

pour en savoir plus onisep.fr

Je veux être utile aux autres

Expliquer un exercice de maths à un camarade ou aider un aveugle à traverser la rue, pour vous, c'est naturel. Vous ne pouvez rester indifférent aux difficultés des autres ! C'est un moteur important pour exercer de nombreux métiers, autour de l'éducation, du soin, de la sécurité ou des services.

Expliquer, conseiller, ça me plaît

Aider les enfants ou des adultes à progresser, c'est le rôle des enseignants et des formateurs. Une mission passionnante pour qui ne s'intéresse pas seulement à une discipline, mais prend plaisir à voir son public évoluer. Dans la sphère scolaire ou professionnelle, des conseillers d'orientation accompagnent des jeunes ou des adultes dans leur réflexion sur leur avenir. Savoir écouter, comprendre les besoins de son interlocuteur, l'aider à surmonter ses difficultés sans faire à sa place pour lui permettre de gagner en autonomie, c'est aussi le quotidien de la plupart des professionnels du social : assistant de service social, éducateur, conseiller en économie sociale et familiale.

Profil > savoir écouter sans juger, aimer les gens, avoir envie de les faire avancer. Formations de bac + 3 à bac + 5 selon les métiers.

Métiers à consulter >
assistant de service social • auxiliaire de vie sociale • conseiller d'orientation-psychologue • conseiller en économie sociale et familiale • éducateur • enseignant • formateur • technicien de l'intervention sociale et familiale.

Je veux soulager les souffrances

Lorsque vous pensez « utile », vous pensez « santé », et votre objectif est d'abord de soigner, de soulager les souffrances. Les métiers qui pourraient vous intéresser sont très nombreux : les multiples spécialités de la médecine, mais aussi les professions paramédicales (infirmier, masseur-kinésithérapeute, opticien, orthophoniste, puéricultrice, etc.). Schématiquement, les médecins diagnostiquent les maladies, prescrivent les remèdes et les séances de rééducation

Quiz

Plus vous cochez de cases, plus vous avez le profil pour les métiers proposés ! ☒

- J'ai plaisir à aider les autres. ☐
- Les autres se confient volontiers à moi. ☐
- Je vois d'abord les qualités chez les autres. ☐
- Je pense qu'on peut toujours s'en sortir. ☐
- Je suis patient. ☐
- Je sais dire franchement les choses. ☐
- J'aime travailler en groupe. ☐
- Je ne pense pas qu'on peut faire le bonheur des autres malgré eux. ☐
- Je sais écouter sans juger. ☐
- J'aimerais lutter contre les injustices. ☐
- Quand j'aide quelqu'un, je n'attends pas forcément quelque chose en retour. ☐

nécessaires au rétablissement du patient, et les paramédicaux appliquent les prescriptions. Tous ces métiers peuvent s'exercer en France, mais aussi à l'étranger, dans le cadre de missions humanitaires.

Profil > des compétences techniques : six à onze ans d'études pour les médecins, trois à quatre ans pour les professions paramédicales. Des qualités humaines : capacité à affronter la souffrance, sang-froid, patience, douceur.

Métiers à consulter >
aide médico-psychologique • aide-soignant • auxiliaire de puériculture • chef de mission humanitaire • diététicien • ergothérapeute • infirmier • masseur-kinésithérapeute • médecin • orthophoniste • orthoprothésiste • orthoptiste • ostéopathe • pédiatre • pédicure-podologue • pharmacien • podo-orthésiste • psychanalyste • psychologue • psychomotricien • puéricultrice • sage-femme.

Je veux protéger les citoyens

Pour vous, « utile » rime plutôt avec sécurité, justice, protection, secours. On pense alors naturellement à tous les métiers de la police, de l'armée : le pompier protège les personnes en intervenant lors d'accidents, d'incendies, d'inondations ; le lieutenant de police participant à l'arrestation de criminels contribue à notre protection. On songe aussi aux juristes chargés de faire respecter la loi, de défendre les citoyens (avocat, juge, procureur, notaire, etc.), aux professionnels qui vérifient la bonne application des lois et des procédures de sécurité dans l'entreprise (inspecteur du travail, responsable de sécurité).

Profil > courage et psychologie pour les professionnels spécialisés dans la protection de terrain.

Métiers à consulter >
avocat • commissaire de police • consul (diplomate) • douanier • gardien de la paix • gardien d'immeuble • gendarme • greffier • huissier de justice • inspecteur du travail • juge • lieutenant de police • militaire • notaire • pisteur-secouriste • pompier •responsable hygiène, sécurité, environnement (HSE) • substitut du procureur.

index métiers
> page 256

Je veux aider en dépannant et réparant

Si vous avez envie d'être utile et si en plus vous êtes bricoleur, vous serez très convoité ! Intervenir pour réparer une télévision ou une machine à laver en panne, nettoyer un ordinateur infesté de virus, redémarrer un chauffe-eau en plein hiver, une voiture la veille d'un départ en vacances ou une chaîne de production dans une usine… c'est s'assurer un grand capital de sympathie !

Profil > une habileté manuelle, un goût pour la technique, de la rigueur, de la logique et de la méthode pour diagnostiquer une panne et la réparer. Formation de bac pro à bac + 2/3.

Métiers à consulter >
ascensoriste • chauffagiste • climaticien • dépanneur en électroménager (dépanneur en produits grand public) • dépanneur en installations sanitaires (plombier) • hot-liner • mécanicien auto • mécanicien bateau • mécanicien moto • mécanicien-réparateur en matériel agricole • plombier • technicien de maintenance en micro-informatique.

pour en savoir plus onisep.fr

Ma vocation est de soigner

Pour guérir des malades, soulager des blessés, faire avancer la recherche, il faut des gens qualifiés et passionnés. Auprès du patient ou en laboratoire, les professionnels de santé, chacun dans sa spécialité, œuvrent tous au mieux-être de leurs patients.

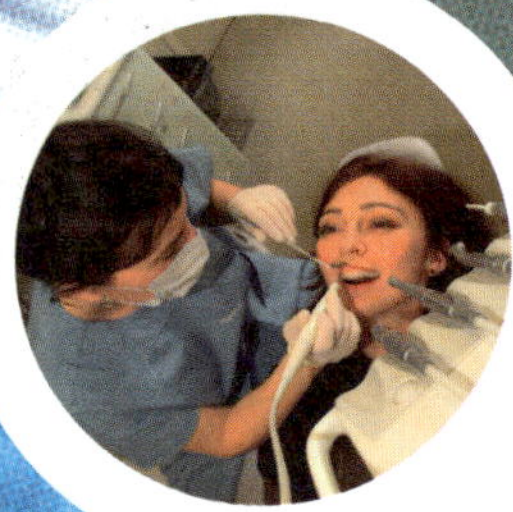

Je veux sauver des vies

Il y a les sauveurs très médiatiques : les chirurgiens qui pratiquent des greffes impressionnantes ou opèrent à tour de bras les victimes d'une guerre à l'autre bout du monde. Et puis, il y a les médecins qui, chaque jour, reçoivent des patients, dépistent une maladie au bon moment et prennent les bonnes décisions. À l'hôpital ou dans un cabinet privé, ils exercent des métiers très différents. Les généralistes suivent tous les patients, posent des diagnostics, prescrivent un traitement adapté ou orientent vers des spécialistes. Ces derniers traitent une partie du corps (cœur, estomac, pieds, dents...) ou un public (enfants pour le pédiatre, personnes âgées pour le gériatre, femmes pour le gynécologue, victimes de troubles psychiques pour le psychiatre). Enfin, des chercheurs passent leur vie en laboratoire pour découvrir les secrets d'une maladie ou mettre au point de nouveaux médicaments. Tous ont fait de très longues études.

Profil > aimer les études (comptez cinq-six ans à onze ans d'études après le bac) ; avoir une excellente résistance physique et psychique, car, pour sauver des vies, il faut être capable d'affronter la souffrance et d'assumer des journées de travail qui peuvent être longues et éprouvantes. Rigueur, ténacité, patience, sang-froid, sens de l'écoute sont des qualités indispensables.

Métiers à consulter >
anesthésiste • biologiste • chirurgien • dentiste • généticien • gynécologue • médecin généraliste • médecin spécialiste • pédiatre • pharmacien • psychiatre • sage-femme • vétérinaire.

Quiz

Plus vous cochez de cases, plus vous avez le profil pour les métiers proposés ! ☒

- J'aime me sentir utile. ☐
- J'ai envie d'aider les autres. ☐
- Les gens se confient souvent à moi. ☐
- Je peux écouter leurs problèmes sans pleurer plus qu'eux. ☐
- Je m'intéresse aux sciences. ☐
- Je supporte la vue du sang. ☐
- J'aime l'ambiance des laboratoires. ☐
- J'aime comprendre les problèmes et trouver des solutions. ☐
- Je suis travailleur. ☐
- J'ai envie d'apprendre toute ma vie. ☐

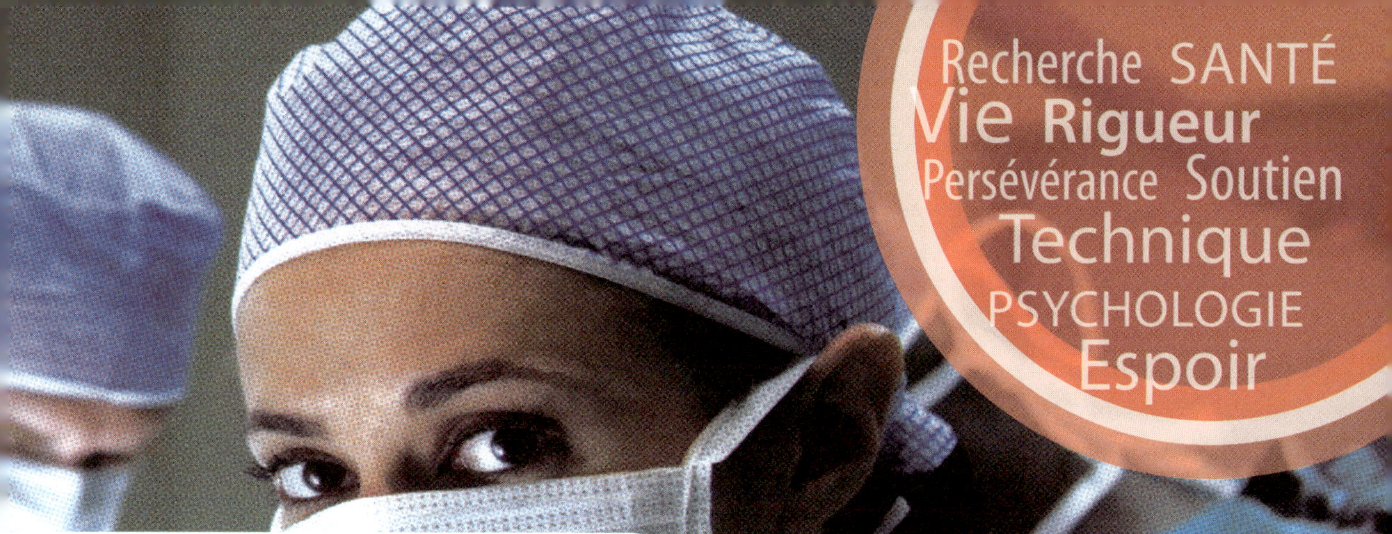

Index métiers
> page 256

Comment concilier envie de soigner et goût pour la technique ?

Loin des services d'urgences et de soins intensifs, des professionnels apportent, grâce à leur savoir-faire technologique, un confort à leurs patients. Spécialistes de l'appareillage, ils commandent ou fabriquent sur mesure des prothèses auditives, un bras ou une jambe, des dents ou des lunettes qu'ils adaptent ensuite sur le patient. À la pointe de la technologie également, les professionnels de l'imagerie médicale qui manipulent appareils de radiologie, scanners et autres techniques très sophistiquées dont les clichés permettent de déceler les premiers signes de la maladie ou de la traiter. Enfin, quelques professionnels, ambulancier ou secrétaire médical, travaillent autour du malade avec pour mission de l'accueillir, de l'accompagner, de veiller à son confort matériel ou physique dans l'attente des soins.

Profil > maîtrise de techniques très pointues, rigueur, habileté manuelle et minutie sont indispensables, mais ne doivent pas faire oublier l'importance de la relation avec le patient. Tact, capacité d'écoute, patience, psychologie sont essentiels pour l'aider à accepter la prothèse, le rassurer lorsqu'il suit des traitements lourds (radiothérapie).

Métiers à consulter >
ambulancier • audioprothésiste, manipulateur en électroradiologie médicale • opticien-lunetier • orthoprothésiste • podo-orthésiste • prothésiste dentaire • secrétaire médicale • technicien d'analyses biomédicales • technicien en radioprotection • visiteur médical.

J'aimerais soulager les souffrances

Une vingtaine de professionnels « paramédicaux » se relaient auprès des patients pour assister les médecins, appliquer leurs prescriptions et soulager les souffrances. Certains sont très familiers, comme les infirmiers, les aides-soignants, les puéricultrices. Ces professionnels du soin exercent beaucoup à l'hôpital, très proches des malades qu'ils peuvent accompagner jusqu'à la fin de leur vie. Moins connus, les professionnels de la rééducation contribuent, à l'hôpital ou en cabinet, au mieux-être des patients (blessés, personnes âgées ou handicapées) par des gestes techniques (kinésithérapeute, ostéopathe), les aident à progresser par l'apprentissage de comportements adaptés, d'exercices (diététicien, orthophoniste, psychomotricien…).

Profil > outre l'acquisition de techniques spécifiques, ces métiers exigent beaucoup d'investissement, de patience, de douceur, de pudeur, de capacité d'écoute et de pédagogie.

Métiers à consulter >
agent hydrothermal • aide-soignant • auxiliaire de puériculture • diététicien • ergothérapeute • infirmier • masseur-kinésithérapeute • orthophoniste • orthoptiste • ostéopathe • pédicure • puéricultrice.

pour en savoir plus onisep.fr

Je veux faire respecter la loi

S'il y règne en maître, le droit ne se cantonne pas au palais de justice. L'environnement, la vie économique, la défense du territoire… la loi régit toutes les activités du pays. À vous de choisir votre spécialité !

© Brigitte Gilles de la Londe/Onisep - © Jérôme Pallé/Onisep

Quiz

Plus vous cochez de cases, plus vous avez le profil pour les métiers proposés ! ☒

- Je ne supporte pas les tricheurs, les fraudeurs. ☐
- Je pense que sans la loi, ce serait la jungle. ☐
- Moi, voler ? Je culpabiliserais trop ! ☐
- L'éducation civique, la citoyenneté, ça m'intéresse. ☐
- Tenir sa parole est important pour moi. ☐
- Mes amis peuvent compter sur moi. ☐
- Je suis organisé, rigoureux, logique. ☐
- Je suis travailleur, je peux m'investir sur un sujet qui me passionne. ☐
- J'aime argumenter, avoir le dernier mot. ☐
- Je peux défendre mon opinion seul contre tous ! ☐

J'ai envie de défendre mes concitoyens

Si vous vibrez au son de la Marseillaise, si vous avez le sens du service et le goût de l'action, vous pouvez entrer dans la police ou dans l'armée. Schématiquement, l'une assure la sécurité quotidienne des citoyens, tandis que les trois armées (terre, air, marine) sauvegardent le territoire. Un policier peut exercer une activité liée à la sécurité civile (police de proximité ou brigade anticriminalité), à l'investigation (police scientifique), à l'ordre public (Raid ou GIPN) ou encore être garde du corps ! Dans l'armée, officiers et sous-officiers exercent dans tous les secteurs : combat (pilote de chasse, démineur), sécurité (fusilier commando), logistique (cuisine, santé), informatique et télécommunications (détecteur anti-sous-marin, informaticien réseau).

Profil > les métiers requièrent des niveaux d'études allant de la 3e à bac + 8. Les officiers de police judiciaire (lieutenant, commissaire, gendarme) ont souvent une formation en droit. Emplois généralement accessibles sur concours. Possibilité de contrats d'un an renouvelables.

Métiers à consulter >
commissaire • diplomate • douanier • garde-côte • gardien de la paix • gardien de la police municipale • gendarme • inspecteur des affaires maritimes • lieutenant de police • militaire.

J'aimerais travailler pour la justice

Dans un tribunal, lieu où la justice est rendue, il faut choisir son camp. Serez-vous le procureur qui s'exprime au nom de la société, l'avocat qui défend l'accusé ou la victime, le juge généraliste ou spécialisé (affaires familiales, enfants)

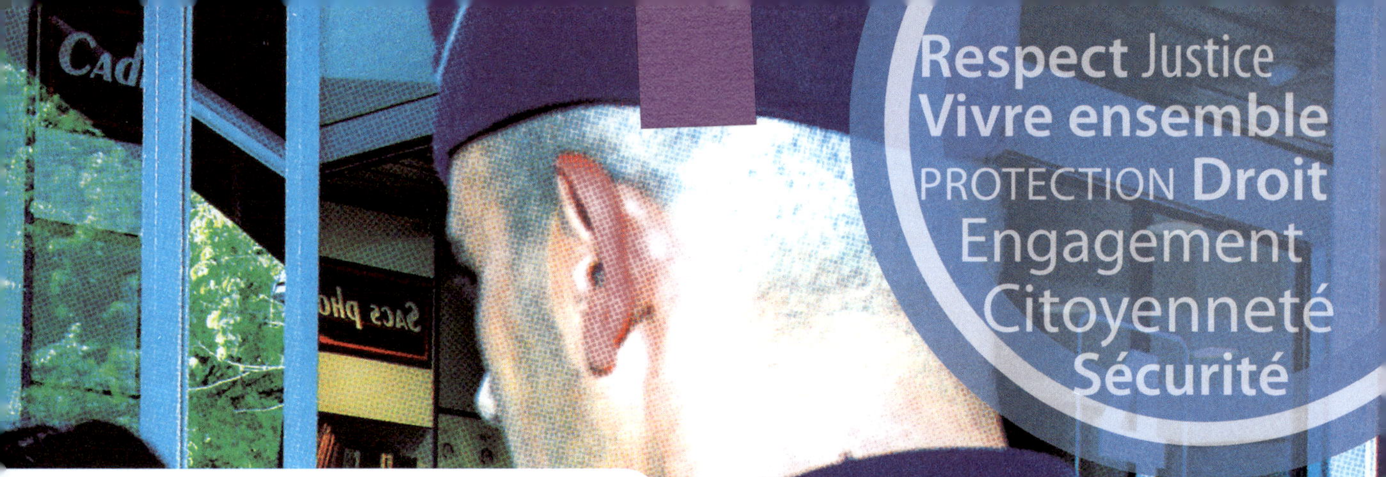

qui exprime une sentence, le greffier qui retranscrit fidèlement les audiences ? Le jugement prononcé, d'autres professionnels prennent le relais : le juge d'application des peines qui détermine les mesures applicables aux détenus, les travailleurs sociaux qui les suivent pour éviter la récidive, les gardiens de prison, l'huissier qui fait exécuter la décision de justice. Enfin, le notaire fait respecter la loi en établissant des contrats (mariage, héritage, etc.).

Profil > rigueur, organisation, capacités d'analyse, de synthèse, d'argumentation et de rédaction, d'écoute, de dialogue. Pour les avocats : accepter l'idée que tout le monde a droit à une défense… même les criminels. Formation en droit (bac + 5) à étoffer toute sa vie…

Métiers à consulter >
avocat • commissaire-priseur judiciaire • éducateur de la PJJ (protection judiciaire de la jeunesse) • gardien de prison • greffier • huissier • juge • notaire • substitut du procureur.

Je veux faire respecter le droit dans l'entreprise

La naissance, la vie et la mort d'une entreprise sont entièrement régies par des textes de loi. Pour être en conformité avec cette législation, les entreprises s'entourent de juristes pour les embauches, les contrats, les opérations financières… Et l'État mandate des contrôleurs pour s'assurer que l'entreprise respecte le Code du travail (horaires, règles d'hygiène et de sécurité) ou qu'elle s'acquitte bien de ses impôts. Si l'entreprise fait faillite, l'administrateur judiciaire intervient pour aider l'entreprise à s'en sortir.

Profil > c'est le cocktail « droit et économie » qui est nécessaire, avec l'obligation de mettre à jour en permanence ses connaissances.

Métiers à consulter >
administrateur judiciaire • conseiller juridique • contrôleur des impôts • contrôleur du travail • expert de la répression des fraudes • inspecteur des finances • juriste • juriste d'entreprise • mandataire judiciaire.

index métiers
> page 256

Je veux mettre la loi au service de la nature

Vous êtes sensible à la protection de l'environnement. Jeter des papiers au sol, écraser une cigarette en pleine forêt… ces gestes inciviques vous sont insupportables. Pourquoi, alors, ne pas devenir garde ? En pleine nature, il participe à l'application de la loi. Dans les parcs nationaux ou en forêt, il réalise des tournées sur la zone dont il est responsable, traque les mauvais comportements des promeneurs, des chasseurs, des pêcheurs qui braconnent. À la campagne, le garde champêtre peut dresser des procès-verbaux en cas d'infraction (vandalisme, pollution).

Profil > outre les textes de loi, ces professionnels ont une connaissance approfondie de la nature, de la faune et la flore. Ces métiers sont accessibles à partir d'un CAP.

Métiers à consulter >
garde champêtre • garde d'espace naturel (garde-chasse, garde moniteur des parcs nationaux, garde-pêche).

pour en savoir plus onisep.fr

Les métiers de A à Z

A comme artiste, B comme boulanger, C comme chirurgien…

Retrouvez parmi les 600 métiers du Dico tous ceux qui vous intéressent. Pour chacun, vous apprendrez ce qu'il fait, où et comment il travaille, avec qui éventuellement, les qualités nécessaires et le niveau de formation à atteindre avant d'entrer dans le monde du travail.

Batelier/ère

Synonyme : marinier.

On rencontre deux types de flotte transportant des marchandises sur les fleuves et les canaux : la flotte artisanale est touchée par la crise ; la flotte industrielle est mieux armée pour faire face à la concurrence de la route et du rail.

L'artisanat, c'est pour l'essentiel des péniches de petite capacité qui appartiennent à une famille *[lexique/247]*. Le métier se transmet de père en fils et s'exerce généralement en couple. Sur un bateau, le batelier est seul maître à bord. Il choisit son voyage et sa marchandise, surveille le chargement, organise le transport, exécute les manœuvres. Il est parfois aidé par un **matelot***.

La navigation industrielle n'a rien de familial. Elle est constituée d'entreprises possédant des flottes de péniches et de barges capables de transporter des milliers de tonnes de marchandises ou de matériels en une fois. De véritables trains poussés par des bateaux de forte puissance et dont la conduite nécessite la présence d'un équipage complet : capitaine, mécanicien, matelot…

Pour être **capitaine de péniche de canal**, il faut le certificat de radiotéléphoniste du service fluvial et du service maritime, et le certificat général de capacité (permis de conduire fluvial).

Après la 3e Deux ans d'études pour préparer le CAP navigation fluviale complété, ou non, par la MC transporteur fluvial. L'attestation de capacité professionnelle (ACP) est obligatoire pour s'installer comme entrepreneur batelier.

Après le bac Deux ans d'études à l'Institut national des transports internationaux et des ports (Itip) pour devenir chef d'entreprise.

Métier avec son féminin

Synonyme(s)

Descriptif

Renvoi au lexique

*** Métier traité dans le dico**

Métier d'évolution

Métier proche

Niveau de formation requis

Aa

Accessoiriste

Armes, vieille charrue, canapé en tissu panthère ou assiettes que les comédiens cassent dans une scène de bagarre… sur un plateau, toutes les fantaisies sont permises ! L'accessoire y est indispensable. Chargé de fournir les objets nécessaires à la mise en scène, l'accessoiriste passe une grande partie de son temps à les rechercher, à les adapter et, éventuellement, à les fabriquer. Pour cela, une grande aptitude manuelle est utile, ainsi que la maîtrise des techniques de fabrication et de moulage (plâtre, soudure, outillages…).

L'accessoiriste veille aussi à l'emplacement et aux déplacements des objets sur la scène. Son travail débute après la lecture du scénario. Un entretien avec le metteur en scène* et le chef décorateur lui permet de connaître l'ambiance du spectacle ou du film, et de lister les objets nécessaires à la représentation (théâtre) ou au tournage (cinéma). La plupart du temps, l'accessoiriste a le statut d'intermittent du spectacle *[lexique/247]*.

De nombreux professionnels apprennent le métier sur le terrain, mais avoir une formation est un « plus ».

Après la 3e Deux ans d'études pour préparer le CAP accessoiriste réalisateur.

Après le bac Deux ans d'études pour préparer un DMA arts de l'habitat ou un BTS design d'espace.

Accompagnateur/trice de moyenne montagne

Synonymes : guide accompagnateur en moyenne montagne ; guide de randonnée.

Découverte du parc des Écrins, sortie en raquettes dans le massif du Mercantour, balades sur le thème de l'architecture de montagne, de la faune, de la flore : l'accompagnateur guide les amateurs de randonnée sur les sentiers pédestres, les pistes de VTT, les canyons, les rivières. Glaciers et falaises sont réservés aux guides de haute montagne* et aux moniteurs d'escalade*. Particuliers, groupes du troisième âge, personnes handicapées, élèves en classe « verte » : l'accompagnateur adapte les circuits à ses clients. Il fixe l'itinéraire en fonction de leurs désirs – voir des chamois, se baigner dans un lac, visiter une chapelle, dormir en refuge – et de leurs aptitudes physiques. Il évalue la durée de l'excursion, s'informe des conditions météo et de l'état du terrain. Avec lui, compétences et sécurité sont garanties !

Spécialiste de la moyenne montagne, l'accompagnateur peut reconnaître les terrains « pièges » où la progression est plus ardue, traverser un névé pentu ou se repérer dans le brouillard. Il sait se montrer rassurant en cas de difficulté (orage, éboulement, mais aussi coup de pompe, panique ou vertige).

Excellente condition physique, connaissance du milieu montagnard (naturel et culturel), sang-froid et sens de l'organisation sont indispensables pour exercer ce métier des cimes.

Les accompagnateurs sont des saisonniers *[lexique/247]*. À l'arrivée du froid, il leur faut trouver un autre emploi. Beaucoup travaillent comme **moniteurs de ski*** ou **pisteurs-secouristes***.

Après la 3e Trois ou quatre ans d'études pour préparer le diplôme d'accompagnateur en moyenne montagne. Accès sur examen à partir de 17 ans. Le titre de prévention et secours civiques de classe 1 (PSC1) est obligatoire pour exercer, de même que la pratique de la randonnée et de l'orientation en montagne (y compris dans les conditions d'enneigement).

Accompagnateur/trice de tourisme équestre

Synonymes : éco-interprète ; guide animateur.

Bon cavalier, guide, mais aussi animateur, ce professionnel a plusieurs cordes à son arc. L'accompagnateur de tourisme équestre conduit des promenades et des randonnées à cheval sur des itinéraires identifiés et entre des relais d'étape connus. Garant de la sécurité des cavaliers, il doit adapter la sortie à ses clients (âge, conditions physiques, aptitudes…).

Avant de partir, l'accompagnateur prépare les chevaux et le matériel approprié, repère les parcours et assure les soins aux montures. Il est également chargé de faire découvrir les régions traversées sous tous leurs aspects : naturel, culturel, économique…

Saisonnier *[lexique/247]*, le métier est surtout exercé de juin à septembre dans un centre équestre ou de loisirs, souvent en complément d'une autre activité. De plus en plus de centres fonctionnent à l'année. L'encadrement peut donc se faire à plein temps, surtout lorsque l'accompagnateur est aussi loueur de chevaux et propriétaire du centre.

Après la 3e Deux ans d'études pour préparer le brevet d'aptitude professionnelle d'assistant animateur technicien (BAPAAT) support technique « randonnée équestre », ou le brevet professionnel de la jeunesse, de l'éducation populaire et du sport (BPJEPS) « activités équestres ».

Acheteur/euse

Synonymes : approvisionneur ; responsable des achats.

« *Nos maîtres mots sont qualité, coût et délai* », résume Stéphane, acheteur. Son rôle : acheter des produits en grande quantité pour approvisionner les rayons d'un magasin (laitages, livres...) ou une usine (machines-outils, matériel de reprographie…). Quel que soit le domaine, il connaît parfaitement les caractéristiques des produits achetés.

En contact permanent avec les fournisseurs, il négocie pour son entreprise les meilleures conditions d'achat : les prix, la quantité, les ristournes… et les délais de livraison optimaux. Son objectif est de réduire au minimum les stocks et le coût de production ou de vente du produit, afin d'augmenter la marge de bénéfice. Dans l'industrie, l'acheteur travaille avec le service marketing ou la comptabilité ; dans la distribution, avec les chefs de rayon* et marchandiseurs*.

Salarié dans l'industrie ou la grande distribution, l'acheteur a un rôle stratégique au sein de l'entreprise, car des sommes très importantes sont en jeu. Le jeune diplômé débute à la gestion des stocks ou à l'approvisionnement.

Dans l'industrie, une double compétence technique et commerciale est impérative. Avec l'ouverture internationale, la pratique de l'anglais est très recommandée.

Après le bac Deux ans d'études pour préparer un BTS management des unités commerciales ou un DUT techniques de commercialisation ; cinq ans en école de commerce ou à l'université.

Acousticien/ne

Synonymes : ingénieur en acoustique ; technicien en acoustique.

Des voitures qui klaxonnent, un avion qui décolle, une rue qui s'anime, un immeuble qui se construit… : autant de nuisances sonores que l'acousticien cherche à réduire.

Première étape : enregistrer et classer les sons en fonction de leur nature. Un bruit aérien ou routier, par exemple, n'a rien à voir avec un bruit « d'impact » (chute d'objet, perceuse…). Deuxième étape : mesurer le volume des bruits, en décibels. Enfin, chercher des solutions pour les éliminer ou, tout au moins, les atténuer. L'acousticien propose, par exemple, d'élever des façades protectrices le long d'une autoroute ou assure, en collaboration avec l'architecte, l'isolation acoustique d'un bâtiment en cours de construction (renforcement des parois vitrées, aménagement des cages d'escalier, réglage des appareils de climatisation, par exemple).

Après le bac De deux ans d'études en sciences physiques pour les techniciens (BTS, DUT) à cinq ans en école pour les ingénieurs.

Actuaire

Mathématicien de haut vol, l'actuaire jongle avec le calcul des probabilités et les programmes informatiques. Il mesure les risques qu'encourent les sociétés de réassurance, par exemple, en couvrant une compagnie d'assurances. De même, quand une banque prête de l'argent à un client, elle prend un risque et a besoin de l'actuaire pour calculer la capacité du client à rembourser.

Dans les sociétés d'assurance, l'actuaire calcule les primes que ses clients doivent verser pour bénéficier d'un contrat. Il établit des tables de mortalité pour calculer les cotisations des garanties d'assurance vie. On rencontre l'actuaire partout où se posent des problèmes de prévision économique, de rentabilité, de couverture des risques.

Après le bac Cinq ans d'études en maths, en finance ou en statistiques à l'université (master), ou bien en école de commerce et de gestion, voire en école d'ingénieurs.

Administrateur/trice de base de données

Synonymes : ingénieur en base de données ; responsable de base de données.

Le catalogue des pièces détachées de Renault, le fichier clients de La Redoute, les ouvrages de la Bibliothèque nationale : autant de données que l'informatique permet de stocker, de classer et de tenir à jour. L'administrateur organise et élabore les systèmes nécessaires à la constitution d'une base informatique. La qualité doit être au rendez-vous, car les chefs d'en-

* métiers traités dans le dico

treprise prennent des décisions rapides, à partir de ces données, pour maintenir leur niveau de compétitivité.
L'administrateur de base de données est susceptible de se déplacer, à l'intérieur ou à l'extérieur de l'entreprise, pour rencontrer les utilisateurs de la ou des bases qu'il gère. Il lui arrive de travailler en dehors des heures d'activité habituelles du personnel et il peut être d'astreinte, car le système doit fonctionner 24 heures sur 24.
Un bon bagage technique et une solide expérience des systèmes d'informations complexes sont indispensables. Aux qualités de rigueur et d'analyse, il faut ajouter des aptitudes à communiquer. À l'écoute des besoins de l'entreprise, l'administrateur doit pouvoir intervenir rapidement en cas de problème.

Après le bac Cinq ans d'études à l'université en informatique (master) ou en école d'ingénieurs avec une spécialisation.

Administrateur/trice de biens

L'administrateur gère le patrimoine immobilier (appartements, bureaux, immeubles) de particuliers, sociétés foncières, d'assurances... Quand il est au service des propriétaires, il loue, garantit le paiement des loyers, rédige les quittances, fixe et ajuste le prix de la location... Quand il est au service des locataires, il leur rend compte des sommes à verser et fait le lien avec les propriétaires en cas de problème : chauffage en panne, fenêtre ou plomberie défectueuse...
Fin connaisseur du marché de l'immobilier et des lois, l'administrateur de biens peut être amené à régler des litiges à l'amiable (désaccord sur l'état des lieux, travaux obligatoires...) ou à engager des poursuites judiciaires (loyers impayés, non-respect des normes de sécurité...).
Autre mission qui revient à ce professionnel : le **syndic de copropriété**. À lui de conseiller les propriétaires sur les travaux engagés pour valoriser leur bien et le rendre conforme aux obligations techniques et juridiques en vigueur (isolation, amiante, plomb, termites...).
En agence ou dans une société de gestion immobilière, cet homme ou cette femme de relations a de multiples compétences : financière, administrative, commerciale, technique du bâtiment.

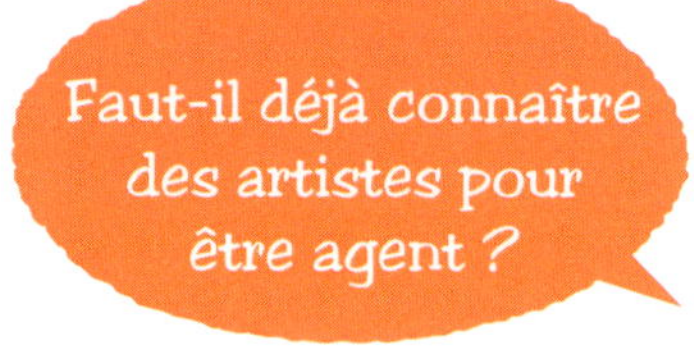

Après le bac Deux ans d'études pour préparer un DUT carrières juridiques, un BTS professions immobilières ou comptabilité et gestion des organisations, un DEUST professions immobilières.

Administrateur/trice de réseau

Synonymes : exploitant de réseau ; gestionnaire de réseau ; responsable de réseau.
Qui dit « réseau » dit « circulation d'informations ». À l'administrateur de veiller au bon fonctionnement des systèmes de télécommunications grâce auxquels les différents sites ou bureaux d'une entreprise échangent des informations. Un rôle à la fois technique et pédagogique.

L'administrateur doit permettre aux utilisateurs d'accéder au(x) réseau(x), les guider et les aider à surmonter leurs difficultés. Il intervient en cas de problème technique. C'est lui qui réceptionne et installe les matériels informatiques et de télécommunications en veillant à leur compatibilité. Lui encore qui signale les dysfonctionnements à l'ingénieur télécoms et réseaux*.
La généralisation des réseaux informatiques locaux, le développement d'Internet et du commerce électronique ouvrent de nouvelles perspectives.

Après le bac Deux ou trois ans d'études dans le domaine des télécommunications et des réseaux informatiques (BTS, DUT...) pour les postes techniques. Cinq ans à l'université (master) ou en école d'ingénieurs pour les postes à responsabilité.

Administrateur/trice judiciaire

Synonymes : administrateur de justice ; mandataire de justice.
Aider les entreprises en difficulté, telle est la mission de l'administrateur judiciaire. Mandaté par les tribunaux et le ministère public, ses interventions sont multiples.
Pour telle société, il devra négocier un rééchelonnement des dettes avec la banque. Pour telle autre, il proposera un plan de redressement financier ou des repreneurs s'il y a faillite. Ou encore, il mettra en place une administration provisoire visant à remplacer les dirigeants (PDG, gérant, commerçant...). Objectif : sauver l'entreprise et l'emploi, en limitant les licenciements.
Face à des personnes en situation difficile sur le plan financier et, souvent, également sur les plans personnel et familial, l'administrateur doit faire preuve de tact et de diplomatie, et prendre en compte la dimension psychologique et humaine des problèmes.
S'il exerce en libéral *[lexique/247]*, l'administrateur de justice n'a pas de clientèle propre. Il est désigné par le président du tribunal de commerce pour une affaire donnée et avec une mission définie dans le jugement.

Après le bac Quatre ans d'études au minimum en droit, en sciences économiques, en comptabilité-gestion à l'université, en école de commerce, diplôme supérieur de comptabilité et de gestion (DSCG), diplôme d'expertise comptable (DEC) pour passer l'examen d'accès au stage. Trois années de stage auprès d'un administrateur permettent ensuite de passer l'examen professionnel d'aptitude.

Agent/e artistique

Synonyme : imprésario.

Son objectif : « vendre » les artistes dont il supervise la carrière, qu'ils soient comédiens* ou chanteurs*… L'agent artistique filtre aussi les demandes d'interview des journalistes et organise les rencontres avec les médias.

Au fait des projets des metteurs en scène et des sociétés de production, comme des dates de casting ou d'événements, il sait parler de ses « protégés » au moment opportun, pour les placer dans des rôles à leur mesure. Il négocie alors le contrat en fonction du nombre de jours, de la notoriété de l'artiste et de l'ampleur de la production.

L'agent artistique reçoit de nombreux scénarios qu'il propose aux artistes, allant parfois jusqu'à coopter un metteur en scène sur un projet. Doté d'un esprit commercial, il doit aussi avoir une grande sensibilité artistique, un sens aigu de la psychologie et du discernement. Autre impératif : avoir une bonne connaissance du milieu dans lequel il évolue (spectacle, cinéma ou mode).

L'accès au métier est conditionné par l'inscription au registre du commerce et la possession d'une licence d'exercice délivrée par le ministère du Travail. La rémunération est un pourcentage du cachet de l'artiste (en règle générale 10 %).

L'agent qui gère la carrière des mannequins s'appelle le ***booker***. En général salarié d'une agence de modèles, il s'informe des castings en cours, démarche les clients et négocie les contrats.

Après le bac Aucune formation spécifique. S'il est préférable de connaître le droit privé, le droit du travail et l'économie, l'essentiel du métier s'apprend sur le terrain, auprès d'un agent.

Est-ce qu'on voyage quand on travaille dans le tourisme ?

Agent/e d'accueil de tourisme

« L'office de tourisme, c'est un peu la vitrine d'une ville. L'accueil y est essentiel. C'est de lui que dépend la réussite des séjours des touristes qui viennent visiter notre région », prévient Claude. Agent d'accueil, il ne se contente pas de distribuer des dépliants. Il écoute le client, cerne sa demande, l'aide à choisir un spectacle, un site historique ou un musée. Conseiller de séjour en quelque sorte, l'agent d'accueil doit connaître la région comme sa poche… et maîtriser deux langues (dont l'anglais) pour pouvoir s'adresser aux étrangers.

S'il travaille dans un aéroport, l'**agent d'escale** accueille les passagers au départ et à l'arrivée des avions, prend en charge les enfants non accompagnés, assiste les personnes âgées. Travailler tard le soir, les samedis et dimanches ne doit pas lui faire peur.

Après le bac Un an d'études pour préparer la MC accueil dans les transports, spécifique aux agents d'escale, ou deux ans pour préparer un BTS animation et gestion touristiques locales. Des formations en apprentissage sont proposées, dès le bac, par les entreprises de tourisme.

Agent/e d'entretien du réseau de gaz

La France est sillonnée par un réseau de canalisations qui transportent le gaz à haute pression des centres de production jusqu'aux consommateurs. Une fois le gaz arrivé à destination, sa pression est abaissée pour permettre au particulier de faire chauffer son bain, ou à l'industriel de faire tourner sa chaudière. Les installations nécessitent une surveillance régulière, un entretien périodique, et des interventions en cas d'incident. C'est le rôle de l'agent d'entretien. Il travaille en équipe, le plus souvent sur le terrain lors de ses tournées, mais aussi en atelier. Garant de la continuité du service et de la sécurité de Gaz de France, il a des jours de garde.

Après la 3e Deux ans d'études pour préparer un CAP installateur thermique, complété ou non par le bac pro technicien de maintenance des systèmes énergétiques et climatiques. Possibilité de se former par l'apprentissage dans les centres de formation de Gaz de France.

Agent/e d'exploitation des compagnies aériennes

Comment être sûr qu'il y a assez de carburant dans l'avion qui vous emmène à Tahiti ? Pour le savoir, c'est à l'agent d'exploitation qu'il faut s'en remettre.

Au sein d'une compagnie aérienne, il est chargé de la préparation technique des vols commerciaux afin que ces derniers se déroulent au mieux. Pour cela, il établit un dossier dans lequel il indique le type d'avion utilisé, les dernières interventions techniques qui ont été effectuées sur l'appareil, le nombre de passagers, les conditions météo prévues, etc., qu'il remet à chaque membre de l'équipage.

À lui également de déterminer le trajet à suivre et la quantité de carburant à emporter. Pour cela, il s'appuie sur des systèmes informatiques très performants qui lui transmettent de nombreuses données. L'anglais est très utile dans ce métier.

Après le bac Le bac S est requis pour présenter le concours d'entrée à l'École nationale de l'aviation civile qui assure la formation d'agent d'exploitation en sept mois. S'y ajoutent quatre semaines de stage.

* métiers traités dans le dico

Agent/e de comptoir

Des séjours au bord de piscines toujours bleues, des circuits à thème et (de plus en plus) des voyages d'affaires, voilà ce que vend l'agent de comptoir ! Dans une agence de voyages, il accueille et renseigne le client à l'aide de brochures. Puis il s'occupe de la réservation.

Les yeux rivés sur son écran d'ordinateur, armé de son téléphone et d'un fax, il traque les places disponibles dans des hôtels à l'autre bout du monde et à bord des avions. L'agence de voyages forme souvent elle-même aux outils informatiques. Même s'il ne voyage pas, l'agent de comptoir doit être curieux. Une bonne connaissance des destinations lui est très utile et rassure le client. Ses horaires sont variables selon les jours et les saisons. Ses responsabilités et ses chances d'évoluer augmentent dans une grande agence.

Malgré un rythme soutenu, il doit être méthodique, aimable et garder sa bonne humeur !

Après le bac Deux ans d'études pour préparer le BTS ventes et productions touristiques. Des instituts spécialisés proposent des formations.

Agent/e de développement local

Synonyme : animateur de développement.

Pour organiser un repas d'« immeubles en fête » ou défendre l'initiative de résidents auprès du maire, il est l'homme (ou la femme) de la situation. Confronté à l'urgence sociale, l'agent de développement local perçoit bien les attentes de la population et s'en fait l'écho auprès des élus.

Travaillant auprès d'une commune, un département ou une région, il assure des missions de développement pour un territoire donné. Culture, tourisme, environnement, urbanisme, etc., son champ d'intervention comme le niveau de responsabilité varient selon la structure qui l'emploie.

Qu'il s'agisse de favoriser l'implantation de petites entreprises, de lutter contre la pollution ou de créer des équipements sportifs, l'agent de développement conçoit des programmes d'action et suit leur mise en œuvre sur le terrain. Il sait monter des dossiers administratifs et financiers, animer des réunions et rédiger des comptes rendus pour les élus.

Véritable courroie de transmission, l'agent de développement rencontre la population et les acteurs locaux (services territoriaux, associations, commerçants, chefs d'entreprise…), fait remonter les besoins exprimés, et informe les uns et les autres des projets nouveaux ou en cours.

Dynamique, autonome et disponible, ce professionnel est doté d'une forte aptitude au dialogue.

Les débouchés se situent principalement dans les collectivités locales : l'agent de développement y exerce comme contractuel ou fonctionnaire *[lexique/247]*.

Après le bac De trois à cinq ans d'études à l'université en géographie, sociologie, économie, etc., avec une spécialisation en aménagement et développement local.

Agent/e de propreté et d'hygiène

Synonymes : agent d'entretien des locaux ; homme de ménage ; technicien d'entretien ; technicien de surface.

Bloc opératoire, laboratoire pharmaceutique, gare, centre commercial, etc. : du sol au mobilier, tout se dépoussière, se lave, se désinfecte. Mais, selon les environnements, les exigences en matière de propreté varient.

Dans les bureaux, les aéroports ou les centres commerciaux, par exemple, l'agent d'entretien des locaux effectue des travaux d'entretien courants : dépoussiérage, lavage, séchage, lustrage… Il peut utiliser des machines spécifiques comme les monobrosses ou les autolaveuses.

Dans certaines usines ou laboratoires, dans les restaurants et les commerces d'alimentation, l'hygiène est primordiale. Pour garantir une propreté absolue, des techniques spécifiques sont utilisées.

À l'hôpital, l'**agent de propreté hospitalier** a ainsi recours au bionettoyage, une technique qui élimine toutes les bactéries susceptibles de propager une infection.

De même, dans l'industrie agroalimentaire, cosmétique ou pharmaceutique, nombre d'activités (recherche, fabrication, analyse et contrôle) ne peuvent se réaliser de façon satisfaisante que dans un cadre protégé et stérile, comme les salles blanches. L'**agent qualifié en ultrapropreté** qui y travaille réalise alors des nettoyages particuliers avec un niveau d'exigence très élevé.

Après la 3e Deux ans d'études pour préparer un CAP maintenance et hygiène des locaux. Le bac pro hygiène et environnement (trois ans) permet d'occuper des emplois plus spécialisés ou des postes à responsabilité.

Agent/e de propreté urbaine

Synonyme : éboueur.

Employé par une commune ou par une société spécialisée, il peut intervenir dans trois domaines : la réception et l'orientation des déchets ; la collecte des ordures ménagères et l'enlèvement des objets encombrants (camion-benne) ; le nettoiement des rues et des espaces publics (balayage ou maniement d'appareils et d'engins équipés de brosses, jets d'eau…).

Menant à bien un service d'intérêt public, l'agent a également un rôle de conseil et d'information auprès des usagers, notamment sur le tri ou le recyclage des déchets ménagers.

Il faut être titulaire du permis « poids lourds » pour la conduite des bennes à ordures. Il faut également avoir une bonne condition physique. Avec les risques liés à la profession (manipulation de produits toxiques, par exemple), il est préférable d'être titulaire du certificat de sauveteur-secouriste du travail. L'accès au métier est possible sans diplôme. La formation est alors assurée par l'employeur.

Après la 3e Deux ans d'études pour préparer le CAP gestion des déchets et propreté urbaine. Le bac pro hygiène et environnement (trois ans) permet d'occuper des emplois plus spécialisés ou des postes à responsabilité.

Agent/e de réservation

« Allô ! Quel hôtel pouvez-vous me conseiller dans le Val de Loire, à la campagne, et non loin des châteaux ? » : voilà le genre d'appel que reçoit l'agent de réservation. Un poste souvent proposé aux débutants.

Dans les centrales de réservation, appelées centres d'appels, l'agent de réservation vend, devant son écran, les prestations de son employeur : voyagiste, chaîne hôtelière, loueur de voitures, compagnie aérienne, service loisirs-accueil d'un comité départemental du tourisme… Au bout du fil : des agents d'accueil, des entreprises ou des particuliers. Les résultats des ventes dépendent de sa rapidité et de sa compétence.

Après le bac Deux ans pour préparer le BTS ventes et productions touristiques.

Agent/e de sécurité

Synonymes : agent de prévention et de sécurité ; agent de surveillance ; surveillant.

Sa mission : protéger les marchandises, les locaux, les équipements et les personnes, de jour comme de nuit. Sa seule présence suffit souvent à dissuader les malfaiteurs.

L'agent de sécurité travaille au sein d'une entreprise ou pour le compte d'une société de gardiennage.

À un poste fixe (planton) ou en circulation dans un périmètre (rondier), il surveille un site : banque, parking, bureau, magasin, gare… Un chien dressé à la défense l'accompagne parfois. Vérifier le fonctionnement des installations techniques (caméras, alarmes, cartes d'accès magnétiques…) fait aussi partie de ses attributions.

Celui qu'on appelle **gardien** ou bien **vigile** ne se contente pas de prévenir. Il lui arrive aussi de « guérir ». Une seule anomalie (panne de secteur, fuite d'eau, incendie), et c'est l'intervention immédiate : fermeture des accès, évacuation des personnes, organisation des premiers secours… comme le prévoient les consignes définies par le responsable de sécurité*. Au besoin, les services compétents (EDF, Gaz de France, pompiers, police…) sont informés.

En centre de surveillance, l'agent de sécurité s'aide d'écrans de contrôle. Ainsi, l'**inspecteur de magasin** pourra observer les rayons, repérer les vols à l'étalage et les incidents divers.

En uniforme et armé, le **convoyeur de fonds** accompagne les transports de valeur (argent, bijoux, armes, documents précieux) à bord d'une camionnette blindée. Il surveille également les chargements et déchargements, à l'extérieur du véhicule. Un métier à risque…

Après la 3e Deux ans d'études pour préparer le CAP agent de sécurité requis pour travailler dans les sociétés de surveillance et de gardiennage, ou trois ans pour le bac pro sécurité-prévention. En entreprise, le BP agent technique de prévention et de sécurité est recommandé.

Agent/e de transit

Synonyme : transitaire.

Son rôle est d'organiser le transport des marchandises, en direction ou en provenance de l'étranger, pour le compte d'une entreprise. Il doit aussi s'occuper de tous les formulaires administratifs et des attestations nécessaires au transport des marchandises : documents d'expédition, déclarations en douane.

Avion, bateau, transport routier ou fluvial ? Il doit trouver la solution la plus rapide et la moins coûteuse, en tenant compte de la nature des marchandises. Et éviter les dégâts qui pourraient atteindre le chargement durant le transport.

* métiers traités dans le dico

L'agent de transit jongle avec toutes les nouvelles technologies (notamment sur le Web) et les télécommunications pour suivre sur son écran le parcours de sa marchandise dans le monde entier. Il est en contact avec des interlocuteurs très différents : qualités humaines et commerciales sont donc appréciées. Le sens de la méthode et de l'organisation, la connaissance de l'anglais sont indispensables.

Après la 3e Trois ans d'études pour préparer un bac pro du domaine transport-logistique.

Après le bac Deux ans d'études pour préparer le BTS transport ou le DUT gestion logistique et transport, ou encore un diplôme d'école.

Agent/e hydrothermal/e

Synonymes : agent de thermalisme ; hydrothérapeute.

Dans les stations thermales et les centres de thalassothérapie, il exerce une activité à mi-chemin entre celles de l'esthéticien et de l'aide-soignant. Spécialiste des vertus de l'eau, l'agent hydrothermal a pour mission d'embellir, de détendre ou de rééduquer ses clients. Ses techniques : douches au jet, bains d'algues et hydromassages. Il a également un rôle de prévention auprès des personnes sujettes aux problèmes respiratoires ou dermatologiques. Allergiques à l'humidité s'abstenir ! Sont recrutées des personnes déjà formées aux soins : **aide-soignant***, **infirmier*** ou spécialistes de l'esthétique-cosmétique. Résistance physique et goût du contact requis.

Après la 3e Aucune filière d'études spécifique. Des formations « locales » s'ouvrent dans les villes abritant des centres de thalassothérapie. Elles sont accessibles aux titulaires d'un diplôme de niveau V (CAP) dans les domaines sanitaire et social ou esthétique.

Agriculteur/trice

Synonymes : cultivateur ; exploitant agricole.

Développer un élevage, cultiver des céréales, des betteraves, des pommes de terre ou bien des ceps de vigne – il s'appelle alors ***viticulteur*** –, il existe bien des façons d'être agriculteur.
Il faut préparer les sols, semer, planter, épandre les engrais, conduire des engins mécaniques. Le savoir-faire technique ne suffit pourtant plus. L'agriculteur est également un commercial qui choisit ses cultures en fonction des besoins du marché. Il dirige son exploitation comme un chef d'entreprise, s'aidant d'outils informatiques pour suivre sa production et la vendre.
Quelle que soit l'exploitation, il faut fournir un travail énorme et toujours tout remettre en question : faut-il miser sur les céréales ? Faut-il essayer le soja ? La culture biologique ? Les plantes médicinales ? En outre, nombreux sont les agriculteurs qui aujourd'hui ajoutent une corde à leur arc. Il s'agit le plus souvent du tourisme rural : gîtes ruraux, séjours à la ferme, randonnées à cheval, stages d'artisanat, qui connaissent un grand succès auprès des vacanciers et apportent un revenu complémentaire aux exploitants agricoles ***[lexique/247]***. Une formation est nécessaire, même si les agriculteurs sont encore souvent eux-mêmes fils d'agriculteurs.

Après la 3e Trois ans d'études pour préparer le bac STAV ou le bac pro conduite et gestion de l'exploitation agricole, quatre ans pour le BP responsable d'exploitation agricole.

Après le bac Deux ans d'études pour préparer un BTSA analyse et conduite de systèmes d'exploitation, ou productions animales ou encore agronomie-productions végétales.

Agronome

Synonymes : chercheur en agronomie ; ingénieur agronome ; sélectionneur de variétés.

Chercheur* ou ingénieur*, l'agronome est souvent les deux à la fois. Sélectionner les variétés de céréales les mieux adaptées à un sol, trouver des remèdes aux maladies des arbres fruitiers, étudier les échanges gazeux de la fermentation du cacao, sélectionner les meilleures vaches laitières, « fabriquer » une pomme qui soit à la fois croquante, colorée, sucrée et résistante… L'agronome travaille en laboratoire de recherches public ou privé. Mais le métier consiste aussi à aider et conseiller agriculteurs et éleveurs. Aides qui revêtent une importance particulière dans les pays en voie de développement : il faut s'attaquer au ver blanc qui ravage la canne à sucre, choisir le riz de montagne adapté au nord du Cameroun, établir une trousse médicale pour les bergers du Sahel permettant de détecter rapidement les maladies du troupeau… Un travail qui rend possibles le développement de l'agriculture et de l'élevage, une amélioration des rendements, une nouvelle manière de « prendre soin » de la terre et de veiller à l'environnement.

Après le bac Cinq ans d'études en école d'ingénieurs agronomes ou à l'université.

Aide médico-psychologique

Assister les personnes dépendantes dans leur vie quotidienne exige une motivation et une résistance à toute épreuve. Difficile de faire s'exprimer un enfant déficient mental, d'aider une personne handicapée à se laver, ou d'entretenir les facultés intellectuelles d'un ancien. L'aide médico-psychologique est là pour assurer ces différents rôles de soutien, d'accompagnement, d'éveil ou d'éducation.
À la frontière du médical et du social, il travaille en collaboration avec les médecins*, les éducateurs*, les assistantes sociales*, les familles... Jamais au domicile des patients, mais dans des établissements spécialisés : hôpital, maison de retraite pour handicapés.
Avec l'allongement de la durée de vie et la hausse du nombre de personnes âgées, les aides médico-psychologiques se spécialisent de plus en plus dans la gériatrie.

Après la 3e Un ou deux ans d'études, en formation initiale ou en cours d'emploi, pour préparer le diplôme d'État. Accès sur épreuves sans condition de diplôme.

Aide-soignant/e

Contrairement à ce que laisse entendre son nom, l'aide-soignant n'est pas le bras droit du médecin. C'est sous la responsabilité et le contrôle de l'infirmier* qu'il assure les soins d'hygiène et de confort. Il peut prendre le pouls et la température, faire les pansements ou remplacer les perfusions. Au besoin, il aide à la toilette, à l'habillage ou au repas.
L'aide-soignant accueille le malade à l'hôpital et l'installe. À lui de s'assurer que la chambre est propre et le lit fait. C'est lui aussi qui prépare les chariots-repas. Attention aux consignes ! Certains malades doivent rester à jeun ; d'autres suivent un régime.
Proche du patient, l'aide-soignant est là pour le soutenir. Parfois confident, il peut recueillir

des informations précieuses sur son état physique et moral. Patience, compréhension et sens du contact sont des qualités indispensables. Mais il faut aussi de la force pour aider les malades impotents à se déplacer ou à changer de position.
La majorité des aides-soignants exercent comme salariés ***[lexique/247]***. Plus de 70 % travaillent en clinique ou en hôpital. Les autres sont recrutés dans des centres de soins ou des établissements destinés aux personnes âgées, ou dans les services de santé de l'armée.

Après la 3e Un an d'études pour préparer le diplôme d'État, obligatoire pour exercer. Accès sur examen sans condition de diplôme, à partir de 17 ans au minimum. Le bac et certains diplômes professionnels donnent lieu à des dispenses d'épreuves (CAP petite enfance…).

Aiguilleur/euse du ciel

Synonymes : contrôleur de la navigation aérienne ; ingénieur du contrôle aérien.
Sans les aiguilleurs du ciel, le trafic aérien tournerait vite à la catastrophe. En effet, ces professionnels organisent la circulation dans le ciel et guident les avions afin qu'ils décollent, volent et atterrissent en sécurité, par tous les temps.
Toutes sortes d'appareils électroniques et informatiques sont à leur disposition, ainsi que des radars et des liaisons radio établies directement avec le pilote de l'avion. Les aiguilleurs règlent ainsi, avec une extrême précision, le ballet des avions à l'approche des aéroports : les uns arrivent, d'autres s'envolent, d'autres encore tournent en rond dans des circuits d'attente jusqu'à ce que leur soit donné le feu vert pour l'atterrissage.

Vitesse, altitude, couloirs de circulation, « sens unique », il faut tout maîtriser : une responsabilité de tous les instants. Un métier qui demande des nerfs solides et une grande capacité d'attention. Étourdis, hésitants… s'abstenir ! Parler l'anglais est indispensable, car la plupart des pilotes dialoguent dans cette langue.
Débouchés au sein de l'aviation civile et des armées (terre, air, mer).

Après le bac Cinq ans d'études scientifiques et technologiques, dont deux en prépas, en BTS ou à l'université (DUT, licence) puis trois à l'École nationale de l'aviation civile (accès sur concours).

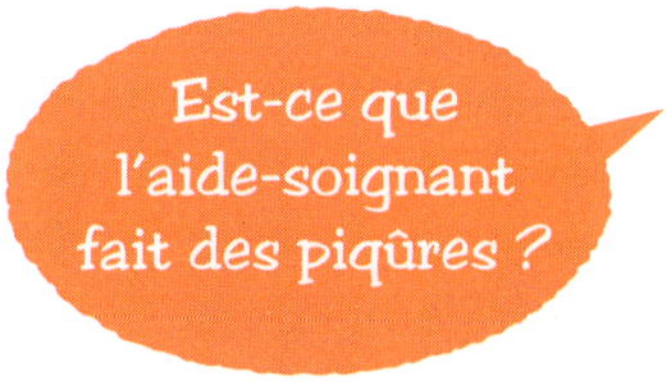

Aiguilleur/euse du rail

Sans aiguilleur, le trafic ferroviaire serait vite saturé, voire risqué. Dans une gare, un centre de triage ou à un poste de commandement centralisé, ce **technicien de la circulation** coordonne les mouvements de manœuvre des trains (ou des métros, des tramways…) afin qu'ils ne se retrouvent pas sur les mêmes rails. Il gère aussi l'occupation des voies en gare et veille au respect des consignes de sécurité.
À la SNCF, l'aiguilleur est responsable d'un ensemble de lignes. Il dirige une équipe d'**opérateurs de la circulation**, qui l'aident à réguler le trafic ferroviaire. Les trains circulant 7 jours sur 7 et 24 heures sur 24, il effectue des horaires de travail décalés par roulements (deux fois 8 heures ou trois fois 8 heures), y compris les samedis, dimanches et jours fériés. Les conditions de travail sont moins contraignantes dans les régies de transports urbains.

Après le bac Deux ou trois ans d'études pour être recruté par la SNCF, qui propose ensuite une formation professionnelle de deux ans (école interne).

Ajusteur/euse-monteur/euse avion

Dans l'aéronautique, c'est lui qui monte l'avion. Il assemble minutieusement toutes les pièces qui composent l'avion et assure le montage des équipements.
L'ajusteur-monteur intervient sur différentes parties de l'avion : il peut assembler la cellule, c'est-à-dire le fuselage, la queue, etc. ; il peut aussi monter les tuyaux et les circuits de carburant, les pompes, les valves, les câbles électriques qui vont alimenter les différents équipements de l'avion. Tout le montage s'effectue à partir de plans.
Il ajuste les pièces (perce, lime…) pour qu'elles s'assemblent parfaitement, et fait des retouches s'il repère des défauts. Il place aussi les rivets, les vis, les boulons…

* métiers traités dans le dico

Au total, l'ajusteur-monteur effectue une bonne centaine d'opérations différentes : perçage, assemblage, réglage, finition des pièces. Des gestes d'une infinie précision, au dixième de millimètre près, car il faut ajuster les pièces qui ne doivent pas laisser passer d'air ou occasionner de frottements. Un métier qui nécessite une bonne vue et une grande attention. L'ajusteur travaillant souvent sur de petits éléments, il doit être minutieux et soigneux.
Après quelques années d'expérience, un ajusteur peut devenir **chef d'équipe**. Les meilleurs finissent **responsables d'atelier**.

Après la 3e Deux ans d'études pour préparer un CAP mécanicien cellules d'aéronefs ou trois ans pour préparer un bac pro aéronautique option mécanicien systèmes cellule.

Ambulancier/ère

Conduire très vite avec sirène et gyrophare en action est parfois indispensable pour sauver une vie. Mais l'ambulancier, s'il doit manier le volant avec souplesse et assurance, est plus familier des services de santé que des rallyes automobiles ! Amener les blessés, les malades, les personnes âgées ou handicapées à l'hôpital, venir chercher les patients à leur domicile, voilà qui occupe ses jours et ses nuits, en semaine comme le week-end.
L'ambulancier peut travailler pour le compte d'une entreprise privée, d'un service d'urgences ou d'un organisme d'assistance comme la Croix-Rouge. L'installation à son compte comme artisan ***[lexique/247]*** est aussi possible, mais la concurrence est sévère.
Avec de l'expérience, l'ambulancier peut accéder au poste de **responsable d'un Smur**, à condition de suivre une formation adaptée ou de se reconvertir, par exemple comme **régulateur**. Dans un service d'urgences, ce dernier prend les appels et établit les déplacements des équipes.
Des débouchés existent au sein des services de santé de l'armée de terre.

Après la 3e Dix-huit semaines de formation, dont cinq de stage, pour obtenir le diplôme d'État d'ambulancier. Accès sur épreuve, avec le permis B et le diplôme de prévention et secours civiques de classe 1 (PSC1).

Analyste financier/ère

Lourde responsabilité que porte l'analyste financier sur ses épaules : il surveille la santé et la croissance des sociétés cotées en Bourse afin de conseiller les *traders*, les gestionnaires de portefeuille, les concepteurs de produits financiers. C'est-à-dire les professionnels qui vendent ou achètent les actions et les obligations émises par ces sociétés.

Tout commence par des enquêtes approfondies : analyse des bilans et rapports annuels des entreprises ; étude d'articles de presse… L'analyste financier compare ensuite les informations qu'il a recueillies sur ces entreprises avec le cours en Bourse de leurs actions, pour savoir si elles sont à leur juste prix. Il rédige ensuite des notes de synthèse et émet des recommandations de vente ou d'achat. Tout son art consiste à anticiper les résultats des entreprises.
L'analyste financier travaille dans les sociétés de Bourse, les banques, les sociétés d'assurances. Esprit de synthèse, résistance au stress, réactivité sont indispensables pour réussir.
Cette fonction, qui accueille volontiers les jeunes, est un excellent tremplin pour évoluer dans les métiers de la finance : **gestionnaire de portefeuille, ingénieur financier, *trader****.

Après le bac Cinq ans d'études avec une spécialisation en finance en école de commerce et de gestion, en école d'ingénieurs, en IEP ou à l'université (master).

Anesthésiste-réanimateur

Synonyme : médecin anesthésiste.
Vos paupières sont lourdes, très lourdes… Vous dormez ! Et c'est mieux ainsi, car l'opération va commencer. Responsable du profond sommeil du patient, l'anesthésiste-réanimateur doit faire en sorte que le réveil se déroule dans de bonnes conditions. Doser les produits en fonction de la constitution du malade et de la durée de l'opération est vital.
À l'aide d'un appareillage électronique (l'évolution constante du matériel nécessite un recyclage permanent), l'anesthésiste contrôle les réactions et les fonctions vitales du malade (sa respiration, son cœur). Au besoin, il met en œuvre une réanimation appropriée. Toujours présent lors du réveil du patient, il surveille les éventuelles réactions allergiques.

Le travail est fatigant (appels de nuit, journées de plus de douze heures…). Allié précieux du chirurgien*, l'anesthésiste travaille exclusivement dans les hôpitaux ou les cliniques, parfois en service d'urgences.
Médecin spécialiste*, il est assisté dans sa tâche par un infirmier anesthésiste*. Débouchés assurés : les hôpitaux manquent cruellement d'anesthésistes-réanimateurs. Débouchés également au sein des services de santé de l'armée.

Après le bac Onze ans d'études médicales à l'université, dont cinq en spécialité. Un concours sélectionne les candidats en fin de première année. Un second les départage en fin de sixième année pour l'accès à la spécialisation d'anesthésie-réanimation.

Animalier/ère de laboratoire

Synonyme : agent en soins aux animaux.
Âmes sensibles s'abstenir ! Si l'animalier de laboratoire veille au bien-être des animaux qui lui sont confiés, ces derniers sont toujours soumis à des expérimentations. Une modification du métier consécutive à la réglementation sur la conformité des animaleries.
L'animalier des temps modernes est désormais chargé du confort des animaux (nettoyage des cages, changement des litières, soins pré et postopératoires, alimentation…). Bien sûr, il tient toujours un balai, mais il doit aussi savoir manier une seringue. Et il doit veiller à l'éthique, donner son avis sur les conditions d'hébergement des animaux… Jusqu'à saisir les instances supérieures s'il constate que des animaux subissent des souffrances inutiles. D'où un changement de statut : les animaliers sont désormais des « agents en soins » aux animaux. Le métier exige plus que jamais rigueur, minutie et sens de l'observation.

Après la 3e Deux ans d'études pour préparer le BEPA animalerie spécialité laboratoire (deux établissements de formation) ou trois ans pour le BTA production spécialité animalier de laboratoire (un établissement). Accès sur dossier scolaire et entretien.

Animateur/trice

En centre aéré, en colonie de vacar
ou dans les maisons de quartier, ce
cialiste des activités de loisirs a plusi
casquettes. Il peut sensibiliser aux ar
aux sciences, développer la créativi
l'expression personnelle, mais aussi
les enfants en difficulté scolaire. Sa
rité : la socialisation par l'échange d'
et l'activité de groupe.
Du montage d'un atelier vidéo dai
foyer de jeunes à l'organisation d'un
donnée pour un club du troisièm
l'animateur intervient là où les besc
font sentir. Employé par la ville ou p
association, il doit être à l'écoute des
pour concevoir des projets. Travailleur social, son champ d'intervention s'étend à la prévention de la délinquance ou à la réinsertion des personnes démunies.

Après la 3e Deux ans d'études pour préparer le brevet d'aptitude professionnelle d'assistant animateur technicien (BAPAAT) ou le brevet professionnel de la jeunesse, de l'éducation populaire et du sport (BPJEPS, de niveau bac). Expérience de l'animation exigée. Attention ! le BAFA (brevet d'aptitude aux fonctions d'animateur) n'est pas un diplôme « professionnel ».

Après le bac À bac + 2, DUT carrières sociales animation sociale et socio-culturelle, DEUST animation et gestion des activités physiques et sportives ou culturelles, DEJEPS spécialité animation socio-éducative ou culturelle ; à bac + 3, licence pro animation.

Animateur/trice 3D

Ananova est une journaliste britannique. Conçue par des professionnels de l'animation, à l'instar de Lara Croft, elle est entièrement virtuelle ! Grâce à l'animateur 3D, qui met en mouvement des objets ou des personnages numériques, elle présente les informations comme ses confrères en chair et en os.

placement dans l'espace. …
3D, l'animateur ne passe pas par le dessin. Partant d'un « squelette » préalablement modélisé qu'il visualise sur écran, il transmet à l'ordinateur les coordonnées mathématiques des positions de départ et d'arrivée selon la trajectoire souhaitée (rotation, translation…). Il définit ensuite les textures, les couleurs, l'éclairage…
L'animateur 3D travaille au sein d'une équipe d'animation, en *free lance* **[lexique/247]**, ou comme salarié dans une agence. Cinéma, jeu vidéo, pub, sites web : il est partout !

Après le bac De trois à cinq ans d'études en école d'art (Supinfocom, les Gobelins…).

Animateur/trice de film d'animation

Qu'il anime *Titeuf* ou Marjane, l'héroïne de *Persepolis*, c'est un artiste du mouvement. Il doit maîtriser le croquis de personnages ou d'animaux (proportions, attitudes), être précis et minutieux, avoir de solides notions de perspective, le sens du volume, de l'espace et du rythme. Tout son talent repose sur son aptitude à traduire par un dessin réaliste l'expressivité des traits et la fluidité des gestes. Il peut aussi animer du papier

* métiers traités dans le dico

découpé, de la pâte à modeler ou encore des marionnettes.
Le métier peut sembler long et fastidieux, car il faut restituer le mouvement image par image (douze par seconde en animation traditionnelle). La technique consiste à faire des esquisses et à s'assurer, avant de dessiner les détails, que le mouvement est juste en «flippant» cinq ou six feuilles à la fois. L'animateur travaille aussi à la réalisation de films télévisés ou de spots publicitaires. Quelques longs métrages, encore peu nombreux, sont produits en France, tel *Azur et Azmar* de Michel Ocelot.
À la fois artistique et technique, le métier d'animateur offre peu de débouchés en France. L'animation est souvent confiée à des professionnels «meilleur marché» en Asie ou en Europe centrale et orientale.
Les **story-boarders** (spécialistes de la transcription dessinée du scénario) et **layoutmen** (spécialistes de la composition des images) sont, en revanche, très recherchés. Évoluer vers le métier d'**animateur 3D*** permet d'élargir ses débouchés professionnels : pub, multimédia… L'animateur de film d'animation peut être salarié ou travailler en *free lance* ***[lexique/247]***.

Après le bac De deux ans d'études, pour préparer le DMA cinéma d'animation, à trois ou cinq ans en école (les Gobelins et Ensad à Paris, Émile Cohl à Lyon, Emca à Angoulême…).

Animateur/trice de site web

Synonyme : gestionnaire de site web.
Maïté n'hésite pas à rappeler à l'ordre un participant du forum qui s'écarte trop du sujet de la discussion. Elle est animatrice du site d'Orange et doit assurer le bon déroulement des échanges dans les forums qu'elle lance. Un internaute qui tient des propos injurieux, indécents ou qui ne respecte pas la «nétiquette» risque de se faire expulser.
À côté de ce rôle de **modérateur** de forum ou de *chat*, l'animateur de site crée des activités pour inciter les échanges et augmenter la fréquentation du site.
Toujours à l'écoute du public, il propose des sujets de débat en phase avec l'actualité, organise des forums avec des invités.
Les grands portails web embauchent également des animateurs de site pour répondre aux questions et remarques des internautes, mettre à jour les rubriques du site et rédiger des informations répondant à leurs attentes.

Après le bac De deux à cinq ans d'études en documentation, communication, journalisme à l'université (master) ou en école.

Animateur/trice de tourisme

L'animateur organise les activités des touristes lors de leur séjour dans un hôtel-club. Envoyé par une agence ou attaché à un hôtel, il doit assurer tambour battant une animation sans faille : depuis l'aube jusqu'à 2 h du matin parfois, il peut passer de la séance d'aquagym dans la piscine au jeu-apéritif, faire jouer les enfants aux fléchettes ou à la carabine et donner les scores en trois langues différentes.
Dynamisme et forme physique sont indispensables. Il faut assister aux soirées tardives et, tôt le matin, confier les touristes à l'accompagnateur pour une excursion. Un bon esprit d'équipe, de la diplomatie, une certaine autorité pour tenir son groupe et savoir faire face aux imprévus sont des qualités indispensables.

Après le bac Deux ans d'études pour préparer le BTS animation et gestion touristiques locales, un diplôme non obligatoire. Certains grands tour-opérateurs organisent eux-mêmes la formation.

Animateur/trice du patrimoine

Dans la ville où il exerce, il fait découvrir les richesses historiques locales aux touristes, aux habitants et aux écoliers. L'animateur du patrimoine organise des visites-conférences, des expositions, des spectacles, des festivals, édite des publications… Il met en place des ateliers du patrimoine à l'intention des jeunes. De manière plus générale, il participe à la promotion du patrimoine local, au développement du tourisme culturel et à la formation des guides conférenciers. Enfin, il gère son budget et peut initier des travaux de recherche.

L'animateur du patrimoine est un coordinateur. Il travaille en collaboration avec des structures locales, régionales et nationales du domaine culturel : centres de loisirs, direction régionale des affaires culturelles…
Les débouchés dans ce domaine sont rares. Les villes et pays d'art et d'histoire recrutent

quelques **animateurs de l'architecture et du patrimoine** sur concours organisés par les collectivités.

Après le bac De trois à cinq ans d'études en histoire de l'art, en histoire, à l'université (master) ou à l'école du Louvre. La maîtrise des langues étrangères est requise.

Animateur/trice nature

Synonymes : éco-interprète ; guide animateur.

Expliquer la nature pour enseigner comment la protéger, c'est son rôle. Pédagogue, l'animateur nature peut intervenir sur des sujets comme la pollution de l'eau et de l'air, ou les déchets, etc. Son public est varié : les élèves en « classe verte » comme les adultes désireux de découvrir des sites naturels. Il peut également organiser des visites guidées ou des stages à thèmes (ornithologie, minéralogie…). Savoir communiquer, animer un groupe, faire preuve d'initiative et de créativité sont des qualités déterminantes pour ce métier.

L'animateur nature travaille pour les collectivités territoriales, les associations de protection de la nature, les réserves naturelles, les écomusées, les structures d'éducation populaire… Attention : les animateurs sont souvent embauchés pour des missions plus ou moins longues en tant que contractuels ou vacataires.

Après la 3e Un an d'études pour préparer le brevet professionnel de la jeunesse, de l'éducation populaire et du sport (BPJEPS) loisirs tous publics.

Après le bac Deux ou trois ans d'études pour préparer un BTSA gestion et protection de la nature spécialité animation nature, le DEUST guide nature multilingue (Lille 1) ou le DUT carrières sociales option animation sociale et socioculturelle, suivi ou non d'une licence pro (un an). Autre voie possible : suivre des études en biologie ou en environnement à l'université durant deux à cinq ans.

Animateur/trice radio ou télé

Présence, charisme, bonne humeur, sens de la communication : à la radio, l'animateur doit aussi avoir une voix, un style, un humour qui passent bien sur les ondes ; à la télévision, son physique et sa personnalité vont séduire le téléspectateur. Quel que soit le genre de son émission (jeu, variétés, magazine d'information…), il a à cœur de la préparer dans les moindres détails. Sujets traités, choix des intervenants, programmation musicale, alternance de débats sur le plateau et de reportages sur le terrain : l'animateur est à la recherche de la formule magique qui permettra de capter un maximum d'auditeurs. À moins d'avoir inscrit son nom dans le club très fermé des Flavie Flament, Arthur ou Stéphane Bern, l'animateur a souvent un statut précaire, et n'est rémunéré qu'au « cachet », c'est-à-dire à la prestation.

Il est conseillé, dans un premier temps, de cumuler les expériences en radio locale ou dans les petites chaînes du câble et du satellite. Après, tout est affaire de dynamisme, de culot et… de rencontres plus ou moins chanceuses.

Après le bac Pas de formation spécifique. Quelques écoles privées, dont Studio École de France à Boulogne-Billancourt (Hauts-de-Seine) qui prépare en deux ans au titre d'animateur radiophonique ou au diplôme de l'École des médias.

Antiquaire

C'est un chineur qui va de plus en plus loin pour trouver du mobilier ancien et des objets d'art de grande qualité. Sa fréquentation assidue des salles de ventes lui permet d'acheter les pièces qui garniront sa boutique, et de se tenir au courant du marché. L'antiquaire n'est pas seulement un marchand. Connaissant l'histoire de l'art, les techniques et les styles, il sait conseiller ses clients. Son sens de l'observation et son jugement artistique lui permettent d'identifier les pièces et de distinguer les authentiques des copies. Il connaît les techniques de restauration ou le plus souvent des restaurateurs d'art qui remettent en état les objets ou meubles détériorés. Il tient un livret de police où sont consignées les descriptions des objets acquis. Cette garantie d'authenticité distingue fondamentalement l'antiquaire du **brocanteur**.

Cette activité est localisée surtout à Paris, dans les grandes villes et le sud de la France. Elle s'acquiert sur le tas auprès de professionnels en complément de connaissances théoriques.

Après le bac Trois ou quatre ans d'études en art ou en histoire de l'art à l'université ou en école.

Aquaculteur/trice

Synonymes : éleveur de poissons, coquillages ou crustacés ; exploitant aquacole.

L'art de « cultiver » les eaux, de mer et de rivière, telle est la fonction de l'aquaculteur. Le **conchyliculteur** élève plutôt les coquillages et les crustacés. On distingue l'ostréiculteur pour les huîtres, le mytiliculteur pour les moules. Le **pisciculteur** s'occupe d'élevages de poissons, poissons marins comme la daurade ou le turbot, poissons d'eau douce comme le saumon et la truite. Il exerce plus souvent le long des côtes qu'en pleine mer.

Tous ces métiers ont des points communs : sélectionner les espèces, élever les larves et les œufs, les faire éclore, les

A B C D E F G H I J K L M N O P Q R S T U V W X Y Z
* métiers traités dans le dico

soigner, les nourrir… ce qui exige une technologie très poussée et des contrôles stricts. Il s'agit ensuite de faire parvenir les produits aux poissonniers et aux restaurants. Les exploitations se modernisent, les techniques évoluent, les fermes aquacoles sont aujourd'hui très perfectionnées.
Sous le nom d'aquaculture, se cachent des réalités bien différentes. Pour élever des huîtres, que d'opérations à mener au fil des saisons et sur plusieurs années! Les pieds dans l'eau, avec des problèmes de tempêtes, d'hivers rigoureux, de pollution et de maladies! Le travail est beaucoup plus confortable dans les fermes marines. Il nécessite souvent des connaissances scientifiques poussées et une collaboration étroite avec la recherche scientifique.

Après la 3e Trois ans d'études pour préparer le bac pro cultures marines ou productions aquacoles.

Après le bac Deux ans d'études pour préparer le BTSA aquaculture.

Arbitre

«À mort l'arbitre!» Des mots qu'on entend dans les stades, mais qui ne se transforment heureusement jamais en acte. Même si ses décisions ne font pas toujours plaisir aux supporters, l'arbitre ne fait qu'appliquer les règles du jeu. En toute impartialité.
Handball, basket, judo, boxe, etc.: sans arbitre, ni match ni combat! Spécialiste d'une discipline, son rôle est essentiel. Il doit évoluer sur le terrain sans gêner les sportifs, observer et analyser le jeu, juger sans excès ni favoritisme. Une activité qui exige une parfaite connaissance du règlement, une grande capacité de concentration et une excellente condition physique. Pendant un match de football (une heure et demie, au minimum), l'arbitre court autant que les joueurs. Et personne n'attend sur le banc de touche pour le remplacer!
L'arbitrage reste une activité d'«amateur», exercée par des bénévoles, même à un très haut niveau de compétition. Matchs locaux, tournois nationaux ou compétitions internationales: il ne perçoit pas de salaire, mais une indemnité, variable selon l'importance de la rencontre. Respecté, admiré ou conspué, l'arbitre doit être très disponible: les rencontres ont lieu en soirée ou le week-end. Pas toujours facile de concilier cette activité avec son métier.

Après la 3e Pour exercer cette activité, il faut réussir un examen (épreuves théoriques, techniques et pratiques). Les candidats doivent être présentés par un club et suivre une formation théorique.

Archéologue

Synonyme: chercheur en archéologie.
L'archéologue peut passer quelques mois, voire quelques années, sur un site afin de découvrir des statues, des bijoux, des pièces de monnaie ou des parties de monument. Dans le cadre de l'archéologie préventive, il procède à des fouilles de sauvetage sur les chantiers de construction pour empêcher la destruction de vestiges lors de la construction de routes. Les équipes qu'il dirige sont souvent constituées de bénévoles.
Gestionnaire et homme de terrain, il peut intervenir pour des fouilles en France ou à l'étranger dans le cadre de la recherche scientifique; il effectue des prospections (repérages aériens ou explorations des fonds marins) et utilise des techniques scientifiques comme les méthodes de datation technique de sondage du sol. Il travaille en équipe avec d'autres spécialistes des sciences de la Terre. Il diffuse ensuite les résultats de ses découvertes et rédige des articles. Il enseigne souvent à l'université. Les débouchés pour ce chercheur* sont très peu nombreux. Il faut avoir des connaissances pointues sur une période historique déterminée, une région précise, et avoir étudié les langues anciennes.

Après le bac De cinq à huit ans d'études en archéologie à l'université (master, doctorat).

Architecte

Construction d'un immeuble, réaménagement d'une cafétéria, réhabilitation d'une maison, etc., le maître d'œuvre de tous ces chantiers, c'est l'architecte. Il suit le projet de construction, de la commande à la livraison. Très créatif, surtout en phase de conception, l'architecte n'a rien d'un artiste qui travaillerait seul face à sa table de dessin! Et il ne suffit pas de dessiner un bâtiment pour que celui-ci voie le jour! Le métier comporte aussi beaucoup de contraintes: choix des matériaux, problèmes réglementaires et financiers, date d'achèvement du projet…

De plus, l'architecte doit concilier le besoin du client et des utilisateurs, négocier avec les entreprises, les bureaux d'études…

Les architectes bénéficient aujourd'hui de meilleures conditions d'insertion professionnelle que leurs aînés. Plus on construit, plus on fait appel à ceux qui conçoivent, dessinent les bâtiments et coordonnent les travaux. La majorité des architectes (près de 70%) exerce en libéral *[lexique/247]*, mais la plupart débutent comme salariés dans de toutes petites agences (moins de quatre personnes). Quelques-uns intègrent, par voie de concours, la fonction publique ou l'armée.

Après le bac Cinq ans d'études pour préparer le diplôme d'État qui permet de trouver un emploi de salarié. L'habilitation à la maîtrise d'œuvre (un an supplémentaire) est nécessaire pour exercer en libéral.

Architecte d'intérieur

Synonymes : décorateur d'intérieur ; designer d'espace.

Ce designer conçoit l'aménagement intérieur des maisons mais aussi celui des bureaux ou des boutiques. Il s'informe des souhaits du client, visite le lieu à aménager, dialogue avec les différents corps de métiers (maçons, plombiers…). Il joue avec les volumes, la lumière et les ambiances afin d'élaborer un projet sous forme d'esquisses (au crayon ou sur ordinateur), des plans, des descriptifs d'études techniques et financières des travaux à réaliser. Une fois le projet accepté par le client, l'architecte d'intérieur coordonne les travaux confiés aux différents professionnels. Il doit à la fois posséder la rigueur du géomètre, maîtriser certains logiciels et avoir de solides connaissances en histoire de l'art. Si de nombreuses entreprises aujourd'hui font appel à lui pour aménager leurs bureaux ou les boutiques de leurs chaînes commerciales, il peut également concevoir des expositions, des décors de télé, des plateaux de débats… L'architecte d'intérieur peut exercer en libéral *[lexique/247]*, à titre individuel ou comme associé dans un cabinet. Il est parfois salarié dans un atelier d'architecture.

Après le bac Deux ans ou trois d'études pour les assistants (BTS design d'espace ou agencement de l'environnement architectural, DNAT design d'espace) ; cinq ans en école spécialisée pour les concepteurs (douze écoles reconnues par le Conseil français des architectes d'intérieur).

Architecte naval/e

Bateaux de plaisance, petits navires de transport, bateaux de pêche, catamarans, remorqueurs, plates-formes pétrolières… les inventer, les dessiner, leur donner vie, c'est le rêve de nombreux passionnés ! Les tâches portent sur le dessin du bateau, mais aussi sur les calculs exigés par les contraintes techniques et les impératifs financiers.

L'architecte naval doit s'attacher à acquérir de solides connaissances scientifiques, techniques et esthétiques : connaissances poussées en hydrodynamique, aérodynamique, étude des matériaux, calcul des structures et des volumes pour les coques en particulier, etc. Avoir une expérience de la mer et de la navigation est indispensable, ainsi que le sens des responsabilités et des aptitudes aux relations humaines.

Après le bac Cinq ans d'études en école d'ingénieurs ou d'architecture avant de se spécialiser en architecture navale.

Archiviste

Manuscrit du Moyen Âge orné de superbes enluminures, enregistrement vidéo d'une émission de télé, acte notarié attestant l'achat d'une maison… il existe toutes sortes d'archives, plus ou moins précieuses. Leur point commun : ces documents originaux sont destinés, pour une raison ou une autre, à être conservés. Le rôle de l'archiviste est de collecter ces documents, de les étudier, de les classer, de les restaurer ou encore de les communiquer au public. Les techniques d'archivage ont beaucoup évolué. Plus question de se retrouver perdu au milieu de montagnes de papiers poussiéreux. Les supports actuels (microfilms, répertoires numériques, bases de données informatisées…) permettent de gagner de la place et du temps.

Le métier s'exerce principalement dans la fonction publique, notamment territoriale (archives régionales, départementales, municipales…), après un concours. Quelques grandes entreprises, soucieuses de garder une trace de leur passé et de se constituer un patrimoine culturel, ont recours aux services d'archivistes.

Après le bac Cinq ans d'études en documentation, histoire et archives à l'université (master), à l'École nationale des chartes (accès sur concours post-prépas) ou encore à l'Institut national du patrimoine.

Aromaticien/ne

Les arômes classiques (orange, menthe, vanille) sont utilisés dans les industries laitières, la pâtisserie, la confiserie. On trouve de plus en plus, dans les préparations culinaires, ces mélanges d'épices et d'arômes qui donnent « ce goût étrange venu d'ailleurs ». L'aromaticien ne jette pas de poudre magique sur les plats, mais c'est un spécialiste du goût et de l'odorat formé aux techniques modernes de la chimie fine. Il travaille à un bout de la chaîne agroalimentaire. Il peut aussi avoir à composer des arômes pour masquer l'odeur désagréable de produits comme les lessives, les détergents ou les insecticides. En plus de ses compétences en chimie, il doit être capable de distinguer et reconnaître les différentes odeurs. Il doit donc avoir du nez !

Après le bac De trois à cinq ans d'études en chimie fine ou bien en sciences agronomiques ou agroalimentaires, à l'université (master) ou en école d'ingénieurs. À Versailles, l'Institut supérieur international du parfum, de la cosmétique et de l'arôme alimentaire (Isipca) propose une licence pro (un an post-bac + 2).

Artiste de cirque

Synonyme : circassien.

Les trapézistes, les funambules, les contorsionnistes ou les jongleurs évoluent sur la piste pour le plaisir des petits et des plus grands. Traditionnellement employé dans un numéro bien précis, l'artiste de cirque est aussi chargé de monter et d'entretenir le matériel nécessaire à l'exécution de son numéro. Il se produit le plus souvent sous un chapiteau, mais trouve parfois sa place dans les spectacles de rue, de cabaret, de danse, une reconstitution historique…

À l'heure du « nouveau cirque », la polyvalence est courante. En plus de son numéro, l'artiste est amené à danser, à chanter, à jouer d'un instrument, à jouer la comédie ou à jongler… Créatif, il doit aussi concevoir un numéro dans l'espace-temps du cirque. Néanmoins, chaque artiste a des compétences spécifiques à son domaine d'expression. L'**acrobate** doit avoir une grande capacité de concentration, être souple et agile, avoir le sens de l'équilibre, de la force physique… Comédien, le **clown** doit créer son univers entre farce et poésie, être capable d'improviser au gré du dialogue qu'il instaure avec le public. L'**écuyer**, qui se livre à des numéros de dressage ou de voltige en cercle, allie la gymnastique à l'équitation. Il noue une relation de confiance avec son cheval.

Après la 3e Des écoles professionnelles sont accessibles à partir de 16 ans, dont l'École nationale des arts du cirque. Formation en voltige équestre en école d'équitation ou en centre spécialisé (Centre des arts équestres du cirque de Noailles, par exemple).
Brevet artistique des techniques du cirque de Rosny-sous-Bois. Accès sur concours ouvert aux candidats titulaires du diplôme national du brevet ou admis à entrer en seconde. Autres conditions : être âgé de 16 à 23 ans et avoir des bases en acrobatie, danse et jeu d'acteur.

Après le bac Trois ans d'études au Centre national des arts du cirque de Châlons-en-Champagne (Marne) pour préparer le DMA cirque. Accès sur concours. L'Académie Fratellini propose également cette formation mais uniquement en apprentissage.

Ascensoriste

Synonyme : technicien ascensoriste.

Ascenseurs, monte-charge, escaliers mécaniques, etc. n'ont pas de secrets pour l'ascensoriste, qu'il soit chargé de l'installation des appareils ou de leur réparation.
Le **monteur en ascenseurs** met, par exemple, en place un nouvel ascenseur dans un immeuble. D'après les plans de montage, il installe les éléments à assembler, fait les branchements électriques, pose les câbles et les boîtiers de commande, règle les freins et vérifie que tout fonctionne avant la mise en service. Le monteur travaille souvent sur les chantiers de construction ou de rénovation.
L'**agent de maintenance**, lui, entretient et rénove le parc ancien qui constitue un marché important. Il effectue des visites régulières dans les immeubles. Il assure aussi les dépannages, parfois la nuit et les jours fériés.
Quel que soit son niveau d'intervention, l'ascensoriste utilise des techniques très complexes où se conjuguent mécanique, électricité, électronique, informatique et automatismes. Du fait du travail en autonomie chez le client, les entreprises recrutent de préférence les professionnels ayant le bac.

Après la 3e Trois ans pour préparer un bac pro dans les domaines de la maintenance ou de l'électrotechnique.

Après le bac Un an d'études pour préparer la MC technicien ascensoriste (service et modernisation) ou suivre une formation complémentaire.

Assistant/e de direction

Synonyme : secrétaire de direction.

Bras droit du directeur, il (plus souvent *elle*) organise le travail des **secrétaires***: courrier, classement de documents… Sa principale mission consiste à optimiser la gestion du temps de son directeur ou du PDG : elle prend les rendez-vous, filtre les visites et les communications téléphoniques, organise les repas d'affaires, prépare les réunions et les séminaires, puis en rédige les comptes rendus… Elle peut représenter la direction auprès des clients. Il s'agit avant tout d'un métier de contact. Amabilité, disponibilité, sens de l'organisation, esprit d'initiative et adaptabilité sont indispensables. Sans oublier une excellente présentation et beaucoup de discrétion. L'assistant de direction maîtrise l'outil informatique et les logiciels de bureautique (tableur, traitement de texte, messagerie électronique…). La bonne connaissance de deux langues est un plus. Les compétences juridiques, commerciales ou financières sont recherchées.

Après le bac Deux ans d'études pour préparer le BTS assistant de manager.

Assistant/e de service social

Synonyme : assistante sociale.

Toujours sur la brèche, l'assistante de service social (c'est souvent une femme) doit aider les autres à résoudre leurs problèmes, aussi divers soient-ils : chômage, alcoolisme, recherche de logement, surendettement, divorce… Pour y parvenir, il ne suffit pas de compatir ; il faut être utile et efficace. Cela implique de collaborer avec des éducateurs, des magistrats et des médecins.

Savoir écouter les gens et comprendre leur situation est essentiel, qu'on les accueille dans le cadre de sa permanence ou qu'on leur rende visite à domicile. Se tenir au courant des lois et des réglementations fait aussi partie du métier. L'assistante de service social est tenue d'informer ses interlocuteurs de leurs droits, de les aider à lire et à remplir des papiers administratifs. Elle peut les orienter vers des structures adaptées : caisse d'allocations familiales, conseil des prud'hommes, Pôle emploi…

Presque exclusivement féminin, ce métier s'exerce dans le secteur public ou semi-public (organismes de protection sociale, prisons, hôpitaux, établissements scolaires), plus rarement en entreprise. Maturité, sens du contact, santé et équilibre psychologique sont primordiaux pour exercer ce métier, car les problèmes sont souvent lourds à assumer.

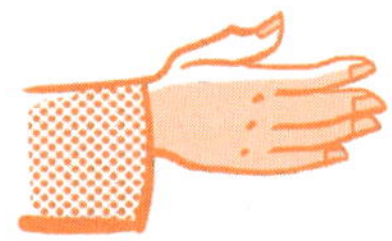

Après le bac Trois ans d'études pour préparer le diplôme d'État. Accès sur examen. Possibilité de commencer par le DUT carrières sociales (deux ans) pour entrer en troisième année de formation.

Assistant/e dentaire

Synonyme : assistant en odonto-stomatologie.

La salle d'attente, le roulement strident de la fraise… quel stress ! Pour vous décontracter, l'assistant dentaire est là. Son rôle : mettre le patient à l'aise, lui donner confiance, lui expliquer les soins qui lui seront donnés, mais aussi les précautions d'hygiène quotidienne. La dimension relationnelle du métier est importante, mais elle ne doit pas faire oublier son aspect technique.

L'assistant dentaire est, comme son nom l'indique, au service du dentiste*. Pendant le « travail au fauteuil », c'est lui qui prépare l'amalgame pour obstruer les caries, qui installe les appareils nécessaires aux soins (aspirateur, jet d'eau…). À lui aussi de veiller à l'hygiène après chaque consultation : stérilisation complète du matériel, nettoyage du fauteuil, des lumières, des tablettes… le tout, très rapidement.

Le métier comporte des activités de secrétariat : relations avec les laboratoires de prothèses, rédaction des fiches de travail, rangement des radios, réponse au téléphone, tenue d'agenda. Collaborateur précieux du dentiste, ce professionnel doit être disponible, avoir une bonne santé et faire preuve de bonne humeur. Son plus beau rôle : redonner le sourire au patient.

Après la 3e Dix-huit mois de formation en contrat de professionnalisation pour préparer le titre d'assistant dentaire, obligatoire pour exercer. Accès, à partir de 18 ans, avec un CAP ou un BEP, mais le bac est souhaité.

* métiers traités dans le dico

Assistant/e maternel/le

Synonymes : garde d'enfants ; nourrice agréée.

On la connaît davantage sous le nom de *nourrice*, voire de « nounou » : elle garde les enfants à son domicile, de manière régulière ou occasionnelle. Complémentaire des parents quand ceux-ci travaillent, cette professionnelle (une femme souvent) peut aussi accueillir des enfants de manière permanente lorsqu'ils lui sont confiés par décision judiciaire. Cette profession, qui est ouverte aux hommes, nécessite un bon équilibre nerveux et beaucoup de patience.

Pour exercer, il faut obligatoirement avoir un agrément délivré par les services départementaux de la protection maternelle et infantile (PMI). L'agrément atteste que les conditions sont réunies pour accueillir l'enfant (hygiène, salubrité des locaux, moralité de l'assistante maternelle). Il est délivré pour cinq ans et renouvelable après enquête. L'assistante maternelle travaille le plus souvent en libéral *[lexique/247]*. Elle peut être formée et payée par les municipalités dans le cadre de crèches familiales.

Après la 3e Deux ans d'études pour préparer le CAP petite enfance, non exigé, mais très recommandé. Une formation de soixante heures est nécessaire avant de pouvoir accueillir des enfants. Une formation supplémentaire de soixante heures doit être effectuée dans les deux ans qui suivent le premier accueil.

Assistant/e réalisateur/trice

C'est le bras droit du réalisateur. Son travail débute avant le tournage. Il analyse le scénario du film ou le projet d'émission, puis fait un plan de travail, indiquant pour chaque séquence les lieux, les décors, les acteurs, les costumes et les accessoires, les ambiances, les éclairages, les musiques, le matériel nécessaire (travelling, grue…). Ce plan constitue la base de travail des techniciens et des comédiens.

Repérages, recherche de figurants, réservation de studios, respect du calendrier et du budget, coordination des participants sur le plateau, qualité artistique et technique des prises… : l'assistant est sur tous les fronts. Il a une vision globale du film et prépare le plan suivant, tout en surveillant le tournage du plan en cours.

Second assistant, puis **premier assistant** et, enfin, **réalisateur***: l'expérience et la notoriété lui permettent de grimper les échelons, sous des statuts divers.

Après le bac Six ans d'études en audiovisuel à la Fémis ou cinq ans à l'école Louis Lumière (sur concours post-bac + 2). L'université propose aussi des masters.

À noter : l'acquisition de compétences sur le terrain est aussi importante que le diplôme. Le BTS métiers de l'audiovisuel peut constituer une base technique pour entrer dans le métier.

Astronome

Synonymes : astrophysicien ; chercheur en astronomie ou astrophysique.

Planètes, galaxies, nébuleuses, quasars, pulsars… l'Univers constitue le laboratoire de recherche de l'astronome. Pour recenser et classer les astres selon leur particularité ou leur éclat, l'astronome doit avant tout observer.

Pour cela, il dispose d'instruments de mesure perfectionnés : télescopes géants, radiotélescopes enregistrant le rayonnement électromagnétique émis par les astres, interféromètres à télescopes multiples qui permettent de superposer des images d'un même objet, etc., mais aussi satellites et sondes spatiales qui envoient des images non altérées par l'atmosphère, ce qui accélère encore les possibilités de découverte.

Observer ne suffit pas. Comme tout **chercheur***, l'astronome compare les résultats de ses observations avec les « modèles » théoriques qu'il a conçus en laboratoire. Il doit aussi étudier et mettre au point les instruments qui lui permettront de progresser dans ses recherches. Trois statuts : professeur à l'université ; chargé de recherche au Centre national de la recherche scientifique (CNRS) ; astronome adjoint dans un observatoire.

Après le bac Cinq ans d'études à l'université en astronomie ou astrophysique (master).

Attaché/e de presse

Attention aux clichés ! Non, l'attachée de presse (c'est souvent une femme) n'est pas obligée de s'affubler de talons aiguilles et d'un tailleur pour exercer. Même si elle doit user d'une certaine forme de séduction, son travail consiste à rédiger des communiqués et des dossiers de presse, à les envoyer aux journalistes et à s'assurer, par téléphone, qu'ils les ont bien reçus. Elle leur fournit aussi toutes informations complémentaires ou photos dont ils auraient besoin pour illustrer leurs articles.

Pour annoncer la sortie d'un produit ou un développement d'activités, l'attachée de presse peut décider d'organiser une conférence, voire un voyage de presse. À elle de tenir à jour son fichier de contacts et de lire régulièrement les journaux et magazines, à l'affût de la moindre retombée médiatique des campagnes qu'elle a menées.

Un attaché de presse peut travailler en *free lance*, à son compte, ou être salarié *[lexique/247]* dans une entreprise (publique ou privée), une institution, une agence, un organisme culturel ou auprès d'un artiste.

Après le bac Deux à cinq ans d'études : BTS communication ou DUT information-communication option communication des organisations (bac + 2) ou encore licence (bac + 3) pour des emplois d'assistant en relations publiques ; master en communication à l'université (Celsa...) ou formation en école privée (Efap, Iserp, Iscom...) ou encore diplôme d'école de commerce pour des postes à responsabilité.

Audioprothésiste

Sortir les sourds et les malentendants du silence, tel est le rôle de l'audioprothésiste. Il adapte des appareils corrigeant les déficiences auditives. La prothèse est réalisée sur prescription médicale. Seul le médecin spécialiste de l'audition (ORL, oto-rhino-laryngologiste) peut décider de l'utilité ou non d'un appareillage.

L'audioprothésiste procède à plusieurs examens. Grâce à un audiogramme, il détermine le degré de surdité d'une personne et mesure l'amplification du son nécessaire. Il peut tester différents types de corrections avant d'orienter le malade sur telle ou telle prothèse. Pour le conseiller, il devra tenir compte des finances, du sens esthétique, du mode de vie et de l'activité professionnelle de ce dernier.

L'auscultation permet à l'audioprothésiste de prendre l'empreinte de l'oreille et de mouler l'embout qui s'y logera. La prothèse fabriquée, il lui faut l'adapter et la régler. Et expliquer au patient son fonctionnement et son entretien.

Du tact, de la patience et une excellente diction sont indispensables pour se faire comprendre du malentendant.

Après le bac Trois ans d'études pour préparer le diplôme d'État, obligatoire pour exercer. Accès sur concours.

Auditeur/trice d'entreprise

Initié dans le secret des comptes d'une entreprise, l'auditeur doit détecter d'éventuels dysfonctionnements ou anomalies. Il veille à la santé financière des entreprises et traque les défauts d'organisation.

Véritable enquêteur, l'auditeur rencontre les dirigeants et cadres de l'entreprise, étudie les comptes de la société et les documents internes, examine les pièces comptables. Il collecte toutes les informations nécessaires pour analyser le fonctionnement de l'entreprise.

Qu'il soit rattaché à une société (auditeur interne) ou à un cabinet (auditeur externe), il contribue à rendre plus efficaces les différents services d'une entreprise.

Après quelques années d'expérience, il peut devenir associé d'un cabinet d'audit ou prendre des responsabilités au sein d'une entreprise (contrôleur de gestion, directeur financier, etc.).

Après le bac Cinq ans d'études en comptabilité, finance, audit et conseil, gestion, à l'université (master) ou en école de commerce et de gestion, voire en école d'ingénieurs.

Auteur/e

Écrire, une activité pas comme les autres. Il suffit de lire le roman de David Lodge, *L'auteur, l'auteur!*, pour comprendre à quels espoirs déçus, difficultés et désillusions sont confrontés les gens de plume. Inventer une trame, créer des personnages ou soigner son style n'est pas un jeu d'enfant ! Et c'est peut-être plus délicat encore pour le texte d'une pièce de théâtre, destiné à être « incarné » sur scène. Les répliques doivent faire mouche et se succéder à un rythme qui réponde aux exigences de la scène. Comme le scénariste* au cinéma, l'**auteur dramatique** peut assister aux répétitions, apporter des modifications à son texte, participer à la mise en scène. Ensuite, il doit accepter de passer le relais au metteur en scène* et aux comédiens*.

Quel que soit le genre adopté, la difficulté ne se limite pas au travail de création. L'**écrivain** doit se faire connaître, envoyer son manuscrit aux éditeurs* pour être publié. L'auteur dramatique, lui, doit en outre convaincre les metteurs en scène de monter la pièce qu'il a écrite.

* métiers traités dans le dico

Dans l'édition «pratique» (dictionnaires, manuels scolaires, guides de voyages…), l'auteur est souvent un journaliste*, un professeur* ou un chercheur*. On lui demande moins de créativité et de style, mais plus de rigueur et de clarté dans l'information délivrée.

La plupart des auteurs travaillent en indépendant *[lexique/247]* et ont une activité connexe ; ils sont payés en droits d'auteur (un fixe ou une avance sur recettes, puis un pourcentage sur les ventes).

Après le bac Aucun diplôme n'est nécessaire. Une formation littéraire ou artistique peut être une bonne base. Des ateliers d'écriture ont été mis en place dans certaines universités de lettres ou dans les écoles d'art dramatique.

Automaticien/ne

Synonymes : mécatronicien ; roboticien.

Robots, automates programmables, machines-outils à commande numérique ont envahi tous les secteurs industriels. Ils pèsent, mesurent, contrôlent une vitesse ou une pression, comparent deux grandeurs, envoient des ordres… Et cela, sans intervention humaine ou presque : l'action de l'homme se limite à une simple surveillance et à des tâches de maintenance.

C'est l'**ingénieur en automatismes** qui fait dialoguer les machines et les automates, par exemple pour robotiser un atelier de peinture automobile ou installer une ligne automatisée de fabrication de yaourts. Après une analyse très précise des opérations à effectuer (approvisionnement, fabrication, stockage, etc.), il propose ses solutions et définit l'architecture générale de la machine ou de la ligne de production automatisée…

Les **techniciens en automatismes** qui travaillent avec l'ingénieur déterminent très précisément les caractéristiques de chaque constituant de l'automatisme : diamètre des vérins, puissance des moteurs électriques ou des circuits hydrauliques, etc. Ils passent les commandes de matériels aux fournisseurs, réalisent les plans de l'installation (plan d'ensemble, plan de câblage…), établissent le programme informatique qui pilotera les équipements. Ils supervisent le montage du système automatisé, assurent sa mise en service chez le client (essais, réglages, consignes d'exploitation aux opérateurs…). Les techniciens peuvent travailler dans un service de maintenance industrielle. La demande d'automaticiens est forte chez les constructeurs comme dans les grandes entreprises.

Après le bac De deux ou trois ans d'études pour les techniciens (BTS ou DUT en automatismes, génie mécanique, génie électrique, complété par une licence professionnelle) à cinq ans en école ou à l'université (master) pour les ingénieurs.

Auxiliaire de puériculture

De la maternité où elle donne les soins d'hygiène aux nouveau-nés à la halte-garderie où elle assure les activités éducatives (profession en majeure partie occupée par des femmes), l'auxiliaire de puériculture s'occupe des moins de 3 ans.

En crèche, elle change les petits, les nourrit, les éveille par diverses activités (jeux, chansons, dessins…), leur apprend à marcher et à parler. À d'autres moments, elle peut les consoler et leur apporter de l'affection. Ses responsabilités sont grandes. Il ne s'agit pas seulement d'aimer les enfants, il faut aussi les aider à grandir.
L'auxiliaire de puériculture doit faire preuve de rigueur, d'imagination et d'esprit d'initiative. Très disponible (les horaires sont contraignants), elle travaille sous la responsabilité d'un pédiatre* (à l'hôpital, notamment) ou d'une puéricultrice*.

Après la 3e Un an d'études pour préparer le diplôme d'État, obligatoire pour exercer. Accès sur examen sans condition de diplôme, à partir de 17 ans au minimum.

Le bac et certains diplômes professionnels donnent lieu à des dispenses d'épreuves (CAP petite enfance, par exemple).

Auxiliaire de vie sociale

Synonymes : aide à domicile ; aide familiale ; aide ménagère.

Permettre à des personnes âgées, handicapées ou malades de rester dans leur cadre de vie, voilà ce qui motive l'aide à domicile. Bien sûr, les courses, la cuisine et la vaisselle font partie de ses tâches quotidiennes. Donner le bain, changer les pansements, vider le bassin d'urine sont des activités courantes. Mais, loin de la femme

de ménage ou du garde-malade, ce professionnel apporte soutien et réconfort. Grâce à lui, des personnes seules ou en difficulté peuvent avoir une vie sociale presque normale et garder goût à la vie.
Employé par un organisme ou une association, l'aide à domicile travaille chez une ou plusieurs personnes, du matin au soir ou quelques heures par jour seulement. Les déplacements sont fréquents. Le travail peut comporter des gardes de nuit ou de week-end.

Aucun diplôme n'est exigé pour ce métier tout en dévouement et en patience. Quelques formations sont bien adaptées.
Après la 3e Le diplôme d'État d'auxiliaire de vie sociale (DEAVS) est ouvert aux candidats âgés de 18 ans au minimum, sans condition de diplôme.
La mention complémentaire (MC) aide à domicile se prépare en un an, après le CAP petite enfance par exemple.

Auxiliaire spécialisé/e vétérinaire

L'auxiliaire spécialisé vétérinaire (ASV) est à mi-chemin entre la secrétaire médicale* et l'aide-soignante*. Son rôle : accueillir et rassurer les clients du vétérinaire* et leurs animaux, entretenir les cages, désinfecter le matériel, mais aussi prendre les rendez-vous, gérer le fichier clients, commander les médicaments, etc. Des tâches variées exigeant le sens de l'organisation.
L'ASV conseille les clients sur la nourriture, l'hygiène et les soins à apporter aux animaux. Il aide le vétérinaire lors des opérations. On peut lui confier des points de suture à faire, des tatouages ou des soins postopératoires.

Après la 3e Trois ou quatre ans d'études pour préparer un CAP ou un BEP (deux ans) du domaine de l'élevage ou des services, puis le diplôme d'auxiliaire vétérinaire qualifié (en un an) ou le diplôme professionnel d'auxiliaire spécialisé vétérinaire (en deux ans) sous contrat d'apprentissage ou de professionnalisation. Les formations sont dispensées dans les centres du Gipsa (www.gipsa.fr).

Avocat/e

Coupable ou innocent, tout le monde a le droit d'être défendu. Voilà qui justifie la présence des avocats dans les tribunaux. Les accidents, problèmes d'héritage, litiges avec le voisin ou, plus grave, les vols, viols, homicides et autres crimes sont autant de cas que l'avocat doit instruire. Unique référence : les textes de loi qu'il connaît sur le bout des doigts. Les procédures, plus ou moins longues, passent par la constitution minutieuse d'un dossier (comptes rendus, expertises, témoignages...) et des entretiens avec le client. En consultation à son bureau, appelé « cabinet », ou lors de visites en prison pour les prévenus.
Temps fort pour l'avocat, la plaidoirie doit être préparée avec soin. Car, à l'heure du procès, le tribunal est souvent le lieu d'une joute oratoire. Les règles du jeu : déployer les arguments propres à convaincre les juges et, aux assises, rallier les jurés à sa cause. Une forte personnalité et des talents d'orateur font parfois pencher la balance !
L'avocat n'est pas toujours cet homme en robe qui plaide au tribunal. S'il exerce comme **avocat-conseil**, il traite des dossiers pointus et peut, par exemple, guider dans ses choix une entreprise qui veut louer, acheter ou faire construire un immeuble. Il analyse les contrats, se penche sur les conditions de construction...
Exerçant à titre libéral ***[lexique/247]***, l'avocat travaille seul ou avec des collaborateurs groupés au sein d'un cabinet. Il peut être salarié. Avant de commencer, il prête serment et s'inscrit au barreau.

Après le bac Au minimum six ans d'études en droit pour préparer le certificat d'aptitude à la profession d'avocat (CAPA). Accès à la formation professionnelle sur examen à bac + 4 (master 1).

* métiers traités dans le dico

Bb

Barman/maid

Margarita frappée, bloody mary ou sangria, le barman et la barmaid savent préparer toutes sortes de boissons, des plus classiques aux plus innovantes. Pour confectionner les cocktails qu'on lui commande, le barman doit être équipé. Il vérifie donc régulièrement l'approvisionnement du bar, passe les commandes, reçoit les fournisseurs, etc. Mais le barman ne joue pas seulement du *shaker*. Il a le sens des relations humaines. Autoritaire pour écarter les indésirables, il sait aussi réconforter discrètement un client esseulé ou créer une ambiance. Sa rapidité est indispensable pour faire face aux « coups de feu ».

Le barman connaît la réglementation sur les boissons et débits de boissons. Qu'il travaille dans un bar, une discothèque ou dans un hôtel trois étoiles, il peut dialoguer dans la langue de Shakespeare. Et comme un bar se doit d'accueillir les noctambules, son service finit parfois à 2 h du matin.

Après la 3e Deux ans d'études pour préparer un CAP restaurant ou services en brasserie-café complété ou non par la MC employé barman (un an), voire par le bac pro restaurant (deux ans). Il existe également un BP barman, de niveau bac.

Batelier/ère

Synonyme : marinier.

On rencontre deux types de flotte transportant des marchandises sur les fleuves et les canaux : la flotte artisanale est touchée par la crise ; la flotte industrielle est mieux armée pour faire face à la concurrence de la route et du rail.

L'artisanat, c'est pour l'essentiel des péniches de petite capacité qui appartiennent à une famille *[lexique/247]*. Le métier se transmet de père en fils et s'exerce généralement en couple. Sur un bateau, le batelier est seul maître à bord. Il choisit son voyage et sa marchandise, surveille le chargement, organise le transport, exécute les manœuvres. Il est parfois aidé par un **matelot***.

La navigation industrielle n'a rien de familial. Elle est constituée d'entreprises possédant des flottes de péniches et de barges capables de transporter des milliers de tonnes de marchandises ou de matériels en une fois. De véritables trains poussés par des bateaux de forte puissance et dont la conduite nécessite la présence d'un équipage complet : capitaine, mécanicien, matelot...

Pour être **capitaine de péniche de canal**, il faut le certificat de radiotéléphoniste du service fluvial et du service maritime, et le certificat général de capacité (permis de conduire fluvial).

Après la 3e Deux ans d'études pour préparer le CAP navigation fluviale complété, ou non, par la MC transporteur fluvial. L'attestation de capacité professionnelle (ACP) est obligatoire pour s'installer comme entrepreneur batelier.

Après le bac Deux ans d'études à l'Institut national des transports internationaux et des ports (Itip) pour devenir chef d'entreprise.

Bibliothécaire

Synonyme : médiathécaire.
Qu'il travaille dans une bibliothèque municipale ou à la Bibliothèque nationale de France, il est l'indispensable intermédiaire entre les ouvrages et leurs lecteurs. Amoureux des livres, le bibliothécaire donne des conseils et guide le public dans ses recherches et ses choix de lecture. À lui d'acquérir des ouvrages, de souscrire des abonnements à des revues spécialisées, d'organiser des débats et rencontres autour d'un roman ou d'un thème littéraire…
De nombreuses bibliothèques ont diversifié leurs activités, jusqu'à se transformer en véritables médiathèques proposant journaux, revues, CD ou cédéroms…

Qualités indispensables pour exercer ce métier : la curiosité, le goût du contact avec le public, le sens de l'organisation et de la méthode. Les bases de données informatisées ont simplifié certaines tâches comme l'enregistrement des emprunts et des retours, le classement des ouvrages, l'inscription des adhérents. Le métier a ainsi gagné en créativité.

Après le bac Deux ans d'études pour préparer un DUT information-communication option métiers du livre à l'université. Complété par une licence, ce diplôme permet de se présenter au concours de recrutement des bibliothécaires de l'État ou de la fonction publique territoriale.

Bijoutier/ère-joaillier/ère

Synonyme : créateur de bijoux.
Bijouterie fantaisie, en or, avec des perles ou des pierres ? À chaque parure, son métier. Le créateur de bijoux fantaisie assemble des éléments en bois, en cuir, en plastique…
Le **bijoutier** fabrique ou répare des bijoux en or, en argent, en platine. Il exécute une étude et un prototype. Il découpe et façonne le métal. Minutieux, précis, le bijoutier fait aussi preuve d'imagination artistique.

Quant au **joaillier**, il intervient dès que la parure se compose de pierres précieuses ou fines. Il crée une monture qui les met en valeur ou fait appel à un créateur qui définit le modèle. Avant d'être sertis dans le bijou, les émeraudes, les turquoises ou les saphirs sont taillés par le **lapidaire**. La taille du diamant est réservée au **diamantaire**.
Bijoutier et joaillier sont des métiers très proches, le métal et la pierre étant souvent présents dans le montage d'un bijou. Tous deux sont capables de discerner une pierre synthétique d'une pierre précieuse. Ils sont salariés d'une entreprise ou travaillent comme artisans *[lexique/247]*.

Après la 3ᵉ Deux ans d'études pour préparer un CAP art et techniques de la bijouterie-joaillerie options bijouterie-sertissage, bijouterie-joaillerie ou polissage-finition. Ce diplôme peut être complété par une MC joaillerie (un an).

Après le bac Possibilité de préparer le DMA art du bijou et du joyau (deux ans).

Billettiste

Derrière son écran d'ordinateur, le billettiste établit les billets de train, d'avion ou de bateau. Il jongle avec les tarifs, les fuseaux horaires pour vous faire arriver à destination. Il prend aussi en charge les réservations d'hôtel, la location d'une voiture, la facturation, etc. Précision, rigueur et connaissances techniques, notamment en informatique, sont indispensables. Les documents étant souvent rédigés en anglais, il faut comprendre cette langue.

Ses fonctions peuvent varier selon son lieu de travail. Chez un tour-opérateur, il prépare les titres de transport commandés au service de réservation. En agence distributrice de taille importante, il peut exercer les fonctions d'agent de comptoir. On trouve des billettistes dans les compagnies de transports mais, si vous êtes mordu de voyages, passez votre chemin ! Les billettistes ne voyagent pas.

Après le bac Deux ans d'études pour préparer le BTS ventes et productions touristiques.

Biologiste

Synonyme : chercheur en biologie.
Développer un nouveau vaccin, déterminer la formation du sexe chez les tortues, mettre au point une vigne résistant aux maladies, purifier l'eau, ou encore créer un yaourt allégé pour le compte d'une industrie agroalimentaire… Le biologiste s'intéresse à toutes les sciences de la vie : botanique, zoologie, physiologie, médecine, agronomie, paléontologie. Sa vie est souvent faite de longues années d'études, de recherches… et de patience avant d'aboutir à un résultat.
C'est avant tout en laboratoire – et en équipe – que ce chercheur* mène ses investigations, grâce à des techniques très sophistiquées. Il est secondé par le

* métiers traités dans le dico

technicien en biologie. Malgré un niveau de formation très élevé, les biologistes ont des difficultés à trouver un emploi stable correspondant à leur qualification. Les places sont chères, et il y a peu d'élus !

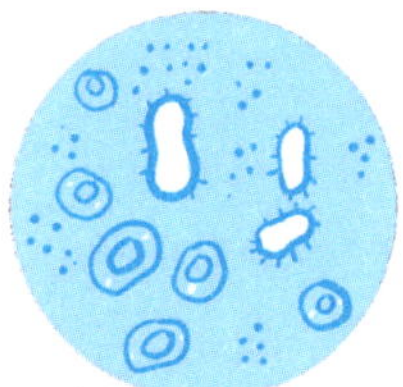

Après le bac Huit ans d'études en biologie à l'université ou via une école d'ingénieurs pour préparer un doctorat.

Botaniste

Synonyme : chercheur en botanique.
De l'étude de la chlorophylle à l'examen au microscope, le botaniste associe contacts avec la nature et expériences en laboratoire. Chercheur en « herbes », il est le spécialiste du monde végétal : les fleurs, les arbres…
Le botaniste se déplace : par exemple, pour récolter des espèces rares de gentianes qui serviront dans la composition de médicaments, pour constater les ravages d'une pollution chimique sur les arbres d'une forêt, ou pour faire l'inventaire botanique d'une région.

Avant de partir sur le terrain, mieux vaut se préparer soigneusement : recueillir des informations sur le lieu d'exploration ou sur les espèces étudiées. De retour au labo, le botaniste analyse les échantillons récoltés, constitue des herbiers, décrit et classe les plantes ; il procède aussi à des mises en jardins ou en serres. Le botaniste peut mettre en évidence la progression d'une pollution en constatant la disparition d'une espèce. Qualités d'observation et amour de la nature sont indispensables.

Les débouchés sont très rares pour ce chercheur* : quelques postes par an dans certains organismes de recherche, au Muséum national d'histoire naturelle ou dans les conservatoires botaniques nationaux. Dans le privé, quelques rares emplois dans les laboratoires pharmaceutiques.

Après le bac De cinq à huit ans d'études en biologie à l'université (master, doctorat) ou en école d'ingénieurs.

Boucher/ère

Qu'il travaille dans un supermarché ou à l'étal de sa boutique, cet expert en viandes choisit et achète les carcasses chez un grossiste. Il les découpe, puis les transforme en d'appétissants morceaux pour les vendre à ses clients. Il maîtrise l'ensemble des techniques qui permettent de désosser, dénerver ou dégraisser, et possède l'art de ficeler un rôti en un tournemain.
Commerçant, il conseille sa clientèle sur le choix des morceaux, les façons de les accommoder, les temps de cuisson. Fabricant, il prépare aussi des produits plus élaborés : paupiettes, volailles farcies, rognons…
Il peut se spécialiser dans certaines viandes : les abats (il est alors **tripier**), le cheval (**boucher hippophagiste**) ou les volatiles (**volailler**).
Lorsqu'il s'active aux halles (marché de gros) ou dans un atelier de découpe, les conditions de travail sont plus difficiles : il doit manipuler de grosses pièces de viande et n'a aucun contact avec la clientèle.
Dans la grande distribution, le boucher peut évoluer vers le poste de **chef de rayon***. Dans une grande boucherie, il peut devenir **chef boucher**. Possibilité de s'installer comme artisan *[lexique/247]*. La profession offre des débouchés.

Après la 3e Deux ans d'études pour préparer le CAP boucher, presque toujours en apprentissage ou trois ans pour le bac pro boucher-charcutier-traiteur. Le BP boucher (deux ans) se prépare après le CAP, à condition d'avoir une expérience professionnelle.

Boulanger/ère

S'il n'existait pas, il faudrait renoncer aux baguettes croustillantes, aux petits pains aux raisins, aux miches de campagne, bref à tout un art de vivre. Pour fabriquer du pain, plusieurs étapes sont nécessaires : pétrissage de la pâte, fermentation, façonnage des « pâtons », enfournement et cuisson. Chacune d'entre elles requiert attention et savoir-faire. Le nombre de fournées varie de trois à dix par jour.
Grâce aux progrès techniques (armoires à fermentation, fours à commandes automatiques), le nombre d'heures passées devant le fournil (surtout la nuit) a diminué.

Malgré tout, le métier nécessite une bonne forme physique : la journée commence très tôt (vers 5 h) et le boulanger travaille debout, dans la chaleur (surtout l'été). En contrepartie, les débouchés professionnels sont assurés.

Le boulanger ne vend pas que du pain : il propose de la pâtisserie, des viennoiseries (croissants, brioches...) et des sandwichs. Dans sa vitrine, on trouve de plus en plus de produits salés (quiches, pizzas...) pour dépanner les clients pressés.
Il peut exercer comme salarié en boulangerie artisanale, en boulangerie semi-industrielle ou en supermarché. Pour s'installer à son compte comme artisan *[lexique/247]*, des compétences en gestion sont nécessaires.

Après la 3e Deux ans d'études pour préparer le CAP boulanger, le plus souvent en apprentissage, ou trois ans pour préparer le bac pro boulanger-pâtissier. Ces diplômes peuvent être complétés par une MC boulangerie spécialisée ou pâtisserie boulangère (un an). Le BP boulanger (deux ans) se prépare après le CAP, à condition d'avoir une expérience professionnelle.

Bruiteur/euse

Le claquement d'une portière, le bruit d'un sabot de cheval sur des pavés... Tous ces bruits qui donnent sa dimension réelle à un film sont le fait du bruiteur.
Au cinéma, les scènes sont le plus souvent tournées sans prise de son. Celui-ci est ajouté au moment de la postsynchronisation : les acteurs rejouent ainsi leur scène en auditorium – on parle de doublage –, et les bruits sont reconstitués en studio. Pour y parvenir, le bruiteur se procure du matériel : objets, instruments de musique ; il se sert de ses mains, ses pieds, sa bouche... Tout est bon pour obtenir le son recherché. Il recourt parfois à une sonothèque – une bibliothèque de sons préenregistrés.
Inventif, le bruiteur sait recréer artificiellement n'importe quel bruit. Il utilisera, par exemple, une essoreuse à salade pour reproduire le chuintement d'une rame de métro. Il est aussi capable de produire simultanément plusieurs sons de manière totalement différente. Le sens du rythme et une oreille fine sont des qualités primordiales.
Ce magicien des sons débute comme **assistant bruiteur** ; il a le statut d'intermittent du spectacle *[lexique/247]*.

Après le bac BTS métiers de l'audiovisuel option métiers du son, ou école offrant une spécialisation dans les métiers du son. Apprentissage « sur le tas » possible.

Bûcheron/ne

Synonyme : ouvrier d'exploitation forestière.

Par tous les temps, sur des lieux de travail d'accès souvent difficile, une lourde tronçonneuse à la main, le métier de bûcheron n'est pas de tout repos.

Les petites équipes de bûcherons (ou ouvriers d'exploitation forestière) vivent parfois sur leur lieu de travail, le temps d'un chantier. Quand un arbre doit être coupé, il faut savoir diriger sa chute et respecter les règles de sécurité afin d'éviter les accidents.
Ensuite, le bûcheron nettoie le tronc, le découpe, tronçonne les branches, empile le bois en stères. Savoir estimer le volume du bois « sur pied » est essentiel, car les bûcherons sont souvent payés à la tâche, c'est-à-dire au volume de bois débité.
Selon les employeurs (entreprises de travaux forestiers, scieries, propriétaires de forêts, Office national des forêts...) et selon les saisons, le bûcheron peut être chargé d'entretenir la forêt : élagage des arbres, élimination des jeunes pousses, des ronces, des fougères...
Bien que les conditions de travail et de sécurité s'améliorent, le métier reste dangereux. Des aptitudes physiques sont indispensables pour manier masse, hache et tronçonneuse, le tout à l'extérieur. Mais cela ne suffit pas. De plus en plus de bûcherons s'installent à leur compte. Des bases en comptabilité et en gestion sont donc les bienvenues.
À l'Office national des forêts (ONF), le bûcheron a le statut de fonctionnaire *[lexique/247]*. Recrutement par les directions régionales et les services départementaux.

Après la 3e Deux ans d'études pour préparer le CAPA travaux forestiers, spécialités bûcheronnage et sylviculture.

* métiers traités dans le dico

Cc

Cadreur/euse

Synonymes : caméraman ; opérateur de prise de vues (à la télévision).

Derrière la caméra ou caméra à l'épaule, c'est lui qui filme. Technicien de l'image, le cadreur travaille sous la direction du **réalisateur*** et du **chef opérateur*** qui définissent l'angle de prise de vues, le cadrage, mais aussi la place et les mouvements de la caméra par rapport au sujet.

Il doit à la fois coordonner les mouvements horizontaux et verticaux de la caméra et ceux des personnages de façon à restituer le plus exactement possible l'idée du réalisateur. À lui de veiller à ce qu'aucun élément ne se trouve dans le champ (individu, perche, projecteur…). Sa part de création varie en fonction du réalisateur et du projet (long ou court métrage).

Dans une production importante, il est aidé d'un **assistant opérateur**, qui nettoie l'objectif et fait la mise au point, avant chaque prise, pour obtenir une image parfaitement nette. Il doit aussi charger et décharger les magasins de pellicules, démonter la caméra et ses accessoires…

Le cadreur donne les indications de mouvement de la caméra aux machinistes, lorsque celle-ci est posée sur un chariot ou sur une grue (pour faire un *travelling*, par exemple).

Au cinéma, on est second puis premier assistant avant d'être cadreur. Les plus talentueux deviennent **chefs opérateurs***. Tous sont intermittents de l'audiovisuel *[lexique/247]*.

Après le bac Deux ans d'études pour préparer le BTS métiers de l'audiovisuel ; cinq ans de formation en cinéma à l'école Louis-Lumière ; six ans à la Fémis ; plusieurs écoles privées proposent également une formation.

Caissier/ère

Synonyme : hôte de caisse.

Dernier contact du client dans un magasin, le caissier doit se montrer aimable et lui donner envie de revenir ! Sa fonction principale est d'enregistrer et d'encaisser les marchandises. Un système de codes à barres permet la lecture automatique du prix du produit, dispensant le caissier de saisir lui-même les prix. À la fin de la journée, le caissier établit le solde de sa caisse et vérifie qu'il n'y a pas d'erreurs.

Dans un petit magasin de détail, de gros ou dans un hypermarché, les possibilités d'évolution sont restreintes : **caissier coffre** (approvisionne les caisses), **premier caissier** (dépanne les caisses), **moniteur de caisse** (forme les caissiers) ou **chef de caisse** (les encadre). Les horaires sont parfois irréguliers et beaucoup de postes sont proposés à temps partiel.

Après la 3e Deux ans d'études pour préparer un CAP employé de commerce multispécialités ou employé de vente spécialisé option services à la clientèle. Le bac est parfois exigé.

Canalisateur/trice

Synonyme : constructeur de canalisations.

Sans lui, pas d'eau potable ni de gaz. Le rôle du canalisateur est primordial. Ce professionnel du BTP construit les réseaux souterrains de distribution qui acheminent l'eau potable depuis les châteaux d'eau jusqu'aux utilisateurs, puis, en sens inverse, pour évacuer les eaux usées vers les stations d'épuration.

Pour y parvenir, il perce des tranchées à la pelle mécanique et installe des conduites sur de longues distances. Il effectue des branchements et aménage des ouvertures ou regards qui permettent l'accès aux canalisations pour les réparations et les visites d'entretien.

Enfin, il comble les trous et remet la voirie en état, réaménage les routes, les rues, les trottoirs, les caniveaux et les bordures.

Le canalisateur installe également des réseaux de câbles électriques, de conduites de gaz et, désormais, de câbles de télévision. Habile de ses mains, le canalisateur doit aussi être solide et résistant physiquement, car il travaille à l'extérieur, quel que soit le temps.

Après la 3e Deux ans d'études pour préparer le CAP constructeur en canalisations des travaux publics. Le bac pro travaux publics (trois ans) permet d'accéder à un niveau plus important de responsabilité.

Après le bac Deux ans d'études pour préparer le BTS bâtiment, le BTS travaux publics ou le DUT génie civil. Ces diplômes permettent d'occuper des fonctions d'encadrement, notamment de chef de chantier*.

Capitaine de la marine marchande

Les officiers constituent l'état-major du navire, avec, en haut de la pyramide, le capitaine. Bien que maître à bord, ce dernier doit rendre des comptes à l'armateur qui lui a confié son bateau en vue de transporter des marchandises.
Responsable des activités à bord, il est aidé d'un second capitaine, d'un chef mécanicien et de lieutenants. Il assure la conduite et la sécurité du navire, trace la route à suivre et dirige les manœuvres délicates d'accostage et d'appareillage. Il accomplit les formalités douanières et supervise les opérations de chargement et de déchargement.
Le **second capitaine** dirige les opérations du service pont (opérations de conduite, respect des mesures de sécurité, contrôle de l'état des marchandises embarquées).
Le **chef mécanicien** est responsable du service machines. Il joue un rôle primordial puisqu'il doit maintenir en état de marche l'ensemble des installations. De l'hydraulique à l'informatique, son service intervient dans toutes les parties du navire. Aidé par le second mécanicien, il prend ses ordres directement du capitaine.
Polyvalent, le jeune officier peut être affecté soit au service « machines », soit au service « pont », où il débute sa carrière comme **lieutenant**.

Après le bac Quatre ans d'études dans les écoles de la marine marchande. Accès sur concours (sur dossier avec un bac + 2). L'enseignement alterne périodes de formation et périodes de navigation.

Carreleur/euse-mosaïste

L'art de la céramique fait partie de la vie quotidienne (salle de bains, cuisine, piscine, façade d'immeuble, etc.). Ouvrier du bâtiment, le carreleur intervient après le maçon et le plâtrier pour habiller les murs et les sols, non seulement de carreaux de céramique, mais aussi de grès, porcelaine, marbre, plastique… Grâce au carrelage, au dallage ou à la mosaïque, l'isolation et l'étanchéité n'ont plus de secrets pour lui. Afin de préparer les supports des carreaux, il emploie les techniques du maçon : « tirer » une chape ou « dresser » un mur. Les qualités du carreleur-mosaïste résident dans la précision et la patience pour la découpe et la pose des carreaux, et surtout dans le goût avec lequel il va agencer les couleurs.
Possibilité d'évoluer vers le poste de **chef carreleur** ou **conducteur de travaux*** sur les grands chantiers et de s'installer comme artisan *[lexique/247]*.

Après la 3e Deux ans d'études pour préparer un CAP carreleur-mosaïste ; trois ans d'éudes pour un bac pro aménagement et finition du bâtiment. Après deux ans d'expérience au minimum, le titulaire du CAP peut préparer un BP carrelage-mosaïque (deux ans).

Après le bac Deux ans d'études pour préparer le BTS aménagement-finition.

Carrossier/ère-réparateur/trice

Une voiture accidentée arrive à l'atelier. Le carrossier identifie les réparations à effectuer et détermine le temps de travail nécessaire avec l'expert automobile*. Selon l'importance des dégâts, son intervention peut aller du simple échange d'un composant (portière, pare-chocs…) à la restructuration de la caisse selon les normes du constructeur.
Il démonte les éléments endommagés qu'il remplace par des neufs, assure leur assemblage par soudage ou à l'aide de vis et de boulons. Il est amené à déposer puis à remonter des organes mécaniques, électriques ou électroniques. Si le châssis est déformé, il procède à sa remise en ligne *via* un système de rayons laser qui contrôle la géométrie du véhicule. Après un dernier contrôle, le véhicule (repeint, au besoin) est rendu à son propriétaire.
Le carrossier doit avoir « le coup de main » et « le coup d'œil », un sens aigu des responsabilités en matière de sécurité, des connaissances en mécanique et travail des matériaux (tôle, plastique…). Être formé à la peinture de carrosserie est un « plus ».
Les carrossiers-réparateurs confirmés peuvent évoluer vers le métier de **contrôleur technique auto***.

Après la 3e Deux ans d'études pour préparer un CAP peinture en carrosserie ou construction des carrosseries ou réparation des carrosseries ; trois ans pour le bac pro carrosserie option construction ou réparation des carrosseries.

Après le bac Deux ans d'études pour préparer un BTS conception et réalisation de carrosseries.

* métiers traités dans le dico

Cartographe

Qui n'a jamais consulté une carte routière, un atlas ou un plan de ville pour se repérer ? Ces outils d'orientation ont tous été conçus par le cartographe à partir de données topographiques.

Relevés de terrain réalisés par le géomètre-topographe*, photos de sites prises par les avions et les satellites de télédétection… le **cartographe-géomaticien** convertit et stocke ces informations sous forme de données numériques. Celles-ci seront traitées à l'aide de logiciels spécifiques par le **dessinateur-cartographe** en vue d'une production «sur papier» (les cartes classiques) ou «en ligne» (sur le Web ou sur les GPS de voiture). À lui de représenter les lieux le plus précisément possible, à l'échelle et de manière graphique.
Fonctionnaire *[lexique/247]*, le cartographe travaille à l'IGN ou pour l'armée de terre. Le privé offre quelques postes en bureaux d'études, sociétés de conseil, agences d'urbanisme, ou dans les maisons d'édition spécialisées dans les cartes et atlas géographiques.

Après la 3e Trois ans d'études pour préparer un BT dessinateur-maquettiste option cartographie puis deux ans à l'École nationale des sciences géographiques (ENSG) pour les dessinateurs-cartographes (accès sur concours).

Après le bac De trois à cinq ans d'études dans le domaine de l'information géographique, à l'université ou à l'ENSG pour les cartographes-géomaticiens (sur concours post-bac + 2).

Cascadeur/euse

L'as de la voltige, des tonneaux en voiture ou des loopings en avion, c'est lui. À cheval ou accroché à la paroi d'un gratte-ciel, il pratique toutes les acrobaties afin de doubler les acteurs dans les scènes dangereuses. Rompu à tous les sports et aimant le risque, le cascadeur n'est pas pour autant un «casse-cou». Le **conseiller technique cascade** mesure la faisabilité des scènes périlleuses figurant au script, puis règle les cascades. Rien n'est laissé au hasard. Entraînement sportif, répétitions, respect des règles de sécurité sont de rigueur.
Acteur acrobate, le cascadeur maîtrise quatre disciplines de base : l'équitation, l'escrime, les sports de combat et l'acrobatie. Des cours d'art dramatique complètent cette préparation. Travaillant le plus souvent pour le cinéma, le cascadeur est intermittent du spectacle ou *free lance [lexique/247]*.

Après le bac Formation assurée par des organismes professionnels.

Caviste

Synonyme : vendeur spécialisé en vins et spiritueux.

Bordeaux, bourgogne ou côtes-du-rhône, il n'ignore aucun vin. Vendeur spécialisé dans le commerce des vins, le caviste joue un rôle très important de conseil auprès de sa clientèle. À lui de trouver le vin qui s'accommodera avec tel ou tel plat. Celui qui sera adapté aux circonstances : le grand cru pour les grandes occasions, un vin de pays pour le quotidien. Et celui qui flattera le palais du consommateur : rouge ou blanc, cabernet-sauvignon ou syrah, perlé ou tanique, léger ou charpenté… Pour faire le commerce des vins, il faut connaître les cépages, les crus, les domaines viticoles et… aimer le vin.

Après la 3e Trois ans d'études pour préparer le bac pro technicien conseil vente en alimentation option vins et spiritueux.

Céramiste d'art

Synonyme : potier.

Qu'il s'agisse de poteries en terre cuite, de grès, de faïence ou de porcelaine, le céramiste est expert dans le choix et la préparation des terres, le façonnage des pièces, leur cuisson et le rendu des couleurs. Il peut aussi modeler ou couler de la matière liquide dans des moules pour fabriquer des pièces. Le styliste ou designer* crée, lui, des collections de vaisselle, des décors de carrelage…
Le tournage en poterie nécessite un long apprentissage et une grande habileté alliée à une certaine force physique.
Un petit nombre d'ateliers artisanaux pratiquent encore le décor à la main (en relief, au pinceau ou à la burette). Après avoir dessiné son motif, l'artisan applique les couleurs au pinceau, au tampon ou à l'éponge. Elles sont ensuite fixées par un émaillage définitif.

Après la 3e Deux ans d'études pour préparer un CAP tournage en céramique ou décoration en céramique. Ils peuvent être complétés par le BMA céramique (deux ans).

Après le bac Deux ans d'études pour préparer le DMA arts textiles et céramiques option céramique artisanale ou bien le BTS concepteur en art et industrie de la céramique. Trois à cinq ans dans une école des beaux-arts, pour les designers.

Céramiste industriel/le

Grâce à ses propriétés étonnantes, la céramique a investi l'industrie de pointe. Plus dure et plus légère que l'acier, isolante, résistante à la chaleur, elle est ainsi employée dans la construction de la fusée Ariane comme dans celle des prothèses biomédicales ou, plus simplement, dans la fabrication de baignoires et de lavabos. Ce sont des ouvriers très spécialisés qui

s'occupent du modelage, du façonnage et du décor. Le **modeleur** réalise les modèles des produits à fabriquer et les moules nécessaires à leur façonnage. La représentation des volumes dans l'espace ne lui pose aucun problème et ses connaissances en dessin sont solides. Le **façonnier**, quant à lui, fait fonctionner les machines. Il les règle, les entretient et effectue les petites réparations. Enfin, le **décorateur-céramiste** orne l'objet de motifs. S'il n'est pas artiste, il est néanmoins très habile et sait dessiner.
C'est le **technicien céramiste** qui planifie et organise le travail des ouvriers, suit et contrôle la production.
Les laboratoires d'études et de recherche en emploient un grand nombre.

Après la 3e Deux ans pour préparer un CAP fabrication industrielle des céramiques ; trois ans pour le bac pro mise en œuvre des matériaux option matériaux céramiques.

Après le bac Deux ans d'études pour préparer le BTS industries céramiques, pour les techniciens.

Chanteur/euse

Synonymes : artiste interprète ; artiste lyrique ; choriste ; soliste.
L'opéra, la chanson poétique, le jazz, le rock ou la variété sont autant de voies pour une seule voix, qui peut s'exprimer en solo ou au sein d'un chœur. Ne devient pas soliste qui veut : il faut du talent et beaucoup de travail. Suivre des cours de chant et répéter seul ou avec un groupe. Le tout en suivant une certaine hygiène de vie pour éviter les refroidissements (ah ! l'angoisse de l'extinction de voix !), maîtriser le trac...

Le chanteur doit être **musicien***, pouvoir mémoriser les partitions (paroles et notes), travailler l'interprétation d'un rôle selon une mise en scène (opéra, comédie musicale). Et être polyglotte afin de chanter en anglais (rock, jazz), ou allemand, italien, russe... (opéra). S'il n'est pas **auteur-compositeur**, le chanteur de variétés doit en outre trouver un parolier et un musicien.
Pour tous ces intermittents du spectacle ***[lexique/247]***, le plus difficile est d'approcher le public. Les uns courent les auditions, les concours et les festivals pour se faire connaître. Sans parler des émissions de télé *(Star Académie, la Nouvelle Star)*. Les autres démarchent les maisons de disques pour enregistrer un album, cherchent des financements pour se produire en concert ou diffuser leur musique sur Internet. S'il est difficile de percer, il est encore plus difficile de durer. Pour gérer sa carrière, le chanteur peut se faire aider par un agent artistique*.

Après la 3e La formation musicale classique s'acquiert dans un conservatoire départemental ou régional dès l'âge de 6 ans... et parallèlement à la scolarité. Les meilleurs intégreront un conservatoire national supérieur de musique et de danse ou l'École d'art lyrique de l'opéra (à Paris ou à Lyon).

Charcutier/ère-traiteur/euse

Garant d'une tradition séculaire, le charcutier prépare et vend des chairs cuites. Il découpe et trie des morceaux de viande de porc pour fabriquer lui-même rillettes, pâtés et galantines. Jambons et saucissons sont le résultat de plusieurs opérations culinaires : cuisson, fumage, salaison, conservation.
Des matériels spécifiques sont à la disposition du charcutier, comme les étuves ou le fumoir. Quelques machines nécessitent une certaine force physique pour les actionner et il faut être en bonne forme.
Polyvalent, le charcutier a une activité de **traiteur***. Chaque jour, il concocte des plats cuisinés, prêts à être emportés par le client.
Le charcutier débute comme apprenti ou **aide-charcutier** dans les commerces de proximité, entreprises semi-industrielles, rayons spécialisés des supermarchés ou à l'armée. Il peut évoluer vers des postes à responsabilité, voire s'installer à son compte comme **artisan** ***[lexique/247]***. Dans ce cas, des compétences en gestion sont nécessaires.

Après la 3e Deux ans d'études pour préparer un CAP charcutier-traiteur, presque toujours en apprentissage ; ou trois ans pour le bac pro boucher-charcutier-traiteur. Le CAP peut être complété par la MC employé traiteur (un an) ou par le BP charcutier-traiteur (deux ans), après deux ans d'expérience au minimum.

Chargé/e d'études marketing

Qu'il s'agisse de mouchoirs en papier ou de tracteurs, l'entreprise a un souci constant : vendre. Pour améliorer ses ventes, elle doit se poser une question : ses produits sont-ils adaptés aux besoins de la clientèle ? C'est là qu'intervient le chargé d'études marketing. Homme ou femme d'études et de conseils, il participe à la commercialisation des produits. Pour cela, il examine

* métiers traités dans le dico

la concurrence et analyse le marché à conquérir. Il lance des enquêtes de terrain (études de marché) pour connaître le comportement d'achat des clients potentiels. Quel âge ont-ils ? À quelle catégorie sociale appartiennent-ils ? Quel type de produits recherchent-ils ? Où les achètent-ils ? Le chargé d'études analyse les réponses et en fait la synthèse dans un rapport. C'est un outil pour définir les produits et la stratégie commerciale. Le chargé d'études marketing travaille en entreprise ou en cabinet de conseil. Il maîtrise les statistiques et les outils bureautiques.
Après quelques années d'expérience, il peut devenir **chef de produit*** ou bien **directeur marketing**.

Après le bac Cinq ans d'études en école de commerce et de gestion ou à l'université (master) ; diplôme d'ingénieur ou d'IEP apprécié.

Chargé/e de clientèle

Synonymes : attaché commercial ; conseiller ou gestionnaire de clientèle.

M. Martin souhaite faire fructifier son argent. L'entreprise M. veut souscrire un prêt pour s'agrandir. À la banque, le chargé de clientèle est leur interlocuteur. Il les conseille et leur propose les produits financiers les mieux adaptés à leur situation. Qualités d'écoute et de négociation indispensables.
Responsable de certains clients, particuliers, professionnels (artisans, commerçants…), il cherche à en accroître le nombre par prospection. Cela fait partie de ses objectifs commerciaux.
Il peut évoluer vers un poste de **responsable d'antenne, directeur d'agence**… en fonction de sa formation et de sa personnalité. Tous les chargés de clientèle débutent par un « tour de banque » pour se familiariser avec les différents guichets.

Après le bac Deux ans d'études pour préparer un BTS ou un DEUST du secteur de la banque ou de l'assurance, ou bien un BTS ou un DUT commercial suivi éventuellement d'une licence pro ; cinq ans en école de commerce et de gestion ou à l'université (master).

Chargé/e de communication

Le chargé de communication organise des expositions, des salons, des conférences ; il programme une campagne de promotion pour un film ; il améliore les relations humaines au sein d'une entreprise. Bref, il élabore toutes les stratégies de communication pour promouvoir l'image de l'entreprise auprès du grand public, des clients ou du personnel. Il peut être amené à gérer des situations de crise (accidents, produits défectueux…) et se spécialiser en communication financière, événementielle.
Les activités d'un chargé de communication varient en fonction de l'entreprise. Le **responsable des relations publiques** est en contact avec l'extérieur, notamment avec les médias, comme l'est l'attaché de presse*. Le **responsable de la communication interne** favorise, lui, la circulation de l'information au sein de l'entreprise et renforce les liens entre les salariés *via* la réalisation d'un journal interne ou d'un intranet, la mise en place de séminaires ou l'organisation de cérémonies.
Ses qualités ? L'ouverture d'esprit, de l'aisance dans les rapports humains, la capacité à travailler en équipe, des idées, une grande disponibilité. Et de la rigueur, pour respecter un budget. On débute en tant qu'assistant ; on évolue après quelques années d'expérience comme **directeur de la communication***.

Après le bac Deux ans d'études pour préparer le BTS communication, le DUT information-communication ou un diplôme d'école de communication, pour l'assistant ; cinq ans dans un IEP, à l'université, dans une école de communication ou de commerce, pour le responsable.

Chargé/e de production télé

Rien ne lui échappe… Travaillant pour une chaîne de télévision, le chargé de production reçoit et étudie les projets de création audiovisuelle et les devis émanant des sociétés de production : émissions de flux (variétés, divertissement…), téléfilms, documentaires…
Il étudie la faisabilité du projet, en passant au crible le devis pour le compte de l'administrateur de production. Si ce dernier l'accepte, le chargé de production contacte la société de production pour négocier les modalités juridiques et financières de l'achat du produit. Une fois le contrat signé entre la chaîne et la société de production, il gère et administre le suivi de l'affaire : respect du devis et du délai de livraison, diffusion du produit, facturation… Le chargé de production met également en œuvre les moyens techniques internes de la chaîne lorsqu'elle produit elle-même ses programmes.
Talent de négociateur et sens de l'organisation sont ses principaux atouts. Il a aussi des compétences juridiques, pour établir les contrats, et comptables, pour étudier les devis.

Après le bac Deux ans d'études pour préparer le BTS métiers de l'audiovisuel ; cinq à six ans en école de cinéma (la Fémis a un département production) ou à l'université – des cours de production audiovisuelle sont proposés dans les cursus de journalisme-communication.

Chargé/e de promotion marketing

Un petit peu plus ? Allez, 20 % de produit gratuits, une tablette de chocolat offerte, des coupons de réduction ! Ce sont ces opérations que le chargé de promotion va imaginer et mettre en place pour séduire le consommateur et augmenter les ventes. Un véritable travail de stratège !
Il définit le type de promotion avec le service marketing (remboursement du produit, jeu-concours, publicité sur les lieux de vente…), il lance les opérations, suit la réalisation de l'emballage, choisit les magasins qui annonceront la promotion. Pour la mise en place du produit, il travaille en collaboration avec les marchandiseurs*.
Travaillant principalement au siège de sociétés distributrices de produits de grande consommation, il fait remonter au chargé d'études marketing* les informations sur les comportements d'achat des clients potentiels. Il est à la fois créatif et bon gestionnaire.

Après le bac Cinq ans d'études en école de commerce et de gestion ou à l'université (master) + expérience.

Charpentier/ère bois

Synonyme : constructeur bois.

« Dans la charpente, on travaille dehors, on est libre ! » Avant d'être dehors, Dominique a travaillé à l'atelier. À partir d'un plan dressé par l'architecte ou par lui-même, il a dessiné les formes de la charpente grandeur réelle sur du contreplaqué : c'est l'épure. Il a choisi le bois, tracé et taillé les différentes pièces à l'aide de machines perfectionnées. Puis il les a assemblées pour former la charpente à poser sur le chantier à l'aide de machines de plus en plus mécanisées.
Ce métier traditionnel se modernise avec les nouveaux produits comme le lamellé-collé ou l'apparition des logiciels de calculs de charpente. Réputée difficile et exigeante, cette profession réclame à la fois le goût du dessin, la notion des formes, une bonne résistance physique et le sens de l'équilibre. Outre les charpentes traditionnelles, le charpentier réalise des ouvrages tout en bois (hangars, ateliers, chalets…), des escaliers, des parquets, sans oublier la restauration de charpentes anciennes. Les débouchés sont concentrés dans les entreprises artisanales. Les charpentiers peuvent s'installer à leur compte, mais les machines coûtent cher.

Après la 3e Deux ans d'études pour préparer un CAP charpentier bois ou un CAP constructeur bois ; trois ans pour le bac pro technicien constructeur bois ou interventions sur le patrimoine bâti, voire le bac techno STI génie mécanique option bois et matériaux associés. Le titulaire du CAP peut préparer un BP charpentier (deux ans), après deux ans d'expérience au minimum.

Après le bac Deux ans d'études pour préparer le BTS charpente-couverture ou le BTS systèmes constructifs bois et habitat.

Charpentier/ère de marine

Le patrimoine maritime et les bateaux anciens sont en vogue. Les architectes navals, les historiens et, surtout, les amateurs passionnés font appel à des charpentiers maritimes pour réhabiliter une chaloupe, un ancien langoustier ou, encore, un goémonier. Leurs talents sont également recherchés pour réaliser et réparer des bateaux et navires plus récents, dans lesquels le bois a une grande place. Dans tous les cas, il faut cogner, border, calfater, lisser et accomplir des travaux de finition très minutieux : traitement de surface, étanchéité, raccords, moulures, pose de couvre-joints. *À noter :* ce métier peut s'exercer au sein de l'armée.

Après la 3e Deux ans d'études pour préparer le CAP charpentier de marine ; le titulaire du CAP peut préparer un BP de même spécialité (deux ans), après deux ans d'expérience au minimum.

Chaudronnier/ère

Cet ouvrier qualifié participe à la fabrication des fusées, machines industrielles et navires. Sa mission : donner forme aux métaux en feuilles afin de réaliser des ouvrages variés : cuves, cellules d'avion, parois de wagons, citernes de stockage de produits chimiques…
Première étape : la lecture des plans, le traçage des formes sur le métal et la découpe de chaque élément. Deuxième étape : la mise en forme des différents éléments par pliage, cintrage ou emboutissage. Viennent enfin le montage et l'assemblage des pièces par soudage ou à l'aide de boulons et de rivets, souvent sur le chantier, à l'endroit où le produit (une cuve, une chaudière…) doit être installé.
Certains chaudronniers entretiennent et réparent des équipements industriels :

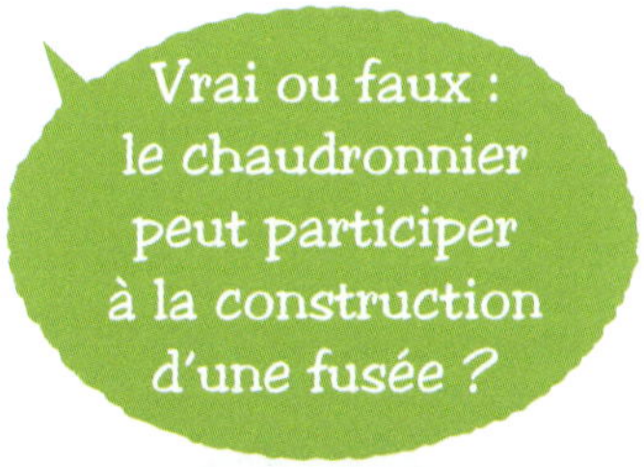

* métiers traités dans le dico

centrale nucléaire, réseau de gazoducs… Le métier demande des qualités manuelles, mais aussi de la robustesse : on travaille debout dans un environnement très bruyant. De solides connaissances en géométrie et en trigonométrie, associées à une bonne perception des formes et du volume, sont indispensables. *À noter :* ce métier peut s'exercer au sein de l'armée.

Après la 3ᵉ Deux ans d'études pour préparer le CAP réalisation en chaudronnerie industrielle ; trois ans pour le bac pro technicien en chaudronnerie industrielle.

Chauffagiste

Synonymes : monteur ou installateur en chauffage et climatisation ; monteur en installations climatiques.

Logements, hôpitaux, centres commerciaux, immeubles de bureaux… voilà les « territoires » du chauffagiste, spécialiste de la mise en place du chauffage, de la climatisation et de leur bon fonctionnement.

À partir des plans d'installation, il trace le passage des canalisations et l'emplacement des appareils (radiateurs, chaudières, ventilateurs, climatiseurs, etc.). Puis il pose l'ensemble des équipements (gaines, tuyaux, brûleurs, convecteurs, robinets, etc.), soude, monte, raccorde… Le montage fini, le chauffagiste vérifie que son installation fonctionne : essais, réglages, correction des défauts constatés.

Les techniques de régulation, les dispositifs de sécurité, les automatismes doivent être maîtrisés. Mais le métier continue de réclamer de la robustesse, et oblige le chauffagiste à des déplacements fréquents et des horaires irréguliers.

Le travail s'effectue souvent en équipe dans des entreprises de génie climatique. Possibilité de s'installer à son compte comme artisan ***[lexique/247]***. *À noter :* ce métier peut s'exercer au sein de l'armée.

Après la 3ᵉ Deux ans d'études pour préparer le CAP installateur thermique. Ce diplôme peut être complété par la MC maintenance en équipement thermique individuel (un an) ou, après deux ans d'expérience au minimum, par un BP monteur en installations de génie climatique ou monteur-dépanneur en froid et climatisation (deux ans). Trois ans d'études pour préparer un bac pro technicien en installation des systèmes énergétiques et climatiques, voire un bac techno STI génie énergétique.

Chauffeur/euse de taxi

Top chrono, ça roule ! Disponible au bon moment, de jour comme de nuit, le chauffeur de taxi est un conducteur urbain avant tout. Il se rend au domicile des clients sur appel téléphonique ou prend des passagers aux « têtes de station », en gare, dans les aéroports, les sites touristiques…

Un métier difficile, comme le constate un jeune chauffeur parisien : « *Des journées éprouvantes : 60 000 kilomètres par an, dans les rues de Paris et sa banlieue. La circulation est parfois infernale : les voitures ne respectent pas les couloirs réservés, les véhicules de livraison bloquent les petites rues.* »

Une grande résistance nerveuse et une patience à toute épreuve sont les plus sûrs copilotes du chauffeur de taxi.

Dans ce métier, on gagne modestement sa vie, que l'on soit à son compte comme artisan ***[lexique/247]***, ou salarié d'une entreprise. « *Heureusement, il y a le plaisir de rouler, les collègues, les clients sympas, la liberté de s'organiser comme on l'entend !* »

Après la 3ᵉ Le certificat de capacité professionnelle est délivré par les préfectures sur examen ; il faut ensuite obtenir l'autorisation d'exercer, délivrée par les mairies en fonction des besoins locaux (ce qui peut prendre des années). Permis de conduire catégorie B obligatoire.

Chauffeur/euse-livreur/euse

Si la conduite occupe une grande partie de son horaire, le chauffeur-livreur effectue nombre de tâches commerciales et administratives. Responsable des marchandises à bord, du chargement et du déchargement, il tient à jour ses carnets de bord, les bordereaux de livraison, les factures, les papiers pour la police ou les douanes.

Il assure l'entretien régulier de son véhicule afin de prévenir les pannes et garantir une sécurité maximale. En plus de ses connaissances en mécanique, il doit maîtriser les nouveaux outils : système de repérage par satellite, informatique embarquée…

Spécialisé dans les livraisons rapides et sur courte distance, le **coursier** effectue souvent ses déplacements en deux-roues. Le **conducteur-livreur** travaille surtout en ville, au volant d'une voiture commerciale ou d'une camionnette. Ses déplacements ont lieu dans la journée.

Le **routier** conduit, lui, un camion pouvant aller jusqu'à 40 tonnes. Il peut se spécialiser dans le transfert de certains produits (alimentaires, chimiques, inflammables…). Ses trajets peuvent être limités à une région, à la France ou s'étendre à l'étranger. Le plaisir de la route et l'indépendance ne doivent pas faire oublier les contraintes du métier : contrôles, pannes, intempéries, chargements pénibles, travail de nuit et horaires irréguliers (pas plus de neuf heures par jour cependant). Il faut être en parfaite santé avec un bon équi-

Quelle est la différence entre le coursier et le chauffeur-livreur ?

libre nerveux, une grande capacité d'attention et des réflexes. Travaillant souvent pour le compte d'une société de transport, le conducteur routier peut s'installer à son compte comme artisan *[lexique/247]*. L'armée recrute.

Après la 3e Deux ans d'études pour préparer le CAP conducteur routier marchandises ; trois ans pour préparer le bac pro conducteur transport routier marchandises. Le permis de conduire poids lourds (catégorie C) ou super-lourds (catégorie EC) est obligatoire.

Chauffeur/euse particulier/ère

Synonymes : chauffeur d'entreprise ; chauffeur de maître.

Conduire un PDG de multinationale à l'aéroport, promener un couple de riches Américains en visite à Paris… le chauffeur de maître ou d'entreprise est au service d'une clientèle aisée et souvent exigeante. Distingué, d'une présentation irréprochable, il parle deux, voire trois langues étrangères et sait se montrer d'une discrétion à toute épreuve. Question de réputation !

Il doit être capable de fournir le bon renseignement au bon moment et d'alimenter la conversation. Il se tient au courant des endroits branchés, connaît les musées, les monuments. Il lui faut potasser les guides touristiques, renouveler ses connaissances…

Ce chauffeur n'a pas d'horaires fixes et ses journées peuvent s'étirer jusque tard dans la nuit. Il doit être disponible en permanence. La vie sociale et familiale s'en ressent.

Les chauffeurs travaillent en majorité comme intérimaires *[lexique/247]*, sauf ceux qui ont la chance d'être employés par une société de location de véhicules haut de gamme ou par une entreprise.

Après la 3e Aucune formation spécifique. Il est indispensable de parler au moins une langue étrangère (anglais, en tête des choix) et, bien sûr, d'avoir le permis de conduire catégorie B.

Chef d'établissement scolaire

Qu'il s'appelle **directeur d'école** en élémentaire, **principal** au collège ou **proviseur** au lycée, le chef d'établissement a toujours plusieurs casquettes.

Animateur d'équipes, il supervise le travail des enseignants et du conseiller d'éducation, celui des agents techniques et administratifs (secrétaires, agent comptable…). Il préside le conseil d'administration et les conseils de classe.

Gestionnaire, il est responsable de l'organisation matérielle et financière de l'établissement, de l'accueil des élèves et des personnels, ainsi que de leur sécurité. À lui aussi de veiller au respect des règles de vie scolaire. Il peut être secondé dans sa lourde tâche par un adjoint.

En position stratégique, le chef d'établissement pilote des projets pédagogiques, développe le dialogue avec les familles et avec les instances extérieures (rectorat, inspection académique, collectivité locale).

Pour assumer cette fonction à haute responsabilité, un impératif : être polyvalent, disponible et dynamique.

Ce métier est accessible aux **conseillers principaux d'éducation***, **professeurs*** ou **conseillers d'orientation-psychologues*** expérimentés.

Après le bac Les chefs d'établissement scolaire sont recrutés à partir de bac + 5 après plusieurs années d'activité.

Chef d'orchestre

Quand le chef d'orchestre lève sa baguette, elle devient magique. À lui de créer un climat de confiance propice au travail des musiciens qu'il dirige. Ce poste demande des qualités humaines, et de grandes compétences artistiques. Le chef d'orchestre doit cumuler des connaissances instrumentales, musicales, culturelles et artistiques.

À partir d'une étude minutieuse de l'œuvre et de sa représentation sonore, il lui faut construire une interprétation personnelle en accord avec la pensée et le style du compositeur. Interprétation à transmettre aux instrumentistes et aux chanteurs par une gestuelle originale. Le chef d'orchestre doit organiser les sons et les voix entre eux. **Musicien***, il lui faut connaître la partition de chaque instrument pour déceler toute fausse note. Pas évident quand on doit prêter l'oreille à parfois près d'une centaine de musiciens…

L'expérience d'une direction lyrique est irremplaçable dans l'apprentissage d'une direction d'orchestre. Mieux vaut s'exercer dans des théâtres étrangers avant de convoiter les rares postes d'assistant. Il est intéressant aussi de tenter les « master classes » organisées par des chefs d'orchestre réputés. Le chef d'orchestre peut avoir le statut d'intermittent du spectacle *[lexique/247]*.

Après le bac Une trentaine d'écoles proposent une classe de direction d'orchestre : les conservatoires à rayonnement régional ou départemental, le Conservatoire national supérieur de musique et de danse à Paris, l'École normale de musique Alfred-Cortot à Paris.

Chef de chantier du BTP

Synonymes : conducteur de chantier ; responsable de chantier.

Homme de terrain et animateur, le chef de chantier contrôle quotidiennement l'avancement et la qualité des travaux menés sur un chantier, veille au respect des délais ainsi qu'à l'application des règles de sécurité, transmet régulièrement des rapports au conducteur de travaux. À partir des ordres, des plans et des croquis transmis par ce dernier, le chef de chantier veille au bien-être des hommes (vestiaires, toilettes, réfectoire, bureaux…), répartit le travail entre les équipes (maçons, grutiers, conducteurs

* métiers traités dans le dico

d'engins de chantier...), prévoit les besoins en matériels et matériaux. Pivot du chantier, il a une grande part d'initiative et des responsabilités importantes. Après quelques années, possibilité de devenir **chef de chantier principal** ou **conducteur de travaux***.

Après le bac Deux ans d'études pour préparer le BTS bâtiment, le BTS étude et économie de la construction, le BTS travaux publics ou le DUT génie civil. Ces diplômes peuvent être complétés par une licence pro (un an), un diplôme accessible également après deux ans d'études à l'université en sciences et technologies. À noter : les bacs pro technicien d'études du bâtiment ; technicien du bâtiment : organisation et réalisation du gros œuvre ; les travaux publics permettent d'accéder à l'encadrement de chantier, mais seulement après plusieurs années d'expérience.

Chef de fabrication en imprimerie

Synonyme : chef de fabrication des industries graphiques.

Les six rotatives de son usine impriment 35 000 feuilles par heure. Pour gérer une telle production, Thierry, le chef de fabrication, doit être prêt à intervenir à tout moment. *« Je planifie l'impression des différents titres pour nos clients, je décide quelles sont les priorités »*, explique-t-il, l'œil rivé sur le planning affiché au service de fabrication. Thierry doit faire respecter les délais d'impression négociés par les commerciaux avec les clients. Ainsi, si une machine tombe en panne, il doit vite trouver une solution pour que la publication ne sorte pas en retard. Sans pénaliser les autres produits. Un véritable casse-tête !
Le chef de fabrication connaît bien l'ensemble de la chaîne graphique et des matériels utilisés. Dans les petites structures, il est polyvalent, car on lui demande également de faire les devis, commander le papier, négocier avec le client, etc.

Après le bac Deux ans d'études pour préparer le BTS communication et industries graphiques.

Chef de produit marketing

Il était une fois une entreprise qui s'affolait de voir dégringoler ses ventes. Le chef de produit marketing lança alors une étude de marché, c'est-à-dire une enquête auprès des consommateurs pour mieux cerner leurs goûts et comprendre les raisons de l'échec. On en tira aussitôt les leçons : la campagne publicitaire fut réorientée pour insister davantage sur la notion de qualité, argument auquel les clients sont sensibles. Et le chiffre d'affaires commença, tout doucement, à remonter...
Le chef de produit marketing accompagne un produit de la conception et commercialisation au retrait du marché. C'est lui qui décide du développement du produit, de la campagne de publicité et de la stratégie marketing. Il détermine aussi les conditions de distribution (quantités et prix) et surveille l'évolution des ventes. On débute souvent comme assistant ou **chef de produit junior**. Après quelques années, on peut devenir **directeur du marketing**.

Après le bac Cinq ans d'études à l'université (master pro orienté marketing) ou en école de commerce et de gestion.

Chef de projet humanitaire

Une catastrophe naturelle, une famine ou une guerre se déclare et les organismes humanitaires se mobilisent. En premier lieu, le chef de projet coordonne les actions de solidarité.
Ce dernier peut intervenir dans des situations et des secteurs variés : santé, agronomie, logistique, génie civil... Envoyé sur le terrain, il évalue les besoins, établit et met en œuvre des actions dans le cadre d'un programme piloté par le **chef de mission**.
Une fois son projet accepté et les financements accordés, le responsable recrute une équipe et la forme. Il coordonne le projet : planification, budget, relations avec les autorités locales, logistique... Un grand cœur et une solide motivation ne suffisent pas pour travailler dans l'humanitaire. On demande aux candidats des compétences pointues dans un domaine, mais aussi d'avoir du sang-froid et le sens pratique pour pouvoir faire face à toutes les situations.
Le chef de projet travaille en tant que volontaire ou salarié, en France ou à l'étranger, pour le compte d'organisations non gouvernementales (ONG), d'associations, d'organismes d'État ou d'entreprises.

Après le bac Il existe des licences et des masters universitaires dans le domaine de l'humanitaire, mais aussi des formations de niveau bac + 3 à bac + 5, proposées par des écoles spécialisées comme Bioforce, l'Ifaid, l'Istom ou l'EICD 3A.

Chef de projet multimédia

Synonymes : chef de produit multimédia ; concepteur médiatique.

Informaticiens, graphistes, scénaristes, rédacteurs, ingénieurs du son, éditeurs... des professionnels de tous les horizons collaborent pour réaliser un projet multimédia. Le chef de projet coordonne les activités disparates des uns et des autres. À la fois animateur d'équipe et responsable des tâches gestionnaires, il planifie le travail de tous les intervenants. Il rédige un cahier des charges et veille au respect des contraintes techniques, telles que le format des images ou la définition des écrans. Interlocuteur privilégié du client, il l'informe de l'évolution du travail.
Responsable de la qualité finale du produit, il doit aussi respecter les délais prévus et ne pas dépasser le budget fixé. Les

entreprises qui veulent développer leur site web font désormais appel au chef de projet. Ce dernier peut travailler sur un cédérom, un jeu vidéo ou un logiciel.

Après le bac Cinq ans d'études en école d'arts appliqués ou de multimédia (Angoulême, les Gobelins...), en école de commerce ou de communication, ou encore à l'université (master).

Chef de publicité

Le chef de pub est avant tout un commercial de terrain. Il assure la liaison entre l'annonceur (dont il gère le budget) et l'agence de publicité. Tout commence par un « brief » avec le client : il faut analyser son besoin, lui proposer diverses stratégies de campagne, avant de le conseiller. Cette première étape franchie, le chef de pub va faire appel à ses talents d'animateur pour coordonner les équipes de créatifs et de responsables médias. Il s'occupe aussi du suivi de la campagne (affichage, diffusion...). Le client est satisfait et compte désormais au nombre des fidèles de l'agence ? Tant mieux, mais pas question pour autant d'en rester là. Le chef de pub doit prospecter pour élargir la clientèle et contribuer au développement de l'agence.
On débute comme chef de pub junior. On accède plus tard à des postes de **responsable de régie publicitaire** ou de **responsable publicité** chez un annonceur. Connaissances en marketing direct et techniques de l'édition indispensables.

Après le bac Cinq ans d'études en école de commerce ou de communication.

Chef de rayon

Synonyme : manager de rayon.

CD, fromages, vêtements enfants... responsable d'un rayon en grande surface, c'est lui qui choisit les articles à vendre (souvent sélectionnés par une centrale d'achat). Il décide des actions de promotion à mettre en œuvre : sur quels produits, pour quelle durée...
Il encadre et anime une équipe de **vendeurs***, organisant des réunions pour faire le point. À lui de vérifier chaque jour que les linéaires sont bien approvisionnés et qu'on ne frôle pas, à l'arrière, la rupture de stocks. Rien ne doit traîner dans les rayons, les prix doivent être étiquetés et les produits correctement mis en valeur. Le chef de rayon doit réaliser un bon chiffre d'affaires et en rendre compte au **directeur du magasin***.
Après quelques années, il peut devenir responsable de tout un département, par exemple « produits frais », puis, pourquoi pas, gérant ou directeur de grande surface...

Après le bac Deux ans d'études pour préparer un BTS management des unités commerciales ou un DUT techniques de commercialisation ; trois ans pour préparer une licence pro ou un diplôme d'école de commerce et de distribution (ECD) ; cinq ans en école supérieure de commerce et de gestion.

Chef du personnel

Synonyme : responsable des ressources humaines.

Recruter dix travailleurs intérimaires pour le lendemain, organiser une formation pour les mécaniciens de son usine, alerter la direction sur un problème de sécurité, tout cela fait partie du quotidien du chef du personnel. Celui-ci est responsable du recrutement, de la formation, des promotions, des conditions de travail et de la sécurité dans un atelier, une usine, une petite ou moyenne entreprise (PME).
Il gère les dossiers individuels des salariés (gestion de la paie, durée du temps de travail, absences pour maladie, congés...). Sur un site régional, il applique la politique du personnel définie par la direction centrale.
Homme de terrain, le chef du personnel est au cœur des problèmes humains qui peuvent surgir dans son unité. Il est concerné par les restructurations, les licenciements, avec toutes leurs retombées sociales. Homme d'écoute, il sait adapter les directives à la réalité du terrain. Sa principale préoccupation est de comprendre, d'informer et de motiver.
Une expérience professionnelle est demandée avant d'accéder à ce poste. On débute en tant qu'**adjoint au chef du personnel, gestionnaire de paie, gestionnaire des effectifs.** On évolue comme **directeur des ressources humaines (DRH)** au sein d'une grande entreprise.

Après le bac Cinq ans d'études avec une spécialisation en ressources humaines, au sein d'une école de commerce et de gestion, d'un institut d'études politiques ou à l'université (master).

Chef opérateur/trice

Synonyme : directeur de la photo.

Il est le collaborateur artistique du réalisateur*. Ensemble, ils analysent le scénario, établissent le script (découpage du film en plans), supervisent les lieux de tournage et les décors. Le chef opérateur est responsable de la qualité technique et artistique de l'image. Il joue avec les ombres, les lumières, les couleurs (des décors, des costumes, des maquillages). En tournage, c'est lui qui fixe l'emplacement des projecteurs, fait régler les lumières par les électriciens, choisit l'angle des prises de vue.
Le chef opérateur veille au choix des ma-

* métiers traités dans le dico

tériels (objectifs, pellicules, filtres…) et assure les raccords de lumière entre les plans. Il coordonne le travail des techniciens image (assistants opérateurs, cadreurs, machinistes), suit les travaux de laboratoire (développement, tirage) et de post-production (étalonnage).
Exerçant dans le cadre de la télévision, du cinéma, du film publicitaire, le chef opérateur est engagé sur contrat, le temps du tournage. Ce métier est l'aboutissement de la filière image : **assistant opérateur** au démarrage, puis **cadreur*** et, enfin, **chef opérateur**. À ces différents postes, le travail en équipe est une règle de vie.

Après le bac De deux ans d'études pour préparer le BTS métiers de l'audiovisuel option image à cinq ou six ans en école de cinéma : Louis-Lumière ou la Fémis ; accès sur concours à bac + 2.

Chercheur/euse

Synonymes : attaché de recherche ; chargé de recherche ; ingénieur de recherche.
Il a découvert un vaccin, elle étudie la peau des requins pour améliorer le revêtement des Airbus ou une bactérie utile dans la décontamination des sites irradiés. Elle travaille sur les mécanismes de la mémoire et de l'apprentissage scolaire, il s'intéresse à la sorcellerie dans le bocage normand ou aux rituels religieux en Birmanie. Tous sont des chercheurs : biologiste*, agronome*, démographe*, linguiste*, sociologue*, physicien*… Chacun a son domaine de compétences bien particulier.
Formuler des hypothèses à partir d'une somme d'informations abondantes, valider les interprétations, revenir dessus si elles sont fausses, en tester d'autres… Faire de la recherche exige patience, ténacité et, parfois, goût de la solitude. Le chercheur produit des connaissances et des savoirs nouveaux, valorise ses résultats, les diffuse en rédigeant des articles (souvent en anglais). En tant qu'expert, il est interrogé par les politiques, les journalistes, pour expliquer des phénomènes particuliers : évolution des climats, prévention des risques naturels… Il assure par ailleurs des cours dans les universités et les écoles.
Débouchés dans les organismes publics et dans les entreprises privées du secteur industriel qui consacrent une part importante de leur budget aux activités de recherche et développement.

Après le bac Huit ans d'études à l'université pour préparer un doctorat ; possibilité de passer par une école d'ingénieurs pour les disciplines scientifiques.

Chirurgien/ne

Fractures ouvertes, blessures, tumeurs ou malformations : le chirurgien est un réparateur de génie qui possède autant de facultés intellectuelles que d'habileté manuelle. Il fait preuve de résistance physique et nerveuse.
Ce médecin spécialiste* travaille à l'hôpital, en salle d'opération aseptisée (sans aucun microbe), debout, parfois de longues heures. Ses responsabilités sont immenses, même s'il est entouré d'une équipe qualifiée : anesthésiste-réanimateur*, infirmier anesthésiste*, infirmier de bloc opératoire*…
Le chirurgien peut approfondir ses compétences dans un domaine précis de l'anatomie : les os (orthopédie), les organes internes (viscéral), le cerveau (neurochirurgie), les nerfs ou les vaisseaux sanguins (microchirurgie), la peau (chirurgie esthétique)… *À noter :* ce métier peut s'exercer au sein des services de santé de l'armée.

Après le bac Onze ans d'études médicales à l'université, dont cinq en spécialité. Un concours sélectionne les candidats en fin de première année ; un second les départage en fin de sixième année pour l'accès à la spécialisation chirurgicale.

Chocolatier/ère-confiseur/euse

Avec ses truffes, ses pralines, ses caramels, ses nougats, ses bonbons et autres délices, le chocolatier-confiseur est un démon tentateur qui incite à la gourmandise. Le cacao, le sucre et ses dérivés sont ses matières premières : il les travaille, les chauffe ou les cuit, et les associe à d'autres ingrédients (amandes, alcool, café…). Certains aspects de ce métier sont techniques : pour réaliser intérieurs comme enrobages, il faut bien connaître les produits utilisés, évaluer leur résistance à la chaleur et leur réaction au froid, savoir composer de savants mélanges. D'autres sont artistiques : imagination, créativité et esthétique.

Les chocolatiers-confiseurs sont peu nombreux ; la réussite sourit surtout aux artisans renommés *[lexique/247]*. Rude est la concurrence des industries agroalimentaires et des grandes surfaces qui produisent et distribuent de grandes quantités de sucreries à un prix modique. La fabrication de bonbons et chocolats est une activité annexe pour les pâtissiers qui utilisent déjà le cacao pour garnir ou simplement décorer leurs gâteaux.

Après la 3e Deux ans d'études pour préparer le CAP chocolatier-confiseur, presque toujours en apprentissage, qui peut être complété par une MC (un an) pâtisserie-glacerie-chocolaterie-confiserie spécialisées. Au niveau bac, le brevet de maîtrise (BM) chocolatier et les brevets techniques des métiers (BTM) pâtissier-confiseur-glacier-traiteur ou chocolatier-confiseur sont les plus indiqués pour s'installer.

Chorégraphe

Pour lui, un seul langage permet d'exprimer ses émotions ou sa vision du monde : celui des corps. Sur scène, les mouvements, déplacements et figures des danseurs dans l'espace jouent avec les ombres, les lumières, les couleurs, les sons... pour transmettre un message.

Pour créer une chorégraphie, il faut savoir mener un projet artistique (ballet, comédie musicale, défilé de mode, cérémonie d'ouverture des JO...), diriger des danseurs, tout en faisant valoir sa conception de la danse. Cela demande de consacrer du temps aux répétitions, aux auditions, aux tournées, de travailler avec les musiciens*, scénographes*, éclairagistes*, maquilleurs*. Sans oublier les «décideurs» et les financiers, qu'il faut convaincre de soutenir le projet. Le chorégraphe est à la fois un directeur artistique et un chef de troupe.

Être **danseur*** de formation permet de maîtriser les positions et enchaînements des pieds, des bras, des jambes et de la tête. Mais aussi d'acquérir une connaissance des styles de danse (classique, *modern jazz*, hip-hop...) et de musique (profane, sacrée, électro-acoustique...).

Après le bac Des stages permettent d'acquérir les bases en composition chorégraphique dans les conservatoires ou les écoles de danse.

Clerc de notaire

Synonyme : collaborateur en office de notaire.

Salarié dans une étude, le clerc effectue des recherches en vue de la rédaction des actes notariés (contrats de mariage, de vente, baux...). Pour mener sa tâche à bien, il reçoit le client et l'écoute. Ses responsabilités dépendent de l'importance de l'étude où il exerce, mais également de sa formation et de sa capacité à prendre des initiatives. Lorsqu'il est le bras droit du notaire*, il

prend le titre de «premier clerc». Quel que soit le niveau d'emploi, le métier suppose goût du contact, rigueur et efficacité dans le traitement des dossiers.

Après le bac Deux ans pour préparer le BTS notariat. Possibilité de poursuivre en licence pro métiers du notariat et de terminer le cursus par une quatrième année afin d'obtenir le diplôme des instituts des métiers du notariat.

Climaticien/ne

Synonymes : chauffagiste ; dépanneur en installations climatiques ; technicien de maintenance en chauffage.

Professionnel de l'ambiance et du confort, le climaticien est le spécialiste des appareils qui assurent la climatisation, le chauffage et la ventilation. Objectif : obtenir la température ou la qualité de l'air souhaitée, dans des bâtiments aussi différents que les maisons, les salles de spectacle, les bureaux...

Le métier peut recouvrir des facettes variées : par exemple, lorsqu'il est spécialisé dans la maintenance, il effectue l'entretien régulier des installations, s'occupe du dépannage des équipements défectueux...

Mais il peut aussi endosser l'habit du chef de chantier. Dans ce cas, il prépare et organise le chantier pour toute sa partie climatisation, suit l'avancée des travaux, aide les équipes à résoudre un certain nombre de problèmes techniques, etc.

Le climaticien travaille dans un domaine où les innovations sont nombreuses. Il doit désormais maîtriser des techniques comme la réversibilité, qui permet aux appareils de fournir alternativement du froid et du chaud.

Après la 3e Deux ans d'études pour préparer le CAP froid et climatisation qui peut être complété, après deux ans d'expérience au minimum, par le BP monteur-dépanneur en froid et climatisation (deux ans) ; trois ans pour le bac pro technicien en installations des systèmes énergétiques et climatiques, ou technicien de maintenance des systèmes énergétiques et climatiques, ou encore technicien du froid et du conditionnement de l'air. *À noter* : le bac technologique STI génie énergétique (trois ans).

Après le bac Deux ans d'études pour préparer le BTS fluides, énergies, environnement, un DUT génie thermique et énergie ou génie civil. Ces diplômes peuvent être complétés par une licence pro (un an), un diplôme accessible également après deux ans d'études à l'université en sciences et technologies.

Cogniticien/ne

Lorsque deux avions se présentent simultanément sur une piste d'atterrissage, comment faire en sorte que l'ordinateur «pense» et «réagisse» comme un contrôleur aérien ? C'est un des problèmes, parmi d'autres, que doit résoudre le cogniticien. Son rôle : «apprendre» à l'ordinateur à réfléchir en fonction des humains.

* métiers traités dans le dico

Je rends les machines intelligentes. Qui suis-je ?

Le cogniticien est un ingénieur spécialisé dans l'intelligence artificielle. Il analyse le mode de raisonnement d'un individu, ses besoins, puis stocke et traite les informations réunies pour construire une application informatique fondée sur des bases de données de connaissances, de raisonnements logiques, nommée « système expert ». Un logiciel qui simule le mode de pensée humain.
Grâce à lui, les machines deviennent intelligentes et raisonnent comme les humains. Ainsi, les voitures équipées de modules électroniques parlent en cas de panne ou d'anomalie. Attention, ce métier est rarement exercé par des débutants.

Après le bac Cinq ans d'études en informatique ou mathématiques appliquées dans une école d'ingénieurs ou à l'université (master), avec une compétence en sciences humaines.

Coiffeur/euse

Envie de « changer de tête » ? Une paire de ciseaux, un peigne, un sèche-cheveux, et le tour est joué ! Quelques minutes suffisent pour transformer un visage et redonner vie à un cheveu terne ou abîmé.
Spécialiste du soin des cheveux et de l'esthétique, le coiffeur exerce un métier technique : coupe, brushing, permanente, mise en plis, pose de postiche ou de perruque. Les produits utilisés se multiplient (shampoings, crèmes, textures). Et gare aux colorations ratées ! La coiffure exige aussi du goût et un certain sens artistique. **Styliste-visagiste**, le coiffeur peut conseiller une coupe à un client tout en tenant compte de ses envies, de sa personnalité ou de sa morphologie… L'orienter vers une couleur ou, au contraire, le dissuader. S'il est créatif, le coiffeur n'en est pas moins commerçant*. Il doit se montrer aimable, disponible et attentif afin que le client reparte content.
Le métier a ses contraintes. La position debout et les bras levés dissuaderont ceux qui ont des problèmes de dos ou une mauvaise circulation sanguine. Attention aux allergies de peau qu'occasionnent certains produits. Le coiffeur peut être salarié d'un salon de coiffure ou travailler à son compte comme artisan ***[lexique/247]***. La concurrence est sévère et les débouchés limités. *À noter :* ce métier peut s'exercer au sein de l'armée.

Après la 3e Deux ans d'études pour préparer le CAP coiffure, complété ou non par une MC coloriste-permanentiste ou styliste-visagiste (un an) ou par le BP coiffure option coloriste-permanentiste ou styliste-visagiste (deux ans), obligatoire pour s'installer.

Comédien/ne

Synonymes : acteur ; artiste interprète.
Comédien ou **mime** sur une scène, **acteur** sur un plateau de cinéma : leur passion les a guidés vers un métier terriblement exigeant. Il s'agit de donner le meilleur de soi-même pour convaincre le public, l'entraîner dans l'action, lui communiquer une émotion. Mais il faut une formidable ténacité pour surmonter les périodes de chômage, de petits boulots et faire la course aux castings. En attendant un rôle, la plupart des comédiens acceptent de faire des voix pour la radio, la pub, de doubler des films étrangers ou d'animation, de tourner des publicités…
Dans les médiathèques, les hôpitaux, les cafés, certains se font lecteurs ou conteurs le temps d'une soirée. De nouveaux débouchés apparaissent : certaines entreprises utilisent le savoir-faire des comédiens à des fins commerciales ou événementielles.
Le comédien est souvent intermittent du spectacle ***[lexique/247]***.

Après le bac Formation à l'art dramatique dans des cours privés, conservatoires à rayonnement régional ou départemental, centres dramatiques nationaux permettant de maîtriser et d'enrichir son jeu. La formation à l'université est plus axée sur une connaissance théorique du théâtre.

Commerçant/e

À force de travailler dans un petit commerce, un jour, il peut venir à l'idée d'en créer un… Ce rêve d'être son propre patron est très répandu : un Français sur trois a eu envie de devenir commerçant un jour. Pâtisseries, poissons, livres, vêtements, fleurs, voyages, pressing… quels que soient les produits ou les services proposés dans sa boutique, le commerçant accomplit, à peu de choses près, les mêmes tâches. Ainsi, l'approvisionnement, la réception de la marchandise, la gestion des stocks, l'aménagement du magasin, l'accueil et le conseil à la clientèle, la facturation et l'encaissement font partie de son quotidien. Pour réussir, le commerçant ***[lexique/247]*** doit avoir des compétences en gestion et du talent pour la vente. Et être bon artisan ou ouvrier s'il fabrique lui-même ses produits (pâtissier, charcutier-traiteur, etc.). Être commerçant, c'est tout un art…

Après la 3e Trois ans d'études pour préparer le bac pro commerce. Les boulangers ou les bouchers, par exemple, sont des artisans fabricants qui doivent suivre une formation spécifique.

Après le bac Deux ans d'études pour préparer un BTS management des unités commerciales, un BTSA technico-commercial, un DUT techniques de commercialisation ; ou trois ans en école de commerce et de distribution, ou en institut de force de vente.

Commercial/e

Synonymes : agent, attaché ou délégué commercial ; chef de secteur ; représentant de commerce ; VRP.

Il a une âme de vendeur, il aime le terrain et n'a pas peur d'avaler les kilomètres. Qu'il s'agisse de vanter des équipements électroniques, des produits d'assurance ou de maquillage, le commercial doit être convaincant. Toujours à la recherche de clients, il prospecte auprès des entreprises et des consommateurs pour négocier des contrats. Il connaît bien son produit et ceux de la concurrence. Organisé, autonome, déterminé, le commercial est aussi doté de sens relationnel et d'une grande capacité d'écoute. Pour se démarquer de la concurrence, il doit proposer au client des conseils, des services (l'installation du matériel, par exemple) ou des solutions personnalisées (délais de livraison plus courts, etc.).

Le commercial peut être salarié ou indépendant et travailler dans n'importe quel secteur. Toutes les entreprises industrielles ou commerciales ont besoin de lui pour écouler leurs marchandises.

Il peut évoluer rapidement vers un poste de **responsable des ventes** ou de **directeur commercial**.

Après le bac De deux ans d'études pour préparer un BTS management des unités commerciales, un BTS négociation et relation client ou un DUT techniques de commercialisation à cinq ans en école de commerce et de gestion ou à l'université.

Commercial/e export

Synonyme : vendeur export ou international.

Un jour à Londres, le lendemain au Japon, le surlendemain en Indonésie... le commercial export se déplace beaucoup : il vend des produits ou des services à l'étranger. Comme il négocie les ventes avec des personnes de culture différente, il parle anglais ou la langue du pays.

Autonome, le commercial export affronte seul les difficultés rencontrées parfois à des milliers de kilomètres du siège de son entreprise. En plus de la maîtrise des techniques de vente, il parle au moins deux langues étrangères et possède des notions de droit.

Vivant en France ou à l'étranger, ce commercial est employé par une entreprise, et contribue à développer les ventes à l'étranger. Il peut devenir **chef de zone** et diriger une équipe de commerciaux export, avec de l'expérience. Accès après plusieurs années de pratique de la vente en France.

Après le bac De deux ans d'études pour préparer un BTS commerce international à cinq ans en école de commerce et de gestion ou à l'université avec un volet international.

Commissaire de police

« Quand on travaille dans la police, on est au cœur de l'action. » Défenseur de l'ordre public, le commissaire est au service de l'État et de la collectivité. Sa mission : diriger le commissariat ou le service de police spécialisé dont il a la charge. Autorité à la fois administrative et judiciaire, il organise et supervise les activités de son équipe, composée de lieutenants et de gardiens de la paix.

Dans le domaine de la sécurité publique, son rôle varie en fonction de son affectation. Dans la police judiciaire, il est le spécialiste de la recherche criminelle. Il suit les affaires sur lesquelles se démènent ses lieutenants (démantèlement de réseaux de vol, arrestation de trafiquants...). Il travaille alors dans une brigade (la « crim », les « stups », la brigade des mœurs...).

À la direction centrale du Renseignement intérieur, il est chargé de collecter des renseignements d'ordre politique, social, économique (contrôle des courses, des

* métiers traités dans le dico

jeux…). Il combat également le terrorisme et prévient les attentats. Le commissaire peut exercer à la police de l'air et des frontières, à la préfecture de Paris… Dans tous les cas, le fonctionnaire de police *[lexique/247]* doit être disponible 24 heures sur 24, savoir organiser, avoir du bon sens et de la logique, des qualités humaines et relationnelles, et connaître le droit.

Après le bac Cinq ans d'études à l'université (master droit, de préférence), puis, après réussite au concours de recrutement (sous conditions d'âge), deux ans à l'École nationale supérieure de police.

Commissaire-priseur/euse

« Armé » d'un marteau en ivoire, le commissaire-priseur orchestre les ventes aux enchères. « Chauffée » par le crieur qui répète et suscite les enchères, la salle fait s'envoler les prix, jusqu'aux célèbres « adjugé ! », « vendu ! », qui valident l'acquisition du lot au plus offrant.
Tableau de maître, argenterie, mobilier, poupée comme ordinateur, le commissaire-priseur peut tout vendre. Auparavant, il aura fallu trouver des lots, les estimer (parfois avec l'aide d'un expert), les présenter dans un catalogue et lors d'une exposition publique.
Aux côtés des **commissaires-priseurs judiciaires** qui prennent en charge les ventes consécutives à des liquidations de société, saisies, faillites, etc., des commissaires-priseurs prennent en charge des ventes volontaires d'objets ou de meubles appartenant à des particuliers.
Les premiers sont des officiers ministériels nommés par le ministre de la Justice qui doivent prêter serment devant le tribunal de grande instance. Les seconds travaillent au sein de sociétés commerciales et interviennent à la demande de particuliers.
Juriste, historien d'art, le commissaire-priseur doit aussi être « commerçant » et séduire une clientèle de marchands et de collectionneurs, avoir du goût, du flair, une bonne mémoire visuelle ainsi que le sens de l'organisation et des relations humaines.

Après le bac Cinq ans d'études pour obtenir, dans un premier temps, un diplôme en droit et un autre en histoire (ou histoire de l'art, arts appliqués, arts plastiques). L'un des deux diplômes doit être de niveau bac + 2 et l'autre de niveau bac + 3. Suit un stage pratique (rémunéré) de deux ans, obligatoire pour obtenir le titre de commissaire-priseur judiciaire. Accès sur examen.

Comptable

Qu'il s'agisse des achats, des ventes, des productions, des charges financières ou des investissements, tous les chiffres de l'entreprise l'intéressent. Mais l'image du comptable alignant des totaux, une gomme à la main, est à mettre au musée. Désormais, le comptable jongle avec les fichiers informatiques et est un homme de contact. Dans une petite entreprise, il prépare le bilan et le compte de résultat. Réalisés chaque année, notamment pour les services des impôts, ces documents sont toujours validés par un expert-comptable*. Dans un cabinet d'expertise, il est en relation avec des entreprises qui lui confient tout ou partie de leur comptabilité. Dans une grande entreprise, il se spécialise sur un compte (clients, fournisseurs, paie).
On peut débuter dans la profession en tant qu'**aide-comptable** et enregistrer toutes les entrées et sorties d'argent de l'entreprise (factures des fournisseurs, impôts, salaires du personnel, encaissements). Le comptable confirmé accède au poste de **chef comptable** avec un diplôme à bac + 5.

Après la 3e Trois ans d'études pour préparer le bac pro comptabilité.

Après le bac Deux ans d'études pour préparer le BTS comptabilité et gestion des organisations ou le DUT gestion des entreprises et des administrations option finance-comptabilité. Ces diplômes peuvent être complétés par une licence de gestion ou une licence pro à l'université (un an). Trois ans d'études pour le diplôme de comptabilité et de gestion (DCG).

Concepteur/trice de voyages

Synonyme : concepteur-forfaitiste.

Le concepteur de voyages sait organiser un circuit de quinze jours en Chine, trouver un lieu de séjour et d'hébergement agréable et confortable, dégoter des visites originales ou traditionnelles, le tout à un prix défiant toute concurrence.
Ce métier demande de l'imagination, une connaissance approfondie de la géographie, des différentes cultures et des langues, un esprit pratique et le goût de la négociation. Pour un premier emploi, mieux vaut avoir voyagé.
Le concepteur de voyages peut devenir **chef d'une agence de voyages**.

Après le bac Deux ans d'études pour préparer le BTS ventes et productions touristiques ou un diplôme d'école de commerce (de trois à cinq ans d'études).

Concepteur/trice multimédia

Synonymes : concepteur-réalisateur ; scénariste interactif.

Imaginez un immeuble. À chaque étage, un ou deux appartements constitués de plusieurs pièces. Les habitants ont accès à tous les étages et peuvent circuler d'un appartement ou d'une pièce à l'autre. À l'image de l'architecte qui a dessiné cet immeuble, le concepteur multimédia conçoit l'arborescence d'un site web (ou d'un cédérom). Il imagine tous les liens entre les pages du site, la navigation, les associations entre les contenus, l'interactivité. Par exemple, de la page d'accueil, le visiteur peut se diriger vers les pages d'information et revenir à la page initiale à tout moment.
Lorsque le concepteur multimédia organise les contenus à mettre en ligne, son

principal souci est de séduire l'internaute. À lui de créer une navigation web logique, cohérente et efficace. C'est l'ergonome qui saura mettre en valeur les contenus susceptibles d'intéresser le visiteur, puis le diriger vers d'autres pages.

Après le bac Cinq ans d'études à l'université (master pro) ou en école spécialisée dans le multimédia.

Concepteur/trice-rédacteur/trice

«Parce que je le vaux bien.» «Elle a tout d'une grande»: avant de sonner de manière si familière à nos oreilles, ces slogans ont jailli du cerveau d'un concepteur-rédacteur. Ce créatif est capable d'élaborer un scénario pour un spot télé, comme de rédiger un encart pour un magazine. Il n'a pas son pareil pour trouver le message qui fait mouche, la formule qu'on retient, l'anecdote qui reste en mémoire. Avant de laisser libre cours à son imagination, il prend soin d'analyser le produit et sa marque, à l'aide du cahier des charges que lui transmet le médiaplanneur. Spécialiste du texte, il travaille en tandem avec le graphiste, qui s'occupe, lui, de l'aspect visuel. Le concepteur-rédacteur doit être à l'écoute du monde et en prise sur son temps, avoir du *feeling*, manier l'humour, faire preuve de psychologie et, surtout, adorer jouer avec les mots.
Il peut évoluer vers un poste de **directeur de la création** ou monter son agence.

Après le bac Deux ans d'études pour préparer le BTS communication visuelle ou bien le DUT information-communication option publicité, suivi d'une licence dans les domaines des lettres et sciences humaines, avant de rejoindre une école de communication ou de commerce. Cinq ans d'études en lettres et sciences humaines ou information-communication à l'université (master) avec des notions en arts graphiques, édition, photographie et multimédia.

Conducteur/trice d'autobus, d'autocar

Conduire un autobus à Lyon ou à Paris, ou bien un luxueux car de tourisme sillonnant les hauts lieux de l'Égypte ancienne, voilà deux facettes d'un même métier.
Entre les deux, on trouve aussi les conducteurs qui assurent des liaisons régulières entre Lesconil et Le Guilvinec en Bretagne, ceux qui sont spécialisés dans le ramassage scolaire ou le transport de personnels d'entreprise. Et enfin ceux qui relient les grandes villes: Paris-Amsterdam, Marseille-Lisbonne… Le conducteur de bus est vigilant, et doté d'une bonne résistance physique et nerveuse. Pour les très longues distances, deux chauffeurs se relaient: l'un se repose quand l'autre est au volant.
Le conducteur est responsable de la sécurité des passagers et du bon état de son véhicule. Pas question d'assoiffer ses passagers parce que le bus est tombé en panne au milieu du désert… Grâce à ses connaissances en mécanique, il peut identifier l'origine de la panne, alerter les services de dépannage et réparation, et faciliter leurs interventions sur le véhicule.
À noter: ce métier peut s'exercer au sein de l'armée.

Après la 3e Deux ans d'études pour préparer le CAP agent d'accueil et de conduite routière-transport de voyageurs. Le permis de conduire catégorie D et une visite médicale sont obligatoires.

Conducteur/trice d'engins de travaux publics

Synonyme : conducteur d'engins de chantier.

Indispensable sur les grands chantiers, le conducteur d'engins manipule pelles mécaniques, bulldozers, chargeuses, niveleuses, décapeuses… De plus en plus perfectionnés et puissants, sur roues ou sur chenilles, ces engins permettent de préparer le terrain au début du chantier, en déplaçant des volumes importants de terre, de pierres, de graviers…
Maîtriser de telles mécaniques demande de bons réflexes, du sang-froid et une vigilance de tous les instants. Qualités indispensables: apprécier les distances, les reliefs, avoir le sens de l'équilibre. Il ne suffit pas de savoir conduire, il faut aussi être capable de détecter une anomalie et d'effectuer un dépannage simple.
Sur de gros chantiers, le conducteur peut être spécialisé dans la conduite d'un type d'engins et, pourquoi pas, avec beaucoup d'expérience, dans celle du plus impressionnant d'entre eux: le tunnelier qui permet de percer une colline, de creuser en sous-sol, par exemple pour installer une nouvelle ligne de métro.
Avec des compétences techniques, le conducteur peut devenir **chef d'équipe**, voire **chef de chantier*** s'il a un BP ou un bac pro.

Après la 3e Deux ans d'études pour préparer le CAP conducteur d'engins: travaux publics et carrières, associé, pour plus de polyvalence, à un CAP de mécanique, ou au CAP maintenance des matériels option matériels de travaux publics et manutention. Après deux ans d'expérience au minimum, le titulaire d'un CAP peut préparer le BP conducteur d'engins de chantier de travaux publics (deux ans). Trois ans d'études pour préparer le bac pro travaux publics ou maintenance des matériels option travaux publics et manutention, afin d'accéder à un niveau de responsabilité plus important.

Conducteur/trice de machines agricoles

Le conducteur de machines agricoles connaît les tracteurs, les moissonneuses-batteuses, les ensileuses, les épandeurs d'engrais ou les pulvérisateurs sur le bout des doigts. Il sait les piloter et maîtrise parfaitement leurs caractéristiques techniques et mécaniques.
À la demande d'un agriculteur*, ce conducteur laboure, traite ou récolte. Comme l'exploitant agricole*, il travaille au rythme des saisons. L'été pendant les moissons ou lors des semis, il conduit quotidiennement. L'hiver, période plus calme, il entretient minutieusement les matériels, à l'abri des intempéries.
Ce métier requiert des connaissances pointues en mécanique, soudure, électronique, informatique, sans oublier des compétences en agriculture, élevage, travaux forestiers… Il peut s'exercer au sein d'une exploitation, dans une entreprise de travaux agricoles ou une coopérative d'utilisation du matériel agricole (Cuma).

Après la 3e Deux ans d'études pour préparer le CAPA production agricole, utilisation des matériels

* métiers traités dans le dico

spécialité productions végétales ; trois ans pour le bac pro agroéquipement.

Après le bac Deux ans d'études pour préparer le BTSA génie des équipements agricoles ou le BTS agroéquipement.

Conducteur/trice de train, de métro

Être maître à bord d'un train en respectant à la lettre les règles de la sécurité ferroviaire, cela exige une grande attention et de bons réflexes. Durant le voyage, le conducteur doit être attentif à la signalisation extérieure, aux travaux et obstacles pouvant survenir sur la voie, aux conditions atmosphériques (pluie, neige, vent…). Le système d'assistance à la conduite qui équipe les nouvelles machines lui apporte une aide précieuse : affichage de la vitesse maximale autorisée, système de veille automatique pour lui éviter de s'endormir « au volant ».
Avant le départ du train, le conducteur sort sa machine du dépôt, prend connaissance des indications de conduite (nombre de voitures, vitesse limite, distance de freinage, état et sécurité de la ligne empruntée). Il peut effectuer les manœuvres de locomotive dans les gares et les premiers dépannages en cas d'incident sur sa machine.
Le conducteur travaille seul en cabine, mais en contact avec des responsables de la circulation des trains appelés les aiguilleurs du rail. Ses horaires de travail sont variables : par roulement, la journée, la soirée (métro) ou la nuit (train) et les jours fériés. Sur les grandes lignes, le conducteur ne rentre pas chez lui tous les soirs.

Après la 3e La RATP forme des conducteurs de métro en douze semaines par alternance. Accès sur tests, sans condition de diplôme, à partir de 21 ans. La SNCF forme des conducteurs de train en un an. Accès aux titulaires d'un bac S, d'un bac techno STI spécialité génie électronique, génie électrotechnique ou génie mécanique, ou encore d'un bac pro électrotechnique, énergie, équipements communicants ou maintenance des équipements industriels (trois ans).

Conducteur/trice de travaux

« Le temps, c'est de l'argent. » Cette maxime, le conducteur de travaux l'a fait sienne. Responsable du chantier de construction, il organise, planifie, contrôle et veille au respect des délais. Un engin qui tombe en panne, des matériaux qui n'arrivent pas, une tempête de neige : à lui de prendre les bonnes décisions pour qu'aucun retard ne s'ensuive.
Ses fonctions varient selon la taille de l'entreprise. D'une façon générale, il suit le chantier de A à Z. Après avoir examiné les plans de l'architecte*, il évalue les personnels nécessaires et les recrute. Il choisit les matériaux et les sous-traitants nécessaires à la réalisation du chantier. Il est en relation constante avec le client, l'architecte, la comptabilité, les fournisseurs. Il a sous ses ordres tous les professionnels du chantier. La direction d'équipe ne lui fait pas peur, et il a un sens prononcé des responsabilités et des contacts. C'est avant tout un technicien qui a une grande expérience des chantiers.
À noter : ce métier est ouvert à tous les professionnels du bâtiment très expérimentés, notamment aux **chefs de chantier***.

Après le bac Deux ans d'études pour préparer le BTS bâtiment, le BTS études et économie de la construction, le BTS travaux publics ou le DUT génie civil. Ces diplômes peuvent être complétés par une licence pro (un an) accessible également après deux ans d'études, à l'université, en sciences et technologies. À signaler aussi les formations en école spécialisée : celle de l'ESTP Paris (deux ans) ou de l'Isco Grenoble (trois ans).

Conseiller/ère agricole

Améliorer la gestion de l'exploitation agricole, sélectionner les cultures, élever des bêtes de meilleure qualité, chercher un débouché pour augmenter ses revenus (gîtes ruraux, fermes-auberges, randonnées), choisir le tracteur adapté, apprendre à commercialiser ses produits, faire face aux quotas, à la concurrence internationale, à la faible évolution des prix, etc., pour mieux travailler, l'agriculteur fait appel, selon le cas, à un conseiller, à un **technicien agricole** ou **d'élevage**. Le technicien peut être amené à vendre des produits et, s'il travaille en coopérative, à acheter les productions.
Généralement employé par une coopérative, il est l'intermédiaire entre les agriculteurs et les acheteurs. Le conseiller participe à des projets de développement à l'échelle d'une région, élabore des études de marché, diffuse les résultats de la recherche agronomique et met en place des actions de formation. Il est employé par des chambres d'agriculture, des centres d'études techniques agricoles, des établissements départementaux d'élevage, des coopératives…
Les missions de ces deux spécialistes sont de la plus haute importance, car elles favorisent le développement des régions rurales et l'autonomie des agriculteurs dans un contexte économique de plus en plus complexe.

Après le bac Deux ans d'études pour préparer un BTS, un BTSA ou un DUT pour le technicien ; cinq ans dans une école pour l'ingénieur.

Conseiller/ère d'orientation-psychologue

Aider les élèves à y voir clair dans leur parcours d'études et leur permettre de choisir un métier, c'est la mission du conseiller d'orientation-psychologue (COP).
À sa permanence du collège ou du lycée ou au centre d'information et d'orientation, il accueille les élèves ou les parents en entretien individuel. Des tests psychotechniques, un questionnaire d'intérêt et des séances de découverte des métiers lui permettent d'aider chacun à choisir une orientation en fonction de ses goûts et de ses aptitudes.
Pour répondre au plus grand nombre, il organise aussi des séances collectives d'information en classe.
Membre de l'équipe éducative, le COP participe aux conseils de classe où se décident le passage dans la classe supérieure, l'orientation vers une filière ou une autre. Fonctionnaire *[lexique/247]*, il est recruté sur concours de l'Éducation nationale à bac + 3 (réforme du recrutement en cours).

Après le bac Cinq ans d'études, dont trois à l'université pour décrocher une licence de psychologie, puis deux ans pour le diplôme d'État (préparé après réussite au concours).

Conseiller/ère en assurances

Le conseiller en assurances est un vendeur de terrain. Salarié d'une compagnie d'assurances, il est rémunéré en fonction de ses résultats. Décrocher des contrats en prospectant dans une circonscription ne suffit pas. Il faut fidéliser la clientèle. Qu'il s'agisse de particuliers ou d'entreprises, les clients attendent un conseil personnalisé. Il faut bien connaître les produits d'assurances et avoir de bonnes notions de fiscalité et de droit patrimonial.

Après le bac De deux ans d'études pour préparer le BTS assurance à trois ans en école (à l'Enass par exemple) ou à l'université (licence). Les compagnies organisent des formations en alternance et des stages.

Conseiller/ère en économie sociale et familiale

De la gestion du budget à la composition des repas, le conseiller en économie sociale et familiale aide les foyers en difficulté à résoudre les problèmes de la vie quotidienne.

Sa première mission est d'aider les gens à équilibrer leurs dépenses, à régler leurs factures. Grâce à lui, plus d'un évite un découvert à la banque ou une coupure de courant!
Implanté dans un quartier, ce travailleur social reçoit le public pour des conseils individuels. Il peut organiser des séances collectives de bricolage, animer des réunions «consommateurs» autour de l'achat d'un appareil ménager, programmer des stages d'insertion pour chômeurs. Autant d'actions qui favorisent l'autonomie et la socialisation des personnes en difficulté.
Emplois dans les établissements collectifs (hôpitaux, foyers), les organismes sociaux ou éducatifs, les associations et les collectivités.

Après le bac Le BTS économie sociale et familiale (deux ans d'études) est obligatoire pour exercer. Il peut être complété par une troisième année en école pour préparer le diplôme d'État (DE) de conseiller en économie sociale et familiale.

Conseiller/ère en environnement

Synonyme : écoconseiller.
Protéger une rivière de la pollution, planifier l'installation d'industries dans une banlieue urbanisée, améliorer le ramassage des ordures dans une ville, sensibiliser le public aux risques liés au bruit, interdire l'affichage sauvage sur les arbres d'une commune... les missions du conseiller en environnement sont diverses. Généraliste avant tout, mais aussi scientifique et technicien, il apporte des solutions concrètes à des problèmes précis. Il travaille pour les collectivités territoriales, les entreprises industrielles, en bureau d'études... Homme (ou femme) de communication, il sait écouter et convaincre, être disponible et mobile.
Le métier a de l'avenir : les problèmes liés à l'environnement sont en augmentation. Mais les restrictions de budget ne permettent pas toujours d'embaucher autant que nécessaire.

Après le bac De quatre à cinq ans d'études à l'université ou en école d'ingénieurs dans les domaines de l'environnement, la biologie, la chimie, la géographie.

Conseiller/ère financier/ère

Synonyme : gestionnaire de patrimoine.
C'est un peu le médecin de l'épargnant. Après avoir diagnostiqué le patrimoine (assurance vie, placements, immobilier, fiscalité, retraite, transmission...), il propose au client (entreprise ou particulier) une gamme d'investissements adaptée. Par ailleurs, il cherche constamment à développer sa clientèle.

* métiers traités dans le dico

Le conseiller financier peut travailler dans les banques, les compagnies d'assurances ou chez les notaires. Certains professionnels exercent en indépendant sous statut libéral *[lexique/247]*. Une expérience bancaire ou commerciale préalable est nécessaire.

Après le bac Cinq ans d'études en économie, avec une spécialisation en finance ou gestion de patrimoine, à l'université (master) ou en école de commerce et de gestion.

Conseiller/ère principal/e d'éducation

Animateur de la vie collective dans un collège ou dans un lycée, il seconde le chef d'établissement et encadre les surveillants. Le conseiller principal d'éducation (CPE) peut, par exemple, organiser l'élection des délégués de classe. Ses responsabilités sont d'ordre administratif, mais aussi pédagogique. À l'écoute des difficultés scolaires ou personnelles des élèves, il peut les conseiller judicieusement.
Travaillant en étroite concertation avec les professeurs*, le CPE fait aussi le lien entre l'établissement scolaire et les familles. Des fonctions qui requièrent disponibilité et aisance dans les relations humaines.

Après le bac Cinq ans d'études à l'université pour préparer un master et se présenter au concours de recrutement de l'Éducation nationale.

Conservateur/trice du patrimoine

Un titre mais plusieurs spécialités pour ce métier à fort prestige. Les **conservateurs en archéologie** encadrent le sauvetage, l'étude, la protection et la mise en valeur des vestiges et sites antiques. Ils aident à l'inventaire des sites archéologiques et contrôlent le classement des collections.
Les **conservateurs des monuments historiques** supervisent la conservation et la restauration des bâtiments et objets protégés. Ils recrutent les restaurateurs et assurent le contrôle scientifique des travaux.
Les **conservateurs de l'inventaire** recensent, étudient et font découvrir le patrimoine architectural et mobilier (hors musées) d'une circonscription régionale. Les **conservateurs de musée** sont responsables de l'enrichissement, de l'étude, de la conservation et de la présentation au public des collections de leur établissement.
Les **conservateurs des bibliothèques** constituent, organisent, enrichissent, évaluent et exploitent les collections, de toute nature, de leur établissement.
Tous ont une mission scientifique et sont recrutés d'abord pour leurs compétences dans un domaine. Fonctionnaires de l'État, de la Ville de Paris ou des collectivités, ils encadrent le personnel, gèrent leurs équipements et défendent leurs projets.

Après le bac Trois ans d'études en histoire de l'art et archéologie à l'université, à l'École du Louvre ou à l'École nationale des chartes, puis dix-huit mois à l'Institut national du patrimoine (accès sur concours très sélectif : 30 places par an).

Consignataire de navire

Synonymes : agent de consignation ; agent maritime.

Prendre en charge les navires dans un port et organiser au mieux leurs escales : un métier peu connu mais de première importance. Le consignataire a un rôle essentiellement commercial. Recherche de fret pour remplir le navire, prospection de clients, élaboration du plan de chargement, analyse des documents pour l'exportation, déclarations pour les services des douanes, répartition des frais d'escale... Le consignataire s'occupe du suivi administratif des marchandises transportées. À lui aussi de résoudre les problèmes qui peuvent se poser à un équipage : consultations de médecins, entretien du bateau, ravitaillements de toutes sortes... Ses horaires sont irréguliers avec interventions la nuit et le dimanche. Outre une parfaite connaissance de l'anglais et de l'outil informatique, le consignataire doit être dynamique.

Après le bac Aucun diplôme exigé ; la profession s'apprend sur le tas. Des études en gestion, économie, droit, transport logistique ou commerce sont recommandées.

Constructeur/trice de routes

Ce professionnel du BTP doit construire, entretenir ou remettre en état un jour une autoroute, ou bien une voie piétonnière, deux mois plus tard une piste cyclable ou un parking. À partir d'un terrassement fini, le constructeur de routes pose différentes couches (de base, de liaison, de finition) et applique divers revêtements (béton, bitume, asphalte, gravillons). Quand il intervient sur une chaussée endommagée, il enlève la couche existante et la remplace par une autre.

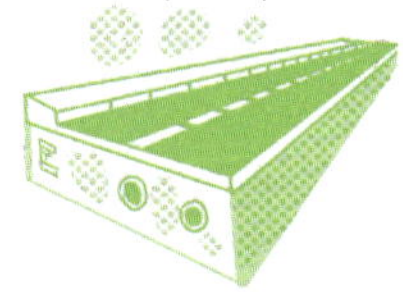

Pendant les travaux, il raccorde les réseaux souterrains existants : eau potable et assainissement, gaz et électricité, télévision... C'est à lui aussi de poser les éléments de voirie (trottoirs, caniveaux, pavés, mobilier urbain...).
Le constructeur de routes intervient sur tous types de chantiers, grands ou petits, et dans des lieux très différents. Il travaille parfois la nuit pour ne pas perturber la circulation. Il conduit des engins, parfois très sophistiqués comme « les finisseurs ».

Après la 3e Deux ans d'études pour préparer le CAP constructeur de routes ou le CAP constructeur en ouvrages d'art. Le bac pro travaux publics (trois ans) donne accès à un niveau de responsabilité plus important.

Consultant/e

Synonyme : manager associé ou *partner*.

Les entreprises confient de plus en plus leurs projets de développement à des cabinets de conseil. Ceux-ci emploient donc des spécialistes de domaines aussi variés que l'informatique, le commerce électronique, l'organisation, les ressources humaines, la gestion de PME-PMI, le développement commercial, la fiscalité, la logistique... Le travail du consultant débute par l'analyse de l'existant (fonctionnement des services, circuits d'information...). Après avoir posé un diagnostic, il préconise des remèdes et suit leur application. Outre ses compétences économiques et techniques, le consultant réunit de nombreuses qualités : il écoute, transmet ses connaissances, convainc. Tout cela... sans compter ses heures de travail. On débute comme consultant junior ou comme assistant.

Après le bac Cinq ans d'études en école de commerce et de gestion, d'ingénieurs ou à l'université (master), en IEP en gestion, conseil, informatique, droit, logistique, psychologie, etc., selon le secteur visé.

Consultant/e en recrutement

Synonyme : chasseur de têtes.

Au sein d'une société spécialisée (cabinet de recrutement, agence d'intérim...), il est mandaté par le service des ressources humaines d'une entreprise pour embaucher rapidement le personnel dont il a besoin. Le consultant en recrutement doit analyser les demandes afin de définir les profils recherchés, puis rédiger les annonces et rencontrer les candidats. Il peut se rendre dans les écoles et salons professionnels, ou organiser des animations avec les étudiants. Internet est un excellent espace de «chasse», à travers les forums de discussion ou les sites de dépôt de CV. Certains secteurs comme l'informatique connaissent une vraie pénurie de compétences. Les candidats sont rares et très exigeants, car ils sont très sollicités. Le consultant en recrutement doit savoir «vendre» l'entreprise qui l'a mandaté pour embaucher les meilleurs du secteur.

Après le bac Cinq ans d'études en école de commerce et de gestion ou à l'université (master), avec une spécialisation en ressources humaines ou en psychologie du travail.

Contrôleur/euse de gestion

L'entreprise ne peut préparer son avenir que si elle maîtrise sa gestion au jour le jour. Le contrôleur de gestion établit un budget et le suit avec tous les acteurs de l'entreprise. Il analyse les résultats des différentes unités de production afin de détecter ce qui est rentable et ce qui ne l'est pas. Cela permet à la direction de redresser le tir et de construire sa stratégie. Le métier est différent selon qu'on l'exerce au sein d'une petite entreprise, au siège d'une multinationale ou dans une unité de production. Un point commun : l'amour des chiffres. La profession est ouverte aux jeunes ayant quelques années d'expérience comme **auditeur*** ou **comptable***.

Après le bac Cinq ans d'études en sciences de gestion ou comptabilité à l'université (master), en école de commerce et de gestion ou en institut d'études politiques.

Contrôleur/euse de performance

Pour réussir, les éleveurs ont besoin d'appuis techniques. Ils peuvent faire appel à deux types de contrôleur de performance. Le **contrôleur laitier** est là pour renseigner les éleveurs de vaches laitières, de brebis et de chèvres sur la valeur nutritive du lait produit. Sa mission est de mesurer la production laitière et d'analyser régulièrement la composition du lait. Il traite les données recueillies sur ordinateur. Puis le contrôleur laitier informe l'exploitant sur les moyens d'accroître la productivité et la rentabilité de ses élevages. Un rôle de conseil qui demande des qualités relationnelles. De son côté, le **contrôleur de croissance** vérifie la prise de poids des animaux destinés à la boucherie. Il effectue deux ou trois pesées par an. Le «pointage» fait également partie de ses activités : il prend les mensurations de l'animal afin de définir sa conformation anatomique.

Après le bac Deux ans d'études pour préparer un BTSA en productions animales.

* métiers traités dans le dico

Contrôleur/euse des impôts

Dans un centre des impôts ou une recette principale, le contrôleur évalue le montant que chacun doit acquitter en fonction de ses revenus. Il lui faut connaître les conventions fiscales avec les pays étrangers pour calculer l'impôt des Français travaillant hors des frontières.

Il doit avoir des notions en droit pour poursuivre en justice les entreprises qui falsifient leurs comptes. Il exerce dans un bureau, mais peut être amené à se rendre chez les contribuables. Les **agents de constatation des impôts** l'aident à vérifier les déclarations fiscales des salariés, commerçants, chefs d'entreprise, médecins…

Le contrôleur exerce sous les ordres de l'**inspecteur des impôts**. Tous fonctionnaires *[lexique/247]*, ils sont recrutés sur concours, à trois niveaux.

Après la 3e Accès avec le diplôme national du brevet pour les agents administratifs des impôts (catégorie C).

Après le bac Accès avec le bac pour les contrôleurs des impôts (catégorie B) ou à bac + 3 pour les inspecteurs (catégorie A).

Contrôleur/euse du travail

La législation du travail est-elle respectée dans cette entreprise ou sur ce chantier? Le contrôleur du travail vérifie que la durée du travail n'est pas dépassée, que les règles d'hygiène et de sécurité sont conformes. À lui d'informer les salariés sur leurs droits, de procéder à des enquêtes en cas d'accident ou de maladie professionnelle… Il peut être affecté dans un service d'aide aux entreprises en difficulté ou à l'insertion professionnelle des personnes handicapées.

Le contrôleur exerce sous les ordres de l'**inspecteur du travail**. Tous deux sont fonctionnaires *[lexique/247]* et recrutés par voie de concours.

Après le bac Accès avec un bac + 2 pour les contrôleurs (catégorie B), un bac + 3 pour les inspecteurs (catégorie A).

Contrôleur/euse technique auto

Tout comme les personnes, les autos et les motos ont besoin de bilans de santé. Sécurité oblige, ces véhicules sont systématiquement contrôlés dès lors qu'ils ont dépassé les quatre années de mise en circulation, à raison d'une visite tous les deux ans. Au programme de la vérification : le freinage, la direction, l'éclairage et la signalisation, le train roulant, la structure de la carrosserie, les équipements, les organes mécaniques, la pollution, le niveau sonore. Il faut savoir utiliser divers appareils électroniques de mesure et de contrôle ainsi que l'informatique. Travaillant dans un centre de bilan presque toujours associé à un réseau, le contrôleur est encadré par un chef de centre.

La profession exige de maîtriser la mécanique et la réparation automobile, mais aussi de connaître les textes réglementaires (en matière de sécurité routière, par exemple, ou de lutte contre la pollution). Elle suppose aussi d'avoir le sens des responsabilités. Pour éviter tout abus, le contrôleur ne peut pas exercer en parallèle une activité de réparation automobile.

Le métier comporte un aspect relationnel (et administratif) très marqué : accueil de la clientèle et commentaire du bilan effectué ; il faut également entretenir de bonnes relations avec les experts, les assureurs et les entreprises d'entretien des équipements de contrôle.

Le métier est accessible, après obtention d'un agrément préfectoral, aux professionnels du secteur ayant cinq ans d'expérience : **mécaniciens auto*** ou **moto***, **carrossiers-réparateurs***.

Après la 3e Deux ans d'études pour préparer un CAP maintenance des véhicules automobiles, puis un an pour obtenir le certificat de qualification professionnelle (CQP) de contrôleur technique. Avec la complexité croissante des véhicules, le niveau de qualification requis devrait être celui du bac pro.

Cordonnier/ère

Sa spécialité ? Réparer les chaussures abîmées. Le cousu main a cédé la place à l'encollage, mais les opérations n'ont guère changé : changement de talons, ressemelage, pose de patins font partie de la routine.

Un **cordonnier-réparateur** peut remplacer une cambrure, changer une semelle intérieure, colmater un trou ou rafraîchir la teinture d'un cuir.

L'apparition de chaussures bon marché (jetées après usage) et le développement des « talons minute » menacent la profession. Pour survivre, le cordonnier installé comme artisan *[lexique/247]* étend ses réparations à la maroquinerie (recoudre un sac dont la lanière a cédé), voire aux vêtements de cuir. Ils sont de plus en plus nombreux à proposer des services annexes : reproduction de clés, plaques d'immatriculation, vente de produits (cirage…).

Le **bottier**, lui, ne répare pas les chaussures. Il les fabrique, depuis la coupe et le montage du cuir jusqu'à la finition. Le sur-mesure reste un luxe, sauf lorsqu'il répond à des impératifs médicaux : cor, malformation, pieds plats peuvent exiger le port de chaussures orthopédiques.

Après la 3e Deux ans d'études pour préparer un CAP cordonnier-bottier ou cordonnerie multiservice.

Correcteur/trice

Synonyme : réviseur.

Accent grave ou aigu ? Majuscule ou minuscule ? Avec un t ou un d final ? Le correcteur passe les textes des auteurs et journalistes au crible. Son œil de lynx ne laisse passer aucune faute d'orthographe, de grammaire, de syntaxe ou de typographie. Professionnel de l'édition ou de la presse, il travaille en relation avec les secrétaires de rédaction* ou d'édition* et les responsables de produit. Le correcteur peut être salarié d'une maison d'édition ou travailler à domicile *[lexique/247]* pour plusieurs employeurs. La profession est menacée par les restrictions budgétaires et le recours aux logiciels de correction automatique.

Après le bac Aucun diplôme spécifique. Une licence en lettres est recommandée (trois ans d'études à l'université). Autre parcours possible : préparer un DUT information-communication option métiers du livre (deux ans) complété par une licence pro (un an).

Costumier/ère

Créer les costumes d'un film tel que *La Môme* ou ceux d'un spectacle de Decouflé est un art. Il ne suffit pas de trouver l'étoffe, la couleur et la forme qui seront en harmonie avec la mise en scène, les décors et la psychologie des personnages. Pour un film historique, il faut mener des recherches sur des peintures, des gravures, des descriptions littéraires afin de reconstituer l'esprit de l'époque. Selon le budget de la production et la demande, le costumier fabrique lui-même les modèles ou recourt à des agences de location de costumes. Il conçoit et dessine les costumes qu'il réalise seul ou en équipe (costumiers et assistants).

Au cinéma, le travail se fait en étroite collaboration avec le réalisateur* et le chef décorateur. Dans le spectacle vivant, avec le metteur en scène* ou chorégraphe* et le décorateur-scénographe*.

Dans les coulisses ou sur le tournage, le costumier est assisté d'**habilleuses** qui aident les comédiens à changer de tenue entre deux scènes. Elles doivent tenir les costumes prêts et les retoucher si besoin (un bouton qui a sauté, un ourlet défait).

Le métier offre peu de débouchés. La plupart des costumiers sont intermittents du spectacle *[lexique/247]* engagés pour une production. D'autres travaillent à la commande dans leur atelier de confection. Quelques rares sont salariés dans les grandes structures comme l'Opéra de Paris ou la Comédie française. De bonnes bases en couture ainsi que de la créativité sont indispensables.

Après le bac Deux ans d'études pour préparer le DMA costumier-réalisateur ou trois ans en école de stylisme.

Coupeur/euse

Pour fabriquer vêtements et accessoires, un passage obligé : l'atelier de coupe. Dans l'industrie textile comme dans celle du cuir, le coupeur occupe un poste clé. Il effectue le placement, le traçage et le découpage des pièces composant un article. Quelques centimètres en moins par rapport au patron et les morceaux coupés sont bons pour la poubelle ! Le coupeur doit être précis et bien connaître les conditions de tenue et de solidité des matériaux. La soie est plus fragile que le coton... Pour le cuir, la découpe se fait au tranchet ou à la presse avec emporte-pièce et toujours une peau après l'autre. Le cuir étant très épais, on ne peut couper qu'une pièce à la fois. Dans le textile, elle s'effectue au moyen de ciseaux ou d'une scie électrique et sur plusieurs pièces en même temps. Plus fins et plus souples, les tissus peuvent être superposés en couches (le matelas) et découpés en bloc en production automatisée.

Après la 3e Trois ans d'études pour préparer le bac pro métiers de la mode-vêtements ou métiers du cuir.

* métiers traités dans le dico

Courtier/ère en assurances

Personne n'est à l'abri d'un incendie, d'un dégât des eaux ou d'un accident. Le courtier est mandaté par des particuliers ou des entreprises à la recherche de l'assurance la mieux adaptée. Il prospecte sur l'ensemble des sociétés d'assurances et gère ensuite les contrats qu'il a négociés pour ses clients.
Travailleur indépendant, il a un sens commercial et des qualités de négociateur qui l'aident à évoluer dans un secteur très concurrentiel. La plupart des courtiers débutent leur carrière comme collaborateurs dans un cabinet de courtage. Après cinq années d'expérience, ils peuvent envisager de racheter un portefeuille de clients et s'installer à leur compte. Pour pouvoir exercer en tant que courtier, il faut posséder une carte professionnelle, délivrée après un stage de cent cinquante heures au minimum réalisé auprès d'un courtier ou d'une société d'assurances.

Après le bac Deux ans d'études pour préparer un BTS commercial ou juridique, voire un DUT carrières juridiques ; quatre ou cinq ans en institut des assurances, en école supérieure de commerce et de gestion ou à l'université en droit des assurances.

Couturier/ère

Si l'action de coudre a donné son nom au métier, les piqûres, passants et ourlets sont loin de résumer l'activité de la couturière (métier exercé surtout par des femmes). Pour réaliser robes, manteaux, tailleurs et jupes, plusieurs étapes sont nécessaires : choix du modèle, prise des mesures sur la cliente, établissement du patron, coupe de tissus...
La couture s'effectue à la main ou à l'aide d'une machine. Les vêtements sont fabriqués sur mesure, à l'unité et selon la demande du client. Le modèle peut être proposé par l'acheteur, copié sur un patron ou créé par la couturière.
La maîtrise des techniques de fabrication, essentielle, ne suffit pas. Il faut faire preuve de goût, harmoniser formes, couleurs et matières, avoir un sens artistique certain. Soin, précision et amour du travail bien fait permettent de satisfaire une clientèle féminine plutôt haut de gamme. Les hommes s'adressent de préférence au **tailleur***. Souvent installée à son compte, la couturière peut être salariée d'un atelier de fabrication en série ou d'une maison de couture *[lexique/247]*. La « petite main » travaille ainsi dans l'ombre du grand couturier.

Après la 3e Deux ans d'études pour préparer un CAP prêt-à-porter ou couture flou ; trois ans pour préparer un bac pro métiers de la mode.

Couvreur/euse

Le couvreur réalise, répare et entretient les toits. À partir d'un plan (bonnes connaissances en géométrie, métré et dessin nécessaires), il prépare le support en bois sur lequel il ajustera, au centième près, des matériaux aussi divers que l'ardoise, la tuile, le verre, le plastique, la lauze, le chaume. Il utilise aussi des métaux (zinc, tôle, aluminium, cuivre, plomb). Le couvreur assure la pose des chéneaux, des gouttières, des lucarnes, le raccord de souche de cheminée et l'isolation thermique. Tout cela, après avoir posé des échafaudages.
Toujours dehors et en hauteur, le couvreur doit être résistant et agile, ignorer le vertige et respecter les règles de sécurité.
Salarié d'une entreprise de bâtiment, il peut aussi s'installer à son compte comme artisan *[lexique/247]*, se spécialiser dans un matériau, combiner son activité à la plomberie, au chauffage... Les débouchés sont assurés pour le couvreur qualifié.

Après la 3e Deux ans d'études pour préparer un CAP couvreur ou un CAP étancheur du bâtiment et des travaux publics. Ces diplômes peuvent être complétés par la MC zinguerie (un an) ou, après deux ans d'expérience au minimum, par le BP couvreur. Trois ans d'études pour préparer le bac pro interventions sur le patrimoine bâti.

Après le bac Deux ans d'études pour préparer un BTS charpente, couverture ou un BTS enveloppe du bâtiment (façades, étanchéité).

Créateur/trice de meubles

Synonyme : designer de mobilier.
Luminaires de salon, meubles de bureau... leur point commun ? Ils ont été créés par un designer de mobilier.
Deux types de professionnels se partagent ce créneau très étroit : d'une part, les **architectes d'intérieur*** (ou les architectes*)

qui dessinent des meubles, parfois pour les intégrer dans l'espace qu'ils viennent de créer ; d'autre part, des **designers*** formés à la création de modèles (meubles, luminaires et, par extension, arts de la table). Après avoir conçu et dessiné la ligne d'un modèle, ils réalisent une maquette et, plus rarement, un prototype. Ils la proposent aux éditeurs de mobilier contemporain dans l'espoir qu'ils prennent en charge la fabrication en série. Ils peuvent travailler avec des artisans, pour des pièces uniques ou des petites séries. Ils répondent à un cahier des charges précis (prix de vente, clientèle ciblée, données techniques...).
Attention, il faut beaucoup de talent pour vivre de ses créations.

Après le bac De deux ou trois ans d'études en design ou architecture intérieure (BTS, DNAT) à quatre ou cinq ans en école (DSAA de l'école Boulle, par exemple).

Créateur/trice **textile**

Synonyme : designer en textile.
Pour qu'un vêtement plaise, il faut qu'il soit bien coupé, mais il faut aussi que le tissu soit beau. Une tâche qui incombe au créateur textile.
Son rôle est d'inventer les tissus, tant du point de vue de la matière que de la couleur ou des motifs. Son support peut être aussi bien un vêtement qu'un fauteuil ou du linge de maison.
Ce créatif débordant d'imagination est doté d'un bon coup de crayon. Sa base de travail est le croquis, mais l'informatique et la conception assistée par ordinateur sont de plus en plus utilisées. Bon technicien, il connaît parfaitement les caractéristiques des matières.
La profession offre peu de débouchés et les salariés sont rares.
Que ce soit pour un industriel du textile, un bureau de style ou une société de prêt-à-porter, la plupart des créateurs textiles sont obligés de travailler en *free lance* ***[lexique/247]***.

Après le bac De deux ans d'études pour préparer le BTS design de mode, textile et environnement à quatre ou cinq ans en école (DSAA concepteur-créateur textile, par exemple).

Cuisinier/ère

Il est 10 h du matin, et déjà un fumet délicieux s'échappe des cuisines. Dans ce grand restaurant, on travaille en brigade, c'est-à-dire en équipe. Sous les ordres d'un cuisinier expérimenté, les **aides-cuisiniers** et les **commis** font leurs premiers pas. Pendant que les uns épluchent les pommes de terre, les autres préparent les entrées.
De leur côté, les **chefs de partie** s'activent aux fourneaux, chacun dans sa spécialité. Le poissonnier prépare les daurades du jour. Le rôtisseur surveille la cuisson des volailles. L'entremettier confectionne les potages et les œufs au lait. Tandis que le saucier vérifie le goût de sa béarnaise.
Le **chef de cuisine**, lui, organise les tâches et contrôle la qualité des plats.
De commis à chef de cuisine, il y a donc toute une hiérarchie que l'on peut gravir au fil des années.

Employé en restauration collective (cantines, restaurants d'entreprise), le cuisinier est plus polyvalent. Il élabore une grande quantité de plats, entrées ou desserts, établit les menus, surveille les stocks, évalue les quantités de produits à commander, contrôle les livraisons. Enfin, il veille à l'hygiène du matériel utilisé.
À noter : l'armée recrute des cuisiniers, pour confectionner les repas servis aux militaires, aux officiers et sous-officiers.

Après la 3e Deux ans d'études pour préparer un CAP cuisine ; trois ans pour le bac pro cuisine ou le bac techno hôtellerie. Ces diplômes peuvent être complétés par une MC cuisinier en desserts de restaurant ou art de la cuisine allégée (un an). Le BP cuisinier (en deux ans après une expérience professionnelle) permet aux titulaires du CAP de se perfectionner et de pouvoir s'installer à leur compte.

Après le bac Deux ans d'études pour préparer le BTS hôtellerie-restauration option art culinaire, art de la table et du service. Un diplôme qui permet d'évoluer.

* métiers traités dans le dico

Dd

Danseur/euse

« La danse est l'un des plus durs métiers qui existent. Elle est réservée aux perfectionnistes, aux gens qui aiment les extrêmes », déclare la chorégraphe Régine Chopinot. Un métier – un art, plutôt – où la sensation d'avoir quelque chose à dire, à transmettre prime sur la performance. L'outil d'expression du danseur : son corps. Un corps soumis à rude épreuve… Il faut une constitution solide et une volonté de fer pour enchaîner les longues séances de travail technique, les répétitions, puis les représentations. Sans parler de la course aux auditions, de l'esprit de compétition… Ce que doivent endurer les danseurs, nerveusement et physiquement, n'est pas une légende. Le métier de danseur s'exerce rarement au-delà de 40 ans. Quelques rares seront **chorégraphes***. Sur environ 3 000 danseurs, près du quart appartiennent à une compagnie de ballet permanente. Les autres travaillent comme intermittents du spectacle ***[lexique/247]***.

Après la 3e La danse s'apprend en conservatoire dès l'âge de 6 ans… et parallèlement à la scolarité. Les meilleurs intégreront l'école de danse de l'Opéra de Paris, les conservatoires nationaux supérieurs de musique et de danse de Paris et de Lyon…

Décolleteur/euse

Le mécanicien-décolleteur exerce dans un secteur de pointe où la France est en bonne place. À partir de barres de métal installées sur des machines spéciales (tours à décolleter), il fabrique en série des petites pièces et des composants mécaniques de précision. Les pivots, rondelles, vis, collerettes sont utilisés dans les moteurs d'avion ou d'automobile, dans les appareils d'optique, d'horlogerie ou médicaux (stimulateurs cardiaques…). Les entreprises de décolletage, situées en Haute-Savoie, sont des structures artisanales qui travaillent pour des entreprises plus importantes. À elles de s'adapter à l'évolution des techniques d'usinage.

Après la 3e Deux ans d'études pour préparer le CAP décolletage-opérateur régleur en décolletage ; trois ans pour le bac pro productique mécanique option décolletage.

Décorateur/trice-scénographe

Il crée les décors de *La Flûte enchantée* pour l'Opéra Bastille ou bien reconstitue les tranchées de la guerre 14-18 pour le film *Un long dimanche de fiançailles*. En étroite collaboration avec le metteur en scène ou le réalisateur, il réalise et surveille la mise en place des décors. Il prend en compte l'avis du chef éclairagiste ou du chef opérateur* et, éventuellement, du costumier*. Dans les grandes productions, il peut être amené à gérer une équipe composée d'assistants, d'ouvriers…
Créatif et réactif, le décorateur-scénographe dessine des esquisses et des plans, manie l'espace (les distances, les volumes…), joue

avec les couleurs et la lumière. Il construit souvent des maquettes qui reproduisent, à échelle réduite, le volume du décor.
Cet outil lui permet de visualiser les entrées et les sorties des comédiens, l'emplacement des projecteurs, l'origine du son.
C'est un métier fait de contraintes techniques, mais aussi financières : il faut respecter un budget et des délais de réalisation ! Intermittents du spectacle pour la plupart *[lexique/247]*, les décorateurs-scénographes exercent souvent une autre activité à côté, ou travaillent pour d'autres secteurs : télévision, musées, salons professionnels…

Après le bac De quatre à six ans d'études en école d'art (Ensad Paris), de cinéma (la Fémis Paris), de théâtre (Ensatt Lyon), voire d'architecture.

Déménageur/euse

Une main de fer dans un gant de velours. Le déménageur sait démonter et remonter l'armoire à chevilles ou emballer les verres en cristal sans faire de casse. Et il utilise judicieusement les techniques de rangement pour qu'un maximum d'objets tienne dans un minimum de place. Il combine bonne santé, force et adresse.
C'est un métier vivant : les déplacements sont fréquents, les contacts humains constamment renouvelés et les problèmes à résoudre très divers. C'est aussi une profession où les techniques ont évolué : aujourd'hui, des « nacelles monte-meubles » circulent le long d'échelles hissées à l'extérieur des immeubles afin d'éviter le port de charges lourdes dans les escaliers.
Les déménagements se font toujours en équipe de trois ou quatre selon le volume à déplacer : certains effectuent le portage, les autres sont chargés de l'emballage des objets fragiles. Le chef d'équipe harmonise le travail et établit le devis.

Après la 3e Deux ans d'études pour préparer le CAP déménageur sur véhicules utilitaires légers.

Démineur/euse

Alerte à la bombe, colis suspect dans une gare, obus de la dernière guerre trouvé dans un jardin, terrain miné… autant de situations qui requièrent l'intervention immédiate d'un démineur. Spécialiste des

explosifs en tout genre (TNT, dynamite, grenade, mine antipersonnel…), le démineur est le seul capable de détruire ou de désamorcer un engin prêt à sauter.
En charge de la sécurité civile, il intervient sur le territoire français à la demande d'un établissement, d'une entreprise ou d'un particulier quand un risque d'explosion est suspecté. Il est aussi appelé à titre préventif sur des lieux sensibles (réunion de chefs d'État, manifestation…). Il accompagne parfois des personnalités en voyage officiel pour faire des repérages.
Le plus souvent **militaire** de carrière, ou bien **policier** volontaire, le démineur intervient surtout dans les pays qui sont, ou ont été, le théâtre de guerres (Bosnie, Afghanistan…). Objectif : nettoyer les terrains truffés de mines afin de protéger la population civile. Sang-froid et dextérité exigés en permanence. Certaines associations comme Handicap international emploient également des démineurs.

Après la 3e La spécialisation est accessible aux militaires* et aux gendarmes*.

Après le bac Elle est aussi ouverte aux policiers volontaires (gardiens de la paix*).

Démographe

Synonyme : chercheur en démographie.
Naissances, décès, migrations, répartition géographique… le démographe recense les populations. Il réalise des enquêtes, collecte des données et les exploite pour mieux connaître les impacts économiques et sociaux des phénomènes démographiques. L'étude du taux de natalité dans une région permet, par exemple, de prévoir les effectifs nécessaires pour accueillir les enfants à l'école. Principal outil du démographe : la statistique, qui permet de décrire, au travers de courbes, de pyramides des âges et de résultats chiffrés, l'évolution

* métiers traités dans le dico

d'une population donnée : les élèves, les retraités, les chômeurs…
Chercheur*, le démographe travaille avec des sociologues, économistes, géographes. Il exerce à l'Institut national d'études démographiques (Ined), dans les organismes de recherche, les collectivités locales, les services d'urbanisme ou les agences d'agglomération.

Après le bac Cinq ans d'études en démographie, en sociologie ou en mathématiques appliquées aux sciences sociales à l'université (master), avec une spécialisation en démographie.

Dentiste

Synonymes : chirurgien-dentiste ; docteur en chirurgie dentaire.
Le dentiste soigne la plupart des maladies des dents et des mâchoires. Au besoin, il peut prescrire un traitement (antibiotiques, anti-inflammatoires…), choisir et adapter un appareillage (une couronne, un bridge, des bagues…) qu'il fera réaliser par le prothésiste dentaire*. Quand ce ne sont pas des soins à proprement parler, le dentiste effectue des actes de prévention ou d'esthétique.
Chirurgien de formation, le dentiste effectue certaines opérations comme les extractions de dents ou la pose de pivots. Pour les problèmes d'implantation dentaire ou de malformation, il dirige ses patients vers **l'orthodontiste**, spécialiste de la correction dentaire.
Le conseil (hygiène bucco-dentaire) fait partie intégrante de ses activités.
Ce métier demande habileté manuelle, sang-froid, capacité d'écoute et, comme le médecin, sûreté du diagnostic. Il s'exerce le plus souvent en libéral *[lexique/247]*.
Le dentiste peut approfondir certains domaines : technologie des matériaux, art dentaire, prothèse dentaire, pédodontie (soins aux enfants), odontologie conservatrice…

Après le bac Six ans d'études dentaires à l'université pour préparer le diplôme d'État. Accès sur concours. Spécialisation possible en orthodontie.

Dépanneur/euse en produits grand public

Synonyme : technicien en électronique grand public.
Il existe deux grands secteurs : les « produits bruns » et les « produits blancs ». Les premiers sont l'affaire du réparateur audio-vidéo (téléviseurs, jeux électroniques, chaînes hi-fi, caméscopes, lecteurs DVD, micro-ordinateurs…). Les seconds sont celle du dépanneur en électroménager (cuisinières, lave-linge…).
Chacun d'eux travaille dans le service après-vente d'un grand magasin, dans une entreprise indépendante de maintenance électronique ou à son compte, comme artisan *[lexique/247]*.
Il organise ses journées en fonction des appels téléphoniques des clients. Comme le médecin, il établit d'abord un diagnostic ! Après avoir déterminé l'origine de la panne, il remet l'appareil en état, puis effectue les réglages et les mises au point nécessaires. Il exerce ses activités chez le client, ou en atelier si la réparation est importante.
Rigueur, esprit logique et sens des relations humaines sont indispensables à ce technicien en électronique. L'évolution très rapide des matériels et des composants implique une remise à jour fréquente des connaissances techniques.

Après la 3e Trois ans d'études pour préparer un bac pro systèmes électroniques numériques.

Designer

Synonyme : créateur-concepteur.
Quel point commun y a-t-il entre une paire de chaussures, un biberon, une voiture et un composteur de bus ? Réponse : tous ces produits sont passés entre les mains d'un designer de produits, appelé **designer industriel**. Son rôle : donner à l'objet un « plus » esthétique ou fonctionnel qui le distinguera de ses concurrents. Spécialisé dans le design mobilier, le designer se fait appeler **créateur de meubles***. Si son domaine de prédilection est la création de motifs pour des supports en tissu (vêtement, linge de maison, moquette, papier peint), il est **designer textile**.
Le **designer graphique**, quant à lui, peut créer des messages visuels (logotypes, emballages, affiches…), concevoir des décors et des personnages pour un cédérom ou un jeu vidéo, créer l'identité visuelle d'un site web. Graphiste multimédia ou traditionnel, il cherche en tout cas à valoriser l'entreprise cliente et/ou ses produits.
Le designer peut exercer dans une agence de création, un bureau de style, une entreprise. Il peut aussi travailler en indépendant comme *free lance [lexique/247]*.
Doté d'un bon coup de crayon, inventif, observateur, ce concepteur de produits connaît aussi les matériaux et les technologies. Il doit aimer le travail en équipe et sur ordinateur.

Après le bac De trois à cinq ans d'études dans les écoles d'arts appliqués (DSAA), les écoles des beaux-arts (DNAT, DNSEP), les écoles d'art privées ou rattachées à une chambre de commerce, pour les concepteurs. À noter : les BTS (design de mode ou design de produits, communication visuelle) et DMA (arts graphiques, arts textiles ou de l'habitat), préparés en deux ans, forment plutôt des assistants designers.

Dessinateur/trice de bandes dessinées

Synonymes : auteur de bandes dessinées ; illustrateur.
Vous voulez suivre les traces de Zep, le père de *Titeuf* ? Il vous faudra être à la fois **graphiste*** et **scénariste***. Car avoir une bonne perception des formes, des perspectives, des couleurs ne suffit pas. Encore faut-il inventer une histoire qui plaise. Pensez-y : si c'est pour son style graphique qu'on achète un premier album, c'est en général pour le scénario qu'on se procure le second. Toutefois, les dessinateurs de BD ne sont pas tous **auteurs***. Beaucoup d'entre eux s'associent à un scénariste*, qui prend en charge le découpage et les dialogues, pour se concentrer sur les dessins et la mise en couleurs des planches. Un travail en tandem qui suppose de bien s'entendre et d'avoir un même niveau d'exigence artistique.
Le dessinateur de BD travaille souvent en *free lance [lexique/247]*. Lecture et cinéma

sont des sources intarissables d'inspiration. Attention, toutefois, à ne pas subir l'influence outrancière de ses aînés.
Difficile de trouver un éditeur pour un premier album. La publicité, la communication d'entreprise sont l'occasion de faire ses premières armes. Et les salons, de se faire connaître.

Après le bac La bande dessinée est souvent le fait d'autodidactes passionnés. Une formation en école d'art permet d'acquérir les bases. Deux écoles sont spécialisées en BD : l'École de l'image à Angoulême et l'école Émile Cohl à Lyon (quatre ans d'études). Il existe des formations en Belgique.

Dessinateur/trice-**projeteur**/euse

Synonymes : technicien de bureau d'études.

Machine d'atelier, système de freinage, appareil de chauffage… le dessinateur-projeteur est associé aux projets les plus variés : construction (automobile, aéronautique, mécanique), armement, plasturgie, ingénierie, etc. Il définit l'architecture d'un produit à l'aide de plans ou d'images en trois dimensions (3D), afin qu'il puisse être fabriqué en usine avec précision.
Le dessinateur analyse d'abord le problème industriel posé (par exemple, concevoir un train d'atterrissage). Il recherche dans sa base de données les solutions techniques envisageables : vérins, roulements, circuits hydrauliques… Une fois choisies les solutions les mieux adaptées (coût, performance, facilité de fabrication…), il décrit de manière détaillée l'architecture du produit : calcul des dimensions des pièces ; conception de leur image en 3D ; assemblage ; constitution de la maquette numérique.
La maquette virtuelle permet des simulations : contrôle du mouvement des pièces, vérification de l'absence d'interférences, modification des défauts constatés. Elle permet aussi d'éditer le plan de détail de chaque pièce avec ses différentes vues (de face, de dessus…).

Après la 3e Trois ans d'études pour préparer le bac pro étude et définition de produits industriels. C'est le minimum requis ; les recrutements se situent plutôt à bac + 2.

Après le bac Deux ans d'études pour préparer un BTS conception de produits industriels, un BTS mécanique et automatismes industriels ou bien conception et réalisation de carrosseries, ou encore le DUT génie mécanique et productique. Un an supplémentaire permet d'obtenir une licence pro.

Détective

Synonymes : agent de recherche ; enquêteur privé ou professionnel.

« Élémentaire, mon cher Watson », disait Sherlock Holmes. Pas si facile pourtant de mener une enquête, surtout lorsque le dossier est très « technique ». Aujourd'hui, il s'agit moins de suivre la femme d'un mari jaloux ou de retrouver une personne disparue que de dénicher des documents à valeur commerciale, voire de pratiquer l'espionnage industriel.
Pas de place ici pour l'improvisation. Mieux vaut avoir des connaissances techniques, juridiques, scientifiques et économiques.
Le détective peut trouver un emploi dans une agence qui le déclare à la préfecture, s'installer comme travailleur indépendant ***[lexique/247]*** et offrir ses services à des agences, ou bien suivre une formation dans un service officiel de renseignements ou d'investigation (police, gendarmerie ou autres).
Permis moto ou voiture indispensable. La carte professionnelle est délivrée par la Coordination nationale des détectives après un an d'exercice. Formation obligatoire.

Après le bac Deux ans d'études à l'université, de préférence en droit (DUT, licence) avant de préparer, au choix, le titre de détective, agent de recherches privées de l'Institut de formation d'agents de recherche (Ifar), la licence pro activités juridiques spécialité agent de recherches privées ou encore la licence pro sécurité des biens et des personnes spécialité enquêtes privées.

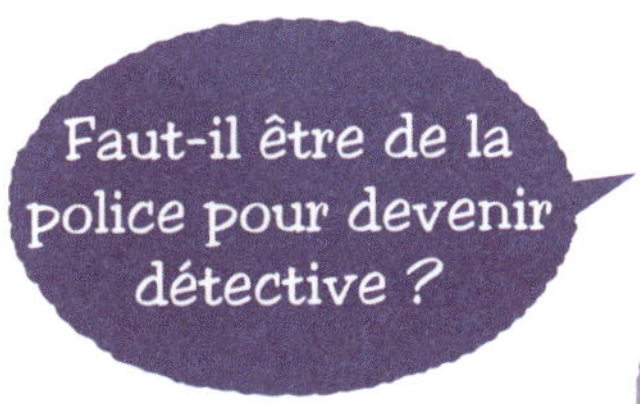

* métiers traités dans le dico

Développeur/euse informatique

Synonymes : analyste-programmeur ; concepteur de programmes informatiques.

Le développeur est le pro des langages informatiques, tels le C++ ou le Java ! Responsable de la programmation, c'est-à-dire de la production de lignes de code, il suit un cahier des charges précisant les spécificités techniques. Afin de concevoir des programmes informatiques « sur mesure », le développeur participe en amont à l'analyse des besoins des utilisateurs, puis à la phase d'essai. En aval, il adapte le logiciel à la demande du client en y apportant les « retouches » nécessaires.

Le développeur prend en charge la formation des utilisateurs de l'application et peut même rédiger un guide d'utilisation. Par la suite, il intervient pour effectuer la maintenance ou faire évoluer les programmes.

Point de routine dans ce métier. Le développeur travaille sur des projets toujours différents et dans des secteurs d'activité aussi variés que la banque, l'assurance, le transport ou l'industrie. Grâce aux progiciels, il passe moins de temps à écrire les programmes.

En tête des gros recruteurs : les sociétés de services en ingénierie informatique (SSII), très friandes d'informaticiens. Les semaines comptent des horaires lourds, du travail la nuit ou le week-end, des déplacements...

La maîtrise de l'anglais est indispensable.

À noter : l'armée recrute et forme des informaticiens au sein de ses écoles militaires.

Après le bac De deux ans d'études pour les techniciens (BTS ou DUT en informatique) à cinq ans en école ou à l'université (master) pour les ingénieurs.

Développeur/euse multimédia

Synonyme : ingénieur multimédia.

Informaticien avant tout, le développeur multimédia a, en plus, la passion des nouvelles technologies de l'image. Son rôle est de traduire en langage technique les choix des créatifs.

Il intervient dès la phase de conception en analysant le scénario et en construisant l'arborescence du projet. Une charte est rédigée pour en fixer les principales lignes.

Dans un second temps, il va déterminer la manière dont les écrans vont se succéder et le mode de navigation de l'utilisateur. Autrement dit, c'est lui qui met au point l'architecture du programme informatique. Il faut maîtriser les langages HTML, JavaScript, C++, Java, Lingo et des logiciels d'exploitation spécifiques (Unix, Windows, Linux...).

Les développeurs sont salariés dans des sociétés de services en ingénierie informatique (SSII), chez des prestataires de services Internet... Ils travaillent aussi chez des sous-traitants. Dans certaines entreprises, la fonction de développeur se confond avec celle de **programmeur**.

Après le bac De deux ans d'études en informatique (DUT ou BTS), avec une bonne culture générale, à quatre ou cinq ans à l'université ou en école d'ingénieurs.

Diététicien/ne

La preuve d'un lien entre alimentation et santé n'est plus à faire. Diabète, cholestérol, hépatite, allergies, embonpoint... autant de situations où un régime alimentaire s'impose.

Spécialiste de la nutrition, le diététicien compose des menus adaptés à l'état de santé de chacun : sans sel, sans sucre, sans graisse ou, au contraire, enrichis en calcium, en fer...

Il a un rôle d'information et de prévention en matière d'hygiène alimentaire. La connaissance qu'il a des aliments, de leurs méfaits et vertus lui permet d'aider au rétablissement des malades. À condition de tenir compte de leurs goûts : un changement alimentaire trop brusque peut entraîner des frustrations.

Rattaché le plus souvent à un hôpital ou à une maison de convalescence, le diététicien travaille en collaboration avec des médecins* nutritionnistes et a plusieurs patients en charge.

Au sein d'une collectivité, il veille à l'équilibre des repas proposés. Il peut exercer en libéral *[lexique/247]* et recevoir à son cabinet tous ceux qui veulent maigrir ou adapter leur alimentation à leur état de santé.

Après le bac Deux ans d'études pour préparer le BTS diététique ou le DUT génie biologique option diététique.

Diplomate

Synonymes : ambassadeur ; conseiller ou secrétaire des Affaires étrangères ; consul.

Vous vous voyez déjà ambassadeur à Tokyo ou Dakar? Sachez que ce n'est qu'après une longue carrière diplomatique que vous pourrez être nommé par le président de la République. Avant d'en arriver là, vous passerez par un poste de conseiller, d'attaché ou de secrétaire d'ambassade, de consul adjoint ou vice-consul, selon l'affectation et le grade.

Dans une ambassade, les diplomates sont chargés d'observer et d'analyser la situation politique, économique et culturelle du pays de résidence. Informations qui sont transmises chaque jour au ministère des Affaires étrangères. Si une quinzaine de personnes travaillent à Washington, dans la plupart des pays, l'équipe diplomatique se limite à deux ou trois personnes.

Dans un consulat, les diplomates sont chargés de l'administration des Français résidant dans le pays (immatriculation des voitures, état civil, élections, assistance en cas de difficulté…). Ils délivrent aussi les visas aux étrangers désirant effectuer un séjour en France.

Fonctionnaire *[lexique/247]*, le diplomate change d'affectation une douzaine de fois dans sa carrière, restant en général trois ans dans un même pays. Avant de partir à l'étranger, il passe entre deux et quatre ans à Paris, au ministère des Affaires étrangères. Accès sur concours de conseiller ou secrétaire des Affaires étrangères (bac + 3). Il faut maîtriser parfaitement au moins deux langues étrangères.

Après le bac Quatre ou cinq ans d'études en sciences politiques, sciences économiques, droit, histoire… à l'université ou dans un institut d'études politiques.

Directeur/trice artistique

Créatif par excellence, le « DA », comme on l'appelle, a pour mission de travailler l'aspect visuel d'un message publicitaire, d'un magazine, d'une émission de télé ou d'un livre.

Dans la publicité, il met en scène le message de l'annonceur de manière simple, concise et marquante. Il conçoit la partie artistique de la campagne, en collaboration avec l'équipe de créatifs : concepteur-rédacteur* et graphiste*. Dans la presse (où il est journaliste), il choisit le style des caractères (typographie), les illustrations et conçoit la maquette des pages importantes pour hiérarchiser les informations. À la télévision, il imagine les décors d'une émission. Dans l'édition, il définit la ligne graphique d'une collection. Le directeur artistique pilote le travail des *roughmen*, graphistes, illustrateurs (pour les produits papier) et/ou réalisateurs* (pour les spots publicitaires). Parmi ses outils de travail : des logiciels de traitement de l'image (XPress, InDesign, Photoshop, Illustrator…). Ce sont l'imagination, la curiosité et le sens de l'esthétique qui font un bon directeur artistique.

On accède au métier après plusieurs années d'expérience comme graphiste.

Après le bac De trois à cinq ans d'études en arts appliqués.

Directeur/trice d'agence de voyages

Le directeur est maître à bord de l'agence de voyages. Ses activités sont multiples. Si un circuit en Andalousie ou un séjour aux Antilles est proposé à la vente dans le catalogue de l'agence, c'est parce qu'il l'a décidé. Il traite avec les fournisseurs, assure le suivi comptable, juridique et documentaire des dossiers, et gère le budget de l'agence. Mais les questions de finance ne sont pas son unique préoccupation. À lui également de résoudre les problèmes techniques rencontrés par l'agence et de gérer l'animation de son équipe. Véritable pilier de l'agence, il ne compte pas ses heures et doit être particulièrement disponible. Et même si son travail consiste à vendre du rêve et du dépaysement, sillonner la planète ne fait malheureusement pas partie de ses fonctions !

Ce métier est accessible après plusieurs années d'expérience dans le secteur. Pour obtenir la licence d'agent de voyages ou l'autorisation d'ouvrir une agence, il faut une expérience professionnelle d'au moins deux ans.

Après le bac Deux ans d'études pour préparer un BTS de tourisme ; trois ans pour une licence.

Directeur/trice d'hôpital

Quel que soit le nombre de lits dans son établissement, un directeur d'hôpital assume de lourdes responsabilités. Au regard de la loi, il est le représentant légal de l'établissement. Comme un chef d'entreprise, il gère les ressources humaines et matérielles de son hôpital : recrutement et encadrement du personnel, maîtrise de la logistique pour accueillir et soigner les arrivants.

Veillant à l'équilibre des dépenses et des recettes, le directeur doit savoir négocier pour obtenir des moyens supplémentaires : il lui faut renouveler ses équipements, et les matériels (scanner, salle de radio télécommandée et numérisée, incuba-

* métiers traités dans le dico

teur…) sont de plus en plus sophistiqués et onéreux. Homme de santé publique, il doit aussi veiller à la continuité des soins, à leur accessibilité et à leur qualité.

Après le bac Trois ans d'études en économie, droit… à l'université pour préparer une licence puis, après réussite au concours, vingt-sept mois de formation à l'École des hautes études de la santé publique (Ehesp) de Rennes.

Directeur/trice d'office de tourisme

Chef d'entreprise, le directeur d'office de tourisme veille à l'équilibre du budget, motive son personnel, élabore le planning de travail… Sa principale mission est de valoriser et d'animer le tourisme local : une bonne connaissance de la région et de ses ressources touristiques (vestiges historiques, sites naturels, lieux de promenade, gastronomie…) est indispensable.

Pour attirer les touristes, le directeur met au point et organise des campagnes publicitaires des expositions, des conférences, des festivals… Cela suppose de nombreux déplacements et une grande disponibilité, car il faut participer à des manifestations qui se déroulent souvent en soirée, le dimanche ou les jours fériés.
Le directeur a des aptitudes en communication pour entretenir de bons rapports avec les élus, accueillir et informer les touristes (pratique d'au moins deux langues étrangères). Il effectue un important travail de collecte d'informations en vue de l'élaboration de guides touristiques. Et il exploite des outils informatiques.
Plusieurs années d'expérience sont nécessaires avant de prétendre à ce poste.

Après le bac Cinq ans d'études dans le secteur du tourisme, du commerce ou de la gestion.

Directeur/trice de la communication

Le « dircom » est responsable au plus haut niveau de la communication de l'entreprise. Rattaché à la direction, il élabore la politique de la communication visant à faire connaître la stratégie de l'entreprise à tous ses publics : clients, fournisseurs, salariés, actionnaires… Parfois, il sollicite l'intervention d'une agence de conseil en communication pour définir et mettre en place les différentes actions à mener.
Chef d'orchestre, il supervise et coordonne le travail de ses collaborateurs : chargé de la communication externe, rédacteur-journaliste* d'entreprise, webmestre*… Il assure la réalisation et la diffusion des publications internes. Il participe aussi à la communication de recrutement avec le directeur des ressources humaines. Garant de l'image de l'entreprise, le directeur de la communication anime les relations extérieures auprès des relais d'opinion (journalistes, acteurs politiques, syndicats…), des médias et du public (conférences de presse, salons…). Enfin, il gère la communication financière (rapport annuel, relations avec les actionnaires, etc.).
Doté de qualités relationnelles et managériales, mais aussi fin stratège, le dircom commence par faire ses preuves comme **chargé de communication*** ou **attaché de presse*** avant de prendre de plus hautes responsabilités.

Après le bac Cinq ans d'études en communication à l'université (master) et particulièrement au Celsa, ou bien diplôme de Sciences Po ou d'une école de commerce avec une spécialisation.

Directeur/trice de magasin

Synonymes : directeur de supermarché ; responsable de magasin.

Véritable chef d'entreprise, il assure le bon fonctionnement de son magasin. Ses responsabilités s'étendent à trois domaines : le commerce, la gestion et le management. Ainsi, il lance des animations pour doper les ventes de tel ou tel produit, suit les évolutions du marché et observe attentivement le comportement des clients. Il soigne aussi ses relations avec les fournisseurs, transporteurs…
Côté gestion, il élabore les budgets prévisionnels, supervise les approvisionnements et surveille de près l'évolution des marges. Encadrer le personnel, fixer des objectifs motivants aux vendeurs, organiser la répartition du travail, voire recruter est un autre volet de son activité.

Le directeur de magasin travaille au sein d'un grand magasin (supermarché, hypermarché ou point de vente d'une chaîne de distribution) et contribue au développement de l'enseigne.
Ce métier est accessible après plusieurs années d'expérience dans le secteur.

Après le bac Quatre ou cinq ans d'études en école de commerce et de gestion ou à l'université (master).

Directeur/trice de production

Chef de chantier du film, il concilie les exigences artistiques du réalisateur* avec les impératifs financiers et juridiques de la production. À lui d'évaluer le coût du tournage (salaires des intervenants, fabrication des décors, location du matériel et des salles de montage). À lui aussi de rédiger, à partir du scénario, un devis du film, qu'il faudra respecter. À lui encore d'établir les contrats de travail des techniciens, des comédiens, etc., de négocier avec les assureurs, sociétés de prestations techniques et distributeurs.
Des compétences économiques, juridiques et commerciales sont indispensables au directeur de production, même si les décisions finales se prennent en accord avec le producteur*.
Il délègue à l'**administrateur de production** la charge administrative, comptable et financière du film, et à l'**assistant de production**, le suivi des problèmes quotidiens du tournage.

Après le bac De deux ans d'études pour préparer le BTS métiers de l'audiovisuel à six ans à la Fémis ou cinq à l'université – des cours de production audiovisuelle sont proposés dans les cursus d'information-communication, sinon la filière droit peut convenir. D'autres voies possibles : école de commerce et de gestion.

Directeur/trice des effets spéciaux

Ce métier est en pleine expansion. Au cinéma, le travail commence par la lecture du scénario et un entretien avec le metteur en scène pour déterminer le type d'effets recherchés : animation 3D, jeux de lumière, d'atmosphère, images de synthèse, trucages… Certains effets sont créés au moment du tournage par les truquistes*, d'autres en post-production par des infographistes et animateurs 3D*. C'est toujours un travail d'équipe qui requiert des connaissances en dessin, électronique, informatique, qui demande de l'imagination, de l'ingéniosité, une grande adaptabilité, beaucoup de sens pratique et d'habileté manuelle.

Après le bac De trois à cinq ans d'études en école d'infographie (Ensad, Supinfocom, les Gobelins) ou de cinéma (école Louis Lumière, Esra). Quelques formations en école privée.

Disc-jockey

Cinq nuits sur sept, huit heures par nuit, il donne le ton aux pistes de danse des discothèques, imposant son style et improvisant en fonction de la salle. Achat des nouveautés, déplacements : le disc-jockey a une vie trépidante.
Prenant, le métier ne s'exerce que jusqu'à un certain âge. Les reconversions existent : technicien son, mixeur son*, directeur de discothèque, chargé de production* dans une maison de disques…

Après la 3e Cette activité n'étant pas réglementée, aucun diplôme n'est exigé. Le mixage des disques s'apprend sur le tas. Certains sont passés par l'animation radio ; d'autres ont fait des stages en discothèque. Tous sont passionnés de musique, voire multi-instrumentistes.

Docker

Plié sous le poids d'un sac, grimpant la passerelle du navire pour s'enfoncer dans les cales et y décharger son fardeau… ce docker-là existe toujours. Mais de nombreuses techniques facilitent dorénavant son travail : conteneurs, palanquées, treuils. Et le docker a plus de responsabilités : préparer les matériels ; guider les conducteurs d'engins* ; disposer dans les cales les colis selon les consignes de chargement ou de déchargement ; les arrimer selon les règles de sécurité ; identifier les marchandises dans les hangars, contrôler leur entrée et leur sortie sont autant de types d'emplois possibles. Ce travail est exclusivement masculin.

Après la 3e Le métier s'apprend dans les centres de formation de manutention portuaire ou au sein de l'armée.

Documentaliste

Rechercher une adresse dans une base de données, sélectionner des articles pour un dossier de presse, commander des ouvrages, mettre à jour les bibliographies et modifier les plans de classement : le documentaliste doit répondre à des demandes ponctuelles de renseignements et ne pas oublier d'enrichir, en permanence, son fonds documentaire. Ses activités se répartissent autour de trois grands axes : la collecte d'informations, leur traitement et leur communication. Le documentaliste n'ignore rien des supports informatiques et multimédias (cédérom, Internet…) et travaille en réseau. Les rapports avec les utilisateurs et les partenaires représentent une large part de l'activité. Ils réclament des qualités de contact. Passion de l'information, curiosité intellectuelle et maîtrise de l'anglais indispensables.

Après le bac Deux ans d'études pour préparer le DUT information-communication option gestion de l'information et du document dans les organisations ou le DEUST métiers des bibliothèques et de la documentation. De trois à cinq ans d'études en droit, en économie, en sciences, en lettres… avant de suivre une formation aux techniques documentaires à l'université (licence pro, master), en école (EBD, INTD) ou à l'IEP Paris.

Documentaliste de CDI

Travaillant en établissement scolaire, le professeur documentaliste est un animateur et un pédagogue. Bien sûr, il doit approvisionner la bibliothèque, classer et signaler les livres, manuels, journaux, cassettes, et ce,

* métiers traités dans le dico

en respectant au plus près les programmes et méthodes d'enseignement. Mais, en plus de ces activités «classiques», il accueille les élèves au centre de documentation et d'information (CDI) et les guide dans leurs recherches. Leur apprendre à trouver, dans les rayonnages ou sur ordinateur, les documents utiles pour leur exposé fait partie de ses missions. Les inciter à la lecture en les aidant à choisir un livre adapté à leurs goûts est aussi de son ressort.
Le CDI est un lieu d'échanges. Le documentaliste y organise des expositions, en général en collaboration avec les professeurs et le conseiller d'éducation, sur des thèmes d'actualité. Il participe ainsi activement à l'éducation des élèves. Fonctionnaire *[lexique/247]*, ce documentaliste est recruté sur concours du ministère de l'Éducation nationale à bac + 5.

Après le bac Cinq ans pour préparer une licence, puis un master et pour se présenter au CAPES documentation.

Domoticien/ne

Synonyme : immoticien.

La mise en route de la chaudière programmée par Internet, l'arrosage du jardin déclenché dès que le temps est trop sec… le domoticien installe des systèmes qui rendent la maison intelligente. Après avoir identifié les besoins du client, ce professionnel conçoit et propose des solutions techniques afin de commander, contrôler, programmer, de façon automatique et à distance, le chauffage, l'éclairage, les alarmes… Après avoir établi un devis et négocié le contrat, il supervise le travail des dessinateurs d'études qui réalisent les plans, surveille l'avancement des travaux et procède à la mise en service de l'installation.
Le métier fait appel à des compétences variées : électricité, électronique, chauffage et climatisation, télécommunications, informatique. Une bonne connaissance de l'anglais est nécessaire (pour lire des notices), ainsi que des qualités de vendeur et d'animateur. Les spécialistes sont encore peu nombreux ; on les trouve en bureaux d'études du BTP, en entreprises d'installation électrique ou chez les installateurs en télécoms. Mais les débouchés devraient se développer, particulièrement dans l'immotique (pour les immeubles d'entreprises).

Après le bac Deux ans d'études pour préparer le BTS domotique, indispensable. Ce BTS peut être complété par une licence pro (un an). Cinq ans en école d'ingénieurs ou à l'université (master), avec une spécialisation.

Douanier/ère

Synonymes : agent de constatation des douanes ; contrôleur et inspecteur des douanes.

On aurait pu croire que la fermeture des postes frontières en Europe allait signer leur arrêt de mort. Il n'en est rien. Les douaniers sont partout et ne s'ennuient guère. Ces fantassins de la lutte antifraude ont quitté leurs guérites et se sont transformés en enquêteurs. Leur rôle ? Lutter contre le trafic de stupéfiants, l'immigration clandestine, le terrorisme… Mais aussi surveiller les sorties d'œuvres d'art, repérer les contrefaçons ou faire appliquer la politique agricole commune. Bref, le métier s'est beaucoup transformé, même si l'image du douanier faisant ouvrir leur valise aux voyageurs franchissant la frontière n'est pas périmée.
Les mesures de contrôle se sont assouplies, mais elles n'ont pas disparu. Alcool, tabac et produits de luxe doivent toujours être déclarés en douane. Et les contrevenants s'exposent à des poursuites judiciaires.
Quand il n'est pas sur le terrain, le douanier conseille les sociétés exportatrices de marchandises, prépare des dossiers à présenter devant les tribunaux, fait de la comptabilité…
Fonctionnaires *[lexique/247]*, les douaniers sont recrutés sur concours du ministère des Finances, à trois niveaux.

Après la 3e Concours d'agent de constatation des douanes avec le diplôme national du brevet.

Après le bac Concours de contrôleur des douanes avec le bac ; concours d'inspecteur à bac + 3.

Dresseur/euse **d'animaux**

Mettre la tête dans la gueule d'un lion ne vous effraie pas ? Vous avez peut-être l'âme d'un dompteur de fauves ! Le secret du dressage, c'est la compréhension de l'animal : ce qui lui fait peur, l'intrigue, l'excite… Ensuite, il faut le dominer, l'habituer à obéir aux ordres, le récompenser. Dans le milieu du spectacle, le dresseur apprend à l'animal à «jouer» une scène ou à effectuer une performance. Il faut de la patience, car les résultats prennent parfois des années ! La plupart des dresseurs sont spécialisés dans un nombre limité d'espèces, mais tout animal est unique. Au professionnel de s'adapter.
Le dresseur doit veiller à la sécurité des personnes. Très observateur, il sait analyser et déceler le moindre trouble chez l'animal, anticiper un problème, et maîtriser rapidement une situation. Son activité ne se limite pas au contact avec les animaux. Il s'occupe de la nourriture et des soins, ainsi que de la propreté des enclos. Ce métier rare s'exerce la plupart du temps au zoo, au cirque ou pour l'audiovisuel (cinéma, télé, pub).

Après la 3e Aucune formation spécifique. On débute en tant qu'assistant auprès d'un professionnel confirmé, en contact avec les animaux.

Ébéniste

Il connaît toutes les essences de bois classiques telles que l'acajou, le bois de rose ou de violette, le merisier, le chêne ou le noyer, mais l'ébéniste sait aussi exploiter les matériaux modernes (métaux, verre, matériaux de synthèse).
Après avoir dessiné le modèle grandeur nature, l'ébéniste découpe les pièces, les rabote et les aplanit aux dimensions exactes avant de les monter. Pour le placage, des feuilles de bois minces sont assemblées et collées selon un motif décoratif. La finition se fait par ponçage, cirage et vernissage.

Un **marqueteur** peut y incruster des motifs en nacre, en ivoire, en ébène... Aptitude au dessin technique, habileté manuelle et sens de l'esthétique indispensables.
L'ébéniste peut se consacrer à la restauration de meubles anciens ou à la copie de mobiliers. Ce qui exige une parfaite connaissance du meuble et de son assemblage aux différentes époques. Il peut s'orienter vers l'agencement (installation sur mesure).
L'ébéniste exerce comme salarié dans une entreprise ou comme artisan installé à son compte ***[lexique/247]***. Un métier d'art très difficile d'accès, réservé aux plus doués et aux plus motivés.

Après la 3e Deux ans d'études pour préparer le CAP ébéniste. Il peut être complété par le BMA (deux ans). Trois ans pour préparer le bac pro artisanat et métiers d'art option ébéniste. Possibilité de se former par apprentissage.

Après le bac Deux ans d'études pour préparer le DMA art de l'habitat option décors et mobiliers.

Éclairagiste

Synonymes : concepteur d'éclairages ; créateur lumière.

Comment, avec des projecteurs et des ampoules, renforcer le sens d'un spectacle théâtral ou chorégraphique ? C'est la question à se poser quand on conçoit la lumière. *« La lumière n'est jamais statique ; au théâtre par exemple, c'est la façon dont elle s'inscrit dans un déroulé qui permet de suivre le texte et le jeu »*, explique Rémy, éclairagiste.
À lui de créer une ambiance lumière en harmonie avec la mise en scène, les décors, les costumes, l'expression des acteurs...
Une fois les objets choisis et mis en place, l'éclairagiste donne les indications pour enregistrer sur le jeu d'orgue (une console informatisée) le déroulé des états lumineux et les combinaisons dans la durée du spectacle.
C'est le **régisseur lumière** *(voir régisseur spectacles*)* qui prend en charge la réalisation matérielle, encadrant l'équipe d'électriciens et donnant les instructions aux décorateurs.
Outre ses compétences techniques, l'éclairagiste doit avoir un réel sens artistique et savoir s'adapter à chaque créateur, à chaque univers et, parfois, à chaque secteur d'activité.
Si certains éclairagistes se spécialisent (dans la danse, par exemple), d'autres préfèrent se diversifier et travaillent pour des musées ou des défilés de mode...
Engagés le temps d'une création, ces professionnels ont souvent le statut d'intermittent ***[lexique/247]***.
On peut démarrer comme régisseur lumière avant de devenir **éclairagiste concepteur.**

Après le bac De trois ans d'études à l'École supérieure d'art dramatique du théâtre national de Strasbourg à cinq ans à l'École nationale supérieure des arts et techniques du théâtre (Ensatt, sur concours post-bac + 2).

Économe

Synonymes : gestionnaire d'établissement ; intendant.

C'est un peu le magasinier d'un hôtel. Épicerie, produits d'entretien et d'hygiène, vaisselle, alcools... Chaque mois, l'économe contrôle les stocks et passe les commandes après avoir sélectionné les fournisseurs selon le meilleur rapport qualité/prix.

* métiers traités dans le dico

Il supervise les livraisons et répartit les produits dans les différents services de l'hôtel.
La fonction d'économe existe dans les établissements scolaires, les centres de vacances, les hôpitaux… Elle exige des qualités d'organisation et de gestion.

Après la 3e Trois ans d'études pour préparer un bac pro du domaine de la comptabilité ou le bac techno hôtellerie.

Après le bac Deux ans d'études pour préparer un DUT ou un BTS dans le domaine de l'hôtellerie, la comptabilité ou la gestion.

Économe de flux

Synonymes : conseiller en énergie ; énergéticien.

Halte au gaspillage! Telle est la devise de l'économe de flux. Ce spécialiste en économie d'énergie intervient sur le chauffage, la climatisation, l'électricité ou l'eau. Sa mission est de réduire le budget énergie des collectivités et des entreprises. Pour cela, il établit des rapports économiques ou financiers, suit les factures de consommation et met en œuvre des tableaux de bord. Ainsi, il repère les « surconsommations » et peut proposer des solutions plus économiques : modifier les réglages des radiateurs, par exemple, ou changer les équipements trop gourmands en énergie.
Son rôle est aussi de sensibiliser et d'informer le public (élus, professionnels, enseignants, élèves…) sur les économies d'énergie et d'assurer la promotion des énergies renouvelables. Il travaille dans les collectivités locales et territoriales, les offices publics d'HLM, à EDF ou Gaz de France, dans l'industrie, les syndics de copropriété…
Médiateur dans l'âme, l'économe de flux est avant tout un homme de dialogue : un bon sens du relationnel doublé de solides capacités pédagogiques est indispensable. De solides compétences techniques dans les domaines thermique et énergétique sont nécessaires.

Après le bac De deux ans d'études pour préparer un BTS fluides, énergies, environnements ou un DUT génie thermique et énergie, éventuellement complété par une licence pro (un an), à cinq ans d'études à l'université en économie de l'environnement et de l'énergie (master) ou en école d'ingénieurs (spécialisation dans le domaine énergétique).

Économiste de la construction

Synonymes : ingénieur d'études de prix ; métreur ; technicien d'études de prix.

Quel sera le prix de revient total d'un ouvrage ? À l'économiste de déterminer, aidé d'outils informatiques, les quantités de béton, les mètres de charpente, le nombre et le coût de la main-d'œuvre qu'il faudra employer pour la construction.
Comme l'architecte*, il peut aider le maître d'ouvrage à comparer les propositions des entreprises qui ont répondu à l'appel d'offres. Il se déplace sans cesse entre son bureau d'études et le chantier. Objectif : superviser l'évolution des travaux pour vérifier que le budget est bien respecté.
Les études de prix, très complexes, nécessitent des connaissances approfondies dans les domaines de la technique et de la finance. Elles sont parfois menées par un ingénieur.
L'économiste peut être salarié d'un cabinet d'architecte, d'une entreprise du bâtiment, d'une collectivité locale, ou s'installer à son compte *[lexique/247]*.

Après la 3e Trois ans d'études pour préparer le bac pro technicien d'études du bâtiment option A, études et économie.

Après le bac Deux ans d'études pour préparer le BTS études et économie de la construction ou le DUT génie civil (accès avec un bac S ou STI option génie civil), éventuellement complété par une licence pro (un an), ou cinq ans d'études à l'université (master).

Écotoxicologue

Synonyme : biologiste en environnement.

Avec la multiplication de la pollution des rivières, des marées noires, des pluies acides, l'amplification des gaz à effet de serre et des déchets, la liste des atteintes portées à l'environnement est longue.
Les objectifs de l'écotoxicologue visent à déceler les polluants, à analyser leur circulation, à étudier les raisons et mécanismes des pollutions, à appréhender les effets des produits sur la flore, la faune, la santé…

Scientifique de haut niveau, l'écotoxicologue étudie quantitativement et qualitativement le devenir et l'impact de toute substance émise dans les sols, l'air, l'eau. Il étudie les effets du bruit, des fumées chimiques, des colorants alimentaires, des organismes génétiquement modifiés (OGM) sur la santé de l'homme et l'environnement. Il est amené à travailler en laboratoire de recherche ou en entreprise (secteurs de la chimie, de la pharmacie, de l'agroalimentaire…), sur le terrain comme au bureau.
La plupart des écotoxicologues sont pharmaciens*, médecins*, ingénieurs chimistes* ou bien biologistes*. Ils se sont spécialisés en environnement.

Après le bac De cinq à huit ans d'études en biologie ou chimie à l'université (master, DE de docteur en pharmacie ou en médecine) ou bien en école d'ingénieurs. Une double compétence en droit ou économie est appréciée.

Écrivain/e public/que

« Mon cher Trésor… » Ce n'est pas vraiment en ces termes qu'on écrit aux impôts ! L'écrivain public aide ceux qui sont fâchés avec l'écrit ou avec la « paperasse » : demande d'allocations familiales, rédaction de CV, litige avec un voisin… Son travail peut l'amener à rédiger des mémoires pour un particulier ou pour une entreprise qui veut garder trace de son passé.
Ouvrages, rapports, monographies, travaux littéraires (réécriture, préparation de manuscrits), tout type de rédaction peut lui être confié. Il choisira, selon le support, une présentation traditionnelle sur papier ou une édition électronique.
Même s'il n'est pas soumis au secret professionnel, l'écrivain public doit respecter

la confidentialité des propos tenus. Chacun exerce en fonction de sa personnalité et de son sens des affaires. Avoir le sens du contact ainsi qu'une bonne plume est primordial.

Après le bac Trois ans d'études à l'université pour préparer la licence pro écrivain public, conseil en écriture professionnelle et privée.

Éditeur/trice

Synonyme : responsable éditorial.

D'innombrables manuscrits inondent chaque jour les bureaux des maisons d'édition. C'est à l'éditeur d'opérer un tri. Et si, dans cette marée de textes, on passait à côté de la J. K. Rowling française ? Heureusement, l'éditeur peut s'appuyer sur un comité de lecture pour éclairer et conforter ses choix. Par la suite, il rencontre l'auteur choisi, établit un bon contact avec lui et s'entend sur les corrections. Quelques connaissances techniques sont indispensables pour être capable de dialoguer avec les services de fabrication et l'imprimeur.

On débute en tant qu'**assistant d'édition**. Il n'existe pas de parcours type pour accéder à ce métier. Il faut à tout prix faire des stages dans des maisons d'édition. Les collections littéraires sont les plus difficiles d'accès. Les manuels scolaires, les ouvrages pratiques, techniques et scientifiques offrent davantage de possibilités.

Après le bac Trois ans d'études au minimum en lettres, histoire, sciences, sciences humaines... à l'université avant d'entreprendre une formation professionnelle dans l'édition (master).

Éducateur/trice **de chiens**

Synonyme : éducateur canin.

Un chien qui mord, un chiot qui refuse d'obéir... il faut y remédier au plus vite. L'éducateur canin apprend à l'animal à marcher au pied sans laisse, à rester immobile, à réagir aux commandes de base : « assis », « couché », « au pied ». Il prodigue par ailleurs au maître des conseils sur les gestes et les comportements à avoir envers son chien afin de ne pas se laisser déborder par lui.

L'éducateur canin doit savoir établir le dialogue et faire passer quelques messages simples : aimer son chien ne signifie pas lui donner libre accès au canapé ou à la table familiale ! Faire preuve de pédagogie et de psychologie est indispensable, car il s'agit souvent de former le maître autant que d'éduquer le chien. Il peut ainsi répondre à toutes les questions qui concernent l'animal : alimentation, santé, hygiène, confort, civisme, législation...

L'éducateur canin peut diversifier ses activités : dressage, élevage, garde saisonnière, etc.

Après la 3e Quatre ans d'études pour préparer un CAP du domaine de l'élevage (deux ans), puis le BP éducateur canin (deux ans par apprentissage).

Éducateur/trice **de chiens-guides d'aveugles**

« À droite, à gauche, stop ! », « c'est bien ! »... des mots inlassablement répétés en séance de travail. L'éducateur de chiens-guides d'aveugles doit habituer le chien (labrador retriever, golden retriever ou berger allemand) à faire ce qu'on attend de lui.

* métiers traités dans le dico

Pendant six mois, il apprend à l'animal à guider son maître dans la rue, lui faisant éviter les obstacles, l'aidant à traverser en toute sécurité, lui indiquant les passages cloutés, les marches… Puis, lors du stage de remise, l'éducateur apprend au non-voyant les gestes et les mots à utiliser pour diriger son chien. Une période d'adaptation pendant laquelle l'éducation du chien sera finalisée en fonction du maître.
Un éducateur de chiens-guides doit savoir étudier les demandes pour trouver le chien qui conviendra le mieux au caractère et aux besoins de son futur maître. Il participe à la sélection des familles d'accueil, celles qui élèvent le chien pendant sa première année, et suit l'évolution du chiot. Il est responsable de la propreté de la cage ou du chenil des animaux dont il s'occupe. Il doit aussi les nourrir et leur apporter des soins.

Après le bac Trois ans d'études en alternance pour préparer le diplôme officiel en écoles et associations spécialisées. Attention, très peu de places.

Éducateur/trice de jeunes enfants

Partout où l'on accueille des enfants de moins de 6 ans, il est là. Dans les établissements de garde (crèches, haltes-garderies) le plus souvent, mais aussi dans les ludothèques, les structures pour enfants handicapés ou en difficulté, les hôpitaux. Son rôle : favoriser le développement et l'épanouissement du tout-petit.
Par le jeu et les activités d'éveil, l'éducateur de jeunes enfants permet aux plus petits d'acquérir le langage, les habitudes d'hygiène et de sécurité, les règles de la vie sociale… S'il doit de toute évidence aimer les enfants, il lui faut également faire preuve de patience, être résistant à la fatigue et au bruit. Imagination et créativité sont des qualités primordiales.

Après le bac Trois ans d'études dans une école spécialisée pour préparer le diplôme d'État. Accès sur examen. BAFA et expérience auprès de jeunes enfants recommandés.

Éducateur/trice de la PJJ

Fonctionnaire de justice, l'éducateur de la protection judiciaire de la jeunesse (PJJ) intervient auprès de jeunes délinquants ou de mineurs en danger (victimes de violence, d'inceste, de gros problèmes familiaux). Son rôle : apporter une aide éducative et favoriser la réinsertion des adolescents.
Travailleur social, l'éducateur PJJ exerce le plus souvent en milieu fermé : institution ou foyer d'hébergement pour jeunes délinquants. Il peut travailler dans un service de liberté surveillée. À la différence de l'éducateur spécialisé*, il assure le suivi des mesures pénales prononcées par le juge des enfants. À lui de veiller à ce que le jeune accomplisse sa peine (réparation des dégâts, travail d'intérêt général, excuses aux victimes) et prenne conscience de la portée de ses actes. Cette reconstruction de l'individu est favorisée par le travail avec les parents. Un métier passionnant mais usant, où il faut savoir conjuguer fermeté et souplesse.

Après le bac Deux ou trois ans d'études dans le domaine social (DUT carrières sociales, DE assistant de service social ou éducation spécialisée), avant de passer le concours de recrutement.

Quelle est la différence entre éducateur spécialisé et éducateur de la PJJ ?

Éducateur/trice spécialisé/e

Ni père ni copain, l'éducateur partage la vie quotidienne de jeunes, voire d'adultes, présentant des déficiences physiques, mentales, des troubles du comportement ou des difficultés d'insertion.
Au travers d'activités récréatives, tels le théâtre, le sport ou l'informatique, il permet aux personnes inadaptées de s'exprimer, de devenir autonomes et de retrouver confiance en elles. Il exerce le plus souvent en milieu fermé (centres de rééducation, d'hébergement, maisons d'enfants, hôpitaux…), au sein d'une équipe médico-socio-éducative.
L'éducateur dit « de rue » intervient plus précisément sur le lieu de vie des jeunes (cité, quartier, maison de jeunes…) et dans leur famille. Il lutte contre leur désœuvrement et tente évenir la délinquance et la toxicomanie. Son objectif : favoriser l'insertion sociale.
Après réussite à un concours, ce travailleur social peut travailler auprès de jeunes aveugles ou de jeunes sourds, ou en tant qu'**éducateur de la protection judiciaire de la jeunesse (PJJ)***.
Nerfs solides, capacité d'écoute et goût du travail en équipe sont indispensables pour cette profession qui demande un engagement personnel important.

Après le bac Trois ans d'études pour préparer le diplôme d'État. Accès sur concours. Possibilité de commencer par le DUT carrières sociales (deux ans) pour rejoindre la dernière année de formation menant au DE.

Éducateur/trice technique spécialisé/e

Compétent dans son domaine (menuiserie, mécanique, horticulture, maçonnerie, cuisine…), l'éducateur technique spécialisé assure la formation professionnelle des personnes handicapées ou inadaptées.
Dans un établissement pour adolescents ayant des troubles du comportement, il aide les jeunes à découvrir leurs aptitudes et à vivre en équipe. Employé dans un centre d'aide par le travail, il permet aux adultes handicapés de s'adapter à un poste de travail. Il favorise ainsi leur autonomie et leur insertion socioprofessionnelle.

Outre la maîtrise technologique, l'éducateur doit faire preuve de pédagogie, de patience et se montrer très disponible.

Après le bac Trois ans d'études pour préparer le diplôme d'État. Accès sur concours.

Élagueur/euse

C'est un véritable esthéticien de l'arbre. Avec ses cordes de rappel, son harnais, ses mousquetons, ses chaussures de montagne, il ressemble davantage à un alpiniste qu'à un ouvrier forestier. Armé d'une scie japonaise, voire d'une tronçonneuse de poche, il part à l'assaut des cimes afin de refaire une beauté et une santé aux arbres qui peuplent nos villes et nos forêts. Un exercice éprouvant physiquement et nerveusement, où il n'y a pas de droit à l'erreur.
Le métier a beaucoup évolué. Désormais, l'élagueur cherche à faire des coupes « propres », c'est-à-dire qui cicatrisent naturellement. Et il garde toujours à l'esprit l'aspect esthétique de son travail, à la satisfaction de tous.
Le nombre d'entreprises spécialisées dans l'élagage ne cesse d'augmenter.

Après la 3e Trois ans d'études pour préparer un CAPA, puis le certificat de spécialisation taille et soins des arbres.

Électricien/ne auto

Synonyme : électronicien auto.

Ce technicien intervient sur tous les systèmes électriques et électroniques embarqués à bord des véhicules (automobiles, poids lourds, engins de travaux publics, machines agricoles…) : allumage, injection électronique, éclairage, système ABS (antiblocage des freins), alarme, airbag, chauffage, climatisation, autoradio, tableau de bord, ordinateur de bord, procédé de navigation. Ses activités sont variées : entretien, réglage, réparation, pose d'équipements divers.
Avec la complexité croissante des matériels électroniques, il doit parfaitement maîtriser les méthodes de diagnostic (démarche rationnelle de recherche de panne) et utiliser des appareils de test et de mesure sophistiqués.
L'évolution des techniques, très rapide, impose une mise à jour régulière des connaissances. Minutie, précision, capacités d'analyse et de raisonnement font partie du savoir-faire. Ce professionnel peut travailler dans le garage d'un concessionnaire (représentant exclusif d'une marque automobile), chez un artisan réparateur indépendant ou au sein de l'armée.

Après la 3e Deux ans d'études pour préparer un CAP maintenance des matériels options matériels de parcs et jardins, ou tracteurs et matériels agricoles ; un CAP maintenance des véhicules automobiles options motocycles, ou véhicules industriels, ou véhicules particuliers ; un CAP préparation et réalisation d'ouvrages électriques. Ces CAP peuvent être complétés par la MC maintenance des systèmes embarqués de l'automobile (un an). Trois ans d'études pour préparer un bac pro maintenance des véhicules automobiles options motocycles, ou véhicules industriels, ou voitures particulières ; ou bien un bac pro maintenance nautique.

Électricien/ne d'équipement

Synonymes : électricien du bâtiment ; électricien monteur ; installateur de systèmes électriques.

Maisons, hôpitaux, bureaux, usines… ces bâtiments sont raccordés au réseau EDF par l'électricien d'équipement. C'est lui qui fait parvenir l'électricité jusqu'à la lampe halogène, au clavier de l'ordinateur, à l'alarme, au four à micro-ondes ou encore à l'ascenseur.
Les plans du bâtiment et les schémas de montage n'ont pas de secrets pour lui. Après les avoir étudiés, il trace l'emplacement des divers éléments de l'installation (tableaux électriques, interrupteurs…). Puis, il met en place ces éléments, les raccorde, effectue des contrôles de sécurité, et met l'installation sous tension. Il travaille souvent seul et dans des endroits difficiles d'accès. Les employeurs sont les entreprises du bâtiment spécialisées en installations électriques, les sociétés de maintenance électrique, l'armée ou la fonction publique. L'évolution des techniques impose de se former tout au long de sa carrière.

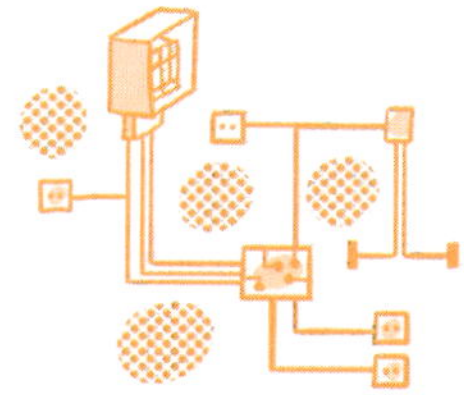

Après la 3e Deux ans d'études pour préparer un CAP préparation et réalisation d'ouvrages électriques ; trois ans pour le bac pro électrotechnique, énergie, équipements communicants (EEEC).

Après le bac Mention complémentaire (MC) technicien en énergies renouvelables, option A, énergie électrique.

Éleveur/euse

Vingt millions de bovins, 15 millions de porcs, 260 millions de volailles ! Si le métier d'**exploitant agricole** s'ouvre aux non-ruraux *[lexique/247]*, on est souvent éleveur de père en fils.
Secondé ou non par des employés d'élevage (**vacher**, **porcher**, **chevrier** ou **berger**), selon la taille de son exploitation, l'éleveur fait naître, achète et soigne des animaux pour les vendre ou commercialiser leur lait, leur viande ou leur cuir.
Pour nourrir son troupeau, il doit savoir cultiver la terre, connaître les sols, savoir comment les travailler, ce qu'on peut y faire pousser…

* métiers traités dans le dico

Au rythme des saisons, les travaux diffèrent. Mais la présence quotidienne est inévitable. En période de reproduction, il faut surveiller les mères, aider aux mises bas (accouchements), soigner les petits. Il faut aussi entretenir les bâtiments, récolter le fourrage, poser les clôtures…
Les matériels et équipements peuvent atteindre des sommes importantes qu'il faut amortir. D'où la nécessité pour celui qui s'installe à son compte de faire le bon choix dès le départ, d'opter pour la spécialisation adéquate. Et pour améliorer la qualité et la productivité, mieux vaut suivre l'évolution des techniques et se faire aider par le **conseiller agricole*** et le **contrôleur de performances***.

Après la 3e Trois ans d'études pour préparer un bac pro conduite et gestion de l'exploitation agricole dominante élevage ou cheval.

Après le bac Deux ans d'études pour préparer le BTSA productions animales et tenir une exploitation.

Employé/e d'hôtel

Le hall des grands hôtels comme le Lutetia, le Majestic ou le Negresco voit s'activer nombre d'employés. Du groom au **veilleur de nuit**, ils travaillent en brigades hiérarchisées, sous l'œil attentif du concierge. À chacun est affectée une tâche bien précise.
Le **groom** est le coursier, le messager du hall. Un emploi qui demande bonne présentation et débrouillardise. Les mêmes qualités sont demandées au **chasseur** chargé des courses à l'extérieur de l'hôtel : réservation d'une table ou d'un taxi, par exemple. La pratique de l'anglais est demandée. Le **portier** accueille les clients à la descente de voiture, leur ouvre les portes, au besoin hèle un taxi.
Le **voiturier** se charge de garer le véhicule, tandis que le **bagagiste** s'occupe des valises. Il les portera jusqu'à la chambre qu'il fera visiter au client. Le **liftier**, lui, actionne l'ascenseur.
Encadrant les voituriers, les bagagistes et les chasseurs, le **concierge** veille à ce que l'accueil des clients soit impeccable. Réservation de places de spectacle, location de yacht, livraison de fleurs… tous leurs désirs, même les plus extravagants, sont satisfaits dans l'heure. Il tient compte de la personnalité de chaque client et sait toujours trouver le mot juste, en français ou dans une langue étrangère.
Voituriers, bagagistes, chasseurs et concierges d'hôtel gagnent bien leur vie grâce aux pourboires souvent importants qui s'ajoutent à leur salaire de base.
Des professionnels que l'on ne trouve que dans les palaces, l'hôtellerie moderne ayant supprimé ces emplois.

Après la 3e Deux ans d'études pour préparer le CAP services hôteliers ; trois ans pour préparer le bac techno hôtellerie permettant d'accéder aux différents métiers cités ; trois ans pour préparer le diplôme de l'Institut de conciergerie international afin d'être concierge d'hôtel.

Encadreur/euse

« Le cadre atteint la perfection lorsqu'il fait corps avec l'œuvre d'art, au point de se faire oublier », affirme Cédric, encadreur spécialisé dans la photo artistique. Fabriqué sur mesure et entièrement à la main, le cadre met en valeur une toile, une gravure, une lithographie ou une photo. L'encadreur, tout en respectant l'œuvre qui lui est confiée, doit rester attentif au désir du client. Il lui faut beaucoup de goût pour choisir les baguettes, les tons de patine, les passe-partout.
Patience, minutie et sens artistique sont des qualités demandées dans ce métier.

Artisan ou salarié *[lexique/247]*, l'encadreur travaille surtout pour les artistes peintres, mais aussi pour les marchands de tableaux, les antiquaires et les particuliers. Les débouchés sont très limités.

Après la 3e Deux ans d'études, souvent par apprentissage, pour préparer le CAP encadreur.

Engagé/e volontaire de l'armée de terre

Soldat professionnel doublé d'un spécialiste, l'engagé volontaire de l'armée de terre (EVAT) est recruté sous contrat de trois ou cinq ans renouvelable. Son rôle consiste à intervenir dans des missions de sécurité, d'aide et d'assistance en France ou à l'étranger.
Selon le régiment d'affectation et la formation suivie, il exerce l'un des 400 métiers possibles : sapeur-pompier, pilote d'engins blindés, tireur missiles, maître-chien, opérateur radar, mécanicien, cuisinier, chauffeur, radio-tireur, spécialiste électronique… Il participe à toutes les missions de son unité (instruction, manœuvres, interventions…).
Présent sur le terrain parfois dans des conditions extrêmes, l'EVAT doit aimer la discipline et le travail en équipe, être sportif, résistant et mobile. En temps de paix, il vit et exerce en caserne, quartier militaire, champ de manœuvres…
Recrutement dans les mêmes conditions que les **militaires***.

Après la 3e Avec ou sans diplôme, une formation militaire et technique assurée par l'armée.

Enseignant/e-chercheur/euse

Enseignement et recherche sont deux activités indissociables dès lors qu'on exerce le métier de professeur dans une université. L'enseignement prend la forme de cours magistraux en amphithéâtre, de travaux dirigés ou pratiques.

La recherche donne l'occasion de publier des articles dans des revues spécialisées et de participer à des colloques. En fac, l'enseignant peut être sollicité pour participer à des jurys de concours et, parfois, assumer des responsabilités administratives. Selon son statut et s'il a reçu l'habilitation, il peut diriger les travaux de recherche des étudiants (mémoires de master, thèses de doctorat).

Accès sur concours (par établissement) après avoir obtenu la qualification de **maître de conférences** ou bien de **professeur des universités** (sur liste d'aptitude).

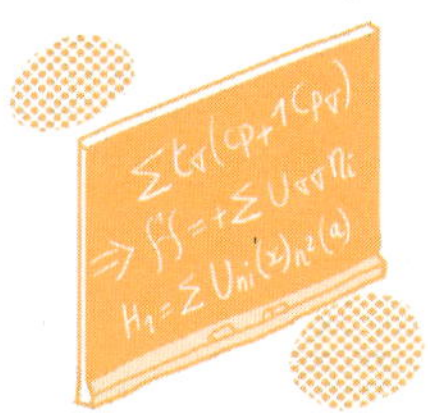

Après le bac Huit ans d'études à l'université pour préparer un doctorat.

Enseignant/e spécialisé/e

L'instruction pour tous ! Parce que les élèves handicapés et les jeunes en difficulté ont le droit à une pédagogie adaptée, la France forme des enseignants spécialisés. Selon leur profil, ils travaillent auprès des enfants présentant un simple retard scolaire ou bien de réels handicaps (auditifs, visuels, moteurs ou psychologiques). Des méthodes d'apprentissage spécifiques, de la créativité et du dynamisme sont indispensables pour amener ces élèves à acquérir des connaissances. Patience et disponibilité de rigueur !

En primaire, il travaille au sein de classes d'intégration scolaire (Clis) ou d'un réseau d'aides spécialisées aux élèves en difficulté (Rased). Dans le secondaire, dans les unités pédagogiques d'intégration (UPI), les sections d'enseignement général et professionnel adapté (Segpa)…

L'enseignant spécialisé peut être rattaché à un centre médico-psycho-pédagogique (CMPP), un institut médico-éducatif (IME), un hôpital de jour, un service à domicile ou encore à des établissements publics comme l'Institut national de jeunes aveugles (Inja) et les Instituts nationaux de jeunes sourds (INJS). L'enseignant spécialisé est aidé par des psychologues*, des médecins*, des éducateurs* et des assistantes sociales*.

Ce métier est réservé aux **professeurs des écoles*** expérimentés.

Après le bac Cinq ans d'études pour être professeur des écoles (recrutement sur concours). La formation menant au CAPA-SH (certificat d'aptitude professionnelle pour les aides spécialisées, les enseignements adaptés et la scolarisation des élèves en situation de handicap) n'est accessible qu'après trois ans d'enseignement en élémentaire, au minimum.

Entraîneur/euse sportif/ve

Amener les sportifs motivés par la compétition au meilleur niveau, telle est sa mission, qu'il travaille auprès d'un seul individu ou de tout un groupe (sports collectifs et d'équipe). Excellent technicien dans une discipline qu'il a souvent lui-même pratiquée, l'entraîneur est d'abord un bon pédagogue. Maîtrisant le processus d'apprentissage, il élabore des exercices appropriés, selon un rythme, une progression et une intensité adaptés à chacun. Il est aidé par des **conseillers techniques** et des **préparateurs physiques**.

Meneur d'hommes, l'entraîneur motive ses troupes, les encourage à aller de l'avant, à se dépasser. Son travail s'appuie sur l'analyse des résultats obtenus en compétition et sur l'observation des athlètes. Footballeur* évoluant sur le terrain, judoka sur le tatami ou sprinter en piste, il repère les fautes techniques et tactiques, les mauvais gestes, les défaillances physiques (blessures, fatigue) et mentales (découragement).

Au sein d'un club ou d'une fédération sportive, l'entraîneur n'a pas toujours un rôle facile. Porté en triomphe en cas de victoire ou décrié lors d'une défaite, il est tenu responsable des résultats. Force de caractère et esprit d'équipe indispensables.

Après le bac De trois à cinq ans d'études pour préparer le diplôme d'État de la jeunesse, de l'éducation populaire et du sport (DEJEPS) perfectionnement sportif, ou le brevet d'État d'éducateur sportif (BEES) du troisième degré, ou le diplôme de l'Insep, ou encore un master STAPS à l'université, avec une spécialisation entraînement. Certaines fédérations proposent un diplôme spécifique (par exemple, le diplôme d'entraîneur professionnel de football).

* métiers traités dans le dico

Ergonome

Adapter l'outil de travail à l'homme, telle est la raison d'être de l'ergonome. Ce métier assez récent est d'abord apparu dans les ateliers et les usines afin d'améliorer les conditions de travail et la sécurité. Trop de bruit, de lumière, de poussière, des positions pénibles : l'ergonome analyse la situation et fait des recommandations. Son champ d'action s'élargissant, il est dorénavant associé, dès le début d'un projet industriel, à la conception d'un produit, d'un logiciel informatique, à la mise en place des matériels. Il a un droit de regard sur la construction des locaux et s'intéresse à l'organisation du travail. Avec pour souci de comprendre les réactions des hommes en situation de travail.
Concrètement, l'ergonome va sur le terrain, observe comment les gens travaillent, les écoute, puis établit un diagnostic et propose des solutions. Et c'est là qu'intervient son sens de la négociation. Car ses recommandations le mettent parfois en conflit avec la direction ou le personnel.
Débouchés dans les grandes entreprises industrielles et dans les hôpitaux.

Après le bac Cinq ans d'études à l'université en sociologie, en psychologie ou en sciences et technologies avec une spécialisation en ergonomie (master). Une discipline qui peut intéresser aussi les médecins, les ingénieurs…

Ergothérapeute

Pas facile d'enfiler ses chaussettes quand on a perdu un pouce, de se laver avec un bras paralysé ou de faire le ménage en fauteuil. Rééducateur du geste, l'ergothérapeute aide les handicapés à retrouver un maximum d'autonomie dans leur quotidien. Par le biais de jeux, de travaux manuels, il leur apprend ou réapprend patiemment les gestes usuels (couture, cuisine, écriture, menuiserie…). Tenir compte des capacités de récupération de chacun est indispensable. Car, là où deux semaines de travail suffisent à un patient pour récupérer force et précision, un autre mettra six mois.
L'ergothérapeute donne aussi des conseils pratiques pour l'organisation matérielle ou l'aménagement de l'espace de vie : installer une barre d'appui dans une douche ou des portes assez larges pour laisser passer un fauteuil… Suivant les situations, les solutions à trouver peuvent relever du système D. Il s'agit de faciliter, par tous les moyens, les gestes de la vie quotidienne.
L'ergothérapeute travaille à l'hôpital ou en centre de rééducation fonctionnelle, toujours en collaboration avec les médecins*, orthoprothésistes* et kinésithérapeutes*. Il est aussi amené à se déplacer au domicile de la personne handicapée pour l'aider à devenir indépendante.

Après le bac Trois ou quatre ans d'études pour préparer le diplôme d'État, obligatoire pour exercer. Accès sur concours ou après la première année commune aux études de santé.

Esthéticien/ne

Beauté, bien-être et jeunesse sont des valeurs montantes, pour les femmes comme pour les hommes, et l'esthéticienne se frotte les mains dans son institut ou dans sa parfumerie. Sa mission : raffermir et améliorer la texture d'une peau, cacher les imperfections d'un visage ou d'un corps, retarder les effets du vieillissement…
Identifier chaque type de peau (grasse ou sèche…), connaître les cosmétiques et les techniques de soin est primordial. Attention à ne pas provoquer une allergie avec une crème inadaptée ou à ne pas brûler une cuisse avec une cire trop chaude.
Polyvalente, l'esthéticienne peut épiler, maquiller, faire les ongles, appliquer un masque… Dans certains instituts, elle est spécialisée dans un type de soin. La **manucure** se consacre ainsi exclusivement à la beauté des mains.
L'activité est toujours fonction de la demande. Avant l'été, les clients se bousculent pour éliminer les poils superflus ou suivre des séances d'UV. En automne-hiver, ils privilégient les soins de peau. Professionnelle de la beauté, l'esthéticienne conseille sur le choix et l'utilisation d'un produit, incite à l'achat de tel ou tel autre.
L'esthéticienne est salariée d'un institut de beauté ou travaille à son compte comme artisan *[lexique/247]*. Après quelques années d'expérience comme **conseillère-vendeuse en parfums et cosmétiques**, elle peut évoluer vers un poste de **représentante en cosmétiques** ou de **conseillère en image** (un métier encore rare).

Après la 3e Deux ans d'études pour préparer le CAP esthétique, cosmétique, parfumerie, qui peut être complété, après deux ans d'expérience au minimum, par le BP (deux ans, souvent par apprentissage) ; trois ans d'études pour préparer le bac pro esthétique, cosmétique, parfumerie.

Après le bac Le BTS esthétique-cosmétique (deux ans) forme aux fonctions d'encadrement en institut de beauté ou dans des services de conception et de développement de produits cosmétiques.

Étalagiste-décorateur/trice

Synonyme : marchandiseur visuel.

Chaque année, à Noël, les grands magasins parisiens redoublent d'efforts pour séduire les passants, surtout les plus jeunes : ici, la reconstitution de l'atelier du Père Noël ; là, un voyage à la découverte des grands opéras. C'est à une véritable mise en scène artistique que se livrent les décorateurs, sans perdre de vue les objectifs commerciaux : une vitrine bien décorée attire les regards et les clients.

Il faut d'abord imaginer un décor qui mette en valeur les produits et donne envie aux badauds de les acheter. Ce travail de conception est, en général, effectué par un **architecte d'intérieur***. Ensuite, il faut réaliser le décor : c'est là, en principe, qu'intervient l'**étalagiste**. Habile de ses mains, il met en place les tentures et le mobilier, dispose les objets à mettre en valeur en recréant une ambiance. À lui aussi de régler l'éclairage.

Après la 3e Trois ans d'études pour préparer le bac pro artisanat et métiers d'art option marchandisage visuel.

Après le bac Deux ans d'études pour préparer les BTS design de communication option espace et volume ; communication visuelle ; management des unités commerciales ; ou suivre une formation spécialisée dans une école rattachée à une chambre de commerce.

Étanchéiste

Synonyme : étancheur.

C'est monsieur ou madame « antifuites » du bâtiment. Pour éviter les infiltrations d'eau dans les murs, les toitures ou les sols, l'étanchéiste réalise et pose des revêtements d'imperméabilisation. Bitume, colles synthétiques, polymères, élastomères, etc. : spécialiste des matériaux de l'enveloppe du bâtiment, il intervient en priorité sur les édifices comportant une terrasse (immeuble, parking, ouvrage d'art). C'est là que les risques d'infiltration sont les plus grands. Il effectue aussi des revêtements de sol en asphalte, et peut isoler un réservoir d'eau ou un barrage hydraulique. Des compétences techniques d'autant plus prisées que la profession comporte des risques : le bitume en fusion peut monter jusqu'à 200 °C. Attention aux brûlures et aux risques d'incendie ! Sans parler du danger à travailler en hauteur (façade, toit).

L'étanchéiste est employé par des entreprises du bâtiment ou par des sociétés spécialisées dans les travaux d'étanchéité. Avec de l'expérience, il peut devenir **chef de chantier**.

Après la 3e Deux ans d'études pour préparer le CAP étancheur du bâtiment et des travaux publics.

Après le bac Deux ans d'études pour préparer le BTS enveloppe du bâtiment, façades étanchéité. Accès avec un bac STI génie civil ou un bac pro du bâtiment.

Ethnologue

Synonymes : anthropologue ; chercheur en ethnologie.

Il vit avec une famille esquimaude au nord du Groenland, puis passe un an chez les Indiens d'Amazonie : l'ethnologue cherche à comprendre les civilisations. Étudier les liens de parenté ou le dialecte local, analyser les jeux et les habitudes corporelles, enregistrer les chants : cela n'est possible qu'en partageant de l'intérieur un mode de vie. L'ethnologue s'intéresse aussi aux sociétés occidentales : cohabitation de groupes de cultures différentes, persistance des traditions régionales...

Exerçant un métier d'observation, le chercheur* en ethnologie passe beaucoup de temps sur le terrain à regarder, à discuter et à prendre des notes. Dans son laboratoire, il prépare ses missions, se documente puis exploite et interprète les données recueillies. Il publie les résultats de ses analyses dans des revues scientifiques, participe à des colloques... De rares emplois à l'université, dans des organismes de recherche ou les musées.

Après le bac De cinq à huit ans d'études à l'université en ethnologie ou anthropologie (master, doctorat).

Expert/e auto

Conseiller technique et souvent arbitre, l'expert automobile est un professionnel de haut niveau qui doit allier de solides connaissances techniques avec des aptitudes à la négociation. Il intervient le plus souvent après un accident de la circulation, à la demande d'une compagnie d'assurances, d'un particulier ou d'une entreprise.

* métiers traités dans le dico

Il analyse d'abord les circonstances de l'accident, puis fait le bilan des dommages. Du flair, de la méthode et de la diplomatie lui permettent d'estimer l'état du véhicule et d'évaluer, avec le garagiste, le coût des diverses réparations.
Un rôle de conseil auprès des clients pour la vente et l'achat d'un véhicule fait partie de ses attributions. Il est indispensable d'actualiser constamment ses connaissances techniques en se tenant au courant des innovations survenues dans la construction automobile : mécanique, électronique, matériaux, carrosserie.
À noter : cette profession s'adresse aux **mécaniciens auto*** et aux **carrossiers-réparateurs*** expérimentés.

Après le bac Le diplôme d'expert automobile, obligatoire pour exercer, est accessible sur épreuves aux professionnels du secteur ayant effectué vingt-quatre mois de stage dans un cabinet d'expertise automobile.

Expert/e-comptable

Toute entreprise doit avoir une comptabilité juste et sincère. Cela intéresse les services fiscaux, les actionnaires et les banquiers qui souhaitent évaluer l'état de santé des entreprises. Chaque année, l'expert-comptable vérifie la régularité des comptes des entreprises qu'il a en charge.
Les missions de l'expert-comptable varient en fonction de ses clients. Une petite entreprise lui confie le traitement complet de sa comptabilité, depuis l'enregistrement des factures jusqu'au bilan annuel. De leur côté, les grosses sociétés doivent faire certifier leurs comptes par un **commissaire aux comptes**. Celui-ci est un expert-comptable agréé : 90 % des experts-comptables sont aussi commissaires aux comptes.

La profession est soumise à des périodes de travail intensif lors de la réalisation des bilans. Aimer analyser les chiffres et être rigoureux ne suffit pas. L'expert-comptable est souvent le conseiller privilégié du chef d'entreprise en matière de gestion, de fiscalité, d'organisation, de droit social. C'est un homme ou une femme de contact. Il exerce le plus souvent à titre libéral ***[lexique/247]***, seul dans son cabinet d'expertise ou avec des associés. On le rencontre également en entreprise sur des postes de cadre financier.

Après le bac Huit ans d'études dont trois de stage professionnel en comptabilité et gestion, à l'université ou en école, avant de préparer le diplôme d'expertise comptable ou le certificat d'aptitude aux fonctions de commissaire aux comptes.

Expert/e de la répression des fraudes

Il contrôle la conformité d'une crème solaire, d'un médicament ou d'une conserve de légumes avec les règles de sécurité sanitaire. Et rien n'échappe à sa vigilance. Cet expert a accès aux formules de fabrication des produits cosmétiques, agroalimentaires ou pharmaceutiques…
Une pommade peut contenir des substances nocives. En cas de soupçon, l'expert effectue des prélèvements à analyser en laboratoire de contrôle. Il s'appuie sur les directives européennes ou les règlements édictés par les professionnels sur les composants à bannir ou les doses à ne pas dépasser.
L'expert passe les trois quarts de son temps à « éplucher » des fiches produits, à étudier les éléments techniques de fabrication, mais aussi les supports de communication associés, car il traque également la publicité mensongère…
Dans le domaine de la santé, l'expert en répression des fraudes travaille en collaboration avec des pharmaciens* inspecteurs de santé publique qui sont assermentés par l'État. Fonctionnaire ***[lexique/247]***, il est recruté sur concours à deux niveaux.

Après le bac Accès avec le bac pour les **contrôleurs** ; avec un bac + 3 en sciences ou en droit pour les **inspecteurs**.

Ff

Fabricant/e

Pour lui, chaque parution est un défi à relever. Un retard pris en maquette, une rupture de stock papier, une machine en panne, aïe ! Qu'importe, le livre ou le magazine doit sortir à l'heure !

Salarié d'une maison d'édition ou de presse, le fabricant a pour mission de budgéter, planifier et contrôler la fabrication des livres. Depuis la remise des fichiers finalisés par le service éditorial jusqu'à la livraison par le routeur chez le distributeur, en passant par l'impression et la reliure, il s'assure du respect des délais et veille à la qualité de réalisation.

Comme le chef de fabrication en imprimerie* avec lequel il établit les conditions de prépresse, d'impression et de finition, le fabricant a une bonne connaissance de la chaîne graphique. À l'affût des innovations techniques, il recherche sans cesse de nouveaux fournisseurs afin d'ajuster les coûts et de satisfaire au mieux les besoins des éditeurs*.

Dans les petites structures, le fabricant est polyvalent : faire les devis, commander le papier, négocier avec le client, etc. On commence généralement sa carrière comme **assistant** ou **technicien de fabrication**. On termine, dans les grandes maisons d'édition, **chef de fabrication**.

Après le bac Deux ans d'études pour préparer le BTS édition.

Façadier/ère

Synonyme : enduiseur.

S'il est un métier créateur d'emplois dans le bâtiment, c'est bien celui de façadier. Autrefois, le **maçon*** posait l'enduit à la main. Avec l'arrivée des machines à projeter les enduits, un nouveau métier s'est créé.

À mi-chemin entre le gros œuvre et la finition, le façadier intervient dans tous les aspects de la façade. Grâce à des enduits de couverture prêts à l'emploi, il apporte étanchéité et finition aux murs. Le façadier peut passer du ravalement à l'isolation, du bardage au carrelage et à la peinture. Si vous êtes robuste et si de rudes conditions climatiques ne vous font pas peur, n'hésitez pas. Cette activité très variée manque de bons professionnels.

Après la 3e Deux ans d'études pour préparer le CAP maçon, le CAP plâtrier-plaquiste ou le CAP peintre-applicateur de revêtements ; trois ans pour le bac pro aménagement et finition du bâtiment.

Après le bac Deux ans d'études pour préparer le BTS enveloppe du bâtiment, façades étanchéité. Accès avec un bac STI génie civil ou un bac pro du bâtiment.

Facteur/trice

À pied, à vélo ou en camionnette, il distribue le courrier. Et, dans les campagnes, il est souvent l'interlocuteur privilégié des personnes vivant dans une ferme isolée. Les plus âgées n'ayant pas la possibilité de se rendre en ville dans un bureau de poste, il peut leur servir d'intermédiaire pour certaines opérations financières.

La journée du facteur est bien remplie : le matin, il trie le courrier puis part faire sa tournée avec son lot de cartes postales, de plis administratifs, de factures, d'objets recommandés… En route pour le domicile des usagers ! Le facteur relève aussi le courrier déposé dans les boîtes aux lettres.

Une bonne condition physique est indispensable pour exercer ce métier où il faut porter des charges parfois lourdes et affronter les intempéries. Il faut aussi avoir le sens du contact, être sérieux, autonome…

Après la 3e La Poste recrute parmi les titulaires du diplôme national du brevet, d'un CAP. Elle assure une formation professionnelle adaptée, de six mois à un an. Il existe un CAP distribution d'objets et de services à la clientèle, en douze mois par apprentissage à la Poste ou dans un CFA. Accès entre 18 et 25 ans avec le permis B.

Facteur/trice d'instruments de musique

La facture instrumentale fait coexister artisanat et industrie, techniques de pointe et tradition.

* métiers traités dans le dico

La fabrication des instruments à cordes (violon, guitare…) est du ressort du **luthier***. Celle de l'orgue, complexe, fait appel à de nombreuses techniques : travail du bois, des métaux et des peaux, mécanique, électricité et électronique. Elle requiert des compétences en acoustique, harmonique et une connaissance des styles et des techniques architecturales. Le **facteur d'orgues** peut s'entourer d'ébénistes, de tuyautiers, d'harmonistes, de mécaniciens…

Le **facteur de pianos** fabrique, répare ou entretient des instruments dans des ateliers et chez les marchands. L'**accordeur de pianos**, lui, veille à leur qualité sonore. Travailleur indépendant, il intervient au domicile des particuliers ou dans les magasins, pour contrôler la tension des cordes, la position des marteaux, la souplesse des touches… La note doit être juste ! Réparateurs et accordeurs s'associent et complètent leur activité par la vente d'instruments.

Après la 3e D'un à trois ans d'études pour préparer le CAP accordeur de pianos (accessible aux jeunes aveugles et déficients visuels), le CAP facteur d'orgues ou le CAP tuyautier en orgues. *À signaler :* le CAP assistant technique en instruments de musique option accordéon, instrument à vent, guitare ou piano (deux ans) peut être complété par le BMA technicien en facture instrumentale (deux ans).

Après le bac Deux ans d'études pour préparer le DMA facture instrumentale.

Femme-valet de chambre

Une salle de bains proprette, un lit fait « au carré » avec des draps qui sentent bon le frais… la chambre est un peu la vitrine de l'hôtel. Si les clients s'y sentent bien, ils resteront peut-être une nuit de plus ! Ou y reviendront à l'occasion d'un prochain séjour.

C'est à la femme de chambre – ou au **valet de chambre**, si c'est un homme – qu'on doit cette tenue impeccable. La clientèle ne la voit presque jamais. La discrétion est l'une de ses qualités. On lui demande aussi d'être soigneuse, méthodique et rapide. Aussitôt les clients sortis, elle s'active pour tout nettoyer et remettre en ordre. Sans toucher bien sûr aux affaires personnelles restées dans la pièce ! Il en va de la réputation de l'établissement. Dans les chambres auxquelles elle est affectée, le linge de toilette et de lit est retiré chaque jour, confié à la lingère pour nettoyage et remplacé par du propre. Les meubles sont époussetés, l'aspirateur passé et la salle de bains lavée. Selon la taille de l'hôtel qui l'emploie, la femme de chambre travaille seule ou en équipe, sous la houlette d'une gouvernante*.

Après la 3e Deux ans d'études pour préparer un CAP services hôteliers ; assistant technique en milieux familial et collectif ; maintenance et hygiène des locaux.

Ferronnier/ère d'art

« La base du métier, c'est le dessin », annonce cet artisan ferronnier. Car le ferronnier d'art est un créateur. Il conçoit et réalise des ouvrages en fer, en cuivre, mais aussi en inox, en acier, en plomb… destinés à la décoration intérieure (chenets, tables, lampadaires) et extérieure (portails, rampes d'escalier, grilles).

Qu'il s'agisse de créations contemporaines, de copies ou de restauration de modèles anciens, le ferronnier allie sens artistique et bonne connaissance du dessin (géométrique et d'art). Il travaille à partir d'esquisses, mais aussi de mesures et de repérages. Les pièces sont façonnées à la forge, en recherchant la perfection des volutes et des courbes. Les feuillagistes sont spécialisés dans l'élaboration de motifs ornementaux.

Le ferronnier d'art peut être salarié ou artisan *[lexique/247]*.

Après la 3e Deux ans d'études pour préparer le CAP ferronnier qui apporte les rudiments du métier.

Après le bac Deux ans d'études pour préparer le DMA décor architectural option métal, qui forme aux techniques de conception et d'aménagement d'espace. Accès avec un bac STI arts appliqués.

Fleuriste

Des roses rouges pour déclarer sa flamme, quelques brins de muguet pour porter bonheur à un ami, un bouquet de chrysanthèmes pour honorer ses chers disparus : les occasions ne manquent pas de rendre visite à son fleuriste. Tôt le matin, il se rend aux halles pour s'approvisionner en fleurs coupées, plantes vertes et arbustes. Il prend soin de ne pas les abîmer pendant le transport et les stocke dans des conditions idéales de température et de lumière. Des notions de botanique sont alors utiles. Maniant les ciseaux avec dextérité, le fleuriste fait preuve de sens esthétique. Il sait marier les différentes essences, formes et couleurs.

Le fleuriste peut exercer dans une boutique (salarié ou patron), en libre service dans une grande surface, sur les marchés ou dans une pépinière. Après plusieurs années comme **vendeur de produits horticoles et de jardinage**, il peut s'installer à son compte comme artisan *[lexique/247]*, à condition d'avoir les fonds et d'être formé à la gestion.

Après la 3e Deux ans d'études pour préparer le CAP fleuriste, qui peut être complété par le BP fleuriste (deux ans, souvent par apprentissage) ou par le BTM fleuriste (deux ans). Ces diplômes sont bien adaptés pour s'installer à son compte. Trois ans pour préparer le bac pro technicien conseil-vente de produits de jardin.

Fondeur/euse

En coulant le métal en fusion dans un moule en forme de fermeture à glissière, de bloc moteur, d'hélice ou de carter de boîte de vitesses, le fondeur fabrique rapidement des éléments complexes, avec toute la qualité requise. Grâce aux évolutions technologiques, les pièces comme les moules sont conçus par ordinateur et les fours de fusion mis en route automatiquement.

Lorsqu'il travaille en production, le technicien fondeur prépare les outillages, surveille le déroulement de la fabrication. Il repère les dérives survenues (dimensions des pièces) et apporte les corrections qui s'imposent. En cas de retard sur les délais prévus, il procède aux ajustements nécessaires. S'il exerce en bureau d'études ou de méthodes, il participe au choix et à l'élaboration des alliages, définit la suite des opérations de fabrication et les moyens de production.

Il peut être employé dans une usine de fonderie ou dans le service de fonderie d'une entreprise d'armement, de construction automobile, aéronautique ou mécanique. Il encadre le travail des ouvriers de fonderie, encore appelés **mouleurs-noyauteurs**.

Après la 3e Deux ans d'études pour préparer le CAP métier de la fonderie ou le CAP mouleur-noyauteur option cuivre et bronze ; trois ans pour préparer le bac pro fonderie.

Après le bac Deux ans d'études pour préparer le BTS fonderie, pour le technicien.

Footballeur/euse

Le ballon rond suscite toujours autant de vocations. La Fédération française de football a passé le seuil des 2 millions de licenciés (pour moitié âgés de moins de 20 ans !), mais rares sont ceux qui deviendront footballeurs professionnels...

La vie d'un **athlète de haut niveau** n'est pas faite que de trophées. La fatigue et le découragement sont aussi au rendez-vous. Faire sa place est très difficile. Même formés, seuls les meilleurs seront repérés et recrutés en qualité de **sportifs professionnels*** dans les grands clubs.

Après la 3e La filière du sport de haut niveau (pôles espoirs, puis pôles France) permet aux plus doués d'intégrer ensuite les centres de formation des clubs professionnels, tel le prestigieux Centre technique national du football de Clairefontaine.

Forgeron/ne

Sans marteau ni enclume, dans des usines automatisées et informatisées, les entreprises de forge produisent pour l'aéronautique, l'automobile, la robinetterie ou le nucléaire.

L'**opérateur en forge** est responsable de la conduite des machines (presses, marteaux-pilons...) qui réalisent des pièces par déformation de blocs de métal chauffés. Plusieurs machines sont nécessaires pour obtenir une pièce, chacune d'elles accomplissant une opération bien déterminée. Après lecture des documents techniques (plan de la pièce, suite des opérations à exécuter, etc.), le forgeron installe sur les presses les outillages qui vont donner sa forme au produit. Aidé de son équipe, il chauffe le bloc de métal à travailler, le place sur la machine et assure la mise en route des équipements. Une fois la pièce d'essai terminée, il procède à une série de mesures, effectue les réglages destinés à corriger les défauts constatés. Il lance alors la production en série, contrôle les pièces obtenues, repère les dérives survenues sur la forme ou les dimensions, apporte les mises au point nécessaires.

* métiers traités dans le dico

Le **technicien de forge** débute en production. Après quelques années d'expérience, il peut devenir **agent de méthodes** ou **d'études**. À lui, à ce poste, de déterminer la suite des opérations de fabrication à réaliser, de diriger la conception des outillages et la fabrication des prototypes.

Après le bac Deux ans d'études pour préparer le BTS mise en forme des matériaux par forgeage.

Formateur/trice

C'est reconnu, la formation tout au long de la vie est une nécessité. Tout professionnel est amené à actualiser ses connaissances pour rester dans le coup. Ou à développer ses compétences afin d'obtenir une promotion, changer d'entreprise, voire de métier… Les organismes spécialisés fleurissent un peu partout et on trouve des formateurs dans tous les domaines : informatique, anglais, comme gestion ou marketing, voire cuisine ou patchwork… Cette activité peut être exercée de manière ponctuelle ou à temps complet, comme salarié. Être *free lance* ***[lexique/247]*** est possible, mais plus difficile.

Pour être formateur, aucun diplôme spécifique n'est demandé. Il faut avoir plusieurs années d'expérience dans un domaine professionnel et être en mesure de transmettre son savoir.

Après le bac Un niveau bac + 2 ou + 3 au moins est exigé pour les enseignements techniques, un bac + 5 pour les enseignements généraux (psychologie, sociologie, économie, gestion, droit).

Formulateur/trice

Le formulateur est capable de créer un shampooing qui coule comme du miel ou un liquide vaisselle qui sent la fraise. À partir des attentes des consommateurs en termes d'aspect, de couleur, de style, ce **technicien chimiste*** étudie la liste des ingrédients à ne pas utiliser. Ensuite, parmi quelques milliers de matières premières, il en choisit une vingtaine pour rendre l'aspect, la texture, le parfum souhaités.

À lui de contrôler la compatibilité entre le contenant et le contenu, de veiller à l'organisation et au suivi de la production ainsi qu'à la gestion des stocks.

Le formulateur travaille dans les industries cosmétique, pharmaceutique, agroalimentaire ou chimique. Il peut être employé par une agence spécialisée, voire une grande maison cosmétique. Certains exercent à leur compte en indépendant ***[lexique/247]***. Patience, capacité d'écoute, rigueur et curiosité sont des qualités essentielles.

Après le bac Deux ou trois ans d'études pour préparer un DUT chimie, un BTS biochimiste ou une licence pro en formulation. Cinq ans en école d'ingénieurs ou à l'université (master pro).

Fromager/ère

Les fromages, résultat d'un savoir-faire traditionnel, sont l'un des fleurons de notre pays. Le fromager est responsable des différentes phases : écrémer le lait frais, le chauffer, le faire cailler, séparer le caillé du petit lait, saler le fromage, puis le mettre en moule et, enfin, le retourner régulièrement pour que la croûte apparaisse. La manipulation de certains fromages, les tommes par exemple, demande de la force, d'autant que la mécanisation est limitée. En phase d'affinage, il faut déplacer les fromages de l'atelier de production à la cave où ils atteindront leur maturité.

Le fromager travaille dans des coopératives de taille modeste comme dans des établissements de plus de 100 salariés. Il a trois impératifs à respecter : la qualité du produit, l'adaptation à la variation du volume de lait traité, selon les saisons, et le respect des mesures d'hygiène strictes. Autonome, le fromager gère les commandes, sélectionne les produits et s'occupe de l'emballage. Il est en lien avec l'équipe de production, les producteurs laitiers, les transporteurs…

Commerçant ***[lexique/247]***, il vend ses produits dans sa boutique. Le fromager peut travailler en grande surface comme **vendeur spécialisé en fromagerie** ou **chef de rayon**.

Après la 3e Trois ans d'études pour préparer un bac pro bio-industries de transformation ou un diplôme professionnel de la vente spécialisée (du CAP au bac pro).

Après le bac Deux ans d'études pour préparer le BTSA sciences et technologies des aliments option produits laitiers.

Gg

Game designer

Synonyme : concepteur de jeux vidéo.
Donner du plaisir aux accros de la console, c'est l'objectif du *game designer*. Ce qui l'amène à se poser de nombreuses questions : qui sont les amis et les ennemis du héros ? De quelle façon pourra-t-il s'échapper de la prison ? Pour créer un jeu captivant, il faut l'adapter au public (enfants, ados, passionnés de sport, de jeux de rôles…) et connaître les produits existants. Le *game designer* invente une histoire avec des situations, des niveaux de difficulté, des épreuves, des pouvoirs, des décors sans cesse renouvelés. Une histoire qui reste ouverte, et à laquelle le joueur participe : si le jeu met en scène une bataille, par exemple, il faut prévoir les différentes options d'attaque et de défense offertes aux protagonistes. En définissant les règles et l'action du jeu, il doit aussi veiller à susciter des émotions chez le joueur. Car sans plaisir, le jeu est raté. Tous ces éléments seront consignés dans un scénario qui servira de référence aux infographistes*, animateurs 3D* et développeurs multimédias*.
Les studios de création recherchent des jeunes mordus de jeu vidéo, avec des bases en 3D et développement informatique, et un bon niveau d'anglais. On debute souvent comme ***level designer***.

Après le bac De deux ans d'études pour préparer le BTS communication visuelle option multimédia à quatre ou cinq ans en école (Supinfogame Aulnoy-lez-Valenciennes, École nationale du jeu et des médias interactifs numériques à Angoulême, Ensad à Paris) ou à l'université (master pro jeux et médias interactifs numériques à Poitiers et La Rochelle).

Garçon de café-serveur/euse

« Garçon ! » Le garçon de café, il faut l'attraper au vol. Toujours pressé, il passe les verres et les tasses au-dessus des têtes avec une adresse remarquable. Sourire, mémoire infaillible et rapidité sont les trois autres qualités requises dans ce métier. L'œil aux aguets, le **serveur** – ou la serveuse – se faufile inlassablement entre les tables, le plateau à bout de bras. En salle ou en terrasse, il prend les commandes et les apporte aux clients, encaisse et débarrasse les tables. Au comptoir, il prépare les boissons et sert les clients sur le zinc. Toujours debout, il parcourt quotidiennement des distances dignes de la Course des garçons de café. Et sa journée ne se limite pas aux heures d'ouverture ; une fois les clients partis, il range la salle et participe à l'approvisionnement de la cave.

Après la 3e Deux ans d'études pour préparer le CAP services en brasserie-café, qui peut être complété par la MC employé barman* (un an) ; trois ans pour le bac pro restaurant.

Garde champêtre

Proche de la nature et des habitants, il exerce son métier essentiellement dans les petites communes rurales. Il est chargé de la police des campagnes, constate et réprime tout acte de vandalisme ou d'insalubrité. Ses domaines d'intervention sont variés : la chasse, la

* métiers traités dans le dico

pêche, la protection des espaces naturels, les décharges sauvages, la pollution des rivières, le bruit, les loisirs motorisés, le camping non autorisé… Pour être efficace, il réalise des tournées sur le terrain. Selon la taille des communes, il peut être chargé du bon ordre dans les foires, les marchés, les sorties de lieux publics… Il peut aussi intervenir en matière de stationnement, de tonnage de poids lourds ou de respect des limitations de vitesse.

Après la 3e Accès sur concours de la fonction publique avec le diplôme national du brevet, un CAP ou équivalent.

Garde-côte

Contrairement à ce que son nom laisse entendre, il ne surveille pas les côtes, mais le territoire maritime. Le garde-côte exerce une surveillance douanière sur l'ensemble de la navigation maritime, qu'il s'agisse des courriers marchands, des navires de pêche ou de plaisance.

Agent de constatation des douanes ou **marin-contrôleur des douanes**, il est chargé de lutter contre le trafic de drogue, d'armes, la contrefaçon et la contrebande maritime. Son rôle est aussi de sauvegarder le milieu marin (contre la pollution des plaisanciers, le dégazage des paquebots en pleine mer) et de préserver les espèces menacées telles les baleines.

Après la 3e Accès sur concours de la fonction publique avec le diplôme national du brevet pour les agents de constatation des douanes.

Après le bac Accès sur concours avec le bac pour les marins-contrôleurs.

Garde d'espace naturel

Les gardes d'espaces naturels sont chargés de préserver les forêts, les étangs, les rivières, les parcs nationaux ou régionaux. Sans oublier les espèces qui y vivent. En uniforme, avec arme et insigne, les **gardes-pêche** et **gardes-chasse** luttent contre le braconnage – la pêche et la chasse sont des activités contrôlées. Comme le **garde moniteur des parcs nationaux,** qui fait appliquer la réglementation sur les sites protégés, ils dressent des procès-verbaux en cas d'infraction (vandalisme, pollution…). Leur rôle ne s'arrête pas là.

Agents de l'environnement, les gardes collectent des informations sur la flore et la faune : inventaire des espèces, comptage et suivi des populations (poissons et canards pour le garde-pêche ; gibier pour le garde-chasse ; marmottes et bouquetins pour le garde moniteur).

Pour éviter qu'une espèce disparaisse ou se développe en trop grand nombre, il leur faut parfois éliminer certains animaux ou, au contraire, réintroduire des espèces disparues. Ils doivent également protéger les zones de reproduction et d'hivernage.

Les gardes d'espaces naturels ont un rôle d'accueil et d'information du public (randonneurs, élèves). La capacité à communiquer complète des connaissances en zoologie, botanique et géographie. Avoir une bonne condition physique est essentiel, le travail s'exerçant en plein air, par tous les temps, parfois de nuit (pour approcher les bêtes).

Les gardes sont employés par des offices nationaux comme fonctionnaires ***[lexique/247]***.

Quelques-uns travaillent pour des propriétaires, associations, fédérations. Les parcs régionaux n'ont pas de gardes assermentés ; ils emploient des **gardes verts** ou des **guides animateurs**.

Après la 3e Accès sur concours de la fonction publique essentiellement avec un diplôme de niveau CAP au minimum, pour l'agent technique ; avec un bac au minimum, pour le technicien.

Garde du littoral

Le littoral, très fragile, a besoin d'être préservé. C'est le rôle du garde du littoral, un titre unique pour des emplois variés.

L'**agent d'entretien nature** répare ainsi les ganivelles, sortes de barrières en bois placées à l'arrière des dunes et qui servent de pièges à sable lorsqu'il y a du vent. Il nettoie les berges des étangs, recense et met en valeur des végétaux en bordure de canaux, pose des clôtures, débroussaille les digues. Le **garde**, lui, surveille les côtes, les entretient et les aménage. Il accueille aussi le public. Le **gestionnaire**, un cran au-dessus, a des fonctions de surveillance ; il assure un suivi scientifique, forme le personnel, valorise le site et supervise les travaux. Le **technicien** coordonne les interventions sur un ou plusieurs sites et participe à l'élaboration du plan de gestion.

Après la 3e Accès sur concours de la fonction publique avec un diplôme de niveau CAP au minimum, pour l'agent technique ; avec un bac au minimum, pour le technicien.

Garde forestier/ère

Synonyme : technicien forestier.

On l'appelait le gendarme de la forêt. Aujourd'hui, c'est un véritable technicien. Quelle que soit la structure dans laquelle il travaille, il se trouve le plus souvent sur le terrain, à surveiller la forêt. Au programme : décrire les parcelles, préciser les types d'arbres recensés, sélectionner les arbres à conserver et à couper (martelage), mesurer la superficie des parcelles (arpentage), marquer les limites des parcelles (bornage). Loin d'être un solitaire, le garde forestier travaille en équipe, notamment pour le martelage.

Le **technicien opérationnel forestier** veille à la bonne santé de la forêt, intervient lors de l'apparition ou du développement d'une maladie sur les arbres. Enfin, il conseille les promeneurs pour qu'ils protègent eux aussi la forêt. Le plus souvent fonctionnaire ***[lexique/247]*** de l'Office national des forêts (ONF), il peut travailler pour des organismes ou des propriétaires de forêts.

Après la 3e Trois ans pour préparer le bac pro gestion et conduite de chantiers forestiers requis pour présenter le concours de l'ONF (Office national des forêts).

Garde républicain/e

Il assure la sécurité et les services d'honneur de la présidence de la République, des instances gouvernementales et des hautes autorités de l'État.
Gendarme* mobile, le garde républicain appartient à une unité spécialisée de la gendarmerie. À cheval, s'il appartient au régiment de cavalerie, ou à moto, s'il appartient à l'infanterie, le garde républicain patrouille dans la capitale et ses abords. Les motards escortent ainsi dans leurs déplacements les personnalités du gouvernement, les souverains et chefs d'État étrangers. Les cavaliers, eux, surveillent les forêts.
Militaire, le garde républicain participe exceptionnellement au maintien de l'ordre dans Paris sur décision du ministre de la Défense. Plus souvent, il encadre les manifestations sportives à caractère national ou international (marathon de Paris, Tour de France...). Les jours de fête (14 Juillet, 8 Mai...), il défile et participe à des parades militaires. Certains gardes républicains, musiciens, jouent alors d'un instrument (fanfare de la cavalerie).

Après la 3e Les gardes républicains sont recrutés comme officier ou sous-officier de gendarmerie, ou encore comme gendarme adjoint volontaire. Les cavaliers doivent posséder un diplôme d'équitation du niveau galop 5 et mesurer 1,70 m ; les musiciens, un diplôme de conservatoire de musique ; les motards, le permis moto.

Garde-rivière

Les zones aquatiques sont fragiles. Au garde-rivière de les protéger et de les entretenir.
L'**agent d'entretien des cours d'eaux** est chargé de nettoyer les rivières, les sources, les marais... Il doit par ailleurs débroussailler puis planter leurs berges, réaménager des sentiers, supprimer des décharges sauvages... Il restaure aussi les fontaines et les lavoirs, améliore les systèmes d'épuration, lutte contre l'érosion...
Le **technicien de rivière** encadre pour sa part les agents d'entretien et assure un rôle de conseil auprès des directions départementales. Il définit et gère les programmes d'entretien et d'aménagement des rivières. Il travaille en collaboration avec les élus, les conseils généraux et les associations qui s'occupent de restaurer et d'aménager des cours d'eau.
Indispensable, pour ce métier qui s'ecerce à l'extérieur, d'avoir une bonne condition physique.

Après la 3e Accès sur concours de la fonction publique essentiellement avec un diplôme de niveau CAP au minimum, pour l'agent technique ; avec un bac au minimum, pour le technicien. *À noter :* la Maison nationale de l'eau et de la pêche (Mnep) à Ornans (Doubs) propose une formation d'agent technique polyvalent d'entretien des cours d'eau ouverte aux titulaires d'un CAP ou d'un BEP ayant une qualification ou une expérience de deux ans comme bûcheron*.

Après le bac La formation de conseiller technique en aménagement des systèmes aquatiques de la Mnep s'adresse aux titulaires d'un diplôme de niveau bac + 2 et aux bacheliers ayant une expérience de deux ans dans le domaine de l'environnement.

Gardien/ne d'immeuble

Agent de sécurité à double titre, le gardien d'immeuble doit veiller à la protection des appartements et des résidents, comme à l'état des installations. Un œil sur les allées et venues dans l'immeuble, il éloigne colporteurs et représentants de commerce, dirige les visiteurs égarés, dissuade les cambrioleurs. L'autre œil sur les locaux, il détecte les anomalies et recense les besoins en travaux. L'entretien des escaliers et des espaces verts, la collecte des ordures ménagères, la distribution du courrier sont aussi de son ressort.
Si la sécurité est primordiale pour celui qu'on appelle encore parfois « **concierge** », l'accueil, l'information et le conseil sont en bonne place dans la longue liste de ses attributions. Qui n'a jamais fait appel à lui pour un téléphone en dérangement ou une fuite d'eau chez le voisin ? Qui ne lui a jamais confié ses clés le jour du relevé des compteurs d'électricité ?
Polyvalent, le gardien est employé par des sociétés immobilières, des organismes HLM ou des syndicats de copropriétaires.

Après la 3e Deux ans d'études pour préparer le CAP gardien d'immeuble, en cours d'emploi, ou le CAP agent de la sécurité. Des diplômes appréciés, mais non exigés. *À noter :* le certificat d'agent polyvalent pour la gérance de logements sociaux, préparé en formation continue.

Gardien/ne de la paix

De jour comme de nuit, il assure la protection des biens et des personnes, les enquêtes judiciaires et le maintien de l'ordre public, sous l'autorité du **lieutenant*** et du commissaire de police*.
En patrouille dans un secteur donné, les gardiens de la paix veillent au respect des lois et des règles de sécurité, avec un

* métiers traités dans le dico

A B C D E F G H I J K L M N O P Q R S T U V W X Y Z

rôle préventif et dissuasif. Ils interviennent à la suite d'un appel d'urgence, en cas d'infraction (excès de vitesse, vol…) ou de troubles sur la voie publique (bagarre, tapage…). Certains sont affectés à la surveillance des gares et des aéroports, des postes frontières ou à la brigade anticriminalité (BAC).
Les gardiens de la paix participent aux activités de police judiciaire, du constat d'une infraction pénale à la transmission du dossier au procureur.
Le maintien de l'ordre public est assuré par les agents des compagnies républicaines de sécurité : **CRS** ou membres des unités d'intervention telles que le Raid.
Une bonne santé physique et mentale, du sens moral et des aptitudes au contact sont indispensables.
Fonctionnaire de police *[lexique/247]*, le gardien de la paix est recruté sur concours. Conditions requises : être âgé de 17 à 35 ans, de nationalité française, avoir une parfaite condition physique, une bonne acuité visuelle et mesurer 1,60 m au moins. Le gardien de la paix peut devenir **maître-chien***, **moniteur de tir**, **motocycliste** *(voir motard*)*, **sauveteur en montagne**, en suivant une formation spécialisée. Après quatre ans d'expérience, il peut devenir **lieutenant***.

Après la 3e Trois ans d'études pour préparer le bac pro sécurité-prévention, qui permet de se présenter au concours externe. Les admis suivent douze mois de formation à l'école de police. *À noter :* le concours pour les cadets et les adjoints de sécurité est ouvert sans condition de diplôme.

Gardien/ne de police municipale

Sous l'autorité du maire, il assure le maintien de l'ordre public et veille à la protection des personnes et des biens. Souvent sur le terrain, il surveille la sortie des écoles, réalise des contrôles de vitesse, procède au dépistage de l'alcoolémie, etc. Il effectue également des rondes de surveillance dans les quartiers afin d'y maintenir la sécurité.
Le gardien de police municipale n'a pas le droit d'engager des poursuites judiciaires. S'il interpelle un voleur de voiture, il doit faire appel à la police nationale, qui, elle, décidera des suites à donner à l'affaire. Alors que les grandes villes organisent de véritables services de police municipale, dans une petite commune, l'agent peut être amené à travailler seul.

Après la 3e Accès sur concours de la fonction publique territoriale avec le diplôme national du brevet, un CAP ou équivalent. Une fois le poste trouvé, une formation de six mois au Centre national de la fonction publique territoriale est prévue.

Gardien/ne de prison

Synonyme : surveillant d'établissement pénitentiaire.

En contact avec les détenus, il assure la sécurité dans les prisons et les maisons d'arrêt. Le gardien de prison effectue systématiquement la fouille des prisonniers et de leur cellule. À l'entrée en détention, à chaque sortie de cellule, mais aussi à chaque visite de la famille, de l'avocat ou des travailleurs sociaux. Il fait l'appel plusieurs fois par jour, surveille le service des repas, collecte et distribue le courrier après l'avoir lu.
Les mouvements sont nombreux à l'intérieur d'un établissement pénitentiaire. À lui d'escorter et de surveiller les détenus lors de la promenade, au terrain de sport, dans les ateliers de travail ou au parloir. Premier régulateur des tensions internes, le gardien de prison doit être un homme de dialogue. En collaboration avec des partenaires extérieurs, il doit pouvoir conduire et coordonner des actions de réinsertion. Rigueur, stabilité, sens du dialogue et autorité sont indispensables pour exercer ce métier à risque. Pratique de l'autodéfense ou du tir recommandée.

Après la 3e Accès sur concours avec le diplôme national du brevet ou équivalent, puis huit mois à l'École nationale d'administration pénitentiaire (Enap). Autres conditions : avoir au moins 19 ans, un casier judiciaire vierge, une excellente condition physique, mesurer 1,60 m au minimum et être apte au travail de nuit.

Gendarme

Toujours en uniforme, le gendarme assure la protection des personnes et des biens, dans les campagnes comme en ville, de jour comme de nuit.
Militaire et homme de terrain, il consacre un tiers de son temps à la sécurité civile. Vol, bagarre, suicide, meurtre, disparition : l'**officier de police judiciaire** a le même pouvoir d'enquête que le commissaire de police*.
Agent de prévention, il a aussi pour mission de surveiller le territoire et le réseau de communication : sécurité routière, police sanitaire, mais aussi sécurité des frontières. Le **chasseur alpin** patrouille ainsi aux abords de l'Italie et de la Suisse. Le gendarme se voit aussi confier des missions de défense militaire à l'étranger. Il peut également se spécialiser : **garde républicain***, **motard***, **maître-chien*** ou encore **moniteur de tir**.
Efficacité, dynamisme, sens des responsabilités et du devoir permettent de faire face à toute situation. Indispensables : un bon équilibre, une constitution robuste et le sens du contact.

Après la 3e Les sous-officiers sont recrutés de 18 à 36 ans sur dossier et tests. Aucun diplôme n'est exigé, mais le bac recommandé. Ils doivent être de nationalité française, avoir suivi la journée d'appel de préparation à la défense (JAPD), mesurer au moins 1,70 m pour les hommes ou 1,60 m pour les femmes, avoir une bonne acuité visuelle et une parfaite condition physique. Une fois sélectionnés, ils suivent douze mois de formation en école de gendarmerie pour obtenir le certificat d'aptitude gendarmerie, puis passent deux ans en unité.

Après le bac Les officiers sortent des grandes écoles militaires ou réussissent le concours externe (bac + 4 ou + 5, en droit de préférence, âge : moins de 26 ans). Ils suivent deux ans de formation à l'École des officiers de la Gendarmerie nationale de Melun (Seine-et-Marne).

Généalogiste

On fait appel à lui pour retrouver les descendants d'une personne décédée, des héritiers qui s'ignorent en raison de leurs liens de parenté très éloignés avec le défunt.

Les généalogistes successoraux, comme on les appelle, travaillent notamment pour les notaires. Ils consultent les certificats de décès, extraits de naissance, les listes électorales, les annuaires des professions, les sites web… Une démarche qu'entreprennent aussi les généalogistes familiaux pour retrouver la trace des ancêtres — et non celle des descendants — pour le compte de particuliers curieux de connaître leurs origines.

Le nez dans les archives la majorité du temps, le généalogiste est amené à se déplacer sur l'ensemble du territoire français, à l'étranger parfois, afin de recouper des informations. Une véritable course d'obstacles. Perspicacité, patience, rigueur et discrétion indispensables. Exerçant en libéral ***[lexique/247]***, le généalogiste doit se constituer une clientèle.

Après le bac Cette profession n'étant pas réglementée, aucun diplôme n'est exigé pour exercer. Trois ans d'études à l'université en histoire ou en droit (licence) sont toutefois recommandés.

Généticien/ne

Le champ d'utilisation du génie génétique ne cesse de s'étendre, en soulevant des problèmes d'éthique de plus en plus complexes (notamment sur les manipulations génétiques).

S'intéressant aux mécanismes de la transmission héréditaire, le chercheur* en génétique pose des questions essentielles sur l'homme. Le décryptage de la carte génétique humaine permet de mieux comprendre l'homme et de lutter contre les maladies grâce, entre autres, à la thérapie génique.

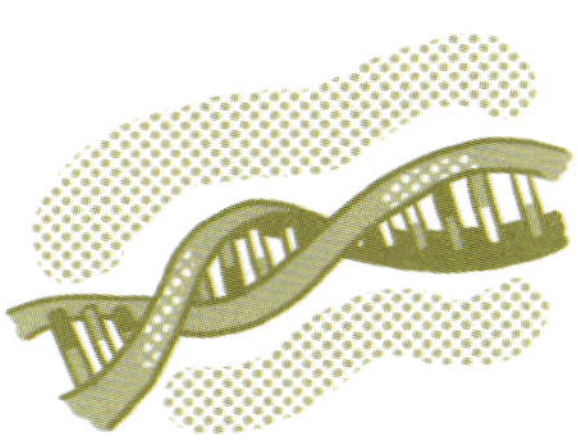

La génétique se conjugue avec de nombreuses autres disciplines : la démographie (Albert Jacquard a acquis une renommée internationale dans le domaine de la génétique des populations), l'agroalimentaire (mise au point du fameux maïs transgénique), la criminologie (les empreintes génétiques permettent notamment de retrouver les violeurs).

Après le bac Huit ans d'études pour préparer un doctorat en génétique.

Géologue

Détective moderne qui déchiffre les secrets de la Terre, le géologue ramasse des fragments de roche, fossiles, prélève du gaz au sommet d'un volcan… C'est un « homme de terrain ». Du microscope à la photographie aérienne, il s'intéresse aussi bien à un échantillon de terre qu'à un gisement d'uranium. Examiner la composition d'un métal permet, par exemple, d'émettre des hypothèses sur les risques de pollution qu'il peut engendrer dans une région. Le géologue cherche également de nouveaux gisements de matière première.

L'observation et la collecte des matériaux ne constituent qu'une partie de l'activité du géologue. Il doit aussi exploiter le travail en laboratoire, rechercher de la documentation sur le sujet et proposer de nouvelles interprétations sur l'histoire de notre planète, les relations entre le sol, le sous-sol, la biosphère… À la fois naturaliste et scientifique utilisant les données numériques, il a des compétences de physicien*, de chimiste* et d'informaticien*.

Il peut être secondé par le **technicien géologue** qui prélève des échantillons à étudier (pour sondages et forages) et effectue des dosages chimiques sur les roches. Un travail de terrain et de laboratoire. Quand le géologue est spécialisé dans l'étude des sols, il s'appelle **pédologue**. Quand il s'agit des nappes phréatiques, il est **hydrogéologue**.

Après le bac De deux ans d'études en géologie pour le technicien à cinq ans à l'université ou en école d'ingénieurs pour le géologue. Les postes sont très limités.

Géomètre-topographe

Étudier l'aménagement d'un quartier, opérer un remembrement, tracer une route, gérer la propriété foncière et immobilière… pour tous ces projets, il est le premier à intervenir.

L'œil rivé dans le viseur de son tachéomètre, le géomètre-topographe mesure et délimite le terrain et les propriétés du sous-sol. Technicien mais aussi juriste, il est chargé d'estimer la valeur d'un bien. Concepteur, il joue le rôle de maître d'œuvre et de conseil.

Robuste pour supporter les journées en extérieur sur un chantier, il doit être rapide et minutieux pour ses activités de bureau. Le sens de l'espace et une excellente vue lui sont indispensables. Travail d'équipe et rencontres variées (architectes, propriétaires, élus…) exigent aussi de sa part un sens aigu des contacts humains.

* métiers traités dans le dico

Le géomètre peut travailler en entreprise privée (spécialisée dans la construction d'autoroutes, par exemple) ou dans un établissement public. Dans ce cas, il est fonctionnaire employé par une collectivité locale, les services techniques des villes, EDF…
Pour être **géomètre expert foncier** installé à son compte, un stage est impératif avant de passer devant une commission afin d'obtenir le titre de géomètre expert.

Après la 3e Trois ans d'études pour préparer le bac pro technicien géomètre-topographe.

Après le bac De deux ans d'études pour préparer le BTS géomètre-topographe à cinq ans en école spécialisée pour l'ingénieur géomètre.

Gestionnaire de contrat

Synonyme : rédacteur en assurances.
Interlocuteur des clients de l'assureur, le gestionnaire de contrat règle les dossiers en cas de sinistre. Homme de l'ombre, il commence à travailler quand les clients ont déjà souscrit leur assurance.
Vous désirez protéger votre logement ou bien prendre une assurance vie ? Le rédacteur établit le contrat type, l'adapte à votre situation (en rédigeant les conditions particulières), le tout informatisé bien sûr ! Et comme il suit votre dossier, c'est lui qui fixe vos cotisations.
En cas de dégât des eaux ou d'incendie, il vérifie que les garanties souscrites correspondent au sinistre et se charge d'envoyer un **expert en assurances** pour évaluer les dommages. C'est lui qui déclenche le paiement et rédige un rapport sur l'affaire.
Rigueur, rapidité d'exécution, sens du contact, esprit de synthèse, voilà les qualités principales qui lui sont demandées. Il peut travailler chez un courtier*, une agence gérée par une grande compagnie ou une mutuelle. Il peut également exercer sur une plate-forme téléphonique pour gérer des dossiers en direct avec les clients.

Après le bac Deux ans d'études pour préparer un BTS assurance ou commercial ou encore un DUT carrières juridiques. Ces diplômes peuvent être complétés par une licence professionnelle (un an). Cinq ans en droit des assurances à l'université (master) ou dans un institut spécialisé, selon la complexité des tâches. La formation par alternance occupe ici une place importante.

Gestionnaire du sport

Du basket au vol à voile, en passant par le football et le canoë-kayak, toutes les disciplines ont besoin de personnel d'encadrement. Même dans le sport, il n'est plus question d'être déconnecté des réalités économiques. Les organisations publiques sont tributaires des subventions accordées par les villes, les départements, les régions. Les organisations privées doivent être rentables. Aux dirigeants de respecter les règles de base de la gestion et de la comptabilité. Ils assument le rôle de chef du personnel auprès de leur équipe (moniteurs*, entraîneurs*, profs de sport*…).
Si les bénévoles sont encore nombreux, les grosses structures ont besoin de professionnels à double compétence sport et gestion. Il en va ainsi des **responsables de salles multisports** ou des **directeurs d'équipement sportif**.
Le **conseiller territorial des activités sportives** est recruté par une municipalité sur concours (bac + 3). En plus des tâches de gestion, il oriente la politique des sports de la commune en faveur de l'école, des quartiers… et organise les grandes manifestations.

Après le bac Cinq ans d'études en management du sport à l'université (master STAPS) ou dans une école de commerce. Autre possibilité : préparer le diplôme d'État supérieur de la jeunesse, de l'éducation populaire et du sport (DESJEPS) spécialité performance sportive de niveau bac + 3 (exigences préalables fixées en fonction de la mention choisie).

Glacier/ère-sorbetier/ère

Spécialiste des produits glacés, le glacier-sorbetier prépare glaces, sorbets, mousses et autres entremets. Il connaît sur le bout des doigts les ingrédients nécessaires (sucre, lait, œufs, fruits…) et sait comment les doser pour parvenir à un résultat équilibré. Les arômes, des plus communs (vanille, café…) aux plus rares (kiwi, champagne…), n'ont pas de secrets pour lui.
Pour contenter une clientèle de plus en plus exigeante et vite blasée, il s'ingénie à mettre au point de nouveaux parfums. Les sorbets à base de fruits exotiques, les bavarois aux fruits des bois, les glaces aux amandes et noix de cajou gagnent du terrain sur les traditionnels cornets à la fraise ou au chocolat.

Les glaciers sont peu nombreux : la consommation de glaces est trop saisonnière pour leur permettre de rentabiliser leur affaire. Pour subsister, les artisans *[lexique/247]* choisissent de s'associer avec des boulangers-pâtissiers. Les industries agroalimentaires produisent des glaces en grande quantité et à moindre coût, leur faisant sérieusement concurrence.

Après la 3e Deux ans d'études pour préparer un CAP glacier fabricant. Il existe aussi des BM et BTM, diplômes des chambres des métiers.

Gouvernante d'étage

La gouvernante est la maîtresse de maison de l'hôtel. Elle veille au confort du client et se démène pour qu'il se sente comme chez lui. Si la clientèle ne la voit presque jamais, elle est bien présente dans les couloirs et les chambres.

Linge de toilette, parures de lit, mobilier, sols et sanitaires : tout doit être impeccable. Sans oublier la petite note décorative qui rendra la chambre attrayante. La gouvernante passe tout en revue avant de transmettre ses consignes aux femmes de chambre* et aux lingères*.

Véritable chef d'équipe, elle organise leur travail et le vérifie, n'hésitant pas à réapprovisionner elle-même un minibar qui aurait été oublié. Elle veille au bon état des installations et signale les travaux à effectuer.

La gouvernante d'étage fait preuve de méthode et de minutie. Elle a aussi le tact et l'autorité nécessaires à la gestion d'équipe. Le métier exige une expérience hôtelière de quelques années.

Après la 3e Trois ans d'études pour préparer le bac techno hôtellerie ; quatre ans pour le CAP services hôteliers (deux ans), puis le BP gouvernante (deux ans).

Après le bac Deux ans d'études pour préparer un BTS hôtellerie-restauration option mercatique et gestion hôtelière, ou un BTS responsable d'hébergement.

Graphiste

Un mot pour différents métiers : designer graphique*, designer publicitaire, *webdesigner**, infographiste*, maquettiste*…

Le graphiste exerce sa créativité sur différents supports : couvertures de livres, journaux, affiches publicitaires, dépliants commerciaux, logos, cartes de visite, emballages, pages Internet, cédéroms, habillage TV/vidéo, signalétique… Mission : créer un visuel à l'aide de textes et d'images qui transmettent le message que souhaite exprimer le client ou l'info que souhaite valoriser le journal.

Le graphiste conçoit la maquette. Il doit pouvoir assurer le suivi de fabrication. Il travaille en collaboration avec le directeur artistique dans une agence ou la presse, ou avec le client quand il est *free lance* ***[lexique/247]***.

Les débuts sont difficiles et les salaires modestes. Sans oublier qu'à chaque commande, il faut renouveler les preuves de son talent. Rythme de travail soutenu, angoisse de l'erreur, argumentations difficiles auprès des clients… c'est un métier qui demande une forte personnalité.

Après le bac De deux ans d'études pour préparer le BTS communication visuelle à quatre ou cinq ans en école d'arts appliqués.

Graveur/euse sur métal

Orfèvrerie, bijouterie, monnaies et médailles, gaufrage… les graveurs sur métal appliquent leurs techniques à différents domaines. La gravure en creux ou en taille douce est utilisée pour l'ornementation et l'impression : le dessin est gravé à la main, par enlèvement de métal, sur une pièce de bijouterie, d'orfèvrerie ou sur une plaque de cuivre pour la « gravure de ville » (cartes de visite, en-têtes de lettres) et l'illustration de livres. La gravure en modelé sur acier permet de réaliser des soldats de plomb, des trains miniatures, des couverts, des bijoux… à partir d'une matrice. Deux statuts possibles : salarié ou artisan. Bonne pratique du dessin et formation artistique nécessaires.

Après la 3e Deux ans d'études pour préparer le CAP métiers de la gravure, complété ou non par le BMA gravure (deux ans).

Après le bac Deux ans d'études pour préparer le DMA arts graphiques option gravure.

Greffier/ère des services judiciaires

Tous les tribunaux et autres cours de justice ont leur secrétariat : le greffe. Nommé auprès d'une juridiction de droit commun (tribunal d'instance ou de grande instance, cour d'appel, Cour de cassation et conseil de prud'hommes), le greffier des services judiciaires gère les dossiers pour les magistrats. Il enregistre les affaires, rédige les actes et assemble les pièces.

À lui aussi de prévenir les différentes parties (représentants de l'accusation et de la défense) des dates d'audience. Mais sa principale tâche consiste à authentifier les décisions de justice. Attention aux vices de forme ! Tout jugement rendu en l'absence du greffier peut être annulé.

Collaborateur direct des juges*, le greffier est présent à toutes les étapes de la procédure : il est le garant des arbitrages. C'est lui qui retranscrit officiellement les débats lors d'un procès et note les déclarations

* métiers traités dans le dico

des uns et des autres à la demande des avocats* ou des magistrats.
Il est amené également à rédiger les arrêts du tribunal et à dresser les procès-verbaux.
Autres aspects non négligeables de sa fonction : l'accueil et l'information du public. Le greffier des services judiciaires est le premier interlocuteur du citoyen dans le palais de justice.
Rigueur et méthode sont les qualités de base pour exercer dans un domaine où les affaires se succèdent. Une procédure mal engagée entraîne parfois l'annulation d'un jugement.
Fonctionnaire *[lexique/247]*, le greffier des services judiciaires est recruté sur concours (accès à bac + 2). Après quatre années d'expérience, il peut passer le concours interne de **greffier en chef**. Objectif : exercer des fonctions d'administration, d'encadrement et de gestion.

Après le bac Deux ans d'études pour obtenir le DUT carrières juridiques ou la L2 de la licence de droit et se présenter au concours. Puis, dix-huit mois à l'École nationale des greffes de Dijon. La licence de droit (bac + 3) permet de passer le concours externe de greffier en chef. Les lauréats suivent dix-huit mois de formation à l'École nationale des greffes.

Greffier/ère des tribunaux de commerce

Il tient le secrétariat du tribunal de commerce. Il enregistre les affaires relatives aux entreprises (contentieux, liquidations judiciaires, faillites…), assemble les pièces et communique les informations au président du tribunal. À lui encore d'organiser le déroulement de la procédure et de servir de relais entre le président, le procureur, le débiteur… Enfin, il rédige les actes et authentifie les décisions rendues.
Outre ses fonctions judiciaires, ce greffier assume des fonctions et des responsabilités économiques importantes. Ce qui explique son niveau de formation élevé. Il tient le registre du commerce — qui assure l'existence juridique et le statut d'une entreprise. Et il est le dépositaire des comptes annuels des sociétés commerciales. Il procède aux inscriptions de garanties — qui protègent les créanciers en les rendant prioritaires en cas de procédure collective ouverte à l'encontre de leur débiteur.
Enfin, il doit transmettre, à quiconque les demande, les informations qu'il détient sur les entreprises (identité, statut, bilan annuel, incidents de paiement).
À la différence du greffier des autres juridictions, il n'est pas fonctionnaire de justice, mais officier ministériel. Nommé par le garde des Sceaux, il doit acheter une charge ou s'associer en société civile professionnelle avec d'autres greffiers pour exercer.

Après le bac Quatre ans d'études pour préparer un master 1 de droit, puis un an de stage auprès d'un greffier de tribunal de commerce ou d'un juriste exerçant à titre libéral, par exemple comme administrateur ou mandataire judiciaire, notaire, huissier, avocat… avant d'espérer réussir l'examen professionnel.

Grutier/ère

Synonyme : conducteur de grues.
Perché à des hauteurs impressionnantes, le grutier fait figure d'acrobate des travaux publics. « *Quand on débute dans ce métier, on a tous un peu d'appréhension*, reconnaît Arnaud, *mais on oublie vite sa peur, car le métier a un côté grisant !* » De sa grue à tour, Arnaud domine le chantier et approvisionne en matériaux les équipes avec lesquelles il communique par radio.
Le métier n'est pas sans risques. Ainsi, lorsque le vent souffle à plus de 70 km/h, il peut rapidement devenir maître de la charge. Pas d'hésitation : il faut alors descendre ! Un grutier doit avoir une excellente vue, ne pas connaître le vertige, avoir du sang-froid et une parfaite maîtrise de soi. Responsable de l'entretien de sa machine, il doit toujours garder à l'esprit que le bon fonctionnement de sa grue est indispensable pour garantir la sécurité de tous sur le chantier. Souvent formé « sur le tas », il travaille sous la responsabilité du chef de chantier. Chaque année, plusieurs centaines d'emplois de grutier ne trouvent pas preneurs en France. Débouchés dans l'industrie du bâtiment, sur les zones portuaires et dans l'armée de terre.
À noter : pour exercer, il faut obtenir le certificat d'aptitude à la conduite en sécurité (CACES) délivré sur examen.

Après la 3e Deux ans d'études pour préparer le CAP conducteur d'engins, travaux publics et carrières, associé, pour davantage de polyvalence, à un CAP de mécanique, ou bien le CAP maintenance des matériels option matériels de travaux publics et manutention. *À noter :* après un minimum de deux ans d'expérience, le titulaire d'un CAP peut préparer le BP conducteur d'engins de chantier de travaux publics (deux ans).

Guichetier/ère

Vous partez aux États-Unis et vous souhaitez échanger vos euros contre des dollars ? Vous voulez ouvrir un livret d'épargne pour financer vos études ? Ces opérations sont effectuées par le guichetier ou chargé d'accueil de votre banque. Les opérations les plus courantes sont le retrait ou le versement sur les comptes bancaires, la remise de carnets de chèques et cartes de crédit, les transferts sur livrets d'épargne. Le guichetier informe aussi les clients sur les produits (compte sur livret, épargne-logement, virement, crédit…), avant de les orienter vers le conseiller financier. Nombre de banques fixent des objectifs commerciaux au guichetier, avec commissions sur les produits vendus. **Chargé d'accueil**, c'est le premier emploi dans une carrière bancaire, l'opportunité de découvrir les divers produits, les besoins des clients et d'évoluer ensuite, selon le niveau de formation. Il faut avoir un tempérament commercial et une grande capacité d'écoute, pour répondre à toutes les demandes… ou réclamations !

Après le bac Deux ans d'études pour préparer un BTS ou un DUT commercial. Les banques forment des bacheliers en alternance en vue du BP banque.

Guide accompagnateur/trice de tourisme

Synonyme : accompagnateur de voyages.

Un des rares professionnels du tourisme qui voyage. Accompagnant les touristes dans leur découverte du pays et veillant au bon déroulement du circuit, il est le lien entre le groupe et l'agence de voyages. Au départ, il reçoit les clients et vérifie que les formalités sont remplies (visas, passeports…). Sur place, il cherche les hôtels réservés, se met en contact avec le guide local. Attention, il faut une grande disponibilité, une forme physique à toute épreuve, de la diplomatie en cas de litige. Le professionnel doit aussi savoir trouver une solution face à l'imprévu.

Cet emploi n'existe à plein temps que dans les grandes agences. On voit des guides travailler comme accompagnateurs à la vacation. Des études de langues et d'histoire de l'art sont utiles dans ce métier, qui exige ouverture d'esprit et curiosité : les clients attendent des informations sur la culture, les coutumes et la vie du pays visité.

Après le bac Deux ans d'études pour préparer le BTS animation et gestion touristiques locales (en rénovation). Utile, ce diplôme n'est cependant pas obligatoire pour exercer.

Guide conférencier/ère

Le guide conférencier commente la visite d'une cathédrale, d'un quartier historique ou d'un musée… Ce métier est passionnant pour ceux qui s'intéressent à l'art ou à l'histoire de l'art, même s'il n'est pas de tout repos.

Dans le secteur touristique, on travaille surtout l'été, le week-end ou le soir. Le réseau Villes et pays d'art et d'histoire emploie 1 100 guides conférenciers agréés par le ministère de la Culture, et recrute régulièrement. Trente à quarante examens d'aptitude sont organisés localement par des communes ou groupements de communes de ce réseau. Les candidats admis sont recrutés comme vacataires par l'office de tourisme et payés environ 30 euros pour une visite de deux heures dans les villes qui font partie du réseau. Précaire, cette fonction est soumise à la saison et au volume d'activité de l'office de tourisme. À ne considérer que comme un complément d'activité.

Après le bac De trois à cinq ans d'études à l'université en histoire ou histoire de l'art (licence, master), à l'École du Louvre, aux Beaux-Arts…

Guide de haute montagne

Ski de randonnée dans les Grandes Jorasses, alpinisme et escalade dans le parc national des Écrins, il vous fait découvrir les sommets en toute sécurité. Et par tous les temps !

Ce spécialiste de la haute montagne forme les débutants aux techniques de l'alpinisme, encadre les passionnés pour des courses plus ou moins longues, entraîne les meilleurs pour la compétition. Muni de cordes, de mousquetons, de crampons et de piolets, il accompagne le particulier ou de petits groupes en expédition sur les cimes. Le guide connaît tous les terrains d'altitude (névés, rochers, glaciers, cascades de glace, canyons, séracs) et leurs pièges (crevasse, avalanche…). Pour assurer la sécurité des

A B C D E F G H I J K L M N O P Q R S T U V W X Y Z

* métiers traités dans le dico

grimpeurs, il doit avoir un niveau technique optimal et faire preuve de sang-froid afin de gérer des situations difficiles (tempête de neige, chute de cordée, mal des sommets…). L'activité des guides s'exerce surtout l'été. En hiver, beaucoup sont **moniteurs de ski*** ou **pisteurs-secouristes***. En intersaison, certains interviennent sur des chantiers du bâtiment pour des travaux de nettoyage ou de réfection grande hauteur : ce sont les **cordistes**. D'autres collaborent avec les gendarmes pour le secours en montagne.
Il est difficile d'exercer au-delà de 50 ans. Il faut penser assez tôt à sa reconversion.

Après la 3e Un peu plus de six ans pour obtenir le diplôme de guide de haute montagne, réservé aux personnes ayant une grande expérience de la haute montagne et un très bon niveau technique dans l'ensemble des disciplines que couvre l'alpinisme. La formation se déroule à l'Ensa (École nationale de ski et d'alpinisme). Accès sur examen à partir de 18 ans.

Guide interprète

À pied, en car, en bateau-mouche, le guide interprète encadre des groupes de touristes français ou étrangers, et commente les visites de monuments et de musées. Le matin à Versailles, l'après-midi à Notre-Dame, le guide interprète national parle plusieurs langues, est passionné d'histoire de l'art et a plus d'une anecdote dans son sac pour amuser les touristes !

Travaillant à la vacation, le guide est souvent payé à la journée ; il exerce parfois en indépendant. Quelques rares agences emploient leurs guides à plein temps *[lexique/247]*. Des périodes d'activité intense alternent avec une morte-saison, mais le développement du tourisme rural devrait équilibrer le métier. Le guide interprète doit aimer se déplacer et voyager ; il s'adapte à son groupe et tient compte du niveau culturel des personnes, de leur âge, de leur nationalité…
Le métier est réglementé, et la carte professionnelle est accessible avec le diplôme national de guide interprète. Celle de guide interprète régional s'obtient sur examen en région.

Après le bac Deux ans d'études pour préparer un BTS animation et gestion touristiques locales (en rénovation), qui permet de se présenter à l'examen de guide interprète régional. Le diplôme de guide interprète national se prépare en un an post-bac + 2. Accès avec le BTS cité ou une deuxième année validée de licence de lettres, langues et civilisations étrangères, histoire de l'art.

Gynécologue-obstétricien/ne

Qu'y a-t-il de plus beau que d'aider une femme à donner la vie ? Certainement rien aux yeux du gynécologue-obstétricien, qui doit faire en sorte que les accouchements se passent dans les meilleures conditions possibles.
Jusqu'au jour de l'accouchement, ce médecin spécialiste* contrôle, lors de visites régulières, le développement de l'embryon, puis du fœtus, et s'assure de la bonne santé de la mère. Le jour venu, secondé par les sages-femmes*, il aide la future maman à mettre son enfant au monde. Dans certaines situations, la pratique d'actes de chirurgie comme la césarienne est indispensable.
Seuls son sang-froid et son bon équilibre nerveux l'aident à gérer les imprévus. Et comme une naissance n'attend pas, le gynécologue doit être prêt à intervenir 24 heures sur 24. *À noter :* ce métier peut s'exercer au sein des hôpitaux civils ou militaires.

Après le bac Onze ans d'études médicales à l'université : après réussite au concours de fin de sixième année, les internes s'inscrivent en gynécologie-obstétrique (cinq ans de spécialité).

Hh

Horloger/ère

La montre à quartz avait déjà remplacé la belle mécanique. Aujourd'hui, c'est la montre elle-même qui est peu à peu délaissée au profit du téléphone portable à indicateur horaire. Pourtant, la montre traditionnelle garde une place de choix dans la fabrication de luxe.

L'**ouvrier horloger** répare des montres, des horloges, des réveils, chez un artisan ou dans un magasin. Il peut faire du montage et de l'assemblage de pièces dans un atelier de fabrication.

Maître des techniques modernes, le **technicien horloger** est aussi fin connaisseur des pratiques anciennes. Il sait réaliser des pièces dans le style et refaire des éléments de mécanisme. Dans l'industrie, il fabrique ou contrôle des produits.

L'horloger est en contact avec des bijoutiers-joailliers*, graveurs sur métal*, ébénistes*...

Les ateliers d'horlogerie sont répartis dans toute la France. On peut y être salarié ou bien patron, avec le statut d'artisan *[lexique/247]*. Par sa connaissance des microtechniques, l'horloger intéresse des secteurs d'activité comme l'armement, la construction aéronautique...

Après la 3e Deux ans d'études pour préparer le CAP horlogerie pour l'ouvrier, complété par le BMA horlogerie (deux ans) pour le technicien.

Après le bac Deux ans d'études pour préparer le DMA horlogerie.

Horticulteur/trice-pépiniériste

Deux métiers qui exigent d'avoir « la main verte », mais qui diffèrent quelque peu.

L'**horticulteur** produit des fleurs et des plantes en pots. Le **pépiniériste** cultive et vend des végétaux d'extérieur : arbres fruitiers, arbustes, rosiers... Tous deux ont de beaux jours devant eux, car les besoins croissent chaque année. Qu'ils soient ouvriers ou techniciens, ils parcourent sans se lasser les allées d'une pépinière, surveillent les parasites à la loupe, taillent, arrosent, désherbent, protègent les semis, traitent les plantes contre les maladies...

Le pépiniériste et l'horticulteur participent également à la vente des végétaux et préparent les commandes (conditionnement, étiquetage, expédition). S'occuper de bananiers dans une pépinière, replanter les parterres dans le parc de Versailles, conseiller un « jardinier du dimanche »... toutes ces tâches exigent une intelligence pratique, une habileté manuelle, le sens de l'observation et, bien entendu, une passion pour les plantes. Certains travaux, comme les greffes, demandent plusieurs années d'expérience avant d'être parfaitement maîtrisés.

L'horticulteur travaille comme salarié dans une entreprise horticole ou chez un pépiniériste ; il peut aussi s'installer à son compte en tant qu'exploitant agricole *[lexique/247]*.

Après la 3e Deux ans d'études pour préparer le CAPA productions horticoles, ou trois ans pour le bac pro de même nom, niveau minimum pour qui veut s'installer.

Après le bac Deux ans d'études pour préparer le BTSA production horticole.

Hôtelier/ère

« *Le client est roi !* » Certes, mais un hôtel est une petite entreprise qui se préoccupe aussi de son chiffre d'affaires. Gestionnaire avisé, le directeur d'hôtel concilie ces deux impératifs. Il sait attirer et fidéliser les hommes d'affaires ou les touristes qui constituent sa clientèle, assurer le confort, la qualité de l'accueil et de la restauration qui font la réputation de son établissement. Il sait aussi gérer les dépenses courantes, prévoir les budgets, trouver les financements qui lui permettront de rénover l'équipement. L'encadrement du personnel d'étage et de la restauration lui incombe.

Dans un petit hôtel, le directeur est toujours disponible, effectuant les réservations et réglant le moindre problème. Au sein d'une chaîne hôtelière, c'est un véritable manager chargé de la promotion, de l'encadrement et de l'équilibre financier de l'établissement. Dans les grands hôtels, le directeur est assisté par un **directeur d'hébergement** et par un **directeur de la restauration**, chacun gérant son budget, déterminant les prix de la carte et des chambres.

* métiers traités dans le dico

Le métier fait appel au sens commercial et du contact. La connaissance d'une ou de deux langues étrangères (dont l'anglais) est un plus.

Une expérience de quelques années comme **chef de rang** *(voir serveur de restaurant*)* ou **maître d'hôtel*** est très appréciée.

Après le bac De deux ans d'études pour préparer un BTS hôtellerie-restauration ou responsable d'hébergement à cinq ans en école de commerce ou à l'université.

Hôte/esse d'accueil

Affichant un sourire imperturbable et une courtoisie à toute épreuve, l'hôtesse (la profession est très féminisée) connaît chaque recoin de l'entreprise, chaque salle du palais des congrès où elle exerce. Il lui revient de renseigner et d'orienter les visiteurs ou les clients. On la rencontre dans les grands magasins, les entreprises, les administrations, les offices de tourisme, les salons… Aux missions d'accueil (physique et téléphonique) s'ajoutent parfois des activités de secrétariat.

Souvent, les hôtesses sont recrutées le temps d'un congrès ou d'une saison ***[lexique/247]***. Des postes stables existent dans les entreprises et les magasins. Excellente présentation, goût du contact et résistance nerveuse sont indispensables.

La pratique d'une ou de deux langues étrangères ainsi que des connaissances en bureautique sont parfois demandées. Certaines agences font passer des tests en français.

La carrière d'hôtesse d'accueil est brève. L'évolution vers des postes d'encadrement, en agence d'hôtesses, est grandement facilitée par un bon niveau de culture générale et la maîtrise de langues étrangères. Possibilité de bifurquer vers les métiers du tourisme, de l'hôtellerie ou du commerce.

Après la 3e Aucune formation exigée, mais un bac pro orienté services ou une MC accueil-réception sont appréciés.

Après le bac Des écoles privées délivrent des diplômes d'hôte (en un ou deux ans), non reconnus. Le BTS animation et gestion touristiques locales (deux ans) est apprécié dans la profession.

Hôtesse de l'air

Un métier toujours auréolé de prestige qui peut aussi se conjuguer au masculin : **steward**. Les hôtesses de l'air et les stewards accueillent les passagers d'un avion et sont attentifs à leur sécurité et à leur confort tout au long du voyage. Sourire et courtoisie sont de rigueur ! Avant l'embarquement, ils effectuent un contrôle méticuleux de la cabine ; tout doit être en parfait état de marche. Pendant le vol, ils vont s'efforcer de rendre le voyage agréable aux passagers. Ils assurent les services de repas et de boissons. Hôtesses et stewards doivent être réactifs, et éviter l'affolement général lors d'incidents techniques. En cas de nécessité, ils sont amenés à prodiguer les premiers soins.

Le métier évoque la liberté, les voyages, voire le prestige… Le voyage, certes, mais au risque de ne pouvoir visiter que les halls d'aéroports de Chicago ou de Bangkok.

Dans ce métier, il faut pouvoir résister à la fatigue des incessants décalages horaires et supporter un rythme de vie très irrégulier. Les hôtesses ont toutefois accès à des emplois au sol si leur charge de famille ou leur santé l'exige.

Chaque compagnie aérienne définit ses propres critères de sélection. Certaines conditions sont obligatoires pour exercer ce métier : il faut être en bonne condition physique, savoir très bien nager, avoir une bonne acuité visuelle et être titulaire du certificat de formation à la sécurité (CFS) préparé dans un organisme agréé par la Direction générale de l'aviation civile (DGAC). L'armée recrute également du personnel navigant pour ses avions militaires.

Après le bac Recrutement avec le bac ou le niveau bac (en réalité, la plupart des candidats sont titulaires d'un bac + 2). Être âgé au minimum de 18 ans à l'entrée en formation. Maîtriser l'anglais, voire une seconde langue.

Hot-liner

« Bonjour, je vous appelle, car j'ai un problème avec ma connexion Internet. Que dois-je faire ? » À l'autre bout du fil, au cœur d'un centre d'appels, le *hot-liner* écoute, attentif. Casque sur les oreilles, micro devant la bouche et les yeux rivés sur son ordinateur, cet expert en pannes informatiques guide à distance les manipulations des utilisateurs en détresse afin de résoudre leurs problèmes.

Grâce à son sens relationnel et à ses capacités d'analyse, il est en mesure de répondre rapidement et efficacement aux demandes. Pour prendre en charge des dizaines d'appels par jour et garder son calme face à des interlocuteurs souvent en colère, patience, résistance au stress et pédagogie sont de rigueur !

Les perspectives d'évolution de carrière pour ces **téléconseillers*** très spécialisés sont bonnes, et nombreux sont ceux qui accèdent ensuite à des postes à responsabilité comme celui de **chef d'équipe** ou **superviseur**.

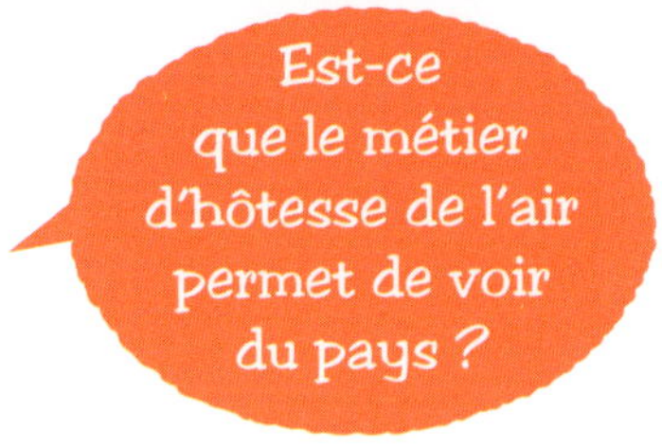

Après le bac De deux ans d'études pour préparer un BTS, un DUT ou un DEUST en informatique à cinq ans en école d'ingénieurs, un niveau de formation exigé pour les interventions plus complexes.

Huissier/ère de justice

Ce métier n'est pas toujours très populaire. Non sans raison puisque l'huissier est souvent porteur de mauvaises nouvelles : actions en justice, saisie des biens, expulsions… Chercher un arrangement avant d'en arriver à ces extrémités est, cependant, son premier souci. Le rôle de l'huissier ne se limite pas à établir des constats ou à procéder à des recouvrements de créances. Il peut diversifier ses activités en donnant des conseil juridiques (état des lieux, aide aux entreprises…) ou en organisant des ventes aux enchères s'il n'existe pas de commissaire-priseur* dans le secteur.

Comme le notaire, l'huissier ne peut pas s'installer où bon lui semble. Son statut d'officier ministériel l'oblige à acheter une charge avant d'être nommé par le garde des Sceaux. En contrepartie, il est le seul à pouvoir transmettre les actes et jugements des tribunaux ; il veille à ce que ceux-ci soient exécutés. La connaissance approfondie du droit, le *feeling* et un grand sens de l'humain sont les qualités d'un bon huissier.

Après le bac De quatre à cinq ans d'études à l'université (de préférence en droit privé avec une spécialisation en procédure civile et voie d'exécution), dans un IEP (institut d'études politiques) ou une école de commerce, puis deux ans de stage dans une étude d'huissier (avec cours à l'École nationale de procédure).

Hydraulicien/ne

Ouvrir le robinet pour se servir un verre d'eau est un geste simple, que l'on doit pourtant à des spécialistes. Parmi eux, l'hydraulicien.

Ce « maître de l'eau » connaît tout des réseaux d'irrigation et d'alimentation en eau potable et des réseaux d'assainissement.

Rien de plus logique pour un professionnel qui passe son temps à concevoir des réseaux d'approvisionnement, depuis les stations de pompage jusqu'aux consommateurs.

Pour cela, il évalue les installations nécessaires pour la distribution de l'eau et organise les projets. Puis il supervise les chantiers de captage et d'aménagement de sources, de construction de puits…

Qu'il travaille pour une société de traitement de l'eau ou pour un bureau d'études, il partage son temps entre des déplacements sur le terrain et des activités bureautiques. Il peut être amené à intervenir à l'étranger.

Après le bac Cinq ans d'études en hydraulique, hydrogéologie, génie sanitaire ou génie civil selon le projet à l'université (master pro) ou en école d'ingénieurs.

Hydrobiologiste

Synonymes : chercheur, ingénieur ou technicien en hydrobiologie.

Alerte ! Les poissons meurent dans la Seine, la couleur de l'eau vire dangereusement au noirâtre… Il faut appeler l'hydrobiologiste. Ce spécialiste établit un bilan détaillé de l'état biologique des rivières et plans d'eau : pollutions, dommages subis par la faune et la flore… Il définit les objectifs d'amélioration de la qualité des eaux et préconise les mesures propres à favoriser le repeuplement des rivières ou parfaire la gestion piscicole.

Les agences de l'eau et les bureaux d'études qui interviennent dans la gestion des ressources en eau sont très actifs, mais ont des effectifs réduits.

Les collectivités territoriales (conseils généraux et régionaux) ont une responsabilité importante en matière d'assainissement de l'eau : elles favorisent la rénovation d'une station d'épuration ou la réalisation d'un projet à vocation piscicole.

Les embauches dans les entreprises et les associations sont rares et concernent des projets précis. Quelques postes de chercheur dans les organismes publics : CNRS, Inra...

Après le bac De deux à huit ans d'études en biologie, avec une spécialisation dans le domaine de la gestion de l'eau, à l'université ou en école d'ingénieurs.

* métiers traités dans le dico

Ii

Iconographe

Ce chercheur d'images est à l'affût de tout ce qui peut illustrer un propos, un raisonnement, une démonstration. La difficulté : trouver la bonne image pour mettre en valeur un texte sans le supplanter, ni le paraphraser.

L'« icono » recherche des photos ou des illustrations (croquis, dessins, reproductions de tableaux...) qui répondent aux besoins éditoriaux. Le style des images doit être adapté au public, et leur format à la maquette. Il commande les images retenues par l'éditeur* ou le rédacteur en chef, et négocie leur coût en fonction du tirage de la publication (c'est-à-dire du nombre d'exemplaires vendus). La gestion des droits de reproduction et de diffusion est aussi de son ressort. Lorsqu'il existe une photothèque dans l'entreprise, il archive les images susceptibles d'être réutilisées. Documentaliste* spécialisé en images, l'iconographe peut travailler pour la télévision, la presse, l'édition, en *free lance* ou comme salarié ***[lexique/247]***. Chez les éditeurs, il se consacre aux livres illustrés (ouvrages d'art, guides touristiques, manuels scolaires, encyclopédies...).

Les nouvelles technologies (réseaux de transmission électroniques, traitement informatique de l'illustration...) et le développement des sites Internet bousculent la profession. Désormais, l'iconographe doit savoir utiliser les logiciels de consultation et d'archivage de fichiers numériques. Il est par ailleurs amené à travailler sur des images animées (vidéos, clips ou animations 2D ou 3D). On l'appelle alors recherchiste.

Le métier s'apprend essentiellement aux côtés d'iconographes confirmés. Il requiert une excellente culture générale, une grande mémoire visuelle, ainsi que le sens de la négociation.

Après le bac Deux à trois ans d'études pour préparer un DUT information-communication option gestion de l'information et du document dans les organisations ou une licence pro ressources documentaires (un an post-bac + 2). De trois à cinq d'études à l'université ou en école (INTD).

Illustrateur/trice

Doté d'un bon coup de crayon, l'illustrateur ne se contente pas de traduire un texte en images. À lui de rechercher les moyens d'expression et d'exécution appropriés.

Travail sur commande oblige (*free lance*) ***[lexique/247]***, l'illustrateur est souvent spécialisé dans une thématique (mécanique, médecine, faune…) ou dans un style (réaliste, humoristique…). C'est à ce prix qu'il acquiert une notoriété et fidélise une clientèle.

Dans la pub, l'illustrateur répond à une commande précise sous la houlette du directeur artistique* : il doit faire passer un message. Lorsqu'il est chargé de traduire les idées des créatifs en esquisses, on l'appelle *roughman**.

Dans la presse, l'illustrateur a davantage de liberté, mais il doit coller aux propos du journaliste*. C'est dans l'édition, notamment pour la jeunesse, qu'il fait pleinement jouer sa fibre artistique.

Il est difficile de percer dans ce métier, et plus encore d'en vivre. Être polyvalent permet, au début du moins, d'élargir son champ d'intervention. Même si la profession abrite de nombreux autodidactes, il est conseillé de suivre une formation pour acquérir les bases en dessin et maîtriser les outils de création.

Après le bac De deux ans d'études pour préparer le BTS communication visuelle ou le DMA arts graphiques option illustration, complété par le DSAA illustration médicale et scientifique (deux ans) éventuellement, à quatre ou cinq ans en école d'art (Arts-Déco, ECV, Esag…).

Infirmier/ère

À l'hôpital, ce professionnel des soins est chargé d'appliquer les prescriptions du médecin. Distribution de médicaments, piqûres, pose de perfusions, prises de sang, pansements… autant de tâches à haute technicité qui engagent la responsabilité de l'infirmier.

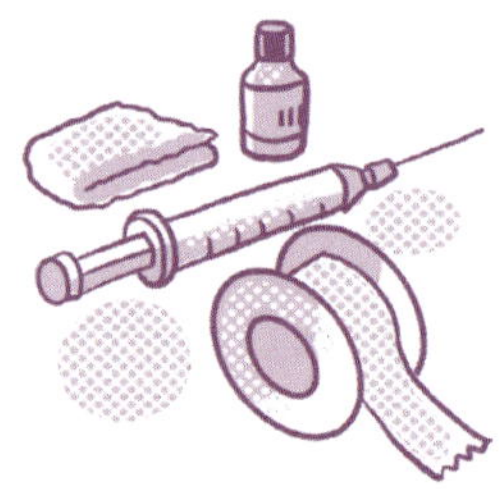

Sa présence au chevet du patient lui permet de surveiller l'état de santé, mais aussi le moral de ce dernier. Il suit de près les effets du traitement et l'évolution de la ma-

ladie. Des renseignements indispensables qui sont consignés dans le cahier de soins. La communication est une part non négligeable du travail de l'infirmier : dialogue avec le malade et sa famille, le médecin et, bien sûr, l'aide-soignant* ; échanges avec l'administration (papiers d'entrée et de sortie, installation dans le service...) et les autres services (prise de rendez-vous pour des examens, des soins spécifiques...).
Qualités exigées : résistance physique et nerveuse, conscience professionnelle et sens de la psychologie.
L'infirmier qui exerce à titre libéral ***[lexique/247]*** assure des soins en cabinet ou au domicile des patients. Certains infirmiers travaillent en établissement scolaire ou en entreprise à des actions de prévention, d'autres dans le cadre de l'armée comme **convoyeur de l'air** *(voir officier de l'armée de l'air*)*.
Après quelques années, il est possible de se spécialiser comme **infirmier anesthésiste*** ou **infirmier de bloc opératoire***, en reprenant des études.

Après le bac Trois ans d'études dans un institut de formation en soins infirmiers (Ifsi) pour préparer le diplôme d'État, obligatoire pour exercer. Accès sur concours.

Infirmier/ère anesthésiste

Au sein d'un hôpital ou dans un service mobile d'urgence et de réanimation (Smur), l'infirmier anesthésiste exerce un métier à part entière. Placé sous la responsabilité d'un médecin* anesthésiste-réanimateur, il participe aux anesthésies. Aux côtés du patient, il assure la surveillance pré, per et post-opératoire. Il participe à la prise en charge de la douleur chirurgicale aiguë en administrant les calmants nécessaires. Il peut également procéder à la réanimation des patients en arrêt cardiaque ou inconscients. Autant d'activités qui exigent des compétences spécifiques, une résistance à la fatigue et au stress. Le plus souvent au bloc opératoire ou en salle de réveil, en unité de réanimation ou de chirurgie, il peut exercer dans les maternités et les services des urgences.
Le métier est accessible aux **infirmiers*** et **sages-femmes*** expérimentés.

Après le bac Sept ans pour obtenir le diplôme d'État d'infirmier anesthésiste. Le DE se prépare en deux ans, après l'obtention du DE d'infirmier (trois ans) complété par deux années d'expérience professionnelle. Accès sur concours.

Infirmier/ère de bloc opératoire

Comme son nom l'indique, cet infirmier exerce presque exclusivement en bloc opératoire. Toujours debout, il y assiste le chirurgien pendant l'intervention. Une activité qui requiert une bonne résistance physique et des connaissances spécifiques, en chirurgie comme en hygiène hospitalière. Car, avant une opération, l'infirmier de bloc opératoire doit préparer la salle. Il veille à sa stérilisation et dispose avec soin les instruments chirurgicaux, les produits pharmaceutiques et les appareils électriques. C'est lui qui accueille le malade au bloc, le prépare et le soutient (physiquement et moralement).
Le métier est accessible aux **infirmiers*** et **sages-femmes*** expérimentés.

Après le bac Sept ans pour obtenir le diplôme d'État d'infirmier de bloc opératoire. Le DE se prépare en dix-huit mois après l'obtention du DE d'infirmier (trois ans) complété par deux années d'expérience professionnelle. Accès sur concours.

Infographiste

Synonyme : infographiste 2D ou 3D.

À l'écran, une carte de la France avec de gros nuages qui se déplacent sur une ligne qui va de Toulouse à Strasbourg. Que deviendraient les bulletins météo sans l'infographie, cette technique qui associe l'art du dessin et l'outil informatique ? Dans la presse, on l'utilise pour représenter des mouvements de troupes sur la carte d'un pays en guerre ou pour réaliser des graphiques d'analyse financière.

Grâce à l'informatique, l'infographiste peut transformer un croquis en image numérique 3D (en trois dimensions). Au cinéma, par exemple, il crée des personnages de synthèse et des décors virtuels. Le métier varie en fonction du média : cinéma, télévision, publicité, presse, jeux, sites web, cédéroms... Le jeu vidéo et les effets spéciaux pour le cinéma offrent, notamment, des opportunités d'emploi. L'infographiste exerce en *free lance* ***[lexique/247]***, ou comme salarié dans une entreprise ou une agence de création visuelle. Après quelques années d'expérience, il peut devenir **directeur artistique***.
Un bon coup de crayon et un sens de l'esthétique très aiguisé sont indispensables, ainsi qu'une connaissance approfondie des logiciels de création graphique.

Après le bac De deux ans d'études pour préparer le BTS communication visuelle option multimédia à quatre ou cinq en école spécialisée (Supinfocom, Les Gobelins, Émile Cohl).

* métiers traités dans le dico

Ingénieur/e chimiste

Synonyme : chercheur en chimie.

Casque de vélo en polyester, vêtement en tissu synthétique, cartable en polyamide, carburant, parfum, dentifrice, médicament… leur point commun ? Ils proviennent de la transformation de composants naturels extraits de la mer ou du sous-sol (calcaire, minerais…). Ou bien ils sont dus à la création de nouvelles substances à partir de réactions chimiques.

Lorsqu'il travaille dans un laboratoire, l'ingénieur chimiste explore les molécules naturelles ou en crée de nouvelles. La production industrielle de médicaments et de cosmétiques, notamment, nécessite des installations automatisées. L'ingénieur en génie chimique conçoit et contrôle ces équipements en veillant au respect des règles de sécurité. De son côté, l'ingénieur technico-commercial est chargé de la commercialisation des produits… L'ingénieur chimiste encadre souvent une équipe de techniciens chimistes*.

Après le bac De cinq ans d'études en chimie à l'université (master) ou en école, pour les ingénieurs, à huit ans, pour les chercheurs (doctorat).

Ingénieur/e d'affaires

Synonymes : chargé d'affaires ; gestionnaire des comptes clés ; responsable grands comptes.

Tel le tailleur dans la haute couture, il vend des équipements sur mesure (machines, ordinateurs, lignes de fabrication) aux entreprises industrielles (construction automobile, mécanique, électrique…) ainsi qu'aux hôpitaux, aéroports et administrations. Cet ingénieur est spécialisé en électronique, informatique, mécanique, génie chimique...

L'ingénieur d'affaires commence par analyser la demande de l'entreprise cliente, telle qu'elle est décrite dans le cahier des charges. Il s'agit, par exemple, de mettre en place le système radar d'un aéroport, la ligne d'assemblage d'une usine automobile, le réseau informatique d'un hôpital… Avec l'aide des ingénieurs d'études, il élabore une série de propositions techniques (architecture des installations, performances des matériels…). Il établit un devis, puis entame les négociations avec le client.

Après la signature du contrat, il supervise l'installation des équipements sur le site, et met tout en œuvre pour assurer le bon déroulement du projet (respect des coûts, de la qualité et des délais). Une fois les travaux terminés, il assure la mise en service de l'installation, en présence du client, et le service après-vente (modification des équipements, amélioration de leurs performances…).

Après le bac Le poste requiert quelques années d'expérience comme ingénieur spécialisé. La fonction est ouverte aux diplômés des écoles de commerce et de gestion ayant une bonne culture industrielle et technologique. Cinq ans d'études dans tous les cas.

Ingénieur/e de la police scientifique

Il dirige une équipe chargée d'analyser les traces relevées sur un adhésif ayant servi à confectionner une bombe, de décortiquer les indices biologiques appartenant à l'auteur d'un viol, de réaliser des portraits-robots informatisés pour interpeller l'auteur d'un braquage de banque… L'ingénieur de la police scientifique cherche à identifier les auteurs d'infractions de toutes sortes. Ses enquêtes concernent aussi bien le terrorisme et le crime organisé que la petite et la moyenne délinquance.

Le champ d'action ? La France bien sûr, mais aussi les actions de coopération internationale dans le cadre d'Interpol. Signe de cette collaboration élargie, la police scientifique est non seulement au service de la Police nationale, mais aussi de la gendarmerie, des substituts du procureur et des juges d'instruction.

L'ingénieur travaille essentiellement en laboratoire, les déplacements sur les lieux du délit étant rares. Il peut être affecté aux services balistique, biologie, documents-traces (analyses de faux documents et écritures), incendies-explosions, physique-chimie-géologie (études des peintures, résidus de tir, verres…), stupéfiants ou toxicologie...

L'**ingénieur de laboratoire** est secondé par les **techniciens** et par les agents spécialisés, recrutés parmi les gardiens de la paix*.

Fonctionnaires ***[lexique/247]***, les ingénieurs et les techniciens sont recrutés sur concours à deux niveaux..

Après le bac Accès avec un bac + 2 dans la spécialité choisie pour le technicien et avec un bac + 5 dans la spécialité choisie pour l'ingénieur.

Ingénieur/e de la sécurité aérienne

Sans son extrême vigilance, chaque vol frôlerait l'accident. Cet ingénieur travaille au sein d'un service d'études de l'aviation civile, dans un centre de maintenance ou dans un aéroport. Il est responsable de l'installation, de l'entretien et du développement des équipements radioélectriques et électroniques qui assurent la sécurité des transports aériens : radars, systèmes d'atterrissage automatique, systèmes informatiques... Passionné de nouvelles technologies, il assume de lourdes responsabilités, car c'est de son travail que dépend la sécurité des passagers et de l'équipage. Ce métier attire de nombreux jeunes. Mais seulement une trentaine d'ingénieurs électroniciens des systèmes de la sécurité aérienne (Iessa) sont formés chaque année à l'École nationale de l'aviation civile (Enac).

Après le bac Cinq ans d'études pour préparer le diplôme de l'Enac. Accès sur concours avec un bac + 2 ou + 3. La formation dure ensuite deux ou trois ans selon le niveau d'entrée.

Ingénieur/e du BTP

Si un chantier avance, c'est grâce à l'ingénieur du BTP. Un intitulé de métier qui recouvre différentes réalités. Phase délicate, la préparation du chantier est confiée à l'**ingénieur des méthodes**. Aucun aspect ne lui échappe. Hommes, matériels, matériaux, il prévoit tout. Ensuite, l'**ingénieur de travaux**, secondé par le conducteur de travaux*, assure la bonne marche du chantier. Il dirige les hommes, veille au respect du budget et des délais.

Petits travaux ou grands projets de construction, l'ingénieur du BTP est partout. Dans les entreprises de travaux publics, il prend en charge la construction et l'entretien des équipements collectifs : lignes de TGV, routes, canalisations… Dans les entreprises du bâtiment, il fait sortir de terre un supermarché ou un lotissement. Il est présent à chaque étape : recherche de l'affaire, étude technique et chiffrage du projet, présentation au client, négociation, signature du contrat, étude et préparation de son exécution et, enfin, réalisation des travaux.
Les conditions de travail, sur le terrain, sont souvent difficiles, en raison des changements climatiques. Les ingénieurs de chantier ne sont pas assez nombreux pour couvrir les besoins. Ce métier s'exerce en entreprise du BTP, mais aussi au sein des collectivités locales comme ingénieur territorial (accès sur concours).

Après le bac Cinq ans d'études en école d'ingénieurs ou à l'université (master) avec une spécialisation en génie civil et construction.

Ingénieur/e du son

Synonymes : chef opérateur son ; directeur du son.
Il est l'« oreille » des plateaux de cinéma ou des studios d'enregistrement. L'ingénieur du son prête ses connaissances techniques et son sens musical à la production de films, à l'enregistrement de concerts en salle ou de disques en studio, à la retransmission de manifestations sportives et artistiques à la radio ou à la télévision.

Sa mission : obtenir un rendu réaliste et des propos intelligibles, donc créer l'équilibre entre dialogues, sons et musique. Son collaborateur est l'assistant son, appelé preneur de son ou bien perchman*. Horaires irréguliers, alternance de périodes d'activité et de chômage sont fréquents. La plupart des professionnels sont des intermittents *[lexique/247]*. Ils ont généralement acquis une expérience en tant qu'assistants avant de devenir ingénieurs du son. Et ils se sont souvent formé l'oreille en jouant d'un instrument de musique.

Après le bac De deux ans d'études pour préparer le BTS métiers de l'audiovisuel à quatre ou six ans en école de cinéma (la Fémis, Louis Lumière) ou de spectacle (Conservatoire national supérieur de Paris, École nationale supérieure des arts et techniques du théâtre), voire à l'université.

Ingénieur/e électricien/ne

Synonyme : ingénieur en électrotechnique.
Mettre au point des matériaux isolants pour le réseau EDF, créer un nouveau moteur électrique destiné au TGV, assurer le pilotage automatique d'une ligne de métro… autant de projets auxquels peut participer l'ingénieur électricien.

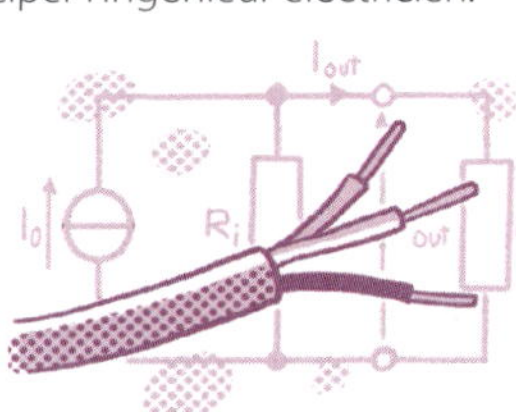

Son domaine professionnel est très étendu puisqu'il inclut les matériels électriques traditionnels (moteurs, alternateurs, transformateurs, disjoncteurs…), mais aussi les automatismes qui contrôlent ces équipements.
L'ingénieur électricien a des activités diverses. Dans un laboratoire de recherche (CNRS, EDF, par exemple), à la pointe de l'innovation, il peut concevoir des batteries pour satellites, des matériaux magnétiques… Chez un constructeur de matériels, il participe à la création de nouveaux produits ou à l'amélioration des modèles existants en s'aidant des résultats de la recherche. Dans une entreprise d'ingénierie, il définit l'architecture des installations électriques d'une usine ou d'un immeuble de bureaux, supervise la pose des matériels et du câblage, dirige les essais et la mise en service…

Après le bac Cinq ans d'études en électrotechnique à l'université (master) ou en école d'ingénieurs.

Ingénieur/e en construction aéronautique

Superviser une chaîne d'assemblage de Mirage 2000, participer à la construction de moteurs d'avions, d'Airbus A380 ou de satellites : quelques exemples des missions confiées à l'ingénieur en construction aéro-

* métiers traités dans le dico

nautique. Suivant sa formation de base, sa spécialité et ses goûts, il exerce des activités variées. À l'image des technologies utilisées dans le domaine de la construction aéronautique : électronique, mécanique, optique, matériaux composites…
Pour concevoir et réaliser des moteurs d'avions, des systèmes de propulsion pour fusées, des radars, des ordinateurs de bord, des équipements de toutes sortes, on fait appel à des spécialistes issus d'horizons divers. Tous de haut niveau et capables de maîtriser des connaissances techniques en constante évolution.
À côté de quelques groupes industriels, une multitude de PME fabriquent des équipements aéronautiques (équipement électronique d'aide à la navigation, commandes hydrauliques…). L'armée a également besoin d'ingénieurs aéronautiques.
Après quelques années d'expérience, l'ingénieur peut accéder à des postes de **chef de département** dans une grande entreprise, de **directeur général** d'une petite entreprise.

Après le bac Cinq ans d'études dans une école d'ingénieurs, de préférence spécialisée en aéronautique (Enac, Ensma, Ensta ParisTech, Estaca, Isae-Ensica, Isae-Supaéro) ou à l'université (master).

Ingénieur/e en construction navale

Établir des plans, suivre la fabrication du bateau, vérifier la conformité de l'exécution… autant d'activités dirigées de main de maître par les ingénieurs en construction navale.

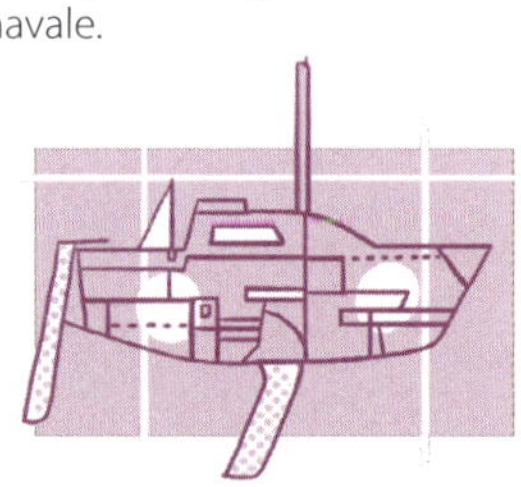

Au service recherche et développement, ils apportent des solutions aux problèmes techniques soulevés par l'architecte naval*, élaborent devis et plans selon le cahier des charges de l'armateur. Le contrat de commande signé, le service études revient sur chaque détail de la conception. À partir du dessin de la coque, le spécialiste en structures métalliques définit son épaisseur et met au point les renforts. Un autre, les accessoires : treuils, ancre, embarcations de sauvetage… Un autre encore, l'acoustique, la ventilation, le conditionnement d'air à bord.
Pour la partie machine, les spécialistes en mécanique, thermique, énergie mettent au point les équipements techniques de propulsion, de production et distribution d'électricité.
Les ingénieurs production concrétisent tout ce qui a été pensé, intégrant les impératifs de coûts, de délais, de qualité et de sécurité. Les constructeurs font appel à des professionnels de haut niveau pour exécuter la soudure, fondamentale pour monter le navire.
L'ingénieur en construction navale ajoute à une maîtrise de l'informatique et de l'anglais une haute technicité dans un domaine : matériaux, hydrodynamique, structures en composites…
Grands chantiers de construction, entreprises nautiques, petites unités de fabrication, services spécialisés des armées… partout, l'ingénieur en construction navale est un chef de projet.

Après le bac Cinq ans d'études en école d'ingénieurs spécialisée (Ensta ParisTech, Ensieta, École navale de Brest ou École centrale de Nantes).

Ingénieur/e en électronique

Synonyme : ingénieur électronicien.

Système de navigation, téléphone portable, télévision, guidage de missiles, contrôle du freinage d'un véhicule… l'électronique est présente dans la plupart des équipements professionnels et des produits « grand public ». L'ingénieur électronicien peut ainsi travailler dans des secteurs variés : fabrication de matériel électronique (radar, chaîne hi-fi…) ou médical, construction automobile ou aéronautique, télécommunications…

Dans un service d'études et développement, il peut participer à la création de nouveaux produits. Sur l'écran de son ordinateur, il établit, par exemple, le schéma d'un amplificateur, dessine des circuits électroniques avec leurs divers composants… Autre mission possible : procéder aux essais d'un prototype et vérifier qu'il possède les caractéristiques attendues

(qualité du son ou de l'image...). Il se verra encore confier le développement de logiciels de tests contrôlant automatiquement les produits fabriqués en grande série.
Cet ingénieur peut travailler dans un laboratoire de recherche, organiser la fabrication (définir la suite des opérations à réaliser, les moyens de production), vendre des matériels de haute technologie... ou exercer au sein de l'armée.

Après le bac Cinq ans d'études en électronique à l'université (master) ou en école d'ingénieurs.

Ingénieur/e en mécanique

La mécanique est à l'origine de toutes les technologies modernes. Sans elle, pas de satellites, de TGV, de plates-formes *offshore*, de robots, de moteurs ou de boîtes de vitesses. Conjuguée à l'électronique et à l'informatique, elle fournit aux autres secteurs industriels les équipements et composants dont ils ont besoin.

Dans un bureau d'études, dans une entreprise automobile ou aéronautique, l'ingénieur en mécanique participe à la création de nouveaux produits ou à l'amélioration de produits existants. Sur l'écran de son ordinateur, il peut concevoir une aile d'avion, un train d'atterrissage ou la forme d'un élément de carrosserie. Il détermine les contraintes subies par le système mécanique (température, résistance de l'air, frottements...) et en déduit les caractéristiques de chaque élément (diamètre d'un vérin, dimensions d'un roulement...). Ce travail nécessite de nombreux calculs réalisés à l'aide de logiciels spécialisés.
Dans une société d'ingénierie, l'ingénieur en mécanique conçoit les équipements utilisés par les entreprises industrielles. Il définit alors l'architecture des machines automatisées qui fabriquent des moteurs ou assemblent des carrosseries... Puis il supervise leur installation. Responsable d'une unité de production, il veille au bon fonctionnement des ateliers, assure le respect de la qualité et des délais, aide à résoudre les problèmes techniques, améliore l'organisation des postes de travail.
À noter : ce métier peut s'exercer au sein de l'armée.

Après le bac Cinq ans d'études en mécanique à l'université (master) ou en école d'ingénieurs.

Ingénieur/e en optique industrielle

Synonyme : ingénieur opticien.
Mettre au point et fabriquer des lentilles, des miroirs, des capteurs et autres instruments permettant de voir ce qui est inaccessible à l'œil humain, c'est le domaine de l'optique instrumentale. Mais l'essor de l'optronique et de la photonique ouvre de nouveaux champs aux ingénieurs opticiens. L'association de l'optique avec l'électronique et l'informatique a permis la découverte de techniques utilisées dans le domaine médical (laser), commercial (codes-barres, crayons optiques), industriel (robot optique), ou encore dans celui des télécommunications. L'optique sera bientôt au cœur du stockage et du traitement de l'information.
La plupart des jeunes entrent dans l'industrie sans passer par les laboratoires de recherche. Une bonne formation pluridisciplinaire de base est de rigueur, ainsi qu'une double compétence optique et électronique.

Après le bac Cinq ans d'études en optique, en photonique ou en optronique à l'université (master) ou en école d'ingénieurs.

Ingénieur/e environnement

Sa mission est de mettre l'écologie au service d'un environnement à sauvegarder. Il peut ainsi étudier l'impact de grandes opérations d'aménagement (construction d'une autoroute...) sur l'environnement ou contribuer à la protection de la nature sur un site ouvert au public. Dans l'industrie, il analyse et fait prendre conscience de l'incidence d'un produit sur l'environnement, à toutes les étapes de son cycle de vie. Si éviter les catastrophes écologiques (explosions d'usines, naufrages de pétroliers...) est son but, sensibiliser le personnel à la protection de l'environnement constitue pour lui une priorité.

De la verrerie à la pétrochimie en passant par l'agroalimentaire, les secteurs qui l'emploient sont variés. L'ingénieur environnement exerce son métier dans les bureaux d'études, d'ingénierie et de conseil, dans les industries et les associations, mais aussi dans le secteur public (administration, collectivités territoriales, recherche et enseignement).

Après le bac De cinq à six ans d'études en école d'ingénieurs comprenant une année au moins de spécialisation en écologie, environnement, génie rural. Les entreprises apprécient également la double, voire la triple compétence (droit, économie et/ou santé) acquise à l'université (master).

Ingénieur/e forestier/ère

Synonyme : ingénieur des eaux et forêts.

Sauvegarder nos forêts, les maintenir vivantes mais aussi rentables : des missions qui exigent l'amour de la nature, une bonne santé et surtout de très solides connaissances tant en gestion qu'en agriculture et botanique !

L'Office national des forêts (ONF), le ministère de l'Agriculture, plus rarement des propriétaires privés gèrent les forêts, les aménagent et les protègent. L'ingénieur forestier décide des coupes à faire et des essences d'arbres à planter pour le reboisement, choisit les « éclaircies » en faisant enlever de jeunes arbres, et veille à la construction des chemins ou des tranchées coupe-feu. Il gère également les ressources de la forêt : production de bois, implantation de terrains de camping, location de chasse… Établir un plan d'aménagement exige d'effectuer un travail d'enquête sur le sol, l'histoire, l'évolution de la forêt… d'ici à 50 ans !

À noter : les ingénieurs forestiers peuvent être fonctionnaires ***[lexique/247]***.

Après le bac Cinq ans d'études à AgroParisTech.

Ingénieur/e frigoriste

La chimie, l'agroalimentaire, les transports… dans les secteurs où la chaîne du froid est essentielle, on trouve un ingénieur frigoriste.

Les entreprises (agro)alimentaires – laiteries, usines de découpe et de conditionnement des viandes, de fabrication de surgelés… – sont ainsi toutes dotées de systèmes frigorifiques complexes. À l'ingénieur frigoriste de concevoir les appareils, d'organiser la maintenance des grandes installations pour éviter la panne et de planifier le travail des équipes, notamment des techniciens frigoristes*.

Cet « ingénieur du froid » peut travailler pour une société spécialisée dans les systèmes frigorifiques. Il définit alors l'architecture générale des grandes installations, établit les caractéristiques techniques des matériels (puissance à fournir…), etc.

Ce métier exige une mise à jour permanente des connaissances, car dans le secteur du froid, les technologies (automatismes, techniques de régulation, etc.) évoluent rapidement.

Après le bac De cinq à six ans d'études en école d'ingénieurs. Quelques-unes ont une spécialisation dans le domaine de l'énergie, du froid (Iffi). L'université délivre des masters.

Ingénieur/e logiciel

Synonyme : ingénieur études et développement en informatique.

Créer des logiciels de comptabilité, de gestion de stocks, de traitement d'images… destinés aux entreprises ou aux administrations, c'est le rôle de cet ingénieur en informatique. Un travail d'équipe qui débute par l'analyse et la description des tâches à exécuter par l'ordinateur. Suivront la rédaction d'un cahier des charges et la réalisation d'une maquette. Après la traduction du projet en langage machine, le logiciel pourra être réalisé.

Savoir passer d'un langage informatique à un autre, trouver les solutions à des problèmes nouveaux constituent de précieux atouts pour ce professionnel qui se tient au courant des évolutions technologiques. Des connaissances dans un domaine autre que l'informatique (électronique, industrie, banque…) lui sont très utiles.

L'ingénieur logiciel employé par une société de services et d'ingénierie en informatique (SSII) travaille en liaison avec les clients et se déplace pour les rencontrer. Les constructeurs et éditeurs de logiciels, les centres de recherche en informatique, les entreprises possédant un service de recherche et développement emploient également des ingénieurs logiciels.

À noter : ce métier peut s'exercer au sein de l'armée.

Après le bac Cinq ou six ans d'études en informatique industrielle et/ou en électronique, traitement du signal à l'université (master) ou en école d'ingénieurs orientée en génie logiciel.

Ingénieur/e militaire

Sans lui, les militaires n'auraient pas de chars ou d'armes. Car cet officier, qui travaille au sein de la Délégation générale pour l'armement, assure l'équipement des armées. De la construction aéronautique à la mécanique, en passant par les automatismes et l'électronique, il est spécialisé dans des domaines variés.

Il joue un rôle important dans la création des programmes d'armement. Il en prépare, dirige et contrôle l'exécution scientifique, technique et industrielle.

Il est amené à se déplacer souvent à l'étranger, et le sera de plus en plus avec la construction de l'Europe de l'armement. Sa polyvalence et ses larges connaissances techniques l'aident à assumer les lourdes responsabilités qui lui sont confiées.

Après le bac Cinq ans d'études dans l'une des grandes écoles militaires : école polytechnique, Ensta, Ensieta et les formations Supaéro et Ensica de l'Isae.

Ingénieur/e papetier/ère

Journaux, livres, papier pour imprimantes et fax, cartons d'emballage, essuie-tout, papiers spéciaux destinés aux travaux du bâtiment ou à l'impression de billets de banque… pour répondre à ces multiples besoins, l'ingénieur papetier met au point de nouveaux produits.

Responsable d'une unité de production, il assure le suivi de l'ensemble du processus, depuis la gestion des équipements et des stocks de matières premières jusqu'au contrôle qualité du produit. Fin connaisseur du papier-carton et de ses différentes utilisations, il maîtrise aussi toute la chaîne de fabrication.

Les industries papetières, qui ont largement automatisé leurs installations, recherchent des ingénieurs de production. Les PME (majoritaires dans ce secteur) privilégient en revanche les profils commerciaux.

Avec de l'expérience, l'ingénieur papetier peut accéder aux fonctions de direction d'une unité de production, d'un bureau d'études ou d'une usine.

Après le bac L'École internationale du papier, de la communication imprimée et des biomatériaux est le seul établissement en France à former des ingénieurs spécifiquement destinés aux industries papetières.

Ingénieur/e plasturgiste

Le plastique est partout : planches de surf, ballons de football, pellicules photo, pansements, chaussures, matériels médicaux, voitures. Et la plasturgie intègre tous les nouveaux procédés de transformation et de production. L'ingénieur est employé en recherche ou en fabrication. Au stade de la conception, il définit le cahier des charges, choisit les matières et les procédés de réalisation. Avant de lancer la production en série, c'est lui qui supervise les essais et les tests. C'est également lui qui organise toute la chaîne de production afin que la qualité des produits soit parfaite à la sortie de l'usine.

L'industrie de transformation des matières plastiques regroupe en majorité des PMI. Certaines d'entre elles ont acquis une dimension internationale. Du coup, l'ingénieur peut être amené à se déplacer, voire à occuper un poste à l'étranger.

Après le bac Cinq ans d'études en plasturgie à l'université (master) ou en école d'ingénieurs.

Ingénieur/e R & D en agroalimentaire

Synonymes : chargé d'études en R & D ; ingénieur d'études en agroalimentaire.

Un yaourt au goût nouveau, un plat cuisiné inédit... l'ingénieur recherche et développement (R & D) a un mot d'ordre : innover ! Il développe des produits novateurs, crée des gammes de produits, de leur composition à leur conditionnement. Il est également chargé d'améliorer l'existant tout en imaginant de nouveaux procédés de fabrication.

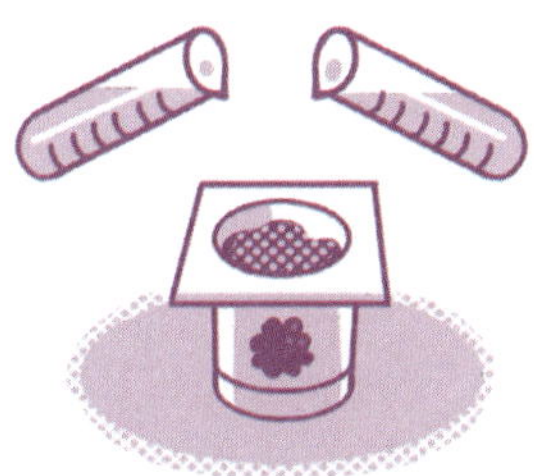

À partir des besoins des consommateurs identifiés par le service marketing, il conçoit un prototype avec les chimistes* et les biologistes*. Une fois le produit testé en laboratoire, et si les résultats sont concluants, celui-ci sera fabriqué à l'échelle industrielle.

L'ingénieur R & D doit sans cesse innover en tenant compte des contraintes liées au prix de revient et à la fabrication. En interne, il collabore avec de nombreux services : marketing, laboratoire, production... mais aussi avec les fournisseurs de matières premières.

Pour élaborer une recette ou concevoir un emballage, rigueur scientifique et créativité vont de pair. Cette fonction offre peu de postes, mais le métier est ouvert aux jeunes diplômés et constitue un bon tremplin de carrière. Débouchés dans les grands groupes agroalimentaires.

Après le bac De cinq à huit ans d'études en agroalimentaire, en biologie ou en chimie, dans une école d'ingénieurs ou agronome, ou encore à l'université (master, puis doctorat).

Ingénieur/e télécoms et réseaux

Synonyme : ingénieur en télécommunications.

Fibre optique, multimédia, téléphone mobile ou Internet constituent l'univers de l'ingénieur télécoms. Spécialiste de la transmission des informations (voix, données, images), il peut exercer des fonctions extrêmement variées.

Dans un service de recherche, il doit trouver les solutions techniques que les industriels utiliseront pour créer de nouveaux produits (composant hyperfréquences, transmission par satellite, etc.). Dans un service d'études, il va plutôt concevoir l'électronique d'un portable ou d'un relais hertzien, et développer les modules logiciels destinés à traiter les signaux numériques. Il peut aussi définir l'architecture d'un réseau d'entreprise. Dans une unité de production, il supervise l'assemblage des éléments matériels et des logiciels de produits complexes (centraux téléphoniques, par exemple).

L'ingénieur télécoms et réseaux est un véritable homme-orchestre. Il organise la circulation de l'information entre les différents services d'une entreprise ou entre l'entreprise et l'extérieur.

Une fois le réseau mis en place, cet ingénieur est responsable du bon fonctionnement de l'installation. Afin d'apporter la meilleure qualité de service aux utilisateurs, il fait évoluer le réseau au gré des besoins et des innovations technologiques disponibles sur le marché.

* métiers traités dans le dico

Après quelques années d'expérience, l'ingénieur télécoms et réseaux peut devenir **architecte de réseau**.

Après le bac Cinq ans d'études en électronique et en télécommunications à l'université (master) ou en école d'ingénieurs.

Ingénieur/e textile

Lycra, gore-tex, pansements biodégradables, absorbants pour hydrocarbures… dans leur composition n'entrent ni laine ni coton. Mis au point en laboratoire par des chimistes et des biologistes, ces produits répondent aux besoins de secteurs aussi différents que le bâtiment, l'ameublement, la médecine, l'agriculture, les transports… et le prêt-à-porter.

Superviser des travaux de recherche pour créer les fibres de demain, c'est l'une des voies qui s'offrent à l'ingénieur textile. Mais il peut aussi travailler dans une usine produisant l'une ou l'autre des nombreuses variétés de textiles existantes ou dans une entreprise spécialisée dans la confection de vêtements de sport, de lingerie… Là, il aura encore le choix entre le service de fabrication, celui du contrôle de la qualité, ou le secteur de la distribution, tourné vers le marketing. Responsable d'un service ou d'un projet, l'ingénieur textile aura accès, avec de l'expérience, à des postes de directeur d'unité de production ou d'usine.

Après le bac Cinq ans d'études en école d'ingénieurs spécialisée : Itech à Lyon, Ensait à Roubaix, Ensisa à Mulhouse, HEI à Lille.

Inséminateur/trice

Spécialiste de la reproduction d'un type d'élevage, l'inséminateur conseille l'éleveur et l'aide à planifier les périodes de fécondation, comme le rythme des naissances, selon les besoins de l'exploitation. Il surveille ou effectue lui-même les inséminations. Il est le plus souvent employé dans un centre agréé par le ministère de l'Agriculture. C'est un spécialiste recherché. Possibilité d'évolution professionnelle comme **ingénieur sélectionneur**.

Après le bac Diplôme requis : certificat d'aptitude aux fonctions de technicien d'insémination (CAFTI). Formation au centre de formation Anfiea de Miermaigne (28). Aucune formation préalable exigée.

Inspecteur/trice des affaires maritimes

Prévenir la pollution marine, assurer la sûreté des navires et sauvegarder les vies humaines en mer… voilà les missions de cet inspecteur. Il contrôle tous les bateaux, du plus petit navire de pêche au plus gros des pétroliers. Il suit leur construction, leur mise en service, effectue des visites régulières pour vérifier les équipements de lutte contre l'incendie, le transport de marchandises dangereuses et les conditions de vie des marins. C'est lui qui délivre les titres de sécurité et de sûreté du navire sans lesquels aucun bateau n'est autorisé à naviguer.

L'inspecteur a le droit de contrôler les navires étrangers en escale dans les ports français pour s'assurer qu'ils sont en état de prendre la mer, que la sécurité des passagers et de la cargaison est assurée. Les conventions et les réglementations françaises et internationales n'ont pas de secrets pour lui. Il doit aussi connaître les matériaux de construction (propriétés, résistance…).

Ce fonctionnaire *[lexique/247]* travaille pour les centres de sécurité des navires, les directions des affaires maritimes. On le trouve le plus souvent à bord des bâtiments, dans les ports ou sur les chantiers de construction navale.

Après le bac Formation de dix-huit mois dans une école des affaires maritimes (Bordeaux et Nantes). Accès sur concours à bac + 3 ou + 4.

Inspecteur/trice des finances

Rattaché au ministère de l'Économie, de l'Industrie et de l'Emploi, cet inspecteur contribue à une gestion rigoureuse et efficace des deniers publics et à la modernisation de l'administration. Il inspecte en priorité les services de son ministère. Mais il contrôle également le travail des fonctionnaires qui participent à l'exécution du budget de l'État, des collectivités territoriales, des établissements publics, et de tout organisme bénéficiant de fonds publics (une association, par exemple).
Rigoureux dans son travail d'investigation, l'inspecteur a le sens du contact, de la diplomatie et... de la courtoisie en cas de litiges. Ce fonctionnaire ***[lexique/247]*** est recruté à la sortie de l'ENA (École nationale d'administration).

Après le bac De trois à cinq ans d'études à l'université ou dans un IEP pour se présenter au concours d'entrée à l'ENA.

Installateur/trice en télécommunications

Synonyme : technicien télécoms réseaux.
Téléphones, fax, télécopieurs, mise en réseau d'ordinateurs, sonorisation de locaux ou surveillance vidéo... le domaine d'intervention de l'installateur télécoms est étendu. Homme de terrain, il met en place le matériel (prises, répartiteurs, autocommutateurs, etc.), pose les câbles et effectue les raccordements. Autres missions possibles : l'adaptation de logiciels aux besoins des clients, la maintenance et le conseil auprès des utilisateurs.
L'installateur télécoms exerce pour le compte d'entreprises d'installation et de maintenance en télécommunications, d'entreprises publiques (SNCF, EDF, RATP), d'hôpitaux... ou de l'armée.

Après la 3e Trois ans d'études pour préparer un bac pro électrotechnique, énergie, équipements communicants (EEEC) ou encore systèmes électroniques numériques (SEN).

Après le bac Deux ans d'études pour préparer un BTS domotique ou informatique de gestion option administrateur de réseaux locaux d'entreprise ou encore systèmes électroniques ; un DUT génie électrique et informatique industrielle (GEII) ou réseaux et télécommunications ou encore services et réseaux de communication (SRC).

Intégrateur/trice HTML

Synonymes : codeur web ; intégrateur web ; monteur HTML.
Il s'exprime dans un drôle de langage : le HTML pour *HyperText Mark-up Language*. Un langage informatique utilisé dans la réalisation des pages web, et qui s'écrit à l'aide de balises. Par exemple, pour centrer un texte sur la page, on le place entre les balises <center> et </center>. Il existe des balises pour chaque opération de mise en forme : le style des polices, la couleur, les effets de style, les sauts de ligne, les liens hypertextes... L'intégrateur HTML traduit en langage web le contenu d'un site avant la mise en ligne. Il doit connaître d'autres langages comme Java et JavaScript et maîtriser Flash et Director pour intégrer des images, des menus déroulants, des tableaux, créer des animations...
Pour travailler sur un jeu vidéo ou un cédérom, ce professionnel, qui s'appelle alors intégrateur multimédia, n'a pas besoin d'utiliser le HTML.

Après le bac Deux ans d'études à dominante informatique (BTS, DUT...).

Interprète

L'interprète est à l'oral ce que le traducteur est à l'écrit. Maîtrisant parfaitement deux langues ou plus, il est capable de traduire très fidèlement les discussions préalables à un traité international comme les échanges entre chercheurs réunis en séminaire. Avant chaque intervention, il doit acquérir le vocabulaire technique et comprendre les enjeux du débat qu'il aura à traduire.
Lors des grandes conférences ou à la télévision, on utilise la traduction simultanée. Depuis sa cabine, l'interprète traduit les propos de l'orateur au fur et à mesure. Écouter et parler en même temps exige une intense concentration et une grande agilité d'esprit. Heureusement, différents interprètes se relaient, en moyenne toutes les demi-heures.
L'interprétation consécutive est moins stressante. Elle consiste à restituer les propos d'un orateur après une dizaine de minutes d'intervention. Elle est souvent utilisée pour les négociations commerciales ou les réunions diplomatiques.
La grande majorité des interprètes travaille en *free lance* ***[lexique/247]***. Les autres sont salariés d'un organisme international ou d'une entreprise.

Après le bac De deux à cinq ans d'études en école spécialisée : École supérieure d'interprètes et de traducteurs (Esit) ; Institut supérieur d'interprétation et de traduction (Isit) ; Institut de perfectionnement en langues vivantes (IPLV) à Angers. Accès sur concours de bac à bac + 4.

* métiers traités dans le dico

Jj

Journaliste

Localier dans une agence du *Télégramme de Brest*, présentateur du JT de 20 heures, responsable des faits divers, **critique** de cinéma, **reporter** de guerre : un même métier, mais des manières bien différentes de l'exercer.

Le rôle du journaliste est de recueillir des informations (recherches documentaires, enquêtes, reportages et interviews), de les vérifier, de les trier et de les rendre accessibles au public. Pour traiter une information, le journaliste choisit un angle et s'efforce de capter l'attention du lecteur, auditeur ou spectateur en utilisant un style direct et vivant. Qualités requises : une bonne culture générale, du style, de l'aisance dans les relations humaines, de la débrouillardise, une curiosité toujours en éveil.

Au début de sa carrière, le journaliste est souvent pigiste *[lexique/247]* : il travaille de façon occasionnelle pour plusieurs titres et est rémunéré au nombre de feuillets rendus. C'est une bonne façon de se constituer un carnet d'adresses. Les lieux de travail des journalistes sont très diversifiés : presse écrite (généraliste ou spécialisée), audiovisuel (radio ou télévision), agence de presse, journal d'entreprise ou de collectivité territoriale, Internet et mutimédia (rédacteur web).

Le **correspondant de presse**, détaché dans un pays ou une ville, est chargé de transmettre les informations locales au siège du journal. Le **rédacteur en chef** anime l'équipe de rédaction, établit le sommaire des numéros et décide de l'importance à donner à chaque sujet.

À noter : le métier peut s'exercer au sein des services d'information de l'armée.

Après le bac De deux à cinq ans d'études en école de journalisme. Accès sur concours de bac à bac + 3. Mieux vaut choisir l'une des treize écoles reconnues par la profession, notamment pour entrer à la télévision.

Journaliste radio et télé

La voix de l'information, c'est lui ! À la radio, qu'il soit chroniqueur ou présentateur, le journaliste doit savoir capter l'attention de ses auditeurs en jouant sur le rythme et le ton de son discours. Brièveté et clarté sont les deux contraintes qui lui sont imposées, car chaque intervention est minutée à la seconde près. En un mot : il doit aller à l'essentiel !

Les **reporters radio** se rendent sur le terrain pour enregistrer des interviews, tandis que les **chroniqueurs** travaillent sur leur rubrique au bureau. À la télévision, en revanche, c'est d'abord sur l'image que le journaliste s'appuie pour faire passer son message, avant de l'enrichir par un commentaire. Il réalise ses reportages sur le terrain, accompagné soit d'un cameraman *(voir cadreur*)*, soit d'un preneur de son *(voir perchman*)*. Ce n'est qu'une fois de retour à la rédaction qu'il rédige et enregistre son commentaire. L'objectif est le même pour tous : transmettre l'information.

Après le bac De deux à cinq ans d'études dans une école de journalisme. En radio comme en télé, le passage par une école reconnue est fortement conseillé.

Journaliste reporter d'images

Caméra à l'épaule, le JRI (journaliste reporter d'images) part toujours en solo pour réaliser des reportages télévisés. Ce journaliste recueille des images et du son, fait des enquêtes et mène des interviews.

Avant le tournage, il fait des « repérages », c'est-à-dire qu'il prépare le terrain, évalue les possibilités de tournage, négocie les entretiens, etc. Lors du montage, il choisit les plans avec les monteurs* et rédige les commentaires.

Qu'il parte au bout du monde ou dans un quartier voisin, le JRI s'adapte à toutes les situations. Il peut être accompagné d'un ingénieur du son et d'un rédacteur pour les missions les plus délicates, faire appel à un « fixeur » qui prendra les premiers contacts et servira de guide sur place.

S'il travaille pour une chaîne télé, il couvrira plutôt des sujets d'actualité. Dans une agence, il travaillera sur des documentaires, qui demandent souvent une réflexion et une investigation approfondies.

Le JRI exerce souvent avec un statut de pigiste ou de *free lance* ***[lexique/247]***. Autonome, il séduit les rédactions, car il leur apporte un produit fini, immédiatement exploitable.

Après le bac De deux à cinq ans dans une école de journalisme, et plus particulièrement à l'École supérieure de journalisme (ESJ) à Lille, au Centre de formation de journalistes (CFJ) à Paris, au Centre universitaire d'enseignement du journalisme (Cuej) à Strasbourg ou dans les universités de Bordeaux et de Marseille, pour leur DU JRI.

Juge

Aimer la vérité et avoir le sens de l'équité : deux qualités essentielles pour pouvoir rendre la justice au nom de l'État.

Magistrat du siège, ce fonctionnaire ***[lexique/247]*** veille au respect des lois. À lui de statuer dans les affaires dont il a la charge, et ce, en toute impartialité ! Quels que soient les faits et les personnes, le juge ne prononce son verdict qu'après avoir étudié le dossier et entendu accusés comme accusateurs exposer leurs arguments dans un débat contradictoire. Lui seul fixe les sanctions et les peines, ordonne les dommages et intérêts.

Certains juges interviennent à un moment donné de la procédure. Dans les affaires pénales et criminelles, le **juge d'instruction** rassemble les pièces du dossier, réunit les preuves et interroge les témoins. Comme son nom l'indique, le **juge d'application des peines** détermine les mesures applicables aux détenus après leur jugement : sursis avec mise à l'épreuve, mais aussi permission de sortie, réduction de peine, semi-liberté, liberté conditionnelle...

D'autres se spécialisent dans un domaine. Le **juge des enfants** s'occupe ainsi des mineurs délinquants et joue un rôle plus préventif que répressif. Le **juge aux affaires familiales** traite les demandes de divorce, les conflits touchant l'autorité parentale, le droit de garde et de visite des enfants, les demandes de révision de la pension alimentaire, mais aussi les contentieux de filiation naturelle. Il a souvent un rôle de médiation et de conciliation.

Le juge peut exercer dans un tribunal d'instance ou de grande instance, auprès d'une cour d'appel ou à la Cour de cassation. Les opportunités de changement (lieu, fonction) font l'intérêt de la profession.

Après le bac Quatre ou cinq ans d'études en droit à l'université (master) ou dans un institut d'études politiques (IEP), puis trente-six mois à l'École nationale de la magistrature (ENM) à Bordeaux. Accès sur concours post-bac + 4.

* métiers traités dans le dico

Juriste d'entreprise

Synonyme : conseiller juridique.

Spécialiste du droit, le juriste d'entreprise a pour mission de défendre et de protéger les intérêts de son entreprise. Son rôle varie en fonction de la taille de la société qui l'emploie. Dans une PME, il assumera seul sa fonction et coordonnera l'intervention d'avocats* extérieurs. Dans un grand groupe, il exercera la plupart du temps au sein d'un service juridique structuré. Dans tous les cas, il doit s'assurer que l'entreprise agit bien en conformité avec la loi. Qu'il s'agisse des contrats de travail, de fiscalité ou de gestion de contentieux.

Associé à toutes les décisions commerciales, financières et techniques, il évalue les risques des opérations menées, imagine les montages juridiques les plus avantageux pour son entreprise. De plus en plus, il est associé au processus décisionnel des comités de direction. D'où le rôle grandissant joué par les juristes au sein des entreprises.

À la différence de l'avocat-conseil*, ce juriste est salarié de l'entreprise qu'il défend. Si leur statut diffère, ces deux professions tendent à se rapprocher.

À noter : le métier peut s'exercer au sein des services juridiques de l'armée.

Après le bac Cinq ans d'études en droit à l'université (master), notamment droit des affaires ou de l'entreprise, fiscalité, droit du travail... Une formation en école de commerce est aussi appréciée des recruteurs. Il existe un diplôme de juriste-conseil d'entreprise (DJCE) de niveau bac + 5. Il faut aussi pratiquer l'anglais et une autre langue étrangère pour exercer à l'international.

Juriste en droit de l'environnement

Avec la multiplication des normes environnementales et des directives européennes, les entreprises doivent faire appel à des juristes environnement pour suivre et faire appliquer la législation sur la protection de l'environnement. Il aide à la constitution de dossiers, comme les appels d'offres ou le lancement d'études juridiques : par exemple, le renouvellement d'un parc automobile avec la mise en place des directives sur les véhicules propres. Il est aussi chargé du volet contentieux. En cas de litige sur l'autorisation de fonctionnement d'une usine, il fait en sorte d'obtenir les arrêtés préfectoraux obligatoires. Il est également parfois contacté par un industriel qui s'est vu, par exemple, refuser l'attribution de l'écolabel pour sa lessive, alors qu'il s'apprêtait à la mettre sur le marché. Des associations de protection de l'environnement font régulièrement appel à ses compétences.

Les juristes environnement peuvent exercer à titre libéral ou être salariés par un grand groupe au sein d'une direction juridique, voire par une association ou une compagnie d'assurances.

Après le bac Cinq ans d'études en droit, avec une spécialisation en droit de l'environnement.

Juriste en propriété intellectuelle

Pourquoi est-il interdit de télécharger de la musique et des films sur Internet et de photocopier des livres ? Lorsqu'un artiste écrit un roman ou une chanson, compose une musique, l'idée et la réalisation lui appartiennent. Il gagne sa vie avec les droits d'auteur qui lui reviennent à chaque vente. Cela s'appelle la propriété intellectuelle et cela concerne les œuvres artistiques et littéraires, mais aussi les inventions des entreprises (propriété industrielle). C'est un juriste spécialisé en droit de la propriété intellectuelle qui veille aux intérêts des artistes et des entreprises. Il se charge de la négociation, de la rédaction et du suivi de tous les contrats qui empêchent la concurrence d'exploiter le filon. Il intervient également beaucoup dans le domaine des droits d'auteurs (plagiat) des artistes ou dans les cas de contrefaçon (imitation de produits de grande marque). Rigueur et langue anglaise indispensables !

Après le bac Cinq ans d'études en droit, avec une spécialisation en propriété intellectuelle.

Lad-jockey

Synonymes : cavalier d'entraînement ; lad-driver.

Cet emploi de sportif, qui s'exerce dès 16 ans, nourrit bien des rêves de gloire. Avant de devenir éventuellement jockey, on est d'abord lad : lad-jockey pour les écuries de courses de galop ; **lad-driver** pour les courses de trot. Cependant, monter en course et être jockey ne deviendra réalité que pour une élite (5 % des lads). Salarié chez un propriétaire ou chez un entraîneur, le lad commence tôt sa journée. Il partage son temps entre le nettoyage des écuries, les soins, la nourriture et l'entraînement des chevaux pour les courses à venir. Il monte les chevaux plusieurs heures par jour, ce qui n'est pas à la portée de tout le monde. Un métier dur qui s'ouvre de plus en plus aux filles.

Attention, c'est un métier difficile qui nécessite une bonne condition physique. Certains lads changent de métier tout en restant dans le monde hippique. Par conséquent, certaines grandes écuries manquent de lads…

Le **jockey** retenu pour la course est choisi parmi les lads. Il doit satisfaire à des critères de taille (entre 1,50 m et 1,65 m) et de poids (60 kg environ) et gagner les courses !

Après la 3e Un an d'études pour préparer un CAPA lad-jockey, lad-driver.

Libraire

Synonyme : commerçant ou vendeur spécialisé en librairie.

Quel roman emporter pour l'été ? Le dernier tome d'*Harry Potter* ou un policier de Marie-Aude Murail ? Demandez donc à votre libraire, il saura vous conseiller et partager ses coups de cœur. C'est un passionné des livres ! Le métier est très différent selon le cadre de travail. Dans un petit commerce de quartier, le libraire assume une multitude de tâches : commande des livres, réapprovisionnement du stock, étiquetage des prix, inventaire, présentation de la vitrine, contacts avec les représentants des maisons d'édition, organisation de séances de dédicace… Comme tout commerçant *[lexique/247]*, il doit réaliser un bon chiffre de ventes.

Dans les supermarchés ou les chaînes de distribution, il existe toute une hiérarchie de postes : du **vendeur*** au directeur de magasin*, en passant par le chef de rayon* spécialisé dans un domaine particulier (littérature, sciences, livres d'art, bandes dessinées…). Le libraire comme l'**employé de librairie** doivent suivre l'actualité littéraire afin de répondre à la demande du public.

Après la 3e Deux ans d'études pour préparer le CAP employé de vente spécialisé produits de librairie papeterie-presse, puis deux ans par apprentissage pour le BP libraire à Laval ou à Montreuil.

Après le bac Deux ou trois ans d'études pour préparer un DUT information-communication option métiers du livre ou une licence de lettres option librairie. Il existe aussi des licences pro.

Lieutenant/e de police

Synonyme : officier de police.

On les appelait inspecteur ou inspectrice. Ils sont désormais « lieutenants de police ». À Paris ou en région, leur but est la sécurité des personnes et des biens.

Placé sous l'autorité du **commissaire*** qu'il seconde, cet homme de terrain est chargé de mener des enquêtes, d'effectuer des missions d'information et de surveillance. En uniforme ou en civil, il peut travailler dans différents services : police urbaine, police judiciaire, renseignements généraux, surveillance du territoire…

Qu'il travaille seul ou en équipe, le lieutenant de police exerce un métier parfois dangereux, en première ligne. C'est lui qui est chargé des filatures, des interpellations, des « planques ». Sans passion pour son travail, il ne pourrait supporter les heures d'attente et les multiples interrogatoires nécessaires à l'aboutissement d'une enquête. Patience et sang-froid exigés.

Quand il n'est pas sur le terrain, le lieutenant assure des tâches administratives (rapports, procès-verbaux…). Il a, dans certains cas, des entretiens avec le procureur de la République et est en relation

* métiers traités dans le dico

avec le juge* d'instruction qui peut lui déléguer certaines de ses investigations. Ses tâches comme ses interlocuteurs sont variés. Il doit faire face à n'importe quelle situation, et ce, avec à-propos.

Fonctionnaire ***[lexique/247]***, le lieutenant est recruté sur concours avec un bac + 3. Le candidat doit être âgé de moins de 35 ans, être de nationalité française, avoir une parfaite condition physique, une bonne acuité visuelle et mesurer 1,60 m au moins.

S'il souhaite progresser, le lieutenant de police peut, après quatre ans d'exercice, passer le concours interne de **commissaire de police***.

Après le bac Trois ans d'études à l'université pour préparer une licence (droit de préférence) puis, après réussite au concours, dix-huit mois à l'École nationale supérieure des officiers de police.

Lingère

Le client ne la voit jamais, mais il lui sait gré de trouver des serviettes et des draps propres. Comme son nom l'indique, la lingère est chargée du linge. Elle débarrasse le sale et distribue le propre. Le lavage et le repassage sont le plus souvent confiés à la buanderie de l'hôtel – quand l'établissement en dispose – ou à une société extérieure de blanchisserie. La lingère peut également être chargée de l'entretien des uniformes du personnel : repassage, raccommodage, petits travaux de couture et, éventuellement, du pressing pour les clients.

Dans les établissements de petite taille, elle est seule ou assistée d'une **aide-lingère**. Dans les grands hôtels, elle travaille au sein d'une équipe placée sous l'autorité d'une **chef lingère**, voire de la **gouvernante***.

À noter : le métier de lingère s'exerce dans d'autres secteurs que l'hôtellerie, notamment en établissements d'hébergement collectif : hôpital, maison de retraite, foyer… Il s'apprend sur le tas, mais une formation, notamment à la couture, est appréciée.

Après la 3e Deux ans d'études pour préparer un CAP services hôteliers ou assistant technique en milieux familial et collectif.

Linguiste

Synonyme : chercheur en linguistique.

Spécialiste de la langue et du langage, il n'a rien à voir avec l'interprète* ou le traducteur*. Pour lui, étudier une langue, ce n'est pas apprendre l'anglais ou le chinois, mais décortiquer des sons, découper des syllabes, analyser la grammaire, comprendre la structure des mots… Bref, voir comment les différentes langues se sont constituées au fil du temps et comment elles vont évoluer dans l'avenir. Par son activité de recherche, le linguiste aide à mieux comprendre les civilisations, car une langue est le mode d'expression d'un peuple.

Aujourd'hui, les débouchés de la linguistique tournent autour de l'industrie de la langue. Le développement de l'informatique permet de créer des systèmes de traitement automatique de la langue : traduction assistée par ordinateur, aide à la rédaction, interrogation de bases de données, commande de machines à l'aide de la voix, constitution de lexiques ou d'index… Des compétences en informatique sont donc indispensables.

Après le bac De cinq à huit ans d'études en sciences du langage à l'université.

Logisticien/ne

Synonymes : responsable logistique ; *supply chain manager*.

Sa mission : rendre plus efficace le flux des produits, du conditionnement de la pizza surgelée jusqu'à sa mise en place dans les rayons des supermarchés ; du forage des puits jusqu'à l'écoulement du pétrole par les pipelines et les pétroliers.

Le logisticien intervient principalement dans le secteur des transports, mais aussi au sein des grandes entreprises. Il doit réduire les coûts inhérents à l'approvisionnement, à la manutention, au conditionnement, au stockage, à la livraison et à la distribution.

Sur le terrain, dans les entrepôts, il coordonne l'action des divers responsables. Pour que des produits ne vieillissent pas dans les hangars de l'usine, il assure le dialogue permanent entre le service commercial, la production, les achats.

Après le bac Deux ans d'études pour préparer le BTS transport ou le DUT gestion logistique et transport, complété de préférence par une licence professionnelle (bac + 3) à l'université. Il existe des formations de niveau bac + 5 en écoles de commerce ou d'ingénieurs, ainsi qu'à l'université.

Logisticien/ne de l'humanitaire

Un séisme en Chine, une épidémie de choléra au Zimbabwe ou la réhabilitation d'un hôpital en Irak… partout où des besoins humanitaires se font sentir, le logisticien intervient pour mettre en place l'organisation matérielle nécessaire au bon déroulement de la mission. Ses tâches varient en fonction de chaque type de mission (santé, distribution alimentaire, installation de camps de réfugiés…). Ainsi, il peut être amené à rechercher des logements, à organiser le transport de personnes, à superviser l'acheminement de médicaments et à gérer les stocks, etc. Dans certains cas, le logisticien est spécialisé dans la mécanique ou le forage de puits. Débrouillard, bricoleur et organisé, il se doit d'être présent sur les lieux de la mission, à l'étranger. Mieux vaut donc apprécier les voyages et le dépaysement !

Après le bac Pour travailler dans l'humanitaire, il faut avoir une technicité dans un domaine – mécanique, transport et logistique, génie civil, gestion des stocks –, assortie d'une solide expérience. Bioforce et l'Ifaid sont deux organismes proposant des formations à l'humanitaire.

Ludothécaire

Mettre en valeur le jouet, favoriser l'épanouissement de chacun, former au jeu les personnes qui l'utilisent dans leur profession, autant de missions qui demandent au ludothécaire de la réflexion, de l'organisation et de vrais talents d'animateur. Il (ou plutôt « elle », car la profession est très largement féminisée) accueille des enfants et leur propose toutes sortes de jeux.
Un travail qu'on aurait tort de prendre à la légère, car les ludothèques permettent aux bambins de faire l'apprentissage de la vie en société.
Le ludothécaire doit être capable de mener des réflexions sur le développement de la personnalité et de construire des projets sur le long terme.

Les structures se sont multipliées ces dernières années : associatives, municipales ou rattachées à divers établissements (hôpitaux, écoles…). Sans oublier les ludobus, des ludothèques itinérantes qui parcourent les zones rurales. On compte beaucoup de bénévoles dans ce métier qui tend toutefois à se professionnaliser.

Après le bac C'est par le biais de la formation continue que le ludothécaire s'initie à son domaine. L'université d'Angers propose une licence pro métiers du jeu (un an post-bac + 2) et du jouet, et l'IUT de Bordeaux 3 propose un DU gestion et animation de ludothèque.
Plus d'infos sur le site de l'Association des ludothèques françaises : www.alf-ludotheques.org.

Luthier/ère-archetier/ère

Le **luthier** fabrique, restaure ou répare des violons, des altos, des violoncelles et des contrebasses. L'**archetier** fait de même pour les archets de ces instruments à cordes.
La plupart des ateliers se consacrent à la restauration des instruments anciens et à la mise au point (réglage de la sonorité). Une dizaine de luthiers perpétuent la fabrication selon les techniques traditionnelles, entièrement manuelles.
Le luthier a un sens musical et esthétique développé. La pratique du violon ou d'un autre instrument à cordes frottées est indispensable. Il a aussi une grande habileté manuelle et une bonne connaissance des bois; de leur qualité dépend en partie la sonorité du violon. Dix ans sont nécessaires pour maîtriser ce métier qui exige une grande patience.
Le **facteur de guitares** doit avoir une bonne pratique de l'instrument alliée à la connaissance du travail du bois afin d'assurer la fabrication et la maintenance des guitares acoustiques, folks et électriques. Il peut exercer comme salarié ou bien être installé comme artisan *[lexique/247]*.

Après la 3e Deux ans d'études pour préparer un CAP assistant technique en instruments de musique option guitare à Bédarieux (Hérault) et au Mans (Sarthe), qui peut être complété, au niveau bac, par le BMA technicien en facture instrumentale (deux ans).

Après le bac Deux ans d'études pour préparer le DMA lutherie au lycée de Mirecourt (Vosges).

* métiers traités dans le dico

Mm

Machiniste

Au cinéma, il installe et déplace une partie du matériel sur le tournage (trépieds de caméras, grues, tours pour les projecteurs, rails pour le *travelling*...). Il travaille toujours en équipe (de trois à huit personnes, selon le film), et sous la direction du chef machiniste. Dans le milieu du spectacle, c'est un menuisier, un électricien, un tapissier, un peintre… qui peut fabriquer les décors à partir des maquettes conçues par le décorateur-scénographe. Le plus souvent, le machiniste-constructeur monte et démonte les décors dans les règles de l'art, met en place et déplace les accessoires. Il en assure la maintenance et, éventuellement, le chargement dans les véhicules lorsque le spectacle part en tournée. Il sait aménager le plateau et les cintres en fonction du décor, opérer les changements entre deux scènes. Cette profession nécessite à la fois un certain sens artistique et une grande habileté manuelle. Il faut également être mobile pour pouvoir suivre les décors en tournée, et rester très disponible en raison des horaires des spectacles. Avec de l'expérience, un machiniste-constructeur peut évoluer vers des fonctions de **chef machiniste** ou même de **régisseur plateau** *(voir régisseur de spectacles*)*.

Après la 3e Deux ans d'études pour préparer un CAP du bois, du métal ou du travail des matériaux, de la tapisserie ou de l'électrotechnique, avant de préparer le diplôme de technicien des métiers du spectacle (DTMS) option machiniste-constructeur, de niveau bac (deux ans).

Maçon/ne

Synonyme : constructeur en béton armé.

Construire les fondations d'un immeuble, monter les murs, les cloisons, poser les dalles… l'univers du maçon est fait de briques et… de pierres, mais aussi et surtout de béton armé. Ce matériau moderne nécessite l'utilisation d'outils mécaniques comme les bétonnières, les vibrateurs électriques et pneumatiques, etc., qui n'ont plus grand-chose à voir avec le mortier et la truelle.

En outre, l'utilisation du béton implique des méthodes de travail qui ne ressemblent guère aux techniques de la maçonnerie traditionnelle. Tout commence par la mise en place de coffrages en bois ou en métal. Ces coffrages servent de moules dans lesquels le maçon coule le béton pour former les murs, les planchers, les dalles ou toute autre partie du bâtiment. Arrive ensuite la délicate opération du démoulage.

Le travail sur le chantier demande une bonne santé, le sens de l'équilibre, un très fort esprit d'équipe et le respect absolu des règles de sécurité. Les chantiers sont souvent éloignés du siège de l'entreprise, ce qui entraîne des déplacements importants.

Avec de l'expérience, le maçon peut devenir **chef d'équipe**. Un bon maçon a aussi la possibilité de s'installer à son compte comme artisan ***[lexique/247]***. Les emplois ne manquent pas.

Après la 3e Deux ans d'études pour préparer un CAP maçon, constructeur en béton armé du bâtiment ou tailleur de pierre-marbrier du bâtiment et de la décoration. Après deux ans d'expérience au minimum, les titulaires du CAP peuvent préparer un BP maçon ou métiers de la pierre (deux ans), afin de pouvoir évoluer. Trois ans d'études pour préparer un bac pro technicien du bâtiment : organisation et réalisation du gros œuvre ou interventions sur le patrimoine bâti. Un diplôme qui permet d'acquérir plus de connaissances professionnelles, davantage de technicité, et d'accéder à un plus haut niveau de responsabilité.

Après le bac Deux ans d'études pour préparer le BTS bâtiment et devenir un technicien spécialisé.

Magasinier/ère

Synonymes : gestionnaire de stocks ; opérateur logistique.

« On n'arrête pas de bouger ! » s'exclame Manuel, magasinier dans une société de distribution de matériel de construction. Le travail de suivi de l'état des stocks au jour le jour n'est pas de tout repos. Les marchandises entrent et sortent. Ordonné et méthodique, le magasinier range les produits de façon à les retrouver facilement, tout en tenant compte des règles de sécurité (produits inflammables…). Il emballe et étiquette ceux qui seront expédiés. Il peut aussi participer au chargement ou au déchargement des marchandises, mais la manutention est de plus en plus automatisée, ce qui entraîne la disparition progressive des postes d'ouvriers **manutentionnaires**.

Le magasinier peut travailler en hypermarché, en entrepôt, dans un magasin d'entreprise, une société de transports, sur un quai de gare… Qu'il gère des pièces détachées ou des boîtes de conserve, sa mission est toujours la même. Avec de l'expérience, il peut devenir **responsable d'entrepôt** ou **gestionnaire des stocks**.

Après la 3e Deux ans d'études pour préparer le CAP agent d'entreposage et de messagerie ; trois ans pour un bac pro transport ou un bac pro logistique.

Maintenancier/ère industriel/le

« Médecin de l'industrie », le maintenancier est appelé à l'atelier ou à l'usine dès qu'une machine (ligne de fabrication, système de stockage et de manutention) présente une défaillance. À lui d'établir un diagnostic et d'effectuer les interventions permettant la remise en service des appareils.

Comme « mieux vaut prévenir que guérir », le **technicien de maintenance** met tout en œuvre pour éviter la panne. Aux dates prévues par le planning, il entretient les équipements (nettoyage, graissage…), procède à des mesures ou contrôles, et remplace les éléments usagés.

Il consulte les appareils électroniques de surveillance des matériels de production. S'il repère un écart de température ou des vibrations anormales, il met en place une procédure d'intervention. À moins que des logiciels de maintenance assistée par ordinateur (MAO) n'aient été mis en place pour faire ce repérage plus vite et ainsi éviter le blocage de la production.

Le maintenancier participe à l'installation et à la modernisation des machines (s'il a un niveau BTS ou DUT). C'est donc un poste clé, qui assure la disponibilité, les performances et la sécurité des équipements de production, et donc la compétitivité de l'entreprise. Débouchés dans les secteurs de l'automobile, de l'agroalimentaire, de la pétrochimie, de l'énergie nucléaire… et dans les sociétés spécialisées en maintenance industrielle.

Après la 3e Trois ans d'études pour préparer un bac pro électrotechnique, énergie, équipements communicants ou maintenance des équipements industriels, ou encore un bac techno sciences et technologies industrielles (STI) spécialité génie électrotechnique.

Après le bac Deux ans d'études pour préparer un BTS maintenance industrielle ou maintenance et après-vente des engins de travaux publics et de manutention, ou encore le DUT génie industriel et maintenance. Ces diplômes peuvent être complétés par une licence pro (un an), très appréciée.

Maître/esse-chien

Un mouvement de la queue, des oreilles ou du museau, le chien est en alerte… et son maître aussi. Une équipe de choc constituée d'abord pour assurer la sécurité civile ou militaire.

Qu'il soit gendarme*, militaire*, douanier* ou gardien de la paix*, le **conducteur de chien** incite son animal préalablement dressé à retrouver de la drogue ou des explosifs, en particulier dans les gares, les aéroports et aux postes frontières. L'équipe cynophile peut aussi être amenée à retrouver des personnes égarées ou des victimes d'avalanches : environ 2 500 opérations de secours sont effectuées chaque année en haute montagne.

Employé comme **agent de sécurité***, le maître-chien assure la surveillance des entreprises, des magasins, des banques, des locaux industriels… notamment la nuit. L'animal joue ici un rôle dissuasif pour les voleurs ou criminels potentiels.

Le maître et son compagnon forment un tandem soudé : amitié, dévouement, complicité mais aussi rigueur… sont au cœur de ce métier passion.

* métiers traités dans le dico

Après la 3e Aucun diplôme exigé pour entrer dans l'armée ou la gendarmerie. Le bac est requis par la Police nationale pour l'un des deux concours de gardien de la paix. Mieux vaut préparer le certificat d'agent cynophile de sécurité reconnu par l'État. Accès à partir de 18 ans en formation continue. Conditions : avoir un casier judiciaire vierge et posséder un chien.

Maître/esse d'hôtel

Dans un grand restaurant, il orchestre le travail des serveurs. Il veille au bon déroulement du service en salle. Guidant les clients vers la table qu'ils ont réservée, il les conseille ensuite dans le choix des plats. Il peut assurer des opérations délicates de découpe ou de flambage.
Courtois, attentif, le maître d'hôtel est toujours prêt à intervenir en cas de problème et sait faire preuve de diplomatie. Il recrute et forme le personnel de salle et anime son équipe.

Le métier est accessible après une expérience de quelques années comme **serveur*** ou **chef de rang**. *À noter :* le métier peut s'exercer au sein des services de restauration de l'armée.

Après la 3e Deux ans d'études pour préparer le CAP restaurant ; trois ans pour le bac pro restaurant ou le bac techno hôtellerie, mieux adapté pour une poursuite d'études en BTS.

Après le bac Deux ans d'études pour préparer le BTS hôtellerie-restauration, qui permet d'accéder plus rapidement à ce poste, de même que la maîtrise de deux langues étrangères.

Maître/esse de chai

Allié précieux du viticulteur *(voir agriculteur*)*, il intervient, une fois les vendanges terminées, pour transformer le raisin en vin. Cette fabrication se déroule en plusieurs étapes : foulage, extraction du jus, fermentation, filtrage, stockage… Le maître de chai goûte les vins pour décider des opérations nécessaires et détecter d'éventuels problèmes. Il est aussi chargé de la mise en bouteilles. Il peut travailler directement sur l'exploitation viticole, dans une maison de négoce ou dans une cave coopérative. Dans une maison de négoce, sous la responsabilité de l'œnologue*, il assemble des vins de différentes provenances.
C'est un métier assez dur physiquement, car il faut manipuler des fûts très lourds, travailler dans des caves humides et dégageant des odeurs de fermentation. Rigueur et hygiène sont des qualités indispensables, car le vin est un produit vivant très sensible.

Après la 3e Trois ans d'études pour préparer le bac pro conduite et gestion de l'exploitation agricole option vigne et vin.

Après le bac Deux ans d'études pour préparer le BTSA viticulture-œnologie.

Maître/esse nageur/euse sauveteur/euse

Surveiller les baignades en piscine, sur les plages ou les bases nautiques et secourir les noyés… telle est sa mission. Mais, comme son nom l'indique, le maître nageur n'est pas que sauveteur. Il enseigne aussi la natation, individuellement ou en groupe, aux enfants et aux adultes. Parfois, à un niveau de compétition. C'est alors un **entraîneur sportif***.
Avec les bébés nageurs de plus en plus nombreux à la piscine, il ne s'agit pas d'apprendre la brasse, mais d'initier à l'eau au travers de jeux aquatiques et d'exercices d'équilibre. Avec eux, le maître nageur est plus animateur que professeur de sport. Avec les femmes enceintes, pas question non plus de crawl ou de papillon ! Le travail vise la relaxation et la maîtrise de la respiration, indispensables le jour de l'accouchement.
Le plus souvent employé par les mairies, le maître nageur a le statut d'agent communal. Il peut travailler dans les centres de loisirs ou de vacances, à titre saisonnier *[lexique/247]*, ou encore comme **surveillant de baignade** ou **sauveteur**.

Après la 3e Le titre de maître nageur sauveteur s'obtient avec le certificat de spécialisation sauvetage et sécurité en milieu aquatique associé au BPJEPS activités aquatiques, au DEJEPS perfectionnement sportif et au DESJEPS performance sportive ou encore avec l'unité d'enseignement sauvetage et sécurité en milieu aquatique proposée par certains diplômes de STAPS.

Manager/euse culturel/le

Il maîtrise les aspects financiers, comptables, juridiques, marketing… de la culture. Qu'il conçoive des projets (exposition, festival, spectacle…) ou gère des espaces culturels. L'**administrateur de théâtre** est ainsi responsable de la gestion administrative et financière de l'établissement. Il peut manier des budgets considérables tout en étant sur la corde raide.
S'il travaille dans les services ou établissements culturels scientifiques et de coopération (ministère des Affaires étrangères), il se nomme **attaché culturel**. Responsable d'un ou de plusieurs secteurs (échanges artistiques, livre, cinéma, jeunesse et sport…), il est alors chargé de mettre en œuvre la politique définie avec les directeurs d'établissement culturel et d'enseignement français d'une part, les partenaires institutionnels locaux d'autre part.
Le **directeur des affaires culturelles** d'une ville est, quant à lui, proche de l'élu. Il participe à l'élaboration de la politique culturelle municipale qu'il impulse ensuite

par ses contacts avec les responsables de musée et de bibliothèque, les créateurs et les responsables d'association. Il conçoit et coordonne les projets culturels, assure le suivi du budget et des subventions, reçoit les différents acteurs culturels.

Après le bac De quatre à six ans d'études pour acquérir des connaissances artistiques et un bagage solide en gestion, marketing, droit de la culture, communication.

Mandataire judiciaire

Synonyme : mandataire de justice.

Faillite, liquidation : une société en difficulté entraîne souvent dans sa chute ses créanciers. Clients, fournisseurs, salariés de l'entreprise... quelqu'un doit défendre leurs intérêts. C'est le rôle du mandataire judiciaire. Lorsqu'une procédure de redressement est ouverte, il est désigné par le tribunal de commerce pour représenter les créanciers. Il lui faut analyser les comptes de l'entreprise, étudier les contrats de travail, éplucher les factures, les commandes... Bref, faire le point sur l'argent dû aux uns et aux autres. Le mandataire consulte ensuite les créanciers dans le cadre du projet de plan d'apurement proposé par l'administrateur judiciaire. À lui de saisir le procureur de la République ou le tribunal pour faire prononcer les sanctions pénales et civiles contre les dirigeants.

Objectif : permettre aux employés de toucher leur paie sur avance du Fonds national de garantie des salaires et permettre aux créanciers de recouvrer le droit aux poursuites.

Face à des personnes en situation difficile sur le plan financier, et bien souvent sur le plan personnel et familial, le mandataire doit faire preuve de tact et de diplomatie. Il exerce à titre libéral *[lexique/247]*, mais il n'a pas de clientèle propre. Ses missions lui sont confiées par le président du tribunal de commerce.

Après le bac Quatre ans d'études juridiques, économiques ou de gestion, à l'université ou en école de commerce, puis trois ans de stage, avant de passer l'examen professionnel d'aptitude.

Manipulateur/trice radio

« Ne respirez plus... Respirez ! » Le manipulateur radio prend et développe les clichés des os ou des poumons. Principalement utilisée pour établir des diagnostics (repérer une fracture, par exemple), la radiologie sert aussi dans certaines thérapies. Ainsi, pour freiner l'évolution d'un cancer, voire le guérir, le manipulateur radio irradie les tumeurs.

Auxiliaire médical, il prépare psychologiquement et physiquement le patient. Il l'installe, lui injecte éventuellement un « liquide de contraste », règle les appareils. En radiodiagnostic, l'essentiel est de fixer correctement les paramètres pour obtenir une image de qualité. En radiothérapie, il s'agit surtout d'irradier avec précision la partie du corps à traiter et de surveiller la tolérance du patient au traitement. Dans tous les cas, le manipulateur doit connaître les substances utilisées (rayons X, isotopes, ultrasons...), suivre rigoureusement la prescription du médecin, tenir compte de la morphologie et de la résistance physique du patient pour doser les rayons.

Toujours sous la responsabilité d'un médecin* radiologue, le manipulateur exerce à l'hôpital, en cabinet de radiologie ou en centre spécialisé (anticancéreux, dépistage). Il peut exercer également au sein des services de santé de l'armée, dans un hôpital militaire...

Après le bac Trois ans d'études pour préparer le diplôme d'État de manipulateur en électroradiologie médicale (accès sur concours directement après le bac ou après la première année commune aux études de santé) ou le diplôme de technicien supérieur (DTS) en imagerie médicale et radiologie thérapeutique (admission sur dossier), obligatoires pour exercer.

Mannequin

Kate Moss, Adriana Lima, Laetitia Casta... des noms qui font rêver plus d'une ado. Mais attention, tous les mannequins ne sont pas des top-modèles. La réalité est tout autre. Il faut constituer son *book*, puis inlassablement se présenter dans les agences, multiplier les castings dans l'espoir d'être repéré. Retenu, vous pourrez peut-être poser pour des magazines, défiler sur un podium, tourner dans une pub... Oui, mais ! La vie de mannequin est contraignante. Il n'est pas rare de faire plusieurs castings par jour. Avec des horaires de travail lourds et irréguliers, il faut une hygiène de vie et une forme physique à toute épreuve. Gare aux rides, aux cernes ou aux petites rondeurs ! Les critères de taille et de poids sont déterminants (1,73 m au moins pour les filles, 1,83 m pour les garçons). Savoir démarcher, négocier un contrat et gérer sa carrière est aussi important qu'avoir un corps bien fait. Les petites annonces racoleuses sont légion et le risque est grand de se faire arnaquer. Ne versez jamais d'argent ! Une agence digne de ce nom doit avoir une licence accordée par l'État et, si elle vous engage, paiera vos tests et votre *book*.

Des nerfs solides et un moral d'acier sont indispensables pour tenir le coup. D'autant que la concurrence est sévère. Mode oblige, un visage ou un corps en chasse un autre. Et la retraite est vite arrivée ! On est mannequin jusqu'à 35 ans environ. Après, il faut se reconvertir. Alors accrochez-vous ou... arrêtez de rêver !

Après la 3e Aucune formation reconnue.

Maquettiste

Attention, derrière ce mot se cachent deux métiers bien différents !

En architecture, en urbanisme ou en design, le maquettiste réalise des modèles réduits en trois dimensions (3D). À partir de plans ou de relevés sur le terrain, il reproduit, en miniature, des bâtiments, des

* métiers traités dans le dico

lotissements… ou bien il fait la maquette, en dimensions réelles, du téléphone conçu par le designer. Présent au cinéma (pour les effets spéciaux), ce métier trouve aussi des débouchés en scénographie (musées, expositions…). Minutieux et précis, le maquettiste utilise de nombreux matériaux (bois, carton, plastique, plâtre…).
Dans l'édition, l'imprimerie, la publicité ou la presse, le **graphiste-maquettiste** met en scène l'information. Son objectif est de donner envie de lire. Quand il travaille sur un support écrit, il doit trouver l'équilibre entre les textes et les illustrations. Une page trop dense ne sera pas lue. Pour cela, il va jongler avec les formats (police, graisse, corps, chasse, interlignage…). La ligne graphique dépend du support (journal, dépliant, livre, plaquette publicitaire), mais aussi du lecteur. Ce métier exige de suivre de près les évolutions techniques (matériels, logiciels…) et s'exerce souvent en *free lance* *[lexique/247]*.

Après la 3e Trois ans d'études pour préparer le bac pro production graphique.

Après le bac Deux ou trois ans d'études pour préparer le BTS communication visuelle ou le DNAT design graphique ou encore cinq ans en école d'arts appliqués.

Maquilleur/euse

Le maquillage artistique n'a pas toujours pour but d'embellir un visage : il sert aussi à simuler le vieillissement, la maladie, et même la mort… Avec ses pinceaux et ses fards, le maquilleur crée une tête de clown ou marque le visage d'un comédien de plaies, de bosses et autres cicatrices. Véritable magicien, il peut « figurer » un aristocrate du XVIIe ou un paysan du XIXe siècle. Postiches, masques, prothèses, rides en caoutchouc collés n'ont pas de secrets pour lui.
Créatif et minutieux, le maquilleur doit être capable d'évaluer le temps nécessaire pour effectuer un maquillage, qui réclame parfois de longues heures de travail. Il sait également établir une relation de confiance avec les artistes, les comédiens ou les mannequins.
Sur les grandes productions, c'est le **chef maquilleur** qui crée les maquillages en fonction de la mise en scène, de la lumière, des interprètes et des costumes. Il travaille alors en collaboration avec le metteur en scène* (théâtre, opéra), le chorégraphe* (danse) ou le réalisateur* (cinéma), mais aussi avec l'éclairagiste* et le costumier*. Pour un film, il supervise les raccords. Il maquille les premiers rôles pendant que l'**assistant** s'occupe des figurants et des seconds rôles. C'est un univers très concurrentiel où beaucoup de professionnels travaillent avec le statut d'intermittent du spectacle *[lexique/247]*.
Un sens esthétique développé et une bonne culture générale sont indispensables.

Après la 3e Il n'y a pas de diplôme national de maquilleur. Quelques écoles privées proposent des formations : l'Institut technique du maquillage, l'École des techniques du maquillage artistique de Christian Chauveau... Accès avec un diplôme d'esthétique : CAP, BP ou bac pro esthétique-cosmétique-parfumerie...

Marchandiseur/euse

Synonyme : responsable marchandisage.
Pourquoi les caisses de supermarché sont-elles cernées de présentoirs chargés de confiseries ? Parce que le client qui fait la queue est dans les meilleures conditions pour se laisser tenter (lui ou ses enfants) par des paquets de chewing-gum ou des barres de chocolat. Au marchandiseur de donner au consommateur l'envie d'acheter les produits de la marque qu'il représente. À lui de définir leur emplacement idéal dans les rayons des différents points de vente. Difficile à organiser, quand on sait que les produits se multiplient et que chaque magasin a son propre agencement.
Le marchandiseur fait donc des simulations sur ordinateur. Il s'appuie sur des études marketing et discute avec les chefs de rayon* pour connaître les habitudes d'achat des consommateurs. Et il joue avec les présentoirs, la signalétique, l'éclairage.
Le marchandisage concerne surtout le secteur alimentaire, la parapharmacie et la cosmétique, le bricolage, les jouets, les articles textiles et de sport. Accès avec une expérience de la vente.

Après le bac De deux ans d'études pour préparer un BTS ou un DUT commercial à cinq ans en école de commerce ou à l'université (master).

Maréchal/e-ferrant

C'est un métier du fer : le maréchal-ferrant fabrique lui-même ses outils et forge ses fers. Et un métier du cheval : chevaux de course, de corridas et surtout chevaux de promenade et de loisirs. Autrefois, les chevaux allaient à la forge. Aujourd'hui, c'est le maréchal-ferrant qui se déplace avec sa forge. Il est capable de « lire » le pied du cheval et de corriger ses défauts, afin que l'animal soit bien équilibré et soit au maximum de ses performances. Ses principaux atouts : savoir travailler le métal, posséder un sens aigu de l'observation et des mains d'artiste, déployer des trésors de patience...

Après la 3e Deux ans d'études pour préparer le CAPA maréchalerie.

Mareyeur/euse

La criée est le temps fort de son activité. Dès que les bateaux de pêche rentrent au port, le mareyeur y achète de grandes quantités de poissons, coquillages, crustacés et fruits de mer.

Une fois dans son atelier, il prépare les poissons, les découpe en filets, les emballe et les met, comme les autres produits de la mer, dans des caisses pour l'expédition. Celles-ci seront vendues à des poissonniers*, à des restaurateurs*, à des chefs de rayon* de grandes surfaces ou aux acheteurs* de l'industrie agroalimentaire. Le métier exige une très bonne connaissance des produits de la mer et des qualités commerciales. Le respect de l'hygiène et de la chaîne du froid est impératif.

Après la 3e Deux ans d'études pour préparer le CAP mareyage, voire le CAP poissonnier, ou trois ans pour préparer le bac pro poissonnier-écailler-traiteur.

Après le bac Deux ans d'études pour préparer un DEUST ou le diplôme de technicien supérieur de la mer (DTSM) ; trois ans via un bac + 2 pour une licence pro qui facilitera l'accès à un poste de commercial.

Marin de commerce

Amoureux de la mer, ce matelot est animé par l'envie de prendre le large. À bord d'un navire assurant le transport de passagers ou de fret, le marin de commerce travaille sur le pont ou en salle des machines. Dans le premier cas, il participe au chargement et au déchargement des marchandises, sous les ordres du maître d'équipage, effectue des travaux de peinture et de graissage et entretient le matériel de manutention et de sauvetage. Dans le second cas, il assure l'entretien des machines du navire sous l'autorité du **maître mécanicien**. Surveillance des équipements électriques, mise en route des moteurs, réglage des machines lors des manœuvres d'entrée ou de sortie de port... font alors partie de son quotidien.

Une très bonne condition physique est indispensable, car le métier n'est pas de tout repos. En salle des machines, la chaleur et le bruit rendent les conditions de travail encore plus difficiles. Souvent parti pour de longs mois en mer, le marin doit pouvoir s'adapter à la vie en collectivité et supporter l'éloignement de la famille.

Après la 3e Deux ans d'études pour préparer le CAP maritime de matelot. Trois ans d'études pour préparer le bac pro conduite et gestion des entreprises maritimes option commerce ou le bac pro électromécanicien marine.

Marionnettiste

Synonyme : artiste interprète.

À fils, à gaine, à main prenante, à tige, habitée ou encore à doigt... la marionnette habite la scène sous des formes diverses. Depuis le Guignol montré aux enfants jusqu'au spectacle pour adultes avertis, elle est tantôt satire de la société, tantôt œuvre poétique...

Le marionnettiste est un artiste à part entière. Sa liberté de création est totale. Il peut animer sur scène des marionnettes, des objets, des formes, des figures ou des ombres... Il les fait parler, agir, se déplacer à sa guise. Il peut être l'auteur du spectacle, en assurer la scénographie et la mise en scène, fabriquer les marionnettes, réaliser les costumes et les décors... ou travailler pour le cinéma d'animation.

Le théâtre de marionnettes s'exerce en compagnie ou en solo. Hormis les spectacles pour enfants et les festivals spécialisés, la discipline a du mal à trouver sa place dans les théâtres.

Après la 3e Trois ans d'études pour préparer le DMA marionnette à l'École nationale supérieure des arts de la marionnette de Charleville-Mézières (08).

Maroquinier/ère

Spécialiste du cuir, le maroquinier fabrique des objets de la vie courante : sac à main, valise, porte-monnaie, étui à cigarettes, ceinture... Il en définit la forme, choisit le matériau et la couleur, puis réalise le prototype (modèle).

Les morceaux de cuir, préalablement préparés, sont coupés à la main ou à l'emporte-pièce. Il faut tenir compte des nuances de qualité du cuir : prévoir le plus beau pour l'extérieur, celui qui a des petits défauts pour l'intérieur. Attention aussi au gaspillage. Le maroquinier doit disposer ses pièces de manière à avoir le moins de chutes possible. Vient ensuite l'assemblage des morceaux. Pour que les coutures ne soient pas trop épaisses, le maroquinier affine le cuir sur les bords. Les piqûres sont en général faites à la machine, même si certains ateliers de luxe pratiquent encore le « cousu main ». Enfin,

* métiers traités dans le dico

plaquer et glacer le cuir permet de donner à l'article toute sa brillance .
Lorsqu'il est installé comme artisan ***[lexique/247]***, le maroquinier intervient tout au long du processus de fabrication, de la création du modèle à la finition.
Dans l'industrie, le maroquinier se spécialise dans une fonction ou sur un poste : **modéliste**, **coupeur**, **piqueur-monteur en maroquinerie**.

Après la 3e Deux ans d'études pour préparer le CAP maroquinerie, pour les ouvriers. Trois ans pour préparer le bac pro métiers de la mode et du vêtement, pour les techniciens exerçant dans l'industrie.

Après le bac Deux ans d'études pour préparer le BTS industries des matériaux souples, pour les techniciens supérieurs exerçant dans l'industrie. Attention : la filière des matériaux souples est en cours de rénovation.

Masseur/euse-kinésithérapeute

Synonyme : kinésithérapeute.
Une entorse, une scoliose, un ligament luxé, des rhumatismes ou une paralysie partielle, autant de situations où des séances chez le « kiné » s'imposent. Spécialiste de la rééducation motrice, il met sa compétence au service de la douleur et du handicap, et adapte ses techniques aux patients. Par des massages répétés, le kinésithérapeute peut venir à bout d'un torticolis, soulager un dos ou aider un bébé enrhumé à mieux respirer.

Un muscle atrophié par un séjour dans le plâtre réclamera, lui, des exercices de gymnastique. Poids et poulies à l'appui. L'eau, la chaleur (*via* les infrarouges) et les ultrasons peuvent accélérer le rétablissement.
Le « kiné » doit tenir compte des capacités physiques et des impératifs de chacun. Une personne âgée mettra plus de temps qu'un jeune à récupérer. Un sportif de haut niveau devra se rétablir pour la prochaine compétition. Comme l'ergothérapeute*, le kiné donne des conseils pratiques sur la manière de s'asseoir, de porter des charges, de se déplacer...
Exerçant le plus souvent en libéral ***[lexique/247]***, le kinésithérapeute peut être salarié d'un hôpital, d'un établissement thermal ou d'un centre de rééducation fonctionnelle. Il peut également exercer au sein des services de santé de l'armée, dans un hôpital militaire...

Après le bac Trois ans d'études pour préparer le diplôme d'État, obligatoire pour exercer. Accès sur concours : un an de préparation est souvent nécessaire. Certaines écoles recrutent après la première année commune aux études de santé. Deux établissements proposent de former les déficients visuels.

Matelot

Premiers grades de la Marine nationale, les matelots et quartiers-maîtres accomplissent, sous les ordres d'officiers mariniers*, des tâches techniques opérationnelles ou plus administratives selon leur spécialité. Ouvriers ou employés qualifiés, ils ont accès aux mêmes spécialités que les officiers mariniers. Tout marin peut accéder, *via* la promotion interne, au statut d'officier marinier, voire d'officier de la Marine nationale, et suivre des cours de formation de niveau supérieur. Conditions pour être recruté : être âgé de 17 à moins de 25 ans. *À noter :* le terme de matelot est aussi utilisé pour désigner un **marin de commerce***, un **batelier*** ou un **pêcheur***.

Après la 3e La Marine recrute du niveau 3e au niveau bac. Suit une formation dans un centre militaire et maritime pour un premier contrat de quatre ans. Possibilité d'être sélectionné pour devenir officier marinier au bout de deux ans. Autres voies possibles : l'École des mousses à Brest (un an) pour les jeunes de 16 à moins de 18 ans, ou encore le volontariat.

Mécanicien/ne auto

Synonyme : technicien de maintenance automobile.
Médecin de l'automobile, le mécanicien entretient, règle ou répare les organes mécaniques d'un véhicule : moteur, boîte de vitesses, freins, direction, suspensions...
Lorsqu'une voiture accidentée ou en panne arrive au garage, le mécanicien fait le bilan des dommages survenus ou effectue un diagnostic pour établir l'origine de la panne. Il procède ensuite aux réparations : démontage des organes mécaniques, remplacement des pièces défectueuses, contrôles et essais de remise en service.
Son travail va de la mise au point des moteurs (allumage, carburation, injection…) à la rénovation complète d'une direction ou d'un système de freinage endommagés. Le développement des équipements électroniques embarqués à bord du véhicule (pour contrôler le freinage, la tenue de route…) exige la maîtrise des bancs d'essai et appareils de mesure. Il faut aussi savoir interpréter les indications fournies. Avoir le sens du contact est de plus en plus important : accueil des clients, compte-rendu des réparations effectuées, conseils...
Conscience professionnelle et sens des responsabilités de rigueur : un oubli ou une faute peuvent être lourds de conséquences ! *À noter :* l'armée recrute des mécaniciens auto pour entretenir ses véhicules militaires.

Après la 3e Deux ans d'études pour préparer le CAP maintenance des véhicules automobiles (options : véhicules industriels ou véhicules particuliers). Trois ans pour le bac pro maintenance de véhicules automobiles (options : voitures particulières ou véhicules industriels), un niveau de formation recommandé du fait de la complexité croissante des véhicules.

Après le bac Deux ans d'études pour préparer le BTS après-vente automobile (options : motocycles ou véhicules industriels ou véhicules particuliers) pour ceux qui envisagent les métiers de l'expertise automobile et du diagnostic.

Mécanicien/ne bateau

Pour qu'un bateau avance, il faut que son moteur tourne comme une horloge. Outre le moteur, le mécanicien peut installer un système de propulsion, le modifier, l'en-

tretenir et le réparer. Il assure parfois la conduite des machines, leurs réglages et contrôles. Selon la taille du bateau, les activités du mécanicien diffèrent : sur un petit bateau, le **motoriste à la pêche** pourra, en plus de la mécanique, participer aux opérations de pêche ou de traitement des poissons.
À l'inverse, sur un bâtiment de plusieurs dizaines de mètres, il restera aux machines sous les ordres d'un officier mécanicien. Certains mécaniciens peuvent rester à terre : ils exercent alors sur un chantier de construction ou de réparation navale ou encore sur un bateau à quai.
Les débouchés se situent dans des secteurs variés : Marine nationale, pêche artisanale ou industrielle, marine marchande, industrie navale ou nautique, transport de passagers.

Après la 3e Deux ans d'études pour préparer un CAP réparation-entretien des embarcations de plaisance.

Trois ans pour le bac pro conduite et gestion des entreprises maritimes option commerce (en projet), le bac pro électromécanicien marine ou le bac pro maintenance nautique.

Mécanicien/ne d'entretien d'avion

Synonyme : technicien de maintenance aéronautique.

Dans l'aéronautique, une panne est toujours lourde de conséquences. C'est le mécanicien d'entretien qui veille à les prévenir en maintenant les appareils en état. Sur les avions légers, il est généraliste et polyvalent. Sur les avions de transport (fret ou voyageurs), il opère sur un secteur précis en fonction de ses qualifications : cellule (fuselage, voilure), moteurs, électricité, instruments de bord, radio, enveloppe métallique extérieure... Au sein d'une compagnie de transport aérien (comme Air France), d'un aéroport, d'un aéroclub ou de l'armée, les tâches à effectuer exigent rigueur, précision et sens des responsabilités.
La maintenance aéronautique et les réparations éventuelles s'effectuent lors de visites régulières, strictement réglementées. Le mécanicien doit comprendre l'anglais, car beaucoup de documents techniques sont rédigés dans cette langue. Et accepter de remettre constamment à jour ses connaissances.

Après la 3e Deux ans d'études pour préparer le CAP maintenance sur systèmes d'aéronefs ou le CAP mécanicien cellules d'aéronefs. Trois ans pour le bac pro aéronautique.
Ces diplômes peuvent être complétés par la MC aéronautique (un an) qui permet de se spécialiser (moteurs ou avionique).
À noter : Air France et l'armée disposent de leurs propres écoles techniques.

Après le bac Deux ans d'études pour préparer le BTS aéronautique.

Mécanicien/ne de pêche

Synonyme : motoriste à la pêche.

Il veille au bon fonctionnement des machines, moteurs, turbines, treuils, chaudières et appareils mécaniques. Selon l'importance du navire, il prend l'appellation de chef mécanicien, second mécanicien, lieutenant mécanicien ou chef de quart. Suivant la taille de l'équipage, il participe également aux travaux d'entretien du navire et au tri du poisson, voire à la pêche.
De bonnes connaissances techniques sont indispensables. Comme tous les marins, les motoristes de pêche ont des conditions de vie rudes et travaillent dans un milieu stressant (bruit, chaleur, exiguïté des locaux).

Après la 3e Deux ans d'études pour préparer le CAP maritime de matelot, puis seize semaines (ou être âgé de 21 ans et avoir 12 mois de navigation) pour préparer l'examen menant au certificat de motoriste à la pêche.

Mécanicien/ne moto

Synonyme : technicien de maintenance moto.

Pour tous les passionnés de moto... Le mécanicien spécialisé dans les motocycles effectue les entretiens courants : vidange, remplacement des plaquettes de frein, réglage de la carburation... Il peut aussi

corriger les anomalies constatées (jeu des soupapes...). Pour ces activités, il utilise de nombreuses techniques : soudage, ajustage, métrologie (mesures de précision), utilisation d'équipements électroniques dont il faut savoir interpréter les données chiffrées. Cela demande d'être précis et rigoureux, mais aussi de se documenter en permanence grâce aux fiches techniques des constructeurs.
Des qualités relationnelles sont indispensables, car le technicien de maintenance moto est en contact avec le chef d'atelier, le magasinier, les fournisseurs et les clients. Participant à la vente de motos neuves ou d'occasion, il intervient en tant que conseiller technique et conseiller commercial. Un sens aigu des responsabilités en matière de sécurité complète utilement ce profil.

* métiers traités dans le dico

Après la 3e Deux ans d'études pour préparer le CAP maintenance des véhicules automobiles option motocycles. Trois ans d'études pour préparer le bac pro maintenance de véhicules automobiles option motocycles.

Après le bac Deux ans d'études pour préparer le BTS après-vente automobile option motocycles, pour ceux qui visent les métiers de l'expertise et du diagnostic.

Mécanicien/ne réparateur/trice en matériel agricole

Polyvalent, le mécanicien chargé de l'entretien et de la réparation du matériel agricole doit pouvoir réparer un tracteur au pilotage informatisé, une moissonneuse-batteuse, un pulvérisateur, une machine à traire… Le matériel, de plus en plus sophistiqué, nécessite des compétences en électronique, hydraulique, pneumatique et informatique. Le mécanicien travaille parfois en atelier, mais le plus souvent sur les lieux mêmes de la panne, dans les champs. À lui de faire un diagnostic et de remplacer la pièce en un temps record, avec un outillage minimal. Une bonne coordination des gestes et une certaine robustesse sont nécessaires, car les pièces sont parfois lourdes à manipuler. Le mécanicien peut travailler chez un concessionnaire de matériel agricole où il met au point le matériel neuf, en entreprise de travaux agricoles ou en coopérative d'utilisation en commun de matériel agricole. Pendant les périodes de récoltes, ses déplacements sont fréquents et les horaires lourds.

Après la 3e Deux ans d'études pour préparer le CAP maintenance des matériels option tracteurs et matériels agricoles ; trois ans pour préparer le bac pro maintenance des matériels option A agricoles.

Après le bac Deux ans d'études pour préparer le BTSA génie des équipements agricoles ou le BTS agroéquipement.

Médecin généraliste

« Allô docteur ? Je ne me sens pas très bien. » Sur rendez-vous à son cabinet ou en visite au domicile des patients, le généraliste diagnostique la maladie et prescrit un traitement adapté.
Il ausculte les patients et les interroge sur leurs troubles (fièvre, douleurs, gênes…), sur leurs habitudes et leur hygiène de vie, voire leurs antécédents familiaux. Tout est à prendre en considération. Des maux différents peuvent présenter des symptômes identiques. Il s'agit de ne pas se tromper. Le bilan terminé, le médecin choisit les médicaments qui lui semblent les plus efficaces, et prescrit, au besoin, des examens complémentaires (analyses, radios…).
Au fait des progrès de la médecine, le généraliste travaille avec d'autres professionnels de santé : chirurgien*, radiologue, masseur-kinésithérapeute*, infirmier*, technicien de laboratoire médical*.
La plupart des médecins exercent en libéral *[lexique/247]*. Mais, pour débuter, les jeunes s'associent ou assurent les urgences médicales (la nuit, le week-end). S'installer coûte très cher : achat et équipement du cabinet, constitution d'une clientèle, etc.
Certains praticiens choisissent la médecine du travail ou la médecine scolaire. Ils assurent alors un rôle de prévention. Ils ne sont pas habilités à prescrire un traitement… D'autres intègrent les services de santé de l'armée.

Après le bac Neuf ans d'études médicales à l'université pour préparer le diplôme de docteur en médecine, après réussite au concours de fin de première année. Un autre concours en fin de sixième année permet l'accès à l'internat de médecine générale.

Médecin spécialiste

Même si ses connaissances s'étendent à de nombreux domaines, le médecin généraliste ne peut pas régler tous les problèmes de santé. Dans certains cas, il est indispensable de faire appel à un spécialiste. Anesthésiste-réanimateur*, chirurgien*, pédiatre*, psychiatre*… la médecine compte au total plus de quarante-cinq spécialités.
L'**ophtalmologiste** traite les maladies des yeux et les troubles de la vision, l'**oto-

rhino-laryngologiste** (ORL) soigne les affections du nez, des oreilles, de la gorge et les troubles de l'audition, le **radiologue** diagnostique une fracture ou une malformation à partir de clichés des os ou des organes. Plus de la moitié des spécialistes travaillent en libéral *[lexique/247]*. Les hôpitaux manquent d'effectifs dans certaines spécialités. L'armée a aussi besoin de médecins spécialistes pour ses services de santé, ses hôpitaux militaires…
La disponibilité est de rigueur pour prêter une oreille attentive aux patients et établir le bon diagnostic.

Après le bac Dix à onze années d'études médicales à l'université, dont quatre ou cinq au minimum en spécialité.

Médiaplanneur/euse

Synonyme : chargé d'études média.

Comme les stratèges des guerres napoléoniennes, il définit un plan de campagne à des fins strictement publicitaires ! Pour qu'une publicité soit rentabilisée, sur quels supports va-t-on la diffuser, à quel moment, pour quelle durée, à quel prix ? Autant de questions que le médiaplanneur doit se poser et auxquelles il lui faut apporter une réponse pertinente. Une pub pour un démaquillant trouvera tout naturellement sa place dans un magazine féminin, mais les choix sont parfois moins faciles à opérer.

À lui de discuter avec le concepteur-rédacteur et le service commercial pour savoir quels sont la cible visée (enfant, couple, ménagère de plus de 50 ans…) et le budget mis en œuvre. Il peut s'aider d'enquêtes auprès des consommateurs, comparer les taux d'écoute de telle ou telle radio, s'informer sur le tirage d'un journal.
Homme – ou femme – d'études et de contact, le médiaplanneur sait analyser une situation, prendre des décisions, corriger d'éventuelles erreurs.
Il peut exercer en agence, dans une centrale d'achat d'espaces publicitaires, dans un média ou chez un annonceur. S'il s'occupe de la publicité en ligne des sites web, il s'appelle **webplanneur**.

Après le bac Cinq ans d'études en économie, gestion, statistiques, communication... à l'université (master) ou en école supérieure de commerce.

Médiateur/trice culturel/le

Un métier aux mille et une facettes, centré tantôt sur la communication, tantôt sur la gestion, ou associant les deux. Leur but : favoriser la promotion d'une œuvre en organisant des rencontres avec les publics ou en mettant en place des services ou projets culturels. Le domaine d'activité est large : il touche aussi bien les arts plastiques que l'histoire de l'art, les arts appliqués...
Au sein d'une compagnie théâtrale, le médiateur participe à la recherche de subventions, au montage de la tournée, à la régie du spectacle… Dans un musée, il sera amené à concevoir des programmes culturels pour des publics spécifiques (scolaires, personnes handicapées ou âgées). Les communes emploient des **attachés du patrimoine** et des assistants qualifiés, comme contractuels ou fonctionnaires territoriaux *[lexique/247]*. Ces derniers sont recrutés sur concours.

Après le bac De trois à cinq ans d'études à l'université ou en école privée (EAC, Icart, Iesa…).

Menuisier/ère

Synonyme : menuisier d'agencement.

Travailler le bois, lui donner une seconde vie, c'est son métier. Le menuisier passe l'essentiel de son temps dans son atelier. Placards, parquets, escaliers, portes, fenêtres, volets : l'ensemble des boiseries doit être étudié, dessiné, débité, monté, posé, vernis ou teinté… Avec le souci de respecter les structures et l'étanchéité.
Ce professionnel doit être habile, avoir des mouvements rapides et sûrs, et maîtriser les bases de la géométrie. Si le bois reste son matériau de prédilection, le menuisier utilise désormais l'aluminium, le PVC, les panneaux agglomérés ou stratifiés...
Quoique important, le travail manuel est de plus en plus relayé par des machines. Une spécialisation très demandée, celle d'**agenceur de cuisines**, consiste à concevoir et disposer des éléments de rangement et des surfaces de travail pour une cuisine.
La plupart du temps, ce menuisier d'agencement est un fabricant industriel, qui dispose d'un réseau de distributeurs. Les débouchés sont également assurés dans l'agencement et la décoration de locaux commerciaux, pour des jeunes bien formés.
Le menuisier est salarié ou installé à son compte comme artisan *[lexique/247]*.

Après la 3e Deux ans d'études pour préparer un CAP menuisier fabricant de menuiserie, mobilier et agencement, menuisier installateur ; trois ans pour le bac pro technicien menuisier-agenceur ou artisanat et métiers d'art option ébéniste. Spécialisation possible dans le cadre du CAP arts du bois (deux ans), de la MC parqueteur (un an) ou, après deux années d'expérience au minimum, du BT agencement (deux ans), du BP menuisier (deux ans).

Après le bac Deux ans d'études pour préparer un BTS systèmes constructifs bois et habitat ou technico-commercial option bois, matériaux dérivés et associés.

Menuisier/ère en sièges

Autrefois, on l'appelait menuisier « à la petite cognée », par opposition au charpentier – le menuisier à « grande cognée ». Cet artisan fabrique ou restaure des sièges et éléments mobiliers pour lesquels sa connaissance des bois massifs et de la géométrie descriptive est précieuse : canapés, consoles, paravents, appliques en bois… Sens esthétique et aptitude au dessin technique indispensables.
Maître d'œuvre, le menuisier en sièges fait appel à d'autres spécialistes : canneur, sculpteur sur bois*, tourneur, tapissier d'ameublement*... Concurrencée par l'industrie, la fabrication artisanale de sièges a quasiment disparu et se concentre principalement dans les Vosges.

Après la 3e Deux ans d'études pour préparer le CAP menuisier en sièges, puis trois ans pour préparer le bac pro artisanat et métiers d'art option ébéniste, avant de suivre une spécialisation.

Après le bac Deux ans d'études pour préparer le DMA arts de l'habitat option décors et mobiliers.

Métallier/ère

Synonymes : charpentier métallique ; serrurier.

Dompter le métal, c'est possible. Ce matériau dur et fort sait se faire obéissant sous la main du métallier. Ses activités s'étendent de la construction métallique (pylônes, ossature des bâtiments et des ponts) à la menuiserie métallique (charpentes métalliques, cloisons, vérandas, escaliers, passerelles) en passant par la serrurerie (clés, serrures, blindages, protections).
Le métallier façonne et ajuste ses pièces avec des machines modernes. À la forge ou à l'étau dans l'atelier, parfois sur une échelle ou un échafaudage de chantier, il travaille toujours debout. Au côté du fer et de l'aluminium, le métallier utilise des métaux ou des alliages plus nobles (cuivre, inox, laiton…), dans un but décoratif. Cette diversité de matériaux et leurs multiples emplois garantissent des débouchés nombreux aux professionnels bien formés. Les métalliers dotés d'une fibre artistique peuvent devenir **ferronniers d'art***.

Après la 3e Deux ans d'études pour préparer un CAP serrurier-métallier, un CAP ferronnier ou un CAP réalisation en chaudronnerie industrielle. Ces diplômes peuvent être complétés par la MC soudage (un an) ou, après deux années d'expérience au minimum, par le BP serrurerie-métallerie (deux ans). Trois ans d'études pour préparer un bac pro ouvrages du bâtiment (métallerie ou aluminium, verre et matériaux de synthèse) ou technicien en

* métiers traités dans le dico

chaudronnerie industrielle. Trois ans aussi pour préparer un bac techno STI (sciences et technologies industrielles) spécialité génie mécanique option structures métalliques, bien adapté pour une poursuite d'études en BTS.

Après le bac Deux ans d'études pour préparer le BTS constructions métalliques.

Météorologiste

Soleil, anticyclones, précipitations... telles sont les préoccupations du météorologiste. Dans le monde entier, les professionnels relèvent les caractéristiques de l'atmosphère, mesurent, observent en surface, en altitude, y compris dans l'espace. De ces informations – fournies par des satellites, des stations météo, des superordinateurs –, ils tirent les prévisions sur le temps et les températures. Très attendues par les entreprises de transport (aérien, maritime et terrestre) ou de tourisme, par l'armée ou EDF, ou encore par les agriculteurs… ces prévisions intéressent également les particuliers.

Fonctionnaires *[lexique/247]* employés par Météo France – ou militaires* recrutés par le ministère de la Défense –, les météorologistes ont des tâches différentes selon leur niveau de formation. Aux **techniciens météo**, l'observation, les mesures et leur interprétation, ainsi que l'installation des instruments. Aux **ingénieurs météo**, la prévision, les études, l'analyse en centre de calcul, la responsabilité d'une station météo, la recherche...

À noter : les présentateurs météo à la télé ou à la radio sont, pour leur part, des journalistes*.

Après le bac La formation est assurée par l'École nationale de la météorologie. Deux ans d'études pour les techniciens supérieurs (accès sur concours post-bac) ; trois ans pour les ingénieurs des travaux (accès sur concours post-prépas scientifiques) ; deux ans pour les ingénieurs de la météorologie (accès sur concours post-bac + 4 ou + 5 en sciences).

Metteur/euse en scène

Toc toc toc… les trois coups résonnent dans la salle et le rideau se lève. Même s'il ne monte pas sur scène, le metteur en scène a autant le trac que les comédiens ! Le succès ou non d'une représentation théâtrale dépend en grande partie de son travail de création. C'est lui qui assemble texte, décor, costumes, éclairage, espace, son et jeu des acteurs en un tout cohérent.
Par ses choix artistiques, le metteur en scène impose son point de vue et son interprétation de l'œuvre. Il choisit les interprètes et les dirige sur scène lors des répétitions. Il leur indique quelle intonation utiliser pour une réplique, quel rythme donner aux dialogues, comment se déplacer sur scène… Moteur de l'équipe, il coordonne également le travail des techniciens. S'il reste ouvert à leurs propositions, c'est lui qui a le dernier mot sur les costumes, le décor, la musique, etc. Il peut être secondé dans cette tâche par un régisseur général.
On commence dans le métier comme **assistant metteur en scène**, mais ce n'est pas un passage obligé. La plupart des professionnels ont démarré sur les planches comme **comédiens*** et continuent parfois de jouer. Certains sont **auteurs dramatiques*** ou écrivains.

Après le bac L'École nationale supérieure des arts et techniques du théâtre (Ensatt) à Lyon est l'une des seules écoles à proposer une formation diplômante à la mise en scène.

Microtechnicien/ne

Montre, robot, prothèse... il crée ou participe à la fabrication de produits miniaturisés.
Le **concepteur en microtechniques** donne vie au projet. C'est lui qui choisit les solutions techniques adaptées aux matériaux, au procédé de fabrication, au coût et à la qualité attendue. Il réalise une maquette numérique et met au point le prototype. Des tests grandeur réelle

permettent de définir les opérations de fabrication et la gamme de montage. Le professionnel crée chacune des pièces sur machine d'usinage, les assemble et procède aux contrôles finals.

Le **technicien de fabrication** intervient plutôt sur le produit fini. À partir des schémas et des plans, il assemble et monte le produit par soudage ou vissage. Ce qui nécessite de préparer les outillages et d'assurer les approvisionnements en pièces et composants. À lui aussi de contrôler les appareils fabriqués et, au besoin, de les régler, de réparer et remettre en service les systèmes.

Spécialiste de l'infiniment petit, ce professionnel doit faire preuve de dextérité, de minutie et de logique. Le microtechnicien intervient sur des produits aux technologies en constante évolution. Il lui faut sans cesse s'adapter et développer des connaissances variées : dessin, mécanique, électronique, optique, robotique, techniques d'usinage et d'assemblage...

Outre l'horlogerie et la mécanique de précision, le microtechnicien peut exercer dans l'automobile, l'aéronautique, l'optique-lunetterie, le matériel médical, les télécoms, l'industrie du jouet, le nucléaire et le spatial.

Après la 3e Trois ans d'études pour préparer un bac pro microtechniques ou un bac techno STI (sciences et technologies industrielles) spécialité génie mécanique option microtechniques, bien adapté pour une poursuite d'études en BTS ou DUT.

Après le bac Deux ans d'études pour préparer le BTS conception et industrialisation en microtechniques ou le DUT génie mécanique et productique orientation micromécanique, pour le concepteur.

Militaire

Sentinelles de la nation, les militaires défendent le territoire, contribuent au maintien de l'ordre et de la paix. En cas de conflit, ils peuvent prendre le relais lorsque les solutions diplomatiques ont été épuisées.

S'engager dans l'armée, c'est choisir un style de vie. En uniforme, sur le terrain ou dans un bureau, en France ou à l'autre bout du monde, les carrières sont variées. Un même esprit unit toutefois les militaires. Qu'ils soient **hommes du rang**, **sous-officiers** ou **officiers supérieurs**, ils ont tous le respect de la hiérarchie, de la discipline, l'esprit d'équipe et le sens du devoir.

L'armée a besoin à la fois de combattants et de techniciens, courageux, robustes, sportifs, mais aussi disponibles et mobiles. Les combattants ont des tâches bien spécifiques selon les corps de troupe auxquels ils sont rattachés : armée de l'air (interception d'avions de combat, reconnaissance au sol, bombardements aériens…), marine (tirs de missiles, combats sous-marins…), armée de terre (manœuvres d'artillerie, offensives terrestres, déminage…).

L'armée recrute et forme aussi des médecins*-majors, infirmiers*, officiers du génie (construisant ponts et pistes d'atterrissage), charpentiers*, cuisiniers*, informaticiens*, électroniciens, mécaniciens*, secrétaires*, comptables*, chauffeurs, maîtres-chiens*… à différents niveaux de qualification.

Conditions pour tous : être majeur, de nationalité française, avoir suivi la journée d'appel de préparation à la défense et répondre aux critères d'âge, d'aptitude physique et de taille.

Après la 3e Recrutement avec un niveau 3e à bac pour le militaire du rang.

Après le bac Recrutement avec le bac pour le sous-officier ; avec un niveau prépas ou bac + 3 pour l'officier.

Mixeur/euse son

Tel un cuisinier, il mélange et dose les différents sons qui accompagnent et habillent les séquences d'un film. Des enregistrements sonores répartis sur plusieurs pistes qu'il lui faut assembler en une bande-son unique. Le mixeur intervient après le monteur son *(voir monteur de films*)*. Assis à sa table de mixage, un casque sur les oreilles, il mélange les pistes (voix, musiques, ambiances, bruitages…) en tenant compte de l'image (plans rapprochés, plans américains…).

À l'aide des variateurs, il corrige les niveaux de son afin qu'ils soient en rapport avec ce que le spectateur découvre à l'écran : par exemple, des voix en bruit de fond lors d'une soirée.

L'environnement sonore contribue beaucoup à l'ambiance générale d'un film. Répondant à des choix esthétiques, le mixage est fait en étroite collaboration avec le réalisateur*.

Pour un film destiné à une projection en salle, le mixeur travaille en auditorium, de manière à recréer l'ambiance sonore de la salle. Pour la télé, il travaille plutôt dans un studio de mixage. Il exerce généralement sous le statut d'intermittent du spectacle *[lexique/247]*.

Après le bac Deux ans d'études pour préparer le BTS métiers de l'audiovisuel ou cinq à six ans en école de cinéma (Louis Lumière, la Fémis). Une formation musicale est appréciée.

Modéliste

Maître d'œuvre de la réalisation d'un vêtement, le modéliste matérialise les idées du styliste*. Grâce à lui, le crayonné sur papier prend vie et forme. Des épingles dans la bouche et une paire de ciseaux à la main, le modéliste commence par placer une toile sur un buste d'atelier. Puis il l'ajuste, la coupe, l'épingle et la drape.

Opération très technique, le modelage demande aussi de la sensibilité pour sentir les volumes au bout de ses doigts. Une fois l'habit monté sur le mannequin de bois, il faut encore déterminer la place des coutures, des plis, de l'encolure, des emmanchures, des poches et des boutonnières.

* métiers traités dans le dico

Le modéliste peut alors tracer le patron, avec les indications nécessaires à la réalisation du prototype (modèle) : lignes de poitrine, de hanche, de taille, de carrure, largeurs de couture, droit-fil (sens dans lequel le tissu doit être coupé).
Le prototype exécuté, le modéliste peut encore le modifier, faire évoluer les formes… parfois sur ordinateur. Tout cela peut aussi être réalisé par transformation à plat. Le modèle mis au point, sa fabrication est lancée en série.

À la fois technicien et créateur, le modéliste doit faire preuve de goût pour respecter le style de la marque et veiller à ce que le modèle soit techniquement réalisable. Bien connaître les tissus et le matériel de fabrication est essentiel.

Après le bac Deux ans d'études pour préparer le BTS industries des matériaux souples option modélisme industriel ou suivre la formation d'une école de modélisme privée. Attention : la filière des matériaux souples est en cours de rénovation.

Modiste

Borsalinos, bérets, casquettes, canotiers... il existe 200 dénominations de chapeaux. Et comme les bibis ne sont plus l'apanage de la reine d'Angleterre, ni même de la haute société, les chapeaux ont encore de beaux jours devant eux, pour la plus grande joie de la modiste et de son homologue masculin, le **chapelier**.
Spécialistes de la fabrication de couvre-chefs, modiste et chapelier utilisent une infinité de matériaux, depuis les lainages jusqu'aux fourrures, en passant par la mousseline.
La création d'un chapeau comporte plusieurs étapes. Première entre toutes, la conception du modèle exige beaucoup d'imagination et de goût. Il n'est pas toujours facile de créer une harmonie entre la physionomie et les exigences du client.
Le moulage des modèles sur des supports en métal donne ensuite forme aux idées. Tirer les pailles et les feutres au fer et à la vapeur exige soin et dextérité, de même que les opérations de finition (ganses, surpiqûres…). À l'heure du garnissage, dans son atelier, le modiste se fait artiste : posés avec doigté, voilettes, rubans, plumes et perles viennent personnaliser la coiffe. Attention : les débouchés sont rares.

Après la 3e Deux ans d'études pour préparer le CAP mode et chapellerie, ou trois ans pour préparer le bac pro métiers de la mode et du vêtement.

Moniteur/trice d'auto-école

Avant tout un métier d'enseignant… voire de pédagogue. Trouver les mots justes et les conseils efficaces qui feront progresser celui qui, après des semaines de leçons de conduite, confond encore la marche arrière et la première, quand ce n'est pas la gauche et la droite. Un métier qui exige patience, sociabilité mais surtout vigilance.

Assis à côté de l'apprenti conducteur, au volant d'une voiture à double commande, le moniteur d'auto-école est toujours prêt à intervenir. À la moindre faute d'attention, gare à l'accrochage… Il doit également déployer ses talents de pédagogue pour l'enseignement du code de la route.
Le moniteur peut s'installer à son compte comme artisan *[lexique/247]*. Il achète alors un local pour accueillir les clients.
Ses journées sont longues : la première leçon peut commencer dès 6 h du matin… et la dernière, se terminer à 22 h ! Les conditions d'exercice sont pénibles dans les grandes villes : embouteillages, impatience des autres conducteurs.

Après la 3e Le diplôme national du brevet ou équivalent est requis pour passer l'examen du brevet d'enseignant de la conduite automobile et de la sécurité routière (le bac est recommandé). Il faut aussi obtenir une autorisation préfectorale pour enseigner.

Moniteur/trice d'équitation

Plus qu'un prof de sport, le moniteur d'équitation est un spécialiste du cheval. Lorsqu'il encadre les activités équestres, il apprend aux futurs cavaliers comment se positionner sur le cheval à différentes vitesses (pas, trot, galop) et à l'occasion d'un franchissement d'obstacle. Il montre le maniement des rênes, des éperons et de la cravache qui permettent de faire avancer le cheval, de tourner ou de s'arrêter.
Le moniteur hippique doit avoir un bon niveau technique et des qualités pédagogiques pour expliquer, corriger et faire progresser l'élève. Mais l'équitation n'est pas un sport comme les autres. Lorsqu'on monte à cheval, il est essentiel de connaître l'animal et de gagner sa confiance. Sans ce rapport privilégié, il sera difficile pour le cavalier de maîtriser le cheval, de le guider ou de lui faire franchir un obstacle. Il doit apprendre à le nourrir, le brosser, l'étriller… et aussi à lui parler.

Dans un club, une association ou un centre hippique, le moniteur partage son temps entre les leçons d'équitation, l'organisation de promenades, voire l'élevage. Seuls les grands établissements emploient à la fois des accompagnateurs de tourisme équestre et des moniteurs d'équitation.
La gendarmerie recrute également des **instructeurs** pour entraîner les gardes républicains*.

Après la 3e Deux ans d'études pour préparer le brevet professionnel de la jeunesse, de l'éducation populaire et du sport (BPJEPS) activités équestres. Accès sur examen dès 18 ans, certificat médical, titre de prévention et secours civiques de classe 1 (PSC1) et attestation de réussite aux épreuves de capacité équestre. Les épreuves théoriques sont basées sur le programme de la classe de terminale.

Moniteur/trice d'escalade

En montagne ou en zone rocheuse, en salle ou dans les arbres (accrobranche), il encadre les activités d'escalade. Les terrains dont l'accès nécessite crampons et piolets sont réservés au guide de haute montagne*.
Muni de magnésie, de cordes, de mousquetons, de casques et de baudriers, le moniteur d'escalade accompagne jeunes et adultes sur les blocs gréseux ou les falaises de granit. Il choisit les voies en fonction du niveau des élèves et du degré de difficulté. La connaissance du terrain et de ses pièges est essentielle pour limiter les risques d'accident. Première étape de son enseignement : les règles de sécurité. Une chute peut être fatale ; mieux vaut être bien attaché ! D'autant que certains grimpeurs sont parfois pris de vertige.
Le moniteur apprend aux élèves à s'encorder, à fixer les mousquetons sur la paroi, à s'assurer les uns les autres et leur indique les gestes facilitant l'ascension.
Prof de sport*, il sait expliquer comment pousser sur les jambes, utiliser les reliefs et les prises pour placer les mains, passer un aplomb, descendre en rappel. En cas de difficulté, il sait encourager et se montrer rassurant. Sa patience et son sang-froid sont ses meilleurs alliés.
Grâce aux murs d'escalade, ce sport se pratique toute l'année. Certains moniteurs arrivent à trouver un poste à temps complet.

Les autres sont employés dans le bâtiment pour des travaux acrobatiques comme **cordistes** ou dans les stations de sports d'hiver comme moniteurs de ski*.

Après la 3e Deux ans d'études pour préparer le certificat de spécialisation activités d'escalade du BPJEPS (brevet professionnel de la jeunesse, de l'éducation populaire et du sport), ou de un à trois ans pour décrocher le brevet d'État d'éducateur sportif (BEES) du 1er degré, option escalade. Accès sur examen dès 18 ans avec un titre de prévention et secours civiques de classe 1 (PSC1). Pratique de l'escalade en falaises et canyons exigée.

Moniteur/trice de ski

Un métier pour les passionnés de ski. Qu'il neige ou qu'il vente, qu'il y ait du verglas ou de la « soupe », il accompagne les amateurs de glisse sur les pistes.
Skieurs débutants ou confirmés, fondeurs, *snowboarders* : le moniteur s'adapte. Il choisit les pistes et organise les cours en fonction du niveau des élèves, de leurs attentes. Prof de sport*, il doit faire passer des notions techniques, décomposer un mouvement, analyser et corriger celui de l'élève, élaborer une progression individualisée. À lui aussi de transmettre les règles de conduite du skieur et de souligner les dangers de la montagne. Être un excellent skieur ne suffit pas. Il faut savoir expliquer et encourager.
La quasi-totalité des moniteurs travaillent à leur compte *[lexique/247]*, regroupés au sein d'écoles de ski. Certains sont salariés d'organismes de tourisme (UCPA, Club Med) ou d'un service d'État. Exerçant de trois à cinq mois par an (selon l'enneigement), la plupart ont une seconde activité, sportive ou non. L'été, beaucoup sont accompagnateurs moyenne montagne*, moniteurs de voile*, surveillants de baignade *(voir maître nageur*)*. D'autres choisissent de travailler dans l'hôtellerie.
À noter : l'armée recrute des moniteurs de ski pour former les militaires* appelés à faire des manœuvres en montagne.

Après la 3e Deux ans d'études pour préparer le brevet d'État d'éducateur sportif (BEES) ski alpin ou ski nordique. Accès sur examen dès 18 ans avec un titre de prévention et secours civiques de classe 1 (PSC1). Très bon niveau de ski exigé (chamois en alpin, trace de vermeil en nordique). Les épreuves théoriques sont basées sur le programme de la classe de terminale.

Moniteur/trice de voile

Novices ou marins confirmés, les amateurs de voile sont nombreux. Il faut apprendre aux uns les bases de la discipline sportive, aux autres les techniques de perfectionnement. Être un bon marin ne suffit pas pour choisir ce métier. Il faut aussi se montrer patient, pédagogue et rassurant.
En mer ou sur un lac, le moniteur de voile organise les cours en fonction du niveau des élèves. À tous, il enseigne les techniques de navigation : barrer, virer de bord, affaler une voile, hisser un spi. Mais aussi des rudiments de météo. Pour s'orienter

* métiers traités dans le dico

sur un plan d'eau et choisir une allure, il faut savoir se positionner par rapport aux vents et aux courants.
Le moniteur doit aussi connaître le matériel qu'il utilise. Optimiste, laser ou caravelle : il faut savoir gréer un bateau. À lui d'apprendre aux élèves à faire des nœuds marins, à dresser le mât, à hisser le foc et la grand-voile, à manier les boots, les filins et… le gilet de sauvetage. Pas de place pour l'approximation. Tempête, houle… la mer est un milieu dangereux. Le respect des règles de sécurité est essentiel.
La plupart des moniteurs travaillent au sein d'une école de voile, située en bord de mer ou sur une base nautique. Certains sont salariés d'un organisme de vacances (UCPA...).
Saisonniers *[lexique/247]* six mois par an, beaucoup sont, hors saison, maîtres nageurs* ou, l'hiver, moniteurs de ski*.

Après la 3e Deux ans d'études pour préparer le brevet professionnel de la jeunesse, de l'éducation populaire et du sport (BPJEPS) activités nautiques mention voile. Accès sur examen, certificat médical, attestation d'aptitude physique à la natation et titre de prévention et secours en équipe de niveau 1 (PSE1). Les épreuves théoriques sont basées sur le programme de terminale. Le monitorat fédéral délivré par la Fédération française de voile suffit pour exercer de manière occasionnelle.

Moniteur/trice-éducateur/trice

Assistant de l'éducateur spécialisé, le moniteur-éducateur travaille dans les mêmes conditions et dans les mêmes structures que lui : internats, hôpitaux, associations. Il a un rôle d'animation, de prévention et d'éducation auprès des jeunes en difficulté : victimes de problèmes familiaux, personnes handicapées, délinquants, drogués… Il exerce de plus en plus dans les établissements accueillant des personnes âgées ou handicapées vieillissantes.
Ce métier est un tremplin pour la formation d'**éducateur spécialisé***. Des allègements de cours et une dispense de stage sont prévus.

Après la 3e Deux ans d'études en école spécialisée pour préparer le diplôme d'État de moniteur-éducateur (DEME). Accès sur examen. Les titulaires d'un diplôme de niveau bac sont dispensés de l'épreuve écrite.

Monteur/euse-câbleur/euse

De manière générale, les matériels électriques ou électroniques sont constitués de composants reliés entre eux par des fils conducteurs.
En atelier, le monteur-câbleur réalise les armoires électriques qui regroupent les principaux équipements d'une installation : dispositifs de sécurité (disjoncteurs-sectionneurs…), alimentation et distribution du courant, automatismes qui contrôlent le fonctionnement des ascenseurs, du chauffage ou de la climatisation...
Il prend d'abord connaissance des plans et schémas de l'armoire à réaliser. Puis il construit un châssis métallique, sur lequel il fixe les différents matériels. Il procède ensuite aux opérations de câblage, qui permettent d'établir les connexions électriques. Il installe l'armoire sur site (usine ou immeuble de bureaux…), effectue les essais et la mise en service.

En électronique, la démarche est similaire : le monteur-câbleur intègre dans un même coffret plusieurs cartes électroniques connectées entre elles. Il procède ensuite à une série de tests. Il peut ainsi réaliser une très grande variété d'équipements : systèmes de transmission, appareils médicaux ou d'électronique de défense, radars, etc.

Après la 3e Trois ans d'études pour préparer le bac pro systèmes électroniques numériques (SEN).

Monteur/euse de films

C'est au cours du montage qu'un film prend sa forme définitive. Le monteur images commence par faire le tri dans les heures de plans tournés : les *rushes*. Il sélectionne les plans, fixe leur durée et les assemble sur un banc de montage traditionnel ou vidéo, voire sur ordinateur (pour le montage numérique), afin de donner au film son rythme et sa continuité.
Un premier montage est présenté au réalisateur par le **chef monteur**. Ensemble, ils cherchent à élaguer (il faut savoir faire des choix), à opérer des rapprochements, à donner une cohérence mais aussi un rythme à l'ensemble. Ce qui peut donner lieu à d'âpres discussions… Le monteur garde parfois un œil sur les trucages et effets spéciaux créés en post-production.
La bande-image arrêtée, il faut y associer la bande-son. Le **monteur son** assemble les éléments qui constituent la trame sonore du film. La copie de travail – avec les images montées – ne comporte que les dialogues et le son enregistrés sur le tournage. Seuls les sons de qualité sont conservés et répartis sur les pistes de la station de montage audionumérique. Les éléments d'ambiance, effets sonores et musiques, sont ajoutés. Le tout doit être synchronisé avec les images.
Au **mixeur** ensuite d'harmoniser les sons et de régler les niveaux sonores. Le montage est une activité tout en nuances qui assure le fil conducteur du film. D'où des rapports parfois délicats avec le réalisateur. Capacités de concentration et d'observation sont exigées.
Avec le développement du montage numérique, le poste d'assistant se raréfie. Le monteur doit donc être opérationnel d'emblée. D'où l'intérêt de suivre une bonne formation et de faire des stages. Il faut, en revanche, plusieurs années d'expérience pour accéder au titre de chef monteur.
Ces professionnels sont souvent intermittents du spectacle *[lexique/247]*.

Après le bac Deux ans pour préparer le BTS métiers de l'audiovisuel, ou cinq à six ans en école de cinéma (Louis Lumière, la Fémis, écoles privées...).

Monteur/euse-vendeur/euse en optique-lunetterie

À la fois technicien et commercial, le monteur-vendeur est un assistant précieux pour l'opticien. Il conseille le client sur la monture la mieux adaptée, les performances des verres disponibles. Il pratique des examens de la vue, des mesures optométriques et des tests permettant d'évaluer l'acuité et la perception visuelles. Il vérifie, découpe et monte les verres en atelier. Enfin, il gère les stocks et assure le service après-vente. Il

peut animer une équipe de salariés.
Pour exercer ce métier, un bon niveau scientifique est nécessaire. Habile de ses mains, le monteur-vendeur doit avoir le goût du travail minutieux et le sens de l'esthétique. Sont également indispensables le sens de l'accueil, la disponibilité et une certaine assurance dans l'élocution pour convaincre les clients.

Après la 3e Trois ans d'études pour préparer le bac pro optique-lunetterie.

Mosaïste d'art

Technique millénaire, la mosaïque est devenue un art à part entière. Au départ, il n'y a pas besoin d'une grande technicité, ni d'un long apprentissage du dessin. Il suffit d'avoir le sens des formes et de leur agencement dans l'espace. Et de la patience pour mettre en place le décor : des milliers de petits éléments (les tesselles) découpés dans des matériaux aussi divers que la faïence, la pâte de verre ou le marbre, et qui permettent de jouer avec la couleur et la lumière. La mosaïque peut être murale, de pavement (sols, bassins, dalles), figurer dans des tableaux, des objets de décoration ou du mobilier.
Le mosaïste exerce souvent à son compte, comme artisan *[lexique/247]*. Il est en relation avec d'autres professionnels : architectes*, spécialistes du bâtiment et du patrimoine, archéologues*... Un métier rare.

Après le bac Deux ans d'études pour préparer le DMA décor architectural, décor du mur (fresque, laque, mosaïque) ou école des beaux-arts.

Motard/e

Toujours à moto, il (ou elle) sillonne les voies de circulation afin de contrôler le trafic et le respect des règles de conduite. Agent de prévention, le motard sanctionne les comportements dangereux (excès de vitesse, ivresse au volant...) et veille aux conditions de sécurité. En cas d'accident de la route, il porte secours aux blessés et régule la circulation.
Policier ou gendarme, il peut interpeller des délinquants après les avoir poursuivis à moto. Il est parfois amené à escorter des personnalités, à encadrer des véhicules de secours ou des convois exceptionnels, ou encore à guider des manifestations sportives.

Instructeur, le motard initie les plus jeunes à la sécurité routière en se rendant dans les établissements scolaires ou en mettant en place des stages et des séances d'information.
Le **policier motocycliste** exerce au sein d'une compagnie qui peut être spécialisée dans un type d'activité (contrôle des véhicules de transport routier, par exemple). Le **gendarme motocycliste** peut être affecté dans un escadron départemental de sécurité routière ou à la garde républicaine.
Pour tous, le titre de prévention et secours civiques et le permis moto sont exigés. Les qualités recherchées : une bonne acuité visuelle, beaucoup de prudence et une grande réactivité.

Après la 3e Concours de sous-officier de gendarmerie. Après quelques années d'expérience, sélection sur une semaine puis onze semaines de formation (parcours routiers, exercices sur pistes).

Après le bac Concours de gardien de la paix* et, après quelques années d'expérience, sélection sur tests (enduro, cross, sortie de route...), puis quinze semaines de formation.

Concours d'officier de gendarmerie et, après quelques années d'expérience, sélection sur une semaine puis cinq semaines de formation (parcours routiers, exercices sur pistes).

Musicien/ne

Synonymes : artiste interprète ; auteur-compositeur ; instrumentiste.

« Je m'voyais déjà en haut de l'affiche... »
Soliste, le rêve de tout jeune musicien passionné. Mais pour le devenir, il faut être doué, s'imposer une discipline de fer, affronter les concours et le public. Un destin assez exceptionnel réservé à une poignée seulement d'instrumentistes. Plus réaliste, le projet de nombreux élèves de conservatoire consiste à intégrer un orchestre.
Les concours sont difficiles et les candidats nombreux. En particulier pour les pupitres de cordes (altos, violons, contrebasses, violoncelles).
Le **musicien d'orchestre** allie capacité technique et aptitude à se fondre dans un ensemble. Le chef d'orchestre* y contribue, développant l'esprit de groupe.
Les musiciens professionnels suivent des itinéraires variés : recrutés à titre permanent par un orchestre, engagés le temps d'un gala, pour une tournée ou un enregistrement et rémunérés au cachet, solistes donnant des concerts et enregistrant des disques.

Les musiciens ont souvent le statut d'intermittent du spectacle *[lexique/247]*.
Quelques-uns passent à la composition ; d'autres deviennent chefs d'orchestre* ou professeurs de musique*.

Après la 3e La musique s'apprend dans un conservatoire ou une école de musique dès l'âge de 6 ans... et parallèlement à la scolarité. Les meilleurs éléments intégreront les conservatoires supérieurs, les académies et master classes qui proposent des stages ou une pratique d'ensemble (musique de chambre, orchestre...). Ils pourront y suivre des cours de composition.

* métiers traités dans le dico

Nn

Négociateur/trice immobilier

Synonyme : agent immobilier.

Maisons, appartements, immeubles de bureau… si vous désirez vendre, louer ou acheter un bien, le négociateur immobilier sera votre intermédiaire. Son quotidien : sillonner la ville pour dénicher une bonne affaire, faire visiter les lieux.

En contact avec les candidats à la location ou à l'achat et les offrants (loueurs, vendeurs), il veille à concilier les exigences des uns avec celles des autres. À la fois conseiller et habile négociateur, il utilise ses connaissances en droit et en gestion pour déterminer la valeur du bien, établir les termes du contrat et monter un plan de financement adapté.

L'agent immobilier peut exercer en indépendant, en VRP (représentant) ou comme salarié *[lexique/247]*. Il est appelé à se déplacer très souvent. Ses horaires sont chargés et irréguliers. La disponibilité est la qualité la plus importante du métier : le client est roi et il faut le satisfaire. Pour s'installer à son compte, la carte professionnelle «transaction sur immeuble ou fonds de commerce» est nécessaire. Elle est attribuée aux titulaires de diplômes spécialisés ou aux bacheliers ayant plusieurs années d'expérience.

Après le bac Deux ans d'études pour préparer un BTS négociation et relation client ou professions immobilières, ou bien un DEUST professions immobilières. Trois ou quatre ans d'études à l'université en droit ou dans les filières des métiers de l'immobilier.

Nez

Musc, vanille, ambre, cannelle, jasmin, rose ou muguet… au royaume des odeurs, il est le roi. Connaissant des milliers de senteurs, le **parfumeur** est capable d'analyser la fragrance (sensation olfactive) d'un produit et d'en attester la qualité. Le nez rêve de créer le Chanel n° 5 de demain ou, au moins, de participer à son élaboration. Après dix années de pratique, lorsqu'il a identifié et mémorisé les 1 500 matières de base entrant dans la composition des parfums, il peut devenir **formulateur**. À lui alors de choisir les produits (fleurs, épices, sucs) et la dominante (florale, musquée, poivrée), de combiner les essences jusqu'à obtention du jus. Les manipulations chimiques sont très complexes. Quelques gouttes ici ou là modifient la teneur odorante du mélange et cela peut tourner au vinaigre! Des centaines d'essais sont nécessaires avant la fabrication en série.

Le nez est aussi très sollicité par les industries cosmétiques et alimentaires pour le contrôle qualité. Il travaille alors en collaboration avec l'aromaticien. Nul besoin d'avoir le « pif » de Cyrano pour savoir si les matières premières utilisées pour un désodorisant ou un aliment sont fraîches. Il faut être capable de reconnaître les odeurs. De même pour attester que le parfum de synthèse d'une lessive est conforme à l'original et qu'il plaira au consommateur.

Après le bac Deux ans d'études pour préparer un BTS bio-analyses et contrôles ou un DUT chimie, complétés ou non par une licence pro (un an) en formulation, parfums ou cosmétiques.

Notaire

Aucun contrat de mariage, de vente ou d'achat de bien immobilier, aucune ouverture de testament ne peuvent se faire sans passer devant le notaire. Spécialiste du droit, il met sa compétence à la disposition des familles et des entreprises. Aidé d'un **clerc***, il authentifie les actes et contrats, les conserve et en délivre des copies à qui de droit.

Comme «conseiller des familles», il renseigne ses clients sur les règles à respecter. Il a alors un rôle de prévention et de conciliation. Comme conseiller des entreprises, le notaire fournit son assistance pour rechercher des partenaires, vérifier la légalité d'une publicité ou d'un rachat d'entreprise…

Deux possibilités s'offrent à lui pour faire carrière : devenir collaborateur (c'est-à-dire salarié) dans une étude notariale ou racheter un office. Qu'il exerce en libéral *[lexique/247]* ou non, le notaire, souvent en contact direct avec le public, doit faire preuve d'écoute, de tact et de diplomatie afin de trouver des solutions acceptables pour tous.

Après le bac Sept ans d'études juridiques pour obtenir le titre de notaire assistant. Deux voies de formation possibles : préparer le diplôme supérieur du notariat à l'université après avoir obtenu un master de droit notarial, ou le diplôme d'aptitude aux fonctions de notaire par la voie professionnelle. Dans les deux cas, un stage de deux ans en étude notariale est obligatoire pour exercer.

Oo

Océanologue

Tracer des cartes maritimes, étudier la dérive des continents et le mouvement des marées, se soucier du sort des baleines ou de celui du plancton, lutter contre la pollution… les océans sont un fabuleux terrain d'observation et d'exploration pour les scientifiques.

L'ampleur du champ d'études justifie l'intervention de chercheurs* aux profils variés : des biologistes*, des géologues*, des chimistes, des physiciens, des informaticiens…

Pour observer, mesurer, comprendre, les océanologues disposent d'outils d'investigation performants : satellites de télédétection spatiale, bouées dérivantes, submersibles des grandes profondeurs…

Le travail se fait autant en laboratoire que sur le terrain, et dans le monde entier. Débouchés très rares à l'université, dans les organismes de recherche (Ifremer, CNRS…) ou les musées (océanographiques…).

Après le bac De cinq à huit ans d'études en biologie ou en géologie à l'université (master, puis doctorat).

Œnologue

Menacés par la concurrence, seuls les vins de qualité resteront produits. Spécialiste de la vigne et du vin, l'œnologue va conseiller le viticulteur pour l'aider à améliorer sa production, à différents niveaux : choix des cépages et de la plantation des vignes, analyse des raisins, contrôle de la fermentation du vin, de la distillation des eaux-de-vie et des apéritifs, choix des traitements appliqués aux vins et de leur mise en bouteilles…

Dans tous les cas, il est un fin connaisseur en vins, un expert dégustateur et un technicien de haut niveau. On lui confie parfois des tâches de commercialisation et de promotion des vins.

Les œnologues exercent dans les laboratoires et les coopératives de grands crus et de vins de pays. Les femmes font leur entrée dans ce métier, où elles sont très appréciées. Une bonne endurance au travail est nécessaire, car pendant les vendanges et les mois qui suivent, l'œnologue travaille sept jours sur sept, et douze heures par jour. Il doit être très mobile pour se rendre d'un domaine viticole à un autre.

Après le bac Cinq ans d'études pour préparer le diplôme national d'œnologie *via* une licence (bac + 3) en sciences biologiques, chimiques, agronomiques… ou *via* un BTSA viticulture-œnologie ou un DUT génie biologique (bac + 2) complété par une licence pro (un an).

Officier/ère de l'armée de l'air

Administratif, meneur d'hommes ou technicien de haut niveau, il assure la sécurité aérienne du territoire. Chef militaire, il mène ses hommes au combat et les prépare sur les plans technique, physique et moral.

L'officier navigant exerce dans deux spécialités : le pilotage et la navigation système d'armes. En temps de guerre, aux manettes d'un avion de combat, le **pilote de chasse** est chargé de reconnaître et de détruire les avions hostiles. En temps de paix, il doit identifier en vol les aéronefs inconnus quelles que soient les conditions météo et l'altitude. Le pilote de transport et le navigateur aérien militaire acheminent troupes et matériels à pied d'œuvre. En temps de paix, ils assurent le transport de passagers et le frêt pour le compte des armées. En cas d'évacuation sanitaire ou de mission opérationnelle, un **convoyeur**

* métiers traités dans le dico

de l'air (infirmier* du service de santé des armées) les accompagne.
L'officier mécanicien de l'air encadre les sous-officiers mécaniciens et les spécialistes en aéronef et vecteur, en systèmes et matériels électroniques, armements…
L'officier des bases de l'air encadre les spécialistes en infrastructure, protection, renseignements, opérations aériennes, instruction et encadrement.
Officier et administrateur à la fois, le **commissaire de l'air** exerce des fonctions logistiques et financières. Sur base, il organise la vie courante du personnel (habillement, restauration…).
Le plus souvent sur base, l'officier travaille en équipe, dans un bureau ou un atelier selon sa spécialité. Recruté comme militaire*, il s'engage pour huit années au moins. Par la suite, il change d'affectation tous les trois à cinq ans (mutation).

Après le bac Accès sur concours pour les élèves des classes préparatoires scientifiques et les titulaires d'un diplôme de niveau bac + 3. Accès sur titres au niveau bac + 5. Formation à l'École de l'air de Salon-de-Provence. Autre voie possible, celle des officiers sous contrat.

Officier/ère de l'armée de terre

Chef militaire, il mène ses hommes au combat et les prépare sur les plans technique, physique et moral. Combattant, ingénieur ou manager, l'officier de l'armée de terre a pour mission de défendre l'intégrité du territoire et les intérêts du pays. Responsable d'une compagnie de cent à mille hommes selon son grade, il forme et assure la cohésion des spécialistes qui sont sous ses ordres. **Instructeur**, il maîtrise le matériel de combat (chars, systèmes d'artillerie…) et est au fait des techniques de pointe (transmissions, télécommunications). Son objectif est de mener à bien les missions confiées à son unité.
Dans le cadre d'un état-major, l'officier prépare des manœuvres, organise la mobilisation, met en œuvre les forces et les moyens. Parachutage de matériel, franchissement d'un fleuve, organisation d'une assistance militaire : il détermine le rôle des unités et l'utilisation de matériels, en respectant le travail en équipe et la marge d'initiative laissée aux subordonnés.
« Chef d'entreprise », l'officier administre son personnel (alimentation, santé, formation…), veille à l'entretien du matériel qui lui est confié et gère le budget qui lui est alloué.
Exerçant au sein d'une unité de combat (génie, infanterie, artillerie…), d'un service (financier, comptabilité, gestion du personnel…) ou d'un état-major, l'officier occupe des postes variés.
L'officier de reconnaissance et de renseignements assure le commandement d'une section dont l'objectif est de reconnaître un terrain d'opération et de transmettre ses observations à d'autres unités. Le chef de section d'exploitation organise la mise en place de l'ensemble des moyens de télécommunications dont les chefs interarmes ont besoin pour commander les unités.
Recruté comme **militaire***, il s'engage pour six années au moins et peut changer d'affectation tous les trois ans. Être de bonne constitution, mobile, disponible, aimer le travail en équipe et avoir le sens des responsabilités : des qualités essentielles pour exercer.

Après le bac Accès sur concours en première année de l'École Saint-Cyr pour les élèves des classes préparatoires scientifiques et les titulaires d'un diplôme de niveau bac + 3 ; recrutement sur titres au niveau bac + 5. Le volontariat est une autre voie possible.

Officier/ère de la Marine nationale

À la fois professionnel de la mer, commandant de navire, chef militaire et ingénieur, l'officier de la Marine nationale est responsable des hommes, des matériels et des navires. Il anime une équipe qualifiée qu'il doit maintenir unie et efficace, en temps de paix comme au combat. Dynamisme, compréhension et sens du commandement lui sont donc indispensables.
La conduite d'un navire est sa fonction principale. Sur la passerelle, c'est lui qui assure la route du navire, donne les ordres de manœuvres. De formation scientifique et technique, il veille à la mise en œuvre, à l'entretien, aux réparations courantes, voire à l'amélioration des matériels. Il est secondé par des officiers spécialisés qui sont chargés d'un service technique. Tous les deux ans en moyenne, l'officier peut changer d'affectation. Ce changement nécessite des capacités d'adaptation. Les missions, les tâches, le mode de vie varient considérablement selon que l'on exerce sur un sous-marin, un porte-avion ou dans un bureau d'état-major… Un officier spécialisé peut exercer des responsabilités dans tous les domaines d'activité de la marine : renseignements, finances, communication, gestion des ressources humaines, conduite nautique, timonerie-manœuvre, transmissions, environnement…
Travailler en mer requiert endurance, réactivité et aptitudes physiques.

Après le bac Accès sur concours en première année de l'École navale de Brest pour les élèves des classes préparatoires scientifiques ; recrutement sur titres en deuxième année avec un diplôme de niveau bac + 4, et en troisième année avec bac + 5. Le volontariat est une autre voie possible.

Officier/ère de port

Véritable lien entre terre et mer, l'officier de port accueille les bateaux au port. Il gère l'entrée et la sortie des navires, veille à leur placement, contrôle leur cargaison, et fait appliquer les règles de sécurité lors des chargements et déchargements des matières dangereuses. Il agit également pour la prévention et la lutte contre la pollution des eaux, et intervient en cas de suspicion de risque pour l'environnement du port. Assisté de l'officier adjoint, il est en relation permanente avec les commandants de navire, les pilotes de port, les manutentionnaires… Une grande disponibilité est nécessaire, car les journées de travail sont bien remplies. En France, on compte seulement 326 officiers de port.

Après le bac Les officiers de port sont recrutés parmi les **capitaines de marine marchande*** et **officiers de la Marine nationale***. Accès sur concours, puis formation professionnelle d'un an.

Officier/ère marinier/ère

C'est ainsi qu'on appelle couramment le **sous-officier de la marine**. Il possède une triple expérience : la mer, les techniques, l'encadrement. Certains officiers mariniers sont essentiellement des marins avec des responsabilités de navigation : **manœuvrier**, **timonier**, **adjoint de chef de quart**.

D'autres ont été recrutés par la Marine nationale pour leurs compétences techniques : mécaniciens* naval ou spécialisé en aéronautique, météorologiste* océanologue*, plongeur-démineur*, etc.

L'officier marinier peut être un **fusilier marin** : c'est alors un combattant avec parfois un rôle d'instructeur, de moniteur de sport. En tant que détecteur, il utilise les moyens électroniques et acoustiques de détection (sonars, sondeurs…) pour surveiller ce qui se passe en mer.

Enfin, l'administration et la gestion ne sont pas absentes. Il faut assurer l'approvisionnement et la restauration de la collectivité, les soins infirmiers des personnels, sans oublier les tâches administratives. En tout, une trentaine de spécialités… D'un officier marinier à un autre, les activités sont totalement différentes.

Souvent responsable d'une équipe d'exécution de travaux propres à sa spécialité, il doit faire preuve d'aptitudes à l'encadrement. Sa qualification technique est développée tout au long de sa carrière par des stages en écoles de spécialité. Le rythme des affectations est de deux à quatre ans, selon qu'il est embarqué ou non.

Après le bac La marine recrute les jeunes (18 à 25 ans), du bac à bac + 3 ; formation de cinq mois à l'École de maistrance de Brest. Possibilité de devenir officier sur concours ou sur dossier. Le volontariat est une autre voie possible.

Opérateur/trice PAO

Synonymes : opérateur prépresse ; opérateur système texte-image.

Le maquettiste* conçoit la mise en pages d'un document. L'opérateur PAO l'exécute sur ordinateur, d'où le nom d'« exé » qui lui est souvent donné. Le premier conçoit graphiquement un agencement de textes et d'images qui donne lieu à un gabarit (modèle comprenant les éléments techniques nécessaires à la production et à l'impression). Le second met le document en pages en suivant le modèle.

Maîtrisant les logiciels et matériels de PAO (publication assistée par ordinateur), l'opérateur peut travailler sur le texte (saisie et correction, changement de typographie…) et sur l'image (modification de couleurs et de contours, recadrage de photos…). Doté d'un sens esthétique, il est le garant d'une composition harmonieuse. Il doit pouvoir s'adapter à des techniques en constante évolution. La capacité à travailler en équipe dans l'urgence est indispensable.

Après la 3e Trois ans d'études pour préparer le bac pro production graphique.

Opérateur/trice sur machine à commande numérique

Synonyme : conducteur de machine à commande numérique.

Tours, perceuses, fraiseuses, décolleteuses, rectifieuses… dans un atelier de mécanique, ces machines fabriquent les pièces qui servent à construire des avions, des voitures ou des équipements industriels. Un outil de coupe installé sur la machine enlève des copeaux de métal afin de donner à la pièce la forme et les dimensions souhaitées. Les déplacements très précis de l'outil (sa « trajectoire ») sont pilotés grâce à un programme informatique.

* métiers traités dans le dico

L'opérateur étudie d'abord les documents techniques (plan de la pièce, suite des opérations à réaliser : fraisage, perçage, etc.). Il choisit ensuite les outillages, qu'il monte sur le porte-outil ; puis il fixe le bloc de métal à usiner sur le porte-pièce. Il charge le programme dans la mémoire de la machine et entre une série de données nécessaires à la fabrication (dimensions des outillages, axes, etc.). Il lance alors la réalisation d'une première pièce ; une fois celle-ci terminée, il vérifie sa conformité par une série de mesures, et procède aux réglages qui s'imposent. Il démarre la production en série, contrôle les pièces prélevées, repère les dérives (dimensions non conformes…), et les corrige. Dans le cas de pièces simples, il définit lui-même la suite des opérations de fabrication, et réalise le programme avec une aide informatique.

Après la 3e Trois ans d'études pour préparer un bac pro pilotage de systèmes de production automatisée ou productique-mécanique option décolletage, un bac pro technicien d'usinage ou technicien outilleur, ou encore un bac techno STI (sciences et technologies industrielles) spécialité génie mécanique option productique mécanique, bien adapté à la poursuite d'études en BTS ou en DUT.

Après le bac Deux ans d'études pour préparer un BTS industrialisation des produits mécaniques ou un DUT génie mécanique et productique.

Opticien/ne-lunetier/ère

Spécialiste de la vision, l'opticien conçoit, réalise, délivre et répare les lunettes. Pour choisir les verres correcteurs, l'opticien-lunetier s'appuie le plus souvent sur la prescription d'un médecin spécialiste* (l'ophtalmologiste). Si on le sollicite directement, il peut évaluer l'acuité visuelle à l'aide d'un examen optométrique.
Une fois la correction déterminée, encore faut-il trouver le produit adéquat. Verres fins ou épais, à double foyer ou non, fumés ou antireflets, incassables, monture plastique ou métallique, lentilles souples ou dures… il n'est pas toujours facile de s'y retrouver. En bon commerçant, l'opticien-lunetier doit savoir conseiller le client et le guider dans ses achats, selon des critères esthétiques, techniques et financiers. Une monture en titane, si elle sied parfois mieux à un visage, supporte mal les verres très épais. La décision prise, l'opticien

se fait technicien. Il procède au taillage, au calibrage et au montage des verres sur la monture. Les lentilles de contact sont commandées en usine.
L'opticien-lunetier peut s'installer à son compte, comme artisan *[lexique/247]*, ou bien être gérant de magasin.

Après le bac Deux ans d'études pour préparer le BTS opticien-lunetier, obligatoire pour exercer ; une année supplémentaire pour préparer une licence pro permet d'élargir ses compétences commerciales ou techniques.

Orfèvre

L'orfèvre fabrique et répare des objets en métaux précieux pour la maison, l'ameublement, la table, les cérémonies du culte, les trophées sportifs, etc.

Il utilise des techniques très anciennes. Le **planeur en orfèvrerie** découpe une plaque de métal ou d'argent aux dimensions de l'objet (plat, coupe, timbale…). Puis, à

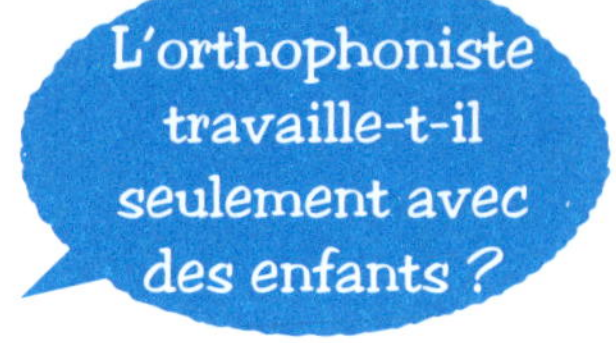

l'aide d'un maillet en bois, il forme l'objet en refoulant peu à peu le métal. À chaque étape du travail, la pièce est recuite au chalumeau pour assouplir le métal.
Les objets peuvent être décorés par le **ciseleur** ou le **graveur**. Ils sont parfois argentés au bain électrolytique par les argenteurs. Le polissage parfait la surface de la pièce.
Pour exercer, deux statuts sont possibles : salarié ou artisan *[lexique/247]*.

Après la 3e Deux ans d'études pour préparer le CAP orfèvre.

Orthophoniste

Bégaiement, zozotement, dyslexie, surdité ou retard dans l'acquisition du langage : autant de situations pour lesquelles des séances chez l'orthophoniste s'imposent. Rééducateur des troubles de la voix, de la parole et du langage, ce thérapeute travaille en collaboration avec des psychologues, des psychomotriciens et des médecins.
Il intervient auprès d'enfants qui représentent 80 % de sa clientèle, mais aussi d'adultes qui ont du mal à s'exprimer à la suite d'une opération du larynx, d'une rupture des cordes vocales ou d'un traumatisme (accident, maladie, choc affectif). C'est également lui qui apprend aux sourds-muets à lire sur les lèvres et à parler.
L'orthophoniste adapte ses méthodes à l'âge et aux difficultés de chacun. Pour les petits, il utilise jeux, dessins et images. Avec les grands, il se sert de bandes-son, d'instruments de musique ou de sa voix. Les exercices portent, selon les cas, sur la reconnaissance de sons, la prononciation, la lecture ou la respiration. Tous demandent attention et patience. Les progrès sont lents. Maîtriser la langue française (vocabulaire, grammaire, orthographe) est capital.
La majorité des orthophonistes exerce en libéral *[lexique/247]*. Les autres travaillent en hôpital ou en centre spécialisé.

Après le bac Quatre ans d'études pour préparer le certificat de capacité d'orthophoniste, obligatoire pour exercer. Accès sur concours sélectif ; une année de préparation est souvent nécessaire.

Orthoprothésiste

Permettre à un unijambiste de marcher ou à une personne privée de bras d'écrire, voilà ce qui le motive. L'orthoprothésiste est le spécialiste des prothèses (appareils remplaçant un membre amputé ou absent) et des orthèses (appareils suppléant une déficience osseuse, musculaire ou neurologique). Sa mission est de compenser les handicaps.

Dans les centres de rééducation ou d'appareillage, dans son entreprise artisanale ou, plus rarement, à l'hôpital, il travaille sur prescription du médecin*. C'est sur les indications de ce dernier qu'il fabrique et adapte les prothèses et orthèses, en relation étroite avec le patient. Le technicien doit l'examiner, dialoguer avec lui pour s'informer de son mode de vie (activités, loisirs), de ses attentes. Un appareil adapté est à la fois fonctionnel et esthétique. L'écoute et le tact importent autant que la maîtrise technique.

L'orthoprothésiste peut fabriquer, monter et ajuster lui-même les appareils. Des compétences en mécanique et en travail des matériaux (bois, cuir, acier, résine, fibre de verre ou de carbone) sont indispensables. Il peut les commander tout faits. Il lui faudra de toute façon les essayer et, au besoin, faire des retouches.

Pour s'installer à son compte comme artisan *[lexique/247]*, il faut être titulaire du BTS et avoir trois ans d'expérience.

Après la 3e Deux ans d'études pour préparer le CAP orthoprothésiste, ou un CAP du domaine de la mécanique ou des matériaux, pour l'ouvrier de fabrication ; ce diplôme de base peut être complété par le diplôme de technicien (DT) prothésiste-orthésiste (deux ans) pour le technicien. Accès possible au DT après une classe de première STI (sciences et technologies industrielles), génie mécanique.

Après le bac Trois ans d'études pour préparer le BTS prothésiste-orthésiste, indispensable pour la phase d'application. Accès sur dossier avec un bac S, un bac STI génie mécanique ou éventuellement le DT.

Orthoptiste

Il intervient à la demande d'un médecin spécialiste* (l'ophtalmologiste) pour mesurer par exemple le champ visuel ou dépister des strabismes. Si le patient en a besoin, il lui fait faire des exercices de rééducation.

Diagnostiqués à temps, de nombreux troubles visuels (fatigue oculaire, strabisme) peuvent être corrigés. C'est pourquoi les enfants forment encore le gros des troupes dans les salles d'attente. Les adultes, eux, sont pris en charge à la suite d'accident ou de maladie responsable de la perte partielle de la vue. Et, de plus en plus fréquemment, pour des problèmes de fatigue oculaire liée au travail sur écran d'ordinateur.

L'orthoptiste mesure l'acuité visuelle et la capacité d'accommodation, observe la mobilité des globes oculaires... Il s'agit ensuite de rééduquer la vision, par une gymnastique destinée à renforcer la musculature de l'œil.

Voilà un métier qui a de l'avenir ! Aujourd'hui, les écrans de télévision et les consoles de jeux vidéo mettent nos yeux à rude épreuve. Comme les postes salariés en centre hospitalier, de rééducation ou en dispensaire sont rares, 75 % des orthoptistes exercent en libéral *[lexique/247]*. Certains font des vacations à l'hôpital en plus. L'installation à son compte demande une mise de fonds très importante qu'il n'est pas facile de rentabiliser.

Après le bac Trois ans d'études pour préparer le certificat de capacité d'orthoptiste, obligatoire pour exercer ; accès sur concours.

Ostéopathe

L'ostéopathie est une médecine manuelle qui traite les problèmes mécaniques au niveau du squelette, des viscères et du crâne, et qui considère que le corps est un tout. Ainsi, le moindre problème musculaire ou intestinal peut provoquer un déséquilibre général de l'état de santé.

Toute séance commence par un questionnaire. L'ostéopathe répertorie les troubles du patient et fait un bilan de ses antécédents (opérations, fractures, chocs, maladies...). Au-delà du seul symptôme, il s'intéresse à l'histoire du corps, à des traumatismes plus anciens qui seraient passés inaperçus. Il palpe ensuite le corps, à l'affût de tout signal d'alarme que « perçoivent » ses mains (chaleur, froid, rigidité, déplacement, douleur) et effectue des poussées, tractions, rotations... afin de corriger le défaut. Ses manipulations sont lentes, jamais violentes.

* métiers traités dans le dico

A B C D E F G H I J K L M N O P Q R S T U V W X Y Z

L'ostéopathe n'utilise que ses mains. Le toucher est essentiel dans le diagnostic comme dans le traitement. Il a aussi recours à des massages ponctuels, à des étirements. Sa pratique repose sur l'anatomie, la biomécanique, la neurologie, la physiologie et la pathologie.
Ce thérapeute traite toutes sortes de troubles : intestinaux, digestifs, d'origine vertébrale ou crânienne, des entorses, tendinites, maux de dos, suites opératoires ou le stress. Il soigne les sportifs, les nourrissons, les adolescents comme les adultes.
La majorité des ostéopathes exerce en libéral *[lexique/247]*. Si l'usage professionnel du titre d'ostéopathe est désormais reconnu, la profession n'est toujours pas réglementée.

Après le bac Cinq ou six ans d'études pour obtenir le diplôme d'ostéopathe (DO) délivré par des écoles agréées ; accès sur dossier. Possibilité d'intégrer la formation après un premier cursus de formation dans le domaine de la biologie ou de la santé (kinésithérapie, ergothérapie, médecine).

Outilleur/euse

Synonymes : modeleur ; mouliste.
En atelier ou en usine, les outils donnent leur forme aux différents produits industriels : moules destinés à fabriquer le tableau de bord de la Twingo, boîtier d'un téléphone portable, « matrices » ou « poinçons » montés sur presse afin de réaliser des portières, des capots ou des éléments d'avion… Fabriqué à l'unité avec une très grande précision, chacun d'eux permet d'obtenir des milliers d'exemplaires d'une même pièce.
Dans le secteur de l'automobile, de l'aéronautique, de la fonderie ou de la plasturgie (création d'objets en plastique), l'outilleur a pour mission de fabriquer ces outils. Il étudie d'abord les plans du moule ou de la matrice à réaliser. Sur une fraiseuse ou sur une machine à électroérosion, il fabrique les éléments constitutifs de l'outil et vérifie leur conformité (géométrie, dimensions…). Puis il les assemble en suivant les instructions fournies ; il peut être amené à exécuter diverses opérations d'ajustage afin que les éléments soient parfaitement emboîtés les uns dans les autres. Une fois terminées les opérations de contrôle et de finition, il assiste aux essais de l'outil chez le client. Il vérifie la qualité des pièces fabriquées, et effectue les corrections nécessaires.
Souvent l'outilleur est spécialisé dans l'une ou l'autre de ces activités : il est alors **fraiseur-outilleur**, ou **ajusteur-outilleur**.

Après la 3e Deux ans d'études pour préparer le CAP outillages en moules métalliques ou le CAP outillages en outils à découper et à emboutir ; trois ans pour préparer le bac pro technicien outilleur ou technicien modeleur. Un an d'études pour préparer la MC maquettes et prototypes.

Après le bac Deux ans d'études pour préparer le BTS industrialisation des produits mécaniques ou le BTS étude et réalisation d'outillages de mise en forme des matériaux.

Ouvrier/ère agricole

Sur une petite exploitation, c'est le collaborateur de l'agriculteur*, qu'il peut remplacer sur de courtes périodes. Esprit d'initiative et autonomie sont alors indispensables.

L'ouvrier agricole travaille sur des exploitations de toute taille. Il lui arrive même d'avoir plusieurs employeurs. Dans le domaine de la culture, l'ouvrier participe à tous les travaux des champs. Il conduit des machines agricoles de plus en plus sophistiquées et sait en assurer la maintenance.
Son travail est différent selon les saisons et demande des compétences très diverses et pointues selon les cultures. Cet emploi constitue souvent une première expérience avec, en perspective, la possibilité de s'installer comme exploitant *[lexique/247]*.

Après la 3e Deux ans d'études pour préparer le CAPA production agricole ; trois ans pour le bac pro conduite et gestion de l'exploitation agricole.

Ouvrier/ère paysagiste

Synonyme : jardinier des espaces verts.
Cet ouvrier spécialisé aménage et entretient les parcs, espaces verts et jardins. Il prépare les sols, retourne la terre, apporte des engrais, fait des semis, installe les pelouses, les plantes, les arbres et arbustes, d'après les plans d'un paysagiste. Il entretient aussi les espaces verts, tond les pelouses, ramasse les feuilles, effectue la taille et les traitements. Il peut également faire de la plomberie, de la maçonnerie, du terrassement, de l'électricité. Il organise l'apport et l'évacuation de terre, déblaie, participe à la pose de dallages ou de bordures, installe des systèmes d'arrosage et des éclairages extérieurs. Une solide constitution physique et une bonne résistance aux conditions climatiques sont nécessaires. Sans oublier des connaissances techniques sur les végétaux, un certain goût de l'esthétique et un bon sens de l'organisation.

Après la 3e Deux ans d'études pour préparer le CAPA travaux paysagers ; trois ans pour préparer le bac pro travaux paysagers. Les deux peuvent être complétés par un certificat de spécialisation (jardinier de golf, par exemple).

Ouvrier/ère sylviculteur/trice

« Cultiver les arbres », voilà son rôle. Il entretient les plantations, s'occupe du dégagement des semis, du débroussaillage, du reboisement… Il participe aussi aux travaux d'aménagement et d'équipement de la forêt : drainage des fossés, ouverture de routes forestières, terrassement. Savoir reconnaître les différentes essences (espèces d'arbres), repérer les maladies et effectuer les traitements les plus simples fait partie de ses activités. Bonne condition physique et résistance aux intempéries exigées.
Travaillant en équipe, l'ouvrier sylviculteur peut être employé dans une pépinière forestière, une entreprise de reboisement, chez un propriétaire ou un exploitant forestier, et à l'Office national des forêts (ONF).

Après la 3e Deux ans d'études pour préparer le CAPA travaux forestiers spécialité sylviculture, demandé par les directions régionales et les services départementaux de l'ONF.

Pp

Palefrenier/ère

Étriller les chevaux, les panser, leur curer les sabots, les soigner, les nourrir, entretenir les selles et les harnais, assurer le nettoyage de l'écurie… palefrenier n'est pas un métier d'équitation, mais plutôt de soins. Ceux qui croient le contraire seront déçus. Si le professionnel est amené à sortir le cheval à la main et à la longe pour le maintenir en forme, il ne le monte que rarement.
Le palefrenier est employé dans les centres équestres, les associations de propriétaires, les haras, les écoles de dressage, les fermes équestres, mais aussi par l'armée, dans les haras de la garde républicaine (gendarmerie). C'est un métier de jeunes : les places sont rares et il faut une grande énergie pour gagner sa vie. Mieux vaut aussi être robuste et en très bonne santé, car les journées sont longues et fatigantes.

Après la 3e Deux ans d'études pour préparer le CAPA soigneur d'équidés.

Paléontologue

Le scientifique de *Jurassic Park*, c'est lui. L'insecte fossilisé dont on extrait l'ADN pour reconstituer une forme de vie disparue depuis des millions d'années, c'est son domaine d'observation. Ce chercheur* regarde vers le passé pour retracer l'évolution biologique de l'humanité. Sur un site archéologique, le paléontologue étudie les ossements extraits des fouilles. À partir d'éléments infimes, comme la disposition des os, il peut tirer des enseignements sur la santé des populations humaines, la faune et la flore de l'époque. Il utilise des techniques telles que l'anatomie comparée ou la paléogénétique (pour analyser des fragments du fameux ADN).
Ce métier requiert une bonne mobilité lorsqu'il s'agit de travailler sur des sites, un esprit scientifique et une connaissance des sciences humaines. Certains paléontologues sont employés par des collectivités locales, le Muséum d'histoire naturelle ou le CNRS. Débouchés rares.

Après le bac De cinq à huit ans d'études à l'université en biologie ou en géologie (master), puis en paléontologie (doctorat).

Pâtissier/ère

Rien que de contempler sa devanture, on en a l'eau à la bouche. Spécialisé dans les desserts, le pâtissier confectionne de superbes gâteaux et de délicieux entremets pour égayer fins de repas et goûters gourmands. Il connaît par cœur les secrets de fabrication des différentes pâtes (brisée, sablée…), sait choisir une garniture (crème pâtissière, sabayon…), déterminer le temps de cuisson idéal. Cet artiste, amoureux des couleurs et des formes, est soucieux de la décoration de ses gâteaux.
Qu'il soit artisan ou salarié *[lexique/247]*, ses journées de travail commencent très tôt. Et il ne connaît ni dimanches, ni fêtes carillonnées. Ce sont même pour lui des

* métiers traités dans le dico

jours d'intense activité, où il croule sous les commandes : gâteaux d'anniversaire, bûches de Noël et œufs de Pâques lui permettent de doper son chiffre d'affaires. L'artisan pâtissier n'hésite pas à faire office de **chocolatier-confiseur*** ou de **glacier-sorbetier***. Outre les petits commerces de quartier, des débouchés existent dans les rayons pâtisserie des grandes surfaces, voire les industries agroalimentaires ou l'armée.

Après la 3e Deux ans d'études pour préparer le CAP pâtissier ; qui peut être complété par l'une des trois MC pâtisserie boulangère, cuisinier en desserts de restaurant ou pâtisserie-glacerie-chocolaterie-confiserie spécialisées (un an). Trois ans d'études pour préparer le bac pro boulanger-pâtissier.

Patronnier/ère-gradeur/euse

Établir les tailles d'un vêtement à partir d'un modèle standard (taille 40) et en réaliser les patrons, tel est le rôle du patronnier-gradeur. Intervenant après le modéliste* dans la chaîne de fabrication, ce professionnel de l'industrie textile commence par calculer les rapports nécessaires au passage d'une taille à l'autre. Il modifie ensuite les données du modèle et les adapte aux différentes tailles. La gradation peut s'effectuer manuellement ou à l'aide d'un logiciel informatique. Les quelques millimètres ajoutés ou enlevés à l'encolure, à la carrure, aux emmanchures… sont répercutés sur les patrons. Lorsque chaque taille a son patron, la fabrication est lancée en série. Pas de place pour l'approximation ! La moindre erreur de calcul, et ce sont des milliers de vêtements inutilisables.

Après la 3e Deux ans d'études pour préparer un CAP du secteur de la mode ; trois ans pour préparer le bac pro métiers de la mode et du vêtement.

Paysagiste

Il réalise un parc de loisirs avec plantations, pelouses, massifs de fleurs, toboggans, plans d'eau. Il programme une aire de jeux au cœur d'un ensemble d'immeubles, aménage un lac en site de loisirs, fleurit les abords des routes, des piscines, des pistes cyclables, invente un circuit de golf ou réhabilite le patrimoine (grands jardins anciens, parcs de châteaux). Le paysagiste fait œuvre d'architecte de jardins et d'espaces verts. Ce qui exige des connaissances en architecture, gestion, horticulture, travaux publics, génie civil et, surtout, un esprit créatif et artistique. En collaboration avec les architectes, les urbanistes, les ingénieurs, sa mission peut aller de l'avant-projet sommaire au suivi de chantier, en passant par les plans détaillés et les spécifications techniques.

Cette profession est assez jeune et le titre de paysagiste n'est pas protégé. On trouve donc, sur le terrain, des professionnels aux formations et parcours divers. Des **horticulteurs-pépiniéristes***, qui développent une activité d'entrepreneur en jardins et espaces verts, aux **paysagistes-conseils** en passant par les **architectes paysagistes**, la profession compte entre 300 et 500 spécialistes.

Après le bac Quatre ans d'études en école spécialisée (École supérieure d'architecture des jardins à Paris) ; six ans à l'École nationale supérieure du paysage de Versailles et dans les écoles d'architecture et de paysage de Bordeaux et de Lille qui forment des paysagistes DPLG (quatre ans post-bac + 2) ; cinq ans *via* des prépas en école d'ingénieurs (Institut national d'horticulture d'Angers, École nationale supérieure de la nature et du paysage de Blois).

Pêcheur/euse

Pas facile, le métier de pêcheur ! Patron de pêche, maître d'équipage ou matelot, chacun participe aux travaux touchant le bateau (entretien), les filets (les mettre en place, les réparer, les remonter) et le poisson. S'il s'agit de « petite pêche » (sorties d'un à quatre jours), le travail du poisson consiste à le trier et à le mettre en caisse. Pour la pêche industrielle (de quatre à vingt jours de sortie), il faut non seulement trier le poisson, le nettoyer, mais le mettre en caisse glacée ou en tunnel de congélation.

Pêcher, c'est vivre au rythme des marées, au rythme du poisson aussi, c'est vivre dehors, dans le froid, la pluie, le vent. Pêcher, c'est aussi la débrouille : le patron de pêche utilise toute son expérience, les cartes et les instruments, de plus en plus sophistiqués, pour repérer le bon coin à poissons, pour placer ses filets ou ses casiers, pour rentrer au port au bon moment afin de vendre tout son chargement.

Le **patron de pêche** peut être propriétaire de son navire et exercer comme artisan ***[lexique/247]*** ou être salarié d'un armateur. La modernisation des bateaux pour la pêche industrielle a entraîné un besoin de

jeunes formés aux nouvelles techniques (appareils électroniques et hydrauliques, notamment).
Le permis de conduire les moteurs marins (PCM) et le certificat de capacité sont exigés pour exercer.

Après la 3e Deux ans d'études pour préparer le CAP maritime de matelot ; trois ans pour le bac pro conduite et gestion des entreprises maritimes option pêche, ou le bac pro électromécanicien marine. Les certificats de motoriste à la pêche et les brevets de lieutenant ou de patron de pêche se préparent en formation continue.

Pédiatre

Le pédiatre n'est pas un médecin comme les autres. Spécialiste de l'enfant, il doit ausculter ses jeunes patients, détecter leurs maux et les soigner. Ce n'est pas une mince affaire…
Souvent intimidés (voire apeurés), les enfants ne sont pas très coopératifs lors des examens. Autre difficulté : les nourrissons ne parlent pas, et les plus grands ne savent pas toujours expliquer où ils ont mal… Plus qu'un autre médecin, le pédiatre doit mettre en confiance, observer et écouter l'enfant, mais aussi ses parents.
Avoir un bon contact avec eux permet d'établir plus facilement un diagnostic. Il conseille en matière de santé, d'alimentation, d'hygiène, mais aussi d'éducation, voire de psychologie.
Médecin spécialiste*, le pédiatre peut exercer à titre libéral *[lexique/247]* et recevoir les familles dans son cabinet. Il peut également travailler à l'hôpital. Les cas qu'il y rencontre sont en général plus aigus (pathologies cardiaques, rénales, digestives…) et requièrent des connaissances pointues.

Après le bac Dix ans d'études médicales (au minimum) à l'université, dont quatre en spécialité. Un concours sélectionne les candidats dès la fin de la première année. Un second les départage en fin de sixième année, avant la spécialisation.

Pédicure-podologue

« Nous ne sommes pas la manucure des pieds », aiment à préciser les pédicures-podologues. Professionnels de santé, ils traitent les affections du pied.
Supprimer les cors et les durillons, les peaux mortes, extraire les ongles incarnés, soulager et rééduquer les personnes opérées : la pédicurie requiert délicatesse et minutie. En podologie, il s'agit de concevoir les semelles orthopédiques et les orthèses plantaires destinées à corriger une malformation (pied plat, pied bot ou « en dedans ») ou compenser un défaut statique (dissymétrie, problème de genou ou mal de dos). Des connaissances en anatomie et en biomécanique sont indispensables.
Le pédicure-podologue dépiste parfois une fracture, une artérite ou des troubles circulatoires. Il oriente alors son patient vers des médecins spécialistes* : radiologue, phlébologue…
Le métier s'exerce en libéral *[lexique/247]*, parfois en association avec des kinésithérapeutes* ou des rhumatologues. Les rares salariés travaillent dans le secteur hospitalier, public ou privé. Avec un praticien pour 7 000 habitants, la profession de pédicure-podologue a de beaux jours devant elle. D'autant que les personnes âgées, de plus en plus nombreuses, ont particulièrement besoin de leurs soins. S'installer près d'une maison de retraite, c'est s'assurer une clientèle !

Après le bac Trois ans d'études pour préparer le diplôme d'État, obligatoire pour exercer. Accès sur concours ou après la première année commune aux études de santé.

Peintre en bâtiment

Dans la grande chaîne des métiers du bâtiment, le peintre en bâtiment arrive en dernier pour apporter sa touche finale. Une qualité irréprochable s'obtient d'abord au prix d'un long travail de préparation des murs et des plafonds. Il faut boucher, enduire, poncer pour obtenir des surfaces parfaitement lisses. Ensuite, l'œil et le savoir-faire du peintre sont déterminants pour créer la magie d'une atmosphère. Il prépare les mélanges de couleurs et harmonise les nuances.

Les techniques et les matériaux sont en évolution constante : de la simple application de peinture à la pose de tissus, en passant par le papier peint, les revêtements vinyliques, les moquettes collées, les plaques de liège. Les nouvelles peintures décoratives permettent de jouer avec les matières (paillettes, gouttelettes…) ou encore des effets patinés, froissés, épongés…
Les chantiers changent souvent, les clients aussi : un bon peintre doit donc avoir un sens du contact développé. L'avenir dans ce marché consiste à proposer une offre globale au client. Le peintre doit savoir se faire **plâtrier***, s'intéresser au parquet, à la moquette, au carrelage, aux boiseries ou même à la façade.
Quel que soit son niveau de formation, le peintre trouvera toujours des débouchés. Il peut s'installer à son compte comme artisan *[lexique/247]*.

Après la 3e Deux ans d'études pour préparer le CAP peintre-applicateur de revêtements, pour les ouvriers du bâtiment. Ce diplôme de base pourra être complété par la MC peinture-décoration (un an) ou, après deux années d'expérience au minimum, par le BP peinture-revêtements (deux ans).

* métiers traités dans le dico

Trois ans d'études pour préparer le bac pro aménagement et finition du bâtiment.

Après le bac Deux ans d'études pour préparer le BTS aménagement-finition pour les techniciens.

Peintre en lettres

Synonyme : graphiste-décorateur.

Pour exercer ce métier, mieux vaut avoir la main sûre et le sens du détail. Le peintre en lettres compose, dessine et peint les textes et motifs qui ornent les panneaux de signalisation, les enseignes de magasins, les vitrines… Il peut confectionner des peintures en trompe-l'œil et des décors pour une exposition, un mur urbain ou un film. Les esquisses et les maquettes sont préparées en atelier. De plus en plus, l'ordinateur vient compléter la panoplie des pinceaux. Mais, pour chacune de ses créations, le peintre en lettres doit, aujourd'hui comme hier, faire preuve de minutie, de goût et d'originalité.

La mise en place des graphismes ou décors peut l'amener à travailler sur une échelle ou des échafaudages. Le vertige est donc une contre-indication, de même que les allergies aux produits chimiques ou des défauts de vision.

Le peintre en lettres peut être salarié d'une entreprise ou artisan installé à son propre compte *[lexique/247]*. Débouchés limités.

Après la 3e Deux ans d'études pour préparer le CAP signalétique, enseigne et décor, notamment par la voie de l'apprentissage.

Perchman/woman

Synonymes : assistant son ; preneur de son.

Hors du champ de la caméra, c'est la personne la plus proche des comédiens pendant le tournage d'un film. Travaillant sous l'autorité de l'ingénieur du son*, il l'assiste dans toute la préparation du matériel. Au cours du tournage, il promène son micro muni d'une perche au-dessus de la tête des comédiens pendant les dialogues. Mouvements des caméras, déplacements des acteurs sont autant d'éléments à prendre en compte dans ce travail très physique, qui demande calme, méthode et concentration. À la demande de l'ingénieur du son, le *perchman* peut enregistrer des « sons seuls » à l'extérieur. Il exerce sous le statut d'intermittent du spectacle *[lexique/247]*.

Après le bac Deux ans d'études pour préparer le BTS métiers de l'audiovisuel option métiers du son ; de trois à six ans en école de cinéma (la Fémis, Louis Lumière, école privées…).

Pharmacien/ne

Dans son officine ou à l'hôpital, le pharmacien est le seul habilité à délivrer des médicaments. Il connaît des milliers de produits, souvent potentiellement toxiques, et peut être amené à réaliser certaines préparations. Disponibilité et attention sont essentielles pour exercer.

Relais entre le corps médical et le patient, le pharmacien a un rôle de contrôle et de conseil. Il vérifie systématiquement les ordonnances, s'assure de la compatibilité entre les différents produits, de la conformité des doses prescrites avec l'âge et le poids du malade. Et si une personne lui demande de quoi la soulager, il peut, selon la gravité du cas, lui indiquer un produit ou la diriger vers un médecin. Attention ! Sa responsabilité est engagée ! Dans tous les cas, il lui faut (re-)préciser la posologie et la durée du traitement.

Les trois quarts des pharmaciens exercent en officine, mais tous ne sont pas à leur compte. Le fonds de commerce est cher, et beaucoup de jeunes commencent comme salariés *[lexique/247]*. Avoir sa pharmacie n'est pas facile. Outre le conseil et la vente, il faut acheter les produits, gérer les stocks, tenir la comptabilité, réaliser un chiffre d'affaires…

Biologiste de formation, le pharmacien peut travailler comme **pharmacien dans l'industrie***, en laboratoire d'analyses médicales, au sein des services de santé de l'armée ou, plus rarement, dans un organisme de recherche (Inserm, CNRS…).

Après la 3e Six ans d'études pharmaceutiques (au minimum) à l'université pour préparer le diplôme d'État de docteur en pharmacie. Un concours sélectionne les candidats dès la fin de la première année ; un second les départage pour la spécialisation en fin de cinquième année. La formation se prolonge alors de quatre ans.

Pharmacien/ne dans l'industrie

En laboratoire ou dans une unité de production, il contribue à l'élaboration de médicaments ou à l'amélioration de produits existants. Intégré dans une équipe de biologistes*, d'ingénieurs chimistes*, de médecins* et de vétérinaires*, le pharmacien industriel définit la composition des produits, choisit la forme (gélules, comprimés, sirop…) et le conditionnement. Il lui faut tenir compte de la facilité d'emploi, mais aussi des impératifs de conservation et de sécurité.

C'est lui qui met en place les procédures de fabrication et de contrôle. Objectif : produire beaucoup et rapidement, et au moindre coût. La maîtrise de l'anglais est souvent exigée par les laboratoires.

Avec de l'expérience, il peut se consacrer plus précisément à des activités de recherche-développement, de contrôle qualité, voire de marketing (chef de produit pharmaceutique).

Après le bac Six ans d'études pharmaceutiques (au minimum) à l'université pour préparer le diplôme d'État de docteur en pharmacie. Puis, possibilité de se spécialiser en pharmacie industrielle (master pro).

Photographe

Que ce soit dans la publicité, l'édition, la presse, l'industrie, les domaines dans lesquels il peut exploiter son talent ne manquent pas. Technicien de l'image avant tout, le photographe sait jouer avec les contrastes, la lumière, les plans (premier plan, arrière-plan) et les effets pour exprimer un message.
Quelle que soit sa spécialité (mode, cuisine, déco, animaux, jardins), il travaille en *free lance* ***[lexique/247]***, sur commande. À lui de présenter un travail original, tout en respectant l'image de la marque ou du magazine qui l'emploie, jonglant entre créativité et contraintes commerciales.
Prises de vues en studio ou en extérieur, le photographe prépare la série photo, repère les lieux, précise son idée et gère la technique. Le jour J, il encadre son équipe constituée au minimum d'un **assistant photo** qui s'occupe du matériel (pieds, objectifs, pellicules, panneaux, éclairages…) et d'un **styliste photo** qui se charge des éléments de mise en scène (par exemple, pour un plat cuisiné, choix de la vaisselle, de la nappe…).
Un coiffeur et un maquilleur peuvent l'accompagner s'il prend des clichés de modèles (une personnalité, un comédien ou un mannequin). C'est lui qui les dirige, leur indique les poses, l'effet qu'il veut créer. Il définit le cadrage, adapte la lumière puis photographie. Les jours suivants, il s'occupe du tirage, sélectionne quelques clichés, retouche les images et les soumet au client.
La prise de vues requiert sens artistique et connaissance du matériel. Un passage obligé pour les débutants : l'assistanat, qui permet d'acquérir certaines pratiques et réflexes qui ne sont pas enseignés dans les écoles et… de se faire des relations. Il y a peu de débouchés.

Après le bac Deux ans d'études pour préparer le BTS photographie, afin d'acquérir les bases techniques ; puis deux ou trois ans en école spécialisée (école Louis Lumière section photographie, École de l'image-Les Gobelins, École d'Arles, écoles des beaux-arts à spécialité photo).

Photographe de laboratoire

La photo vous fait rêver ? Sachez qu'avec le *boom* des appareils numériques, la retouche photo a pris le pas sur le développement et le tirage papier. Il faut dire que ces techniques, propres aux clichés argentiques, intéressent plus les artistes et photographes* professionnels que les particuliers. Ainsi, les laboratoires recherchent plutôt des **techniciens photo** qualifiés dans les nouvelles technologies de l'image, capables de récupérer les fichiers numériques, de visualiser les clichés sur ordinateur afin d'en faire une sortie papier ou, au besoin, de les traiter. Formé aux logiciels de traitement de l'image comme Photoshop, le technicien photo est à même d'améliorer les contrastes, d'estomper des ombres portées, de réhausser les couleurs, de recadrer l'image en zoomant sur le sujet, voire de créer des effets. On l'appelle alors **retoucheur photo**.
D'autres spécialistes exercent dans les labos, toujours en chambre noire. Le **développeur photo** traite chimiquement le négatif extrait de la pellicule argentique, toujours dans un souci de plus grande qualité. Si besoin est, le **tireur photo** exécute des retouches afin, par exemple, de privilégier les tons chauds, de rendre plus nette une partie de l'image… Il définit ensuite le format à l'aide de l'agrandisseur, puis transpose le négatif sur papier. En général, développeurs et tireurs sont spécialisés soit dans le noir et blanc, soit dans la couleur.
Dans une petite structure, le photographe peut faire des prises de vues en studio (des portraits…) ou en extérieur (des mariages). Il est aussi amené à vendre du matériel et à conseiller la clientèle.

Après la 3e Deux ans d'études pour préparer le CAP photographe ; trois ans pour le bac pro photographie, qui aborde les techniques du développement et du tirage.

Après le bac Deux ans d'études pour préparer le BTS photographie ou le diplôme d'une école (Les Gobelins, par exemple) afin de se former à la prise de vues et à la retouche numérique.

* métiers traités dans le dico

Photograveur/euse

Synonyme : opérateur scanner.

Expert dans le traitement des images avant leur impression, le photograveur s'y entend comme nul autre pour retoucher une photo, la recadrer, en modifier les couleurs ou réaliser un montage astucieux… L'informatique est son alliée et lui permet d'accomplir des miracles.
L'utilisation de scanners et de tables de montage électroniques a permis de réaliser d'importants gains de productivité. Le scanner est un ordinateur capable, après avoir analysé une image, de la traduire en langage informatique. Le savoir-faire du photograveur demeure toutefois irremplaçable pour améliorer les résultats. Dernière étape avant l'envoi des documents chez l'imprimeur : la production de films, appelée « flashage ».
Ce métier se raréfie. De nombreux imprimeurs possèdent les machines qui permettent de passer directement du fichier à la plaque à imprimer, en sautant l'étape du film. La photogravure sera certainement dévolue aux infographistes, spécialistes de l'image sur ordinateur. En effet, ils savent utiliser les scanners qui, grâce aux imprimantes numériques, fourniront une image de très bonne qualité.
Les photograveurs travaillent au sein de studios chez les éditeurs ou dans des imprimeries.

Après la 3e Deux ans d'études pour préparer le CAP métiers de la gravure ; trois ans pour le bac pro production graphique.

Physicien/ne

La matière qui nous entoure est composée de milliards d'atomes. Les philosophes grecs en avaient eu l'intuition dès le IVe siècle avant Jésus-Christ. Partant de leurs recherches, les physiciens ont vite compris tout le parti que l'on pouvait tirer de l'étude de la matière.
La découverte de l'électron (une particule qui gravite autour du noyau de l'atome) est à l'origine de l'électronique et des fantastiques changements qu'elle a apportés dans notre vie quotidienne (téléphone portable, four à micro-ondes, magnétoscopes…). Les applications de la physique sont exploitées dans de multiples secteurs industriels : l'électricité, la mécanique, l'optique, la métallurgie, la thermique, l'instrumentation, le nucléaire…
Les physiciens sont des chercheurs* ou des ingénieurs spécialisés en sciences physiques. Ils ont des aptitudes pour le calcul, du goût pour l'expérimentation et le sens de l'observation.

Après le bac Deux ans d'études pour préparer un BTS ou un DUT dans le domaine de la physique pour les techniciens amenés à travailler aux fonctions études, essais, contrôle qualité ; cinq ans en école ou à l'université (master) pour les ingénieurs.

Pilote automobile

Pour devenir une star de la compétition ou même seulement pilote professionnel, il faut une forte motivation, des connaissances techniques, des capacités physiques particulières, une longue pratique, ainsi que de la chance et des relations.

Seulement 20 à 30 pilotes de Formule 1 sont sous contrat avec des constructeurs et gagnent très bien leur vie. D'autres pilotes de Formule 2 et 3 ou de rallye pratiquent la course en professionnels : ils vivent du parrainage ou concilient la course avec un autre métier. Les autres paient pour courir et se démènent pour trouver des sponsors qui financeront leurs courses.
Cette activité permet de réaliser des rêves d'enfant (belles voitures, aventure, goût du risque…). Cependant, pour 90 % des pilotes, la course automobile reste un sport, ce n'est pas un vrai métier.

Après la 3e Pour conduire en compétition, il faut appartenir à une association sportive automobile et obtenir une licence. Il y a différentes catégories de licences. Celles permettant de participer aux épreuves de plus haut niveau demandent d'avoir effectué un stage complet dans une école de pilotage, agréée par la Fédération française du sport automobile (FFSA).

Pilote d'avion

L'image la plus répandue, car la plus prestigieuse, est celle du pilote de ligne travaillant dans une grande compagnie aérienne. Pourtant, les pilotes exercent leur métier dans des conditions très variées. Certains pilotes spécialisés travaillent à la demande, avec des avions ou des hélicoptères : transport de voyageurs, de marchandises, photos aériennes, évacuation de blessés, épandage d'engrais pour les cultures, instructeur en aéroclub… L'armée en recrute.
Le **pilote de ligne** a la très lourde responsabilité d'assurer le transport des passagers, ce qui exige un équilibre nerveux et physique à toute épreuve, mais égale-

ment une grande présence d'esprit afin de pouvoir maîtriser les imprévus : brouillard, turbulences, espace aérien encombré, pistes verglacées... Un métier attrayant, qui donne la satisfaction d'aller loin, de découvrir des pays, de percevoir de bons salaires, mais un métier très fatigant (nuits blanches, décalages horaires...).

D'abord **copilote** pendant des années, le pilote de ligne accède ensuite au titre de **commandant de bord**. Il subit régulièrement des contrôles portant sur ses capacités physiques et psychomotrices. Il est indispensable de parler couramment l'anglais. Il faut aussi passer une visite médicale pour être reconnu physiquement apte à l'emploi.

Après le bac Plusieurs voies de formation possibles. L'Enac, accessible sur concours avec un bac + 2 scientifique ou technique, mais qui offre peu de places chaque année ; la compagnie Air France qui forme ses futurs pilotes *via* la filière Cadets ; les aéroclubs qui permettent d'acquérir, peu à peu, les brevets et licences obligatoires – une option coûteuse. Enfin, la voie militaire, accessible sur concours, qui implique de s'engager dix ans dans l'armée de l'air.

Pilote d'installation automatisée

Synonyme : conducteur de ligne automatisée.

Les lignes de fabrication industrielle se composent d'un ensemble de machines complémentaires et coordonnées, qui assurent la suite des opérations nécessaires. Ainsi, dans l'agroalimentaire, elles effectuent « en continu » la fabrication d'un yaourt (de l'arrivée de la matière première jusqu'à la sortie du produit emballé).

Le pilote d'installation automatisée assure le bon fonctionnement d'une de ces lignes de fabrication ; il doit notamment atteindre les objectifs de production fixés (qualité des produits, respect des délais...). Il prépare d'abord les équipements. En particulier, il entre dans la « mémoire » des automatismes qui conduisent le système, toutes les données nécessaires à la fabrication (température, débit, pression...). Il procède ensuite aux essais et réglages.

Après la mise en route, il surveille les différents indicateurs qui l'informent sur l'avancement des opérations et sur la qualité du produit. S'il constate une dérive des données initiales (baisse de la température, débit insuffisant...), il effectue les corrections nécessaires. Il peut arrêter l'installation en cas d'incident. Ce technicien de terrain occupe donc un poste à responsabilité. Il contribue également à améliorer la performance des équipements, veille à la sécurité du site, informe et anime l'équipe de fabrication.

Après la 3e Trois ans d'études pour préparer le bac pro pilotage de systèmes de production automatisée.

Pilote de port

Son métier est de guider les navires à l'entrée et à la sortie des ports. Le pilote connaît les fonds à éviter, les manœuvres à effectuer et la route à suivre dans les chenaux. Il a l'entière responsabilité de la manœuvre, donne les ordres à la barre, commande les remorqueurs... Il a également une mission de sécurité, de sauvegarde des installations portuaires et de lutte contre la pollution. Aujourd'hui, les navires sont de plus en plus complexes et emploient moins de personnel, notamment pour les manœuvres portuaires. La présence des pilotes se révèle donc indispensable. En France, ils sont moins de 400 à exercer cette profession. Recrutement parmi les **capitaines de la marine marchande***.

Après le bac Les pilotes de port sont recrutés sur concours parmi les officiers de la marine marchande possédant un brevet de commandement du plus haut niveau et ayant navigué au moins soixante-douze mois comme officier, dont quarante-huit mois comme officier pont. Ils reçoivent une formation (jusqu'à cinq ans) au pilotage de tout navire.

Piqueur/euse

Professionnel de la maroquinerie industrielle, le piqueur donne leur forme aux vêtements et objets en cuir. Intervenant après le coupeur dans la chaîne de fabrication, il assemble les pièces. Il commence par vérifier la qualité des morceaux reçus de la coupe, puis fait le travail de table. Le parage, ou amincissement du cuir, permet de diminuer l'épaisseur des coutures. Vient ensuite le montage qui s'effectue par piquage, généralement à la machine, et par collage.

Après la 3e Deux ans d'études pour préparer le CAP maroquinerie ; trois ans pour préparer le bac pro métiers du cuir. Filière des matériaux souples en cours de rénovation.

Pisteur/euse-secouriste

Garantir la sécurité sur les pistes et porter secours aux skieurs : une double mission assurée à toute heure et par tous les temps. En prévention, le pisteur informe les amateurs de glisse sur la conduite à tenir (« hors-piste » interdit, respect des balises).

* métiers traités dans le dico

Professionnel de la neige, il les met en garde contre les dangers de la montagne (coulées de neige, crevasses...). Le pisteur prépare aussi le terrain : le matin avant l'arrivée des skieurs, la nuit si cela s'impose. Damage des pistes, déclenchement préventif d'avalanches à l'aide d'explosifs, pose de filets de sécurité, de panneaux de signalisation... un travail qui permet de limiter les dangers et de faciliter l'intervention des secours.
Secouriste, le pisteur est chargé de rechercher les skieurs égarés ou ensevelis sous la neige. C'est lui qui intervient auprès des accidentés. À skis, parfois au guidon d'une motoneige, il passe partout. Lui-même n'est pas à l'abri d'une chute. Prudence et sang-froid s'imposent, d'autant qu'il convoie les blessés.
Au sein d'une équipe, le pisteur peut être spécialisé : conduite de chiens (**maître-chien***), déclenchement d'avalanches (**artificier**), observation des conditions de neige et de météo. Nombre d'entre eux sont militaires – **démineurs*** ou **gendarmes***.
S'il faut entretenir les remontées mécaniques et aménager les sentiers en été, l'emploi à l'année reste rare. L'hiver fini, beaucoup sont employés par des entreprises du bâtiment pour des travaux acrobatiques en tant que cordistes ; d'autres sont accompagnateurs en moyenne montagne, gardes forestiers...

Après la 3e À partir de 18 ans, préparation du brevet national de pisteur-secouriste option ski alpin ou ski nordique. La formation du premier degré a lieu dans des centres régionaux, celles du deuxième et du troisième degré à l'École nationale de ski et d'alpinisme. Accès sur test et avec le titre de prévention et secours civiques de classe 1.

Plâtrier/ère

Synonyme : plâtrier-plaquiste.

Faux plafonds, cache-tuyaux, rosaces, moulures... rien d'impossible pour un plâtrier astucieux ! Une fois le gros œuvre des bâtiments terminé, le plâtrier entre en jeu. Il prépare des surfaces parfaitement lisses et polies pour les peintres ou les menuisiers. Puis il « gâche » le plâtre ou projette l'enduit mécaniquement pour obtenir des effets de matière ou de crépi.
Seul ou en équipe, sur des chantiers de construction neuve ou de rénovation, le plâtrier peut aussi être maçon ou peintre en bâtiment. Et, pour élargir ses débouchés, se faire **plaquiste** et apprendre à travailler des matériaux « prêts à poser » comme les plaques et les carreaux de plâtre. Agile, rapide, précis, soigneux et résistant, tel est le portrait du plâtrier.
Les spécialisations de **stucateur** ou **staffeur-ornemaniste*** offrent de bons débouchés. Ces professionnels interviennent dans la restauration des monuments historiques ou la décoration des magasins, des hôtels, des salles de spectacles... À une condition : qu'ils sachent dessiner et connaissent tous les styles artistiques, aussi bien classiques que contemporains.

Après la 3e Plusieurs diplômes possibles pour les ouvriers, selon la spécialisation visée. Deux ans d'études pour préparer le CAP plâtrier-plaquiste qui peut être complété par la MC plaquiste (un an) ou, après deux années d'expérience au minimum, par le BP plâtrerie et plaque (deux ans). Deux ans d'études pour préparer le CAP staffeur-ornemaniste qui peut être suivi d'un BMA volumes option staff et matériaux associés (deux ans). Trois ans d'études pour préparer le bac pro aménagement et finition du bâtiment.

Après le bac Deux ans d'études pour préparer le BTS aménagement-finition, pour les techniciens.

Plombier/ère

Synonymes : installateur sanitaire ; monteur en installations sanitaires.

Qui n'a jamais appelé un plombier pour réparer un robinet qui fuit ou un ballon d'eau chaude qui menace d'exploser ? Les débouchés sont assurés. Pourtant, les entreprises manquent de jeunes bien formés.
Homme providentiel, le plombier consacre une part importante de son temps de travail aux réparations d'urgence. Mais il installe et entretient aussi les canalisations industrielles et domestiques d'eau, de gaz ou d'air comprimé.
L'évolution rapide des techniques nécessite un recyclage permanent. Le plombier doit posséder une bonne condition physique, car il est amené à transporter de lourdes charges (baignoire, chauffe-eau...).
Qu'il soit artisan ***[lexique/247]*** ou salarié, le plombier est polyvalent et a quelques notions de maçonnerie ou d'électricité. La double compétence de **plombier-chauffagiste**, de **plombier-couvreur** ou de **plombier-zingueur** est souvent exigée dans les entreprises. L'armée recrute également de bons professionnels.

Après la 3e Deux ans d'études pour préparer le CAP installateur sanitaire, pour les ouvriers. Ce diplôme de base peut être complété par une MC zinguerie ou maintenance en équipement thermique individuel (un an) ou, après deux années d'expérience au minimum, par un BP équipements sanitaires, monteur en installations de génie climatique ou métiers de la piscine en vue d'acquérir une double compétence. Trois ans d'études pour préparer le bac pro technicien en installation des systèmes énergétiques et climatiques ou le bac pro technicien de maintenance des systèmes énergétiques et climatiques.

Après le bac Deux ans d'études pour préparer le BTS fluides, énergies, environnements option génie sanitaire et thermique, pour les techniciens supérieurs.

Podo-orthésiste

Faciliter la marche au quotidien, c'est la mission du podo-orthésiste. Spécialiste des appareillages du pied, il conçoit et adapte chaussures médicales, semelles orthopédiques, orthèses (éléments de soutien) et prothèses (éléments de remplacement). Toujours sur prescription du médecin*.

C'est dans son entreprise artisanale, plus rarement à l'hôpital ou en centre d'appareillage, qu'il reçoit le patient. Il évalue l'état de ses articulations et de ses muscles, mesure le pied, en prend l'empreinte et réalise un moulage. Le podo-orthésiste doit également s'informer du mode de vie de la personne et de ses attentes. Un appareil adapté est à la fois fonctionnel et esthétique ! L'écoute et le tact importent ici autant que la maîtrise technique.
Le podo-orthésiste peut fabriquer lui-même les appareils – des compétences en mécanique et en matériaux souples (cuirs, peaux) sont alors indispensables –, ou les commander tout faits. Dans tous les cas, il les vérifie et, au besoin, les retouche.
Pour s'installer à son compte comme artisan *[lexique/247]*, il faut être titulaire du BTS et avoir trois ans d'expérience.

Après la 3e Deux ans d'études pour préparer le CAP podo-orthésiste ou un CAP du domaine de la mécanique ou des matériaux souples, pour l'ouvrier de fabrication. Ce diplôme de base peut être complété par le diplôme de technicien (DT) podo-orthésiste (deux ans) pour accéder au poste de technicien. Accès possible au DT après une classe de première STI génie mécanique.

Après le bac Trois ans d'études pour préparer le BTS podo-orthésiste, indispensable pour la phase d'application. Accès sur dossier avec un bac S, un bac STI génie mécanique, STL, voire le DT.

Poissonnier/ère

Synonymes : écailler ; vendeur spécialisé en produits de la mer.

Poissons noirs, gris, rouges, crevettes petites ou grandes et autres coquillages : le poissonnier commercialise les produits frais de la pêche. Tôt le matin, il s'approvisionne chez un grossiste (mareyeur*) ou aux halles. Ensuite, il dispose les poissons sur son étal, en soignant la présentation de ses produits.
À la demande du client, il prépare et transforme le poisson : il l'étête, l'écaille, le vide, le tranche et ouvre les coquillages.
Le poissonnier doit respecter la « chaîne du froid », qui assure la conservation du poisson depuis le chalutier jusqu'à sa boutique, ainsi que les règles d'hygiène.
Il connaît parfaitement les différentes variétés de poissons et conseille ses clients sur la manière de les cuisiner.
Le poissonnier travaille dans une poissonnerie (salarié ou patron), une grande surface ou sur les marchés. Après plusieurs années comme vendeur*, il peut espérer s'installer à son propre compte comme artisan *[lexique/247]*, à condition de disposer des fonds nécessaires et d'avoir suivi une formation à la gestion.

Après la 3e Deux ans d'études pour préparer le CAP poissonnier ; trois ans pour le bac pro poissonnier-écailler-traiteur.

Pompier/ère

De la prise en charge des accidentés de la route à la lutte contre les incendies, en passant par les interventions domestiques (chat perché dans un arbre, nid de guêpes dans le grenier), les pompiers sont sur de nombreux fronts. Et leur champ d'action ne cesse de s'étendre : il n'est pas rare de voir un pompier lutter contre une pollution d'origine chimique.
Évacuer les personnes en danger, installer un périmètre de sécurité autour d'un accident, administrer les premiers soins aux blessés : pas de routine, puisque chaque intervention est différente. Face à un fleuve en crue, on n'utilise pas les mêmes techniques que pour stopper un feu de forêt ou ranimer la victime d'un malaise dans un magasin. Et le rythme est trépidant, en particulier dans les grandes villes où l'on enregistre parfois un appel toutes les dix secondes.
Plus que d'un métier, il faut parler de vocation, qui exige don de soi, altruisme, sens du devoir et des responsabilités. Les pompiers sont pour la plupart fonctionnaires territoriaux. Les **marins-pompiers** de Marseille et les **sapeurs-pompiers** de Paris sont des militaires (Marine nationale pour les premiers et armée de terre pour les seconds).
Pour devenir pompier professionnel, il faut être âgé de 18 ans au moins et de 25 ans au plus (29 ans pour les officiers), remplir certaines conditions d'aptitudes physiques et médicales (exemple : une taille supérieure ou égale à 1,60 m avec une certaine tolérance), passer un concours.

Après la 3e Les concours de recrutement des collectivités locales ou du ministère de la Défense vont du niveau CAP (deux ans après la classe de troisième) à la licence (bac + 3). Selon leur formation, les pompiers ont le grade de sapeur ou d'officier.

* métiers traités dans le dico

Préparateur/trice en pharmacie

Son nom ne le dit pas, mais préparer des pommades, des solutions ou des gélules et faire quelques analyses (albumine, glucose) n'est pas la principale occupation du préparateur en pharmacie. Cet adjoint du **pharmacien*** a en charge la gestion des stocks (approvisionnement, vérification des livraisons…) et la vente.

Connaître les médicaments et les produits de parapharmacie est capital. Car c'est lui qui traduit les doses prescrites en nombre de boîtes ou de flacons et qui remplit les feuilles de maladie. En contact avec le public, il doit aussi savoir écouter, conseiller et rassurer.

S'il travaille surtout en officine (90 %), le préparateur peut exercer en hôpital (délivrance des médicaments aux services, achats…) ou dans l'industrie, où il assure le contrôle des matières premières et l'encadrement des équipes de fabrication. Toujours sous la responsabilité d'un pharmacien.

Après la 3e Quatre ans d'études pour préparer un BEP carrières sanitaires et sociales (deux ans), puis le BP préparateur en pharmacie (deux ans).

Après le bac Deux ans d'études pour préparer le BP préparateur en pharmacie.

Producteur/trice

C'est l'homme-orchestre d'un spectacle, d'un film ou d'un cédérom dont il supervise l'ensemble de la production.

Quand il travaille dans le monde du spectacle, on le nomme **producteur en arts du spectacle**. Il passe contrat avec les artistes pour créer un spectacle. Il coordonne l'ensemble sur les plans financier, technique et humain : contact avec les partenaires, les lieux, organisation de la promotion… Il peut s'installer à son compte comme artisan *[lexique/247]* ou être chef d'entreprise.

Pour un cédérom ou un site Internet, le **producteur multimédia** gère le produit du début à la fin. Il dirige les partenaires artistiques et techniques (auteur*, réalisateur*, scénariste*, directeur artistique*, directeur technique…). C'est lui qui s'occupe de la location de matériel : postes d'infographie, périphériques… Maître d'œuvre du projet, il opère un contrôle constant sur la qualité du travail et connaît bien le commerce, le droit et les finances. Le producteur et l'éditeur sont souvent une seule et même personne.

Pas de film, d'émission de télévision ou de documentaire sans **producteur audiovisuel**. C'est lui qui, à la lecture d'un scénario ou à partir d'une simple idée, décide si le projet vaut la peine d'être monté ou non. Lui parfois qui suggère avec quels comédiens* ou quel réalisateur il fera de l'audience.

À la tête d'une société de production, ce gestionnaire réunit les conditions de financement (apports personnels, demande d'aides au Centre national du cinéma et de l'image animée, recherche de coproduction avec une chaîne télévisée, demande d'avances sur recettes, prêts bancaires…) pour permettre la réalisation technique du film, sa diffusion et sa distribution en salles.

Quel que soit le secteur, une solide formation à la gestion, au droit, et une bonne culture générale sont indispensables. Le producteur en arts du spectacle doit par ailleurs obtenir une licence d'entrepreneur de spectacles auprès du ministère de l'emploi. Le producteur multimédia a, lui, suivi une formation en économie, informatique et art. Le producteur audiovisuel, pour sa part, doit connaître le secteur et maîtriser les techniques de production.

Après le bac Des formations à la production existent à l'université (master pro) ou en école (cinéma, théâtre…). Compter de trois à cinq ans d'études.

Professeur/e d'art

Éduquer l'œil, la main et l'esprit. Tel est le rôle de l'enseignant d'art. Du dessin à l'architecture en passant par la peinture, il doit initier les élèves à la pratique artistique. Tout en développant chez eux le sens esthétique comme la créativité.

Cours d'histoire de l'art, commentaires de tableaux, travaux pratiques, exercices à thème… autant d'occasions d'éveiller la sensibilité et d'aiguiser le sens critique, d'apporter les outils, les techniques et les moyens de réaliser des œuvres personnelles. L'enseignement varie selon le public. En établissement scolaire, il faut éveiller les élèves à l'art, les initier à divers domaines : moulage, peinture, photo… Si les enfants aiment souvent faire du dessin, il est plus difficile de motiver des ados pour lesquels la matière paraît secondaire ! En école d'art, le prof est spécialiste d'un domaine (design, histoire de l'art, architecture…) et forme des adultes se destinant à la création.

Professeur de collège ou de lycée*, le plus souvent, l'enseignant d'art est recruté sur concours comme fonctionnaire *[lexique/247]*. Il peut également être employé par une commune et intervenir dans les écoles maternelles et élémentaires (recrutement sous contrat, ou sur concours comme à la Ville de Paris), ou encore exercer dans les écoles d'art, voire en atelier.

Après le bac Cinq ans d'études en arts plastiques ou appliqués à l'université (licence, puis master) avant de se présenter aux concours de l'Éducation nationale (CAPES, CAPET, agrégation). De trois à cinq ans en école d'art pour préparer un DNAT, DSAA ou DNSEP, des diplômes appréciés dans le privé. Enseigner dans les écoles des beaux-arts, écoles d'arts appliqués exige de l'expérience comme plasticien ou designer.

Professeur/e d'EPS

Attaché à un établissement, le prof d'éducation physique et sportive (EPS) est polyvalent. Il connaît plusieurs disciplines sportives sous leurs différents aspects : règlement, règles de sécurité, organisation matérielle, prestation physique, pédagogie.

Il dispose d'un large éventail d'activités (gymnastique, athlétisme, sports collectifs, natation, expression corporelle) et les enseigne en fonction des équipements (salles de cours, gymnase, stade, piscine), du programme scolaire et du projet d'établissement.

Résistant et dynamique, le prof d'EPS est aussi observateur et capable de nouer le dialogue. Il exploite au mieux ses compétences techniques en proposant des exercices adaptés à ses élèves, de difficulté progressive, et en intervenant au plus juste (consignes, corrections…).

Membre de l'équipe éducative, il développe non seulement les capacités motrices du jeune, mais aussi son sens de l'initiative et de la responsabilité, son goût pour l'effort, son esprit d'équipe. Par sa connaissance en biologie, il lui apprend l'anatomie et l'entretien de sa forme physique. Formé à la psychologie, il peut l'aider à surmonter ses appréhensions, à s'intégrer à sa classe, à exploiter au mieux ses possibilités.

Professeur de collège ou de lycée*, le plus souvent, l'enseignant d'EPS peut aussi être rattaché à une université. Il est recruté sur concours comme fonctionnaire ***[lexique/247]***.

Après le bac Cinq ans d'études en sciences et techniques des activités physiques et sportives (STAPS) à l'université (licence, puis master) avant de se présenter aux concours de l'Éducation nationale (CAPEPS, agrégation). Attention ! Très peu de postes aux concours ! Dans les deux cas, attestation de formation en sauvetage aquatique et en secourisme exigée.

Professeur/e de collège ou de lycée

Spécialiste d'une discipline, le professeur de collège ou de lycée travaille principalement auprès de jeunes. Sans compter les heures de préparation de cours et celles de correction des copies, il enseigne dix-huit heures par semaine s'il est certifié, ou quinze heures s'il est agrégé. Les classes de collège et de lycée sont souvent composées de vingt à trente élèves.

S'il est spécialisé dans un domaine technique (cuisine, électronique…), le professeur peut dispenser ses cours en lycée général, professionnel, technique ou agricole.

Après cinq années d'ancienneté, les professeurs ont la possibilité de se présenter au concours de **chef d'établissement scolaire***.

Après le bac Cinq ans d'études à l'université (licence, puis master) en lettres, langues, histoire-géo, maths, physique-chimie, etc., avant de se présenter aux concours de l'Éducation nationale (CAPES, CAPET, CAPLP ou agrégation).

Professeur/e de danse

Entrechats, pirouettes ou grand écart, ce n'est pas parce qu'on aime bouger qu'on peut s'improviser danseur. Pour y arriver, mieux vaut s'en remettre à un professeur de danse.

Hip-hop, danse classique, salsa ou danse orientale, tous les styles chorégraphiques s'enseignent. Au sein d'un cours privé ou dans une école de danse, le professeur enseigne les techniques de base d'une discipline qui exige rigueur et souplesse avant de développer des chorégraphies. **Danseur*** qualifié et bon pédagogue, il doit lui-même s'entraîner plusieurs heures par jour et avoir une bonne hygiène de vie pour se maintenir au top et durer dans un métier physiquement usant.

Après le bac Deux ans pour obtenir le diplôme d'État de professeur de danse, qui permet d'enseigner dans les écoles municipales ou d'ouvrir un cours privé ; trois ans d'études pour préparer le certificat d'aptitude aux fonctions de professeur de danse, qui permet de travailler dans la fonction publique territoriale.

* métiers traités dans le dico

Professeur/e de musique

Du solfège au chant, en passant par la pratique instrumentale, le professeur de musique doit initier les élèves à son art, en développant leur sens esthétique et leur créativité. Cours d'histoire de la musique, écoute de morceaux, étude des notes et des rythmes, jeu sur instruments… toutes les méthodes sont bonnes pour aiguiser l'oreille, éveiller la sensibilité, apprendre à s'exprimer par la musique, voire à composer des œuvres personnelles.
L'enseignement varie selon le public. En établissement scolaire, il faut éveiller les élèves aux genres musicaux, les initier au chant et leur faire connaître les instruments. En école de musique ou au conservatoire, il s'agit de former des musiciens se destinant à la pratique «amateur» ou professionnelle : chanteurs*, musiciens* (instrumentistes), chefs d'orchestre*…
Selon son statut, le prof de musique exerce au collège ou au lycée, en école de musique ou en conservatoire.
Il peut intervenir ponctuellement dans les écoles élémentaires, travailler dans des associations d'éveil musical, ou donner des cours particuliers à domicile.

Après le bac Quatre ans d'études musicales pour préparer le diplôme universitaire de musicien intervenant (DUMI), afin d'enseigner la musique en primaire ; cinq ans d'études à l'université (licence, puis master), avant de se présenter aux concours de l'Éducation nationale (CAPES, agrégation). Autre possibilité : préparer le diplôme d'État de professeur de musique exigé dans les écoles de musique et les conservatoires.

Professeur/e de sport

Vous êtes doué au tennis et aimeriez faire de cette passion votre métier ? Devenez professeur de sport ! Contrairement au professeur d'EPS*, qui exerce en collège ou en lycée et dispense un enseignement sportif général, le professeur de sport est spécialisé dans une discipline (judo, gymnastique, football…). Ce fonctionnaire *[lexique/247]* recruté par le ministère des Sports peut former des cadres sportifs ou des éducateurs sportifs.
Le **conseiller technique sportif** entraîne parfois des espoirs régionaux ou nationaux dans un Creps (centre régional d'éducation populaire et sportive), à l'Insep (Institut national du sport et d'éducation physique) ou au sein d'une fédération sportive. L'occasion pour lui de découvrir le nouveau Zidane ou la future Laure Manaudou.

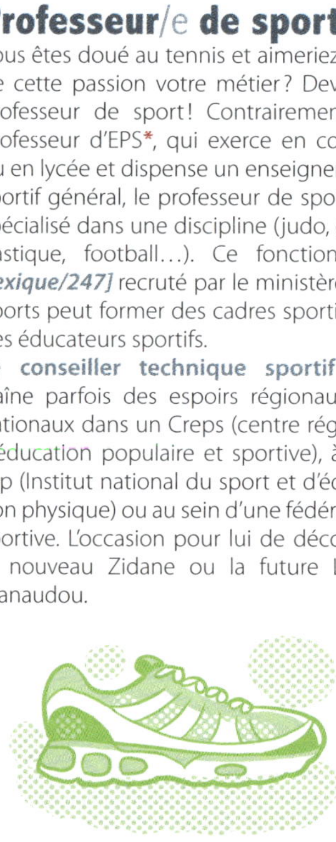

Après le bac Trois ans d'études pour préparer une licence STAPS à l'université, un brevet d'État d'éducateur sportif (BEES) deuxième degré, un diplôme d'État supérieur de la jeunesse, de l'éducation populaire et du sport (DESJEPS) spécialité performance sportive, ou un diplôme de guide de haute montagne, avant de passer le concours.

Professeur/e des écoles

Synonymes : instituteur ; maître d'école.
Enseignant exerçant dans les écoles maternelles ou élémentaires, le professeur des écoles travaille auprès d'enfants âgés de 3 à 12 ans. Dans une classe unique et pendant toute la semaine, il leur enseigne des matières différentes : français, maths, histoire-géo, sciences, instruction civique, gymnastique… La polyvalence n'est pas ici un vain mot ! Celui qu'on appelle encore parfois *instituteur* sait s'adapter.
Pas facile d'apprendre à lire et à écrire à des enfants de nationalités différentes. Pas évident non plus de suivre les progrès de chacun quand la classe compte une trentaine d'élèves. Et encore moins de maintenir l'attention d'enfants durant une longue journée. La qualité de travail du professeur des écoles dépend beaucoup des relations qu'il entretient avec ses élèves et de son sens de la pédagogie.
Après quelques années d'expérience, le professeur des écoles peut devenir **enseignant spécialisé***, **chef d'établissement scolaire***, voire **psychologue scolaire*** s'il est titulaire d'une licence de psychologie. Dans les trois cas, recrutement sur concours spécifique.

Après le bac Cinq ans d'études à l'université (licence, puis master) dans le domaine souhaité, de préférence dans l'une des matières enseignées en primaire (en particulier lettres et maths, plutôt que psychologie), avant de se présenter au concours de l'Éducation nationale.

Projectionniste

Chaque mercredi, le public découvre les films à l'affiche. Ce jour-là, le projectionniste prépare ses bobines pour la semaine : court-métrage, publicités, long-métrage sont montés bout à bout. Les bobines sont stockées sur des plateaux et chargées dans le projecteur. Puis, informatisation des équipements oblige, il programme

sur ordinateur l'extinction progressive des lumières et le démarrage de la projection. La plupart des cinémas sont aménagés en multiplexes (de quatre à quinze salles). Et les cabines de projection sont toutes sous la surveillance du projectionniste qui, sur écran vidéo, est à l'affût du moindre incident technique. Il sait maintenir les films et les projecteurs en parfait état, régler le son et la lumière, diagnostiquer les pannes et les réparer le plus rapidement possible : en salle, les spectateurs s'impatientent vite... Il utilise également le son Dolby, le son numérique.
Ses compétences s'élargissent vers les activités culturelles et associatives par le biais de la vidéoprojection. C'est aussi le projectionniste qui doit assurer la sécurité des salles.
Des connaissances en électricité ou en électronique sont appréciées.

Après la 3e Deux ans d'études pour préparer le CAP d'opérateur-projectionniste de cinéma. Un diplôme qui s'adresse aux jeunes adultes : selon la loi, il faut avoir 18 ans pour pouvoir entrer dans une cabine de projection.

Prothésiste dentaire

Le prothésiste dentaire vous redonne le sourire ! C'est lui qui fabrique, modifie ou répare les fausses dents et autres prothèses, fixes ou mobiles, prescrites par le **dentiste***. Il fait aussi les « bagues » des appareils dentaires correctifs (orthodontie).
À partir des empreintes de la denture, il réalise une maquette en cire, puis un moule en plâtre dans lequel sera injecté, sous pression, l'or ou l'argent en fusion. Si le métal est le matériau le plus utilisé, la résine synthétique, la céramique et la porcelaine, plus esthétiques, composent de plus en plus de bridges, de pivots et de couronnes. Pour les dentiers, ce sont des plastiques malléables qui sont travaillés. La fabrication de ces appareils est fréquemment assistée par ordinateur. Jamais en contact avec le patient, le prothésiste dentaire exerce dans un laboratoire spécialisé, artisanal ou industriel, parfois rattaché à un ou plusieurs cabinets dentaires ou à un hôpital. La profession est gagnée par les nouvelles technologies : l'installation à son compte comme artisan *[lexique/247]* est très difficile, car les machines coûtent très cher.

Après la 3e Trois ans d'études pour préparer le bac pro prothèse dentaire. Son titulaire peut ensuite préparer, en un an, le BTM prothèse dentaire, puis un brevet technique des métiers supérieur en deux ans. Ces diplômes des chambres des métiers permettent d'occuper des postes à responsabilité. Un BTS prothésiste dentaire sera mis en place en 2012.

Psychanalyste

« Vous savez, je ne comprends pas pourquoi j'agis ainsi depuis plusieurs années... » Confortablement allongé sur un divan ou assis sur un fauteuil, le patient livre ses doutes et ses angoisses à son psychanalyste, qui l'écoute attentivement et prend des notes. Ce dernier, tout en se fondant sur des théories expliquant le fonctionnement psychique, tente de réduire ou de guérir certains troubles de la personnalité ou du comportement. Son travail repose sur la parole. En laissant parler librement le patient ou en lui posant des questions sur son enfance, ses rêves ou ses problèmes, le psychanalyste l'aide à prendre conscience de ses blocages, à les surmonter ou à vivre mieux avec. Son sens de l'écoute et la confiance qu'il inspire jouent un rôle important dans le processus de guérison.
Selon qu'il exerce à titre indépendant *[lexique/247]* à son propre cabinet ou à l'hôpital, il est payé à la consultation ou parfois salarié. La meilleure préparation au métier est d'avoir soi-même fait une psychanalyse, qu'on ait suivi au préalable une formation de psychologue* ou de médecin psychiatre*.

Après le bac Cinq ans d'études à l'université (master) en psychologie clinique ou en psychanalyse pour être psychothérapeute ; dix années d'études médicales pour être psychiatre.

Psychiatre

Médecin spécialiste du fonctionnement psychique de l'homme, le psychiatre prend en charge les maladies mentales, qu'il s'agisse de psychoses (paranoïa, schizophrénie) ou de névroses (traumatismes, mal-être), qui nécessitent un traitement médicamenteux (dépression nerveuse, alcoolisme, toxicomanie...).
À l'hôpital, dans un centre médico-psychologique (CMP) ou dans un cabinet à titre libéral *[lexique/247]*, il intervient sur divers plans. Médecin spécialiste*, il prescrit aux patients qui en ont besoin des anxiolytiques, des psychotropes, des neuroleptiques, ou propose une rééducation comportementale (en particulier aux personnes sujettes aux comportements obsessionnels). Il reçoit ses patients dans le cadre d'une thérapie, individuellement ou en groupe. Dans tous les cas, l'objectif est le même : réduire, et si possible guérir, les troubles de la personnalité, de l'humeur ou du comportement.
Le travail d'analyse (que pratiquent également les psychanalystes*) repose sur la parole et la confiance. Les discussions successives avec le patient lui permettent de comprendre l'origine (souvent ancienne) de ses problèmes. En le laissant parler librement, en l'incitant à raconter rêves, cauchemars et souvenirs, ou en lui posant des questions précises, il l'aide à prendre conscience de ses blocages et à les surmonter.

Après le bac Dix ans d'études médicales (au minimum) à l'université, dont quatre en spécialité. Un concours sélectionne les candidats aux études médicales dès la fin de la première année ; un second les départage en fin de sixième année, avant la spécialisation.

Psychologue

Du recrutement de personnel en entreprise à l'accompagnement des mourants à l'hôpital, le psychologue est partout où l'homme est en jeu. Parce qu'il sait écouter et observer les individus (seuls ou en groupe), le psychologue est avant tout **clinicien**. Il détecte les troubles du comportement ou les problèmes d'adaptation et aide les gens à les résoudre.
En hôpital ou en centre spécialisé, il rencontre jeunes et adultes, les interroge, leur fait passer des tests et établit des bilans. Son champ d'intervention s'étend à la psychothérapie individuelle ou de groupe.
Sa connaissance de l'homme permet au psychologue d'intervenir dans d'autres domaines. Le **psychologue du travail**, par exemple, définit les procédures de recrutement et élabore les plans de formation. Il peut également résoudre des conflits internes à l'entreprise, aider à l'organisation et à la répartition des tâches.
Le **psychosociologue**, lui, élabore et ana-

A B C D E F G H I J K L M N O P Q R S T U V W X Y Z

* métiers traités dans le dico

lyse des études d'opinion pour le compte d'un institut de sondage, réalise des études de marché pour le service marketing d'une entreprise. *À noter:* le métier peut s'exercer au sein de l'armée.

Après le bac Cinq ans d'études en psychologie, à l'université (master) ou à l'École des psychologues praticiens (EPP) Lyon, Paris.

Psychologue scolaire

Ancien professeur des écoles, le psychologue scolaire aide les élèves de maternelle et de primaire en situation difficile. Alerté par les enseignants, il reçoit les enfants individuellement pour établir un diagnostic et tenter d'élucider leur problème. Difficulté à communiquer, à assimiler les matières, mauvaise intégration dans la classe, indiscipline, inadaptation au rythme de travail… les entretiens individuels, les dessins et les tests psychotechniques permettent en général de trouver les failles. Souvent, il lui faut aussi rencontrer les parents.
Le bilan établi, le psychologue scolaire peut proposer de diriger l'élève vers une structure adaptée (par exemple, dans une classe spécialisée) ou simplement établir ou rétablir la communication avec les adultes. Exerçant principalement au sein de l'école, il travaille en étroite collaboration avec des rééducateurs, orthophonistes* et psychomotriciens*.

Après le bac Les psychologues scolaires sont recrutés parmi les **professeurs des écoles*** expérimentés ayant suivi un cursus d'études en psychologie. La formation dure un an et mène au diplôme d'État. Accès sur concours.

Psychomotricien/ne

Instabilité, problèmes relationnels, troubles de l'orientation dans le temps ou l'espace, maladies psychosomatiques, tics nerveux… tous ces maux, qui affectent l'enfant comme l'adulte, sont du ressort du psychomotricien. Spécialiste des fonctions « psychomotrices », ce professionnel est psychologue avant tout.
Le psychomotricien recherche, puis analyse l'origine profonde des troubles. Une ou plusieurs conversations avec le patient sont indispensables. Une fois ce travail psychologique mené, s'amorce la rééducation physique et motrice proprement dite. Il faut beaucoup de patience et d'attention. La relaxation, les techniques d'expression, les exercices de coordination, d'équilibre ou d'orientation proposés par le thérapeute aident la personne à maîtriser son corps, à améliorer son comportement ou, mieux encore, à se débarrasser de ses troubles. Employé par des centres médico-psycho-pédagogiques (CMPP) ou des hôpitaux psychiatriques, ce professionnel peut aussi travailler en indépendant, auprès des personnes âgées par exemple.

Après le bac Trois ans d'études pour préparer le diplôme d'État, obligatoire pour exercer. Accès sur concours ou après la première année commune aux études de santé.

Puériculteur/trice

Exercé en majorité par des femmes, ce métier est accessible aux hommes, appelés puériculteurs. Patiente, attentive, disponible et ayant le sens des responsabilités, la puéricultrice doit comprendre et aimer les enfants. Néanmoins, cette aptitude ne suffit pas pour être une bonne professionnelle. La puériculture étant une spécialisation du métier d'**infirmier***, elle comporte des aspects très techniques.
En maternité, la puéricultrice travaille en étroite collaboration avec la sage-femme*. Elle examine le bébé et lui procure les premiers soins. En cas de problème, elle fait appel au pédiatre*. Dans un service de pédiatrie, elle partage son temps entre les soins techniques aux enfants malades et les relations avec les familles.
Dans un centre de protection maternelle et infantile (PMI), elle joue un rôle de prévention, de protection et d'éducation auprès des familles. C'est elle par exemple qui délivre les agréments aux assistantes maternelles*.
La puéricultrice participe aux consultations dans les centres spécialisés, assure le suivi à domicile des enfants signalés par l'hôpital ou par le service de l'aide sociale à l'enfance…
Après cinq années d'expérience professionnelle, la puéricultrice peut diriger une crèche ou une halte-garderie. Elle y anime, coordonne, gère et encadre une équipe composée d'**auxiliaires de puériculture***, d'un éducateur de jeunes enfants*, d'un psychologue*…

Après le bac De quatre à six ans d'études pour obtenir le diplôme d'État (DE) de puériculture, obligatoire pour exercer. Le DE se prépare en un an après l'obtention du DE d'infirmier (trois ans) ou du DE de sage-femme (cinq ans). Accès sur concours.

Rr

Réalisateur/trice de films

Synonymes : cinéaste ; metteur en scène.

C'est le patron d'un film ou d'un téléfilm. Sa responsabilité est grande, à la fois artistique, technique et financière. Le réalisateur de long-métrage disposant d'une plus grande liberté que celui qui dirige le tournage d'une série pour la télévision.

Au cinéma, le rôle du réalisateur commence bien avant le tournage. À l'origine, il y a une histoire qui a séduit un producteur* et que l'on va porter à l'écran. Avec le scénariste*, le réalisateur met au point le scénario accompagné des dialogues. Puis il le « découpe » en plans, avec des indications précises sur les décors, l'image et le son.

Le réalisateur a la vision globale du film. Il doit la transmettre au chef opérateur* (appelé aussi directeur de la photo) et à l'ingénieur du son* pour le traitement de l'image et du son, ainsi qu'aux comédiens* pour l'interprétation des personnages. Chef d'équipe, il a un rôle important d'animation. Avec le directeur de production*, il recrute les acteurs et les techniciens. Il coordonne leurs interventions.

Tout au long du tournage, le réalisateur s'appuie sur son homme de confiance, le **premier assistant réalisateur.**

Le montage est un moment clé de l'activité créatrice du réalisateur ; monteur et réalisateur travaillent alors en étroite collaboration.

Le meilleur apprentissage du métier passe par les fonctions d'**assistant réalisateur*** ou de **monteur de films***. La formation « sur le tas » est aussi très importante.

Après le bac Cinq à six ans d'études dans une école de cinéma (la Fémis, Louis Lumière) ou en école de réalisation audiovisuelle (Esra en trois ans…). Quelques formations universitaires.

Réalisateur/trice 3D

Steven Spielberg a fait figure de pionnier en ayant recours à la 3D (synthèse d'images en trois dimensions) pour son film *Jurassic Park* : un pari réussi puisqu'il est parvenu à affoler des millions de spectateurs à travers le monde avec des dinosaures plus vrais que nature. De nombreux réalisateurs ont suivi son exemple, provoquant une minirévolution au royaume du septième art. Il faut dire que les possibilités de création offertes par la 3D sont vertigineuses. Des films comme *Alice au pays des merveilles* ou *Shrek* en sont des illustrations récentes.

Le réalisateur 3D supervise la fabrication de films en images de synthèse (pour partie ou intégralement). En plus des techniques 3D, sa compétence s'étend au cadrage, aux mouvements de caméra et au montage.

Après le bac Cinq ans d'études dans une école de cinéma ou de multimédia, et la maîtrise d'au moins un logiciel de 3D.

Réceptionniste

Souriant, discret, tiré à quatre épingles, le réceptionniste accueille les clients de l'hôtel et les informe. Équipement et prix des chambres, conditions de séjour, formalités : il est incollable sur tout ce qui concerne la vie à l'hôtel. Mais il sait aussi renseigner les clients sur les châteaux à visiter dans les environs, ou les musées à ne pas manquer. Gestionnaire à ses heures, il enregistre les réservations, tient à jour le fichier des clients (arrivées, départs), établit les factures, organise le service des étages.

Polyvalent dans un petit hôtel, le réceptionniste est plus spécialisé dans les grands établissements. Il sera alors affecté au standard, aux réservations, à l'encaisse-

* métiers traités dans le dico

ment… La maîtrise de langues étrangères facilite la promotion. Dans un grand hôtel, l'expérience permet d'être promu **premier réceptionniste** ou **chef réceptionniste**. Selon l'importance de l'établissement et le degré de responsabilité, le niveau de formation exigé varie.

Après la 3e Trois ans d'études pour préparer le bac techno hôtellerie, bien adapté pour une poursuite d'études en BTS.

Après le bac Deux ans d'études pour préparer le BTS hôtellerie-restauration, ou un an pour la MC accueil-réception (post-bac).

Rédacteur/trice technique

Grâce à sa notice, la programmation de votre radio-réveil sera un vrai jeu d'enfant. Le rédacteur technique adopte un langage clair, précis et structuré, afin que l'utilisateur comprenne facilement le mode d'emploi d'un produit ou d'un service. Son métier est en plein développement, puisque l'offre de postes est supérieure à la demande.
Les notices techniques doivent être rédigées en tenant compte du matériel, de l'image que l'entreprise veut donner, et des besoins des utilisateurs. Elles marient habilement les textes et les schémas. Il faut aussi trouver un juste équilibre entre les descriptifs et les instructions.
Les rédacteurs techniques ont des profils variés : traducteurs, ingénieurs, littéraires…

Après le bac Licence professionnelle (en un an après un bac + 2) ou master (en deux ans après une licence) spécialisés en rédaction ou traduction techniques.

Rédacteur/trice territorial/e

Administratif avant tout, ce métier couvre des tâches diverses : accueil du public, études de marchés, montage de dossiers financiers, encadrement de personnel… L'important pour un bon rédacteur n'est pas de tout connaître, mais de pouvoir s'adapter rapidement : être précis, comprendre les textes administratifs, frapper aux bonnes portes et surtout avoir le sens du service public.
Mairie, office d'HLM, centre culturel ou associatif, conseil régional… ses responsabilités dépendent beaucoup du lieu de travail. Dans une très grande ville, il a davantage un rôle d'exécution, voire d'encadrement intermédiaire. Dans une petite commune, il peut faire fonction de **secrétaire de mairie*** et assumer alors des responsabilités importantes. Fonctionnaire dans les collectivités *[lexique/247]*, le rédacteur territorial est recruté par concours.

Après le bac Le concours est accessible avec le bac, mais les candidats ont souvent un niveau d'études supérieur.

Rédacteur/trice web

Synonymes : cyberjournaliste ; journaliste web ; rédacteur en ligne.

Le Journal du Net, *Sport24.com*… les exemples de magazines créés et diffusés sur Internet ne manquent pas. Ils ne sont pas seuls à occuper la place : tous les journaux et magazines papier ont « pignon sur le Web ». Certains, tels *Le Monde* ou *Libération*, ont constitué des équipes rédactionnelles pour leurs éditions en ligne.
Le travail du rédacteur ou journaliste web n'est pas différent de celui de son collègue de la presse écrite. Seul le style d'écriture se distingue. Sur Internet, il est plus difficile de capter l'attention du lecteur : dès les premières lignes, il faut l'accrocher avec une écriture concise et directe. Sans oublier tous les compléments d'information que le rédacteur peut mettre à disposition, tels les liens hypertextes et les forums de discussion. Autre spécificité du Web : la complémentarité entre le texte, le son et l'image.

Le rédacteur web peut être **responsable de rubrique**. Il peut évoluer vers le poste de **responsable éditorial** et chapeauter une équipe, décider du contenu du site, etc.

Après le bac De deux à cinq ans d'études en école de journalisme ou de communication.

Référenceur/euse

Synonyme : cyberdocumentaliste.

Quand un internaute lance une requête, il choisit un mot-clé. À partir de celui-ci, le moteur de recherche (Google par exemple) balaie un ensemble de sites web pour sélectionner les pages sur lesquelles apparaît ce mot. Ce résultat sera d'autant plus pertinent que les sites auront été bien répertoriés et « indexés ». C'est précisément le rôle du référenceur. À lui d'améliorer l'identification des sites web en privilégiant les mots-clés qui caractérisent le mieux les contenus d'information. Ils doivent aussi correspondre aux questions des internautes.
Le référenceur connaît bien le vocabulaire thématique, le fonctionnement des outils de recherche et leurs critères de pertinence. C'est ainsi qu'il obtient un bon positionnement des sites dont il a la charge et entretient leur visibilité.
Le métier de référenceur s'exerce souvent au sein des agences Internet ou en *free lance* *[lexique/247]*. En entreprise, le référencement peut être assuré par le **webmestre***. La connaissance de l'environnement Internet et de la programmation web est un plus.

Après le bac Deux ans d'études pour préparer le DUT information-communication option gestion de l'information et du document pour les organisations ou bien le DUT services et réseaux de communication, puis un an pour préparer une licence pro en conception, gestion et animation de sites web ou e-commerce.

Régisseur/euse cinéma

C'est un peu la nounou de l'équipe ! Comédiens, techniciens, réalisateur et assistants… le régisseur cinéma veille au confort de chacun pendant le tournage. Il réserve l'hôtel et le restaurant, approvisionne la table régie, va chercher et accueille les comédiens. Responsable de l'organisation matérielle et logistique d'une production, il intervient dès la préparation du tournage. Il participe aux repérages, recherche des décors et négocie leur utilisation. À lui d'obtenir les autorisations de tournage auprès des autorités municipales, l'accord des propriétaires et des syndics, ou de faire bloquer une rue… à grand renfort de courriers. Le régisseur organise la livraison et la réception du matériel technique (caméras, éclairages…) auprès des sociétés de prestataires. Il lui incombe de réserver des places de stationnement pour les véhicules techniques, de surveiller l'approvisionnement des pellicules… Véritable chef d'orchestre, il est en relation avec tous les participants du tournage : le directeur de production, les techniciens, les comédiens, le réalisateur… Ses qualités ? La débrouillardise, le sens de l'organisation, le goût du contact et beaucoup de courage, car le métier est prenant. Heureusement, le régisseur peut être épaulé par un **régisseur adjoint** et des stagiaires. Des fonctions qu'il a occupées avant de devenir **régisseur général**.
Au cinéma, il est fréquent qu'on fasse ses débuts comme stagiaire régie. Certains évoluent vers un poste de **directeur de production***.

Après le bac Deux ans d'études pour préparer le BTS métiers de l'audiovisuel ou faire une école d'audiovisuel disposant d'un département production. Possibilité de formation sur le tas.

Régisseur/euse spectacles

Si la conception artistique du spectacle est l'œuvre du metteur en scène, son organisation matérielle, technique et administrative est bien du domaine de la régie. Le **régisseur général** est responsable de l'intendance (hébergement, restauration, transport…) et du recrutement des techniciens. Il se procure le matériel nécessaire, assure les relations avec les partenaires et les autorités locales, organise le travail sur le plateau et établit le planning des techniciens. Compétent en lumière, en son et en machinerie, il dirige trois régisseurs spécialisés : le régisseur plateau, le régisseur lumière et le régisseur son. Dans un petit théâtre, il peut cumuler toutes les fonctions. On devient régisseur général après être passé par l'un de ces postes.
Le métier exige diplomatie, flexibilité, disponibilité et résistance au stress. Beaucoup de régisseurs deviennent, après quelques années, **producteurs*** de spectacles.
Responsable du décor et des accessoires, le **régisseur plateau** encadre les machinistes*, dirige le montage, le démontage et le mouvement des décors et accessoires.
Le **régisseur lumière** livre, en temps voulu, l'installation souhaitée par l'éclairagiste*. Il commande le matériel, enregistre les effets lumineux sur le jeu d'orgues, règle les éclairages. À la tête d'une équipe d'électriciens, il envoie les effets lumineux pendant le spectacle et assure l'entretien du matériel d'éclairage.
Enfin, le **régisseur son** dirige la sonorisation de la salle de spectacle en tenant compte des caractéristiques du lieu. Il implante ses micros et enceintes, établit les connexions, règle les appareils pour obtenir la meilleure acoustique, réalise les bruitages… Pendant la représentation, dans sa cabine, il restitue le meilleur son, au bon moment et au bon niveau de décibels.

Après le bac Deux ans d'études pour préparer le DMA régie de spectacle ; trois ans à l'École supérieure d'art dramatique du théâtre national de Strasbourg (post-bac), ou à l'École nationale supérieure des arts et techniques du théâtre de Lyon (post-bac + 2).

Relieur/euse-doreur/euse

Quinze jours au moins pour relier un beau livre à la main, parfois jusqu'à un an pour un ouvrage de grande valeur. Les relieurs conjuguent leur amour des livres avec leurs qualités de minutie, patience et créativité. Ils personnalisent ou restaurent des livres rares, anciens ou modernes, pour des particuliers, des bibliothèques, les Archives nationales.
Veau, maroquin, chèvre… les cuirs sont choisis en fonction de l'époque, du sujet, de l'illustration. Presses, ciseaux, massicots, plioirs, couteaux à parer : les outils sont nombreux.
Le relieur-doreur maîtrise diverses techniques complémentaires (dorure et impression à chaud, papier marbré, cartonnage et volumage de luxe). C'est bien souvent la reliure d'art qui attire les jeunes, mais c'est principalement la reliure courante qui les fera vivre. Le relieur peut être salarié ou artisan *[lexique/247]*.

Après la 3e Deux ans d'études pour préparer le CAP arts de la reliure, complété ou non par le BMA art de la reliure et de la dorure (deux ans).

Après le bac Deux ans d'études pour préparer le DMA arts graphiques option reliure-dorure.

* métiers traités dans le dico

Reporter/trice photographe

Synonymes : photographe de presse ; photojournaliste.

Qui n'a jamais été interloqué par une photo de magazine montrant des « enfants-soldats », en tenue de combat et une mitraillette à la main ? À elle seule, une telle photo exprime toute l'horreur de la guerre. Aussi, elle peut contribuer à éveiller les consciences.

Le photographe de presse apporte un témoignage précieux sur ce qui se passe dans le monde : il couvre toutes sortes d'événements, du conflit sanglant à la soirée « show-biz ». Sa version la plus dévoyée ? Les *paparazzi*, dont les méthodes de travail sont souvent dénoncées.

Les photographes de presse sont **journalistes*** et peuvent prétendre à la carte de presse. Rares, pourtant, sont ceux qui ont fait une école de journalisme. Leur formation initiale est plutôt axée sur l'apprentissage des techniques de la photo.

Il est difficile de vivre de cette activité, surtout quand on ne s'est pas encore fait un nom. Des agences comme Magnum ou Sipa font rêver les candidats au métier, mais elles recrutent au compte-gouttes.

Les débutants doivent diversifier leurs activités (photographie d'illustration, de portrait, industrielle, médicale...) pour avoir des revenus décents. *À noter :* ce métier peut s'exercer au sein des services d'information de l'armée.

Après le bac De deux ans d'études pour préparer le BTS photographie afin d'acquérir les bases techniques, à cinq ans en école d'audiovisuel (École nationale de la photographie d'Arles, Louis Lumière), de journalisme, voire à l'université (master), pour la dimension plus artistique.

Responsable d'entrepôt

Comment entreposer des tonnes de fruits, des milliers de jouets et des centaines de fleurs dans un même espace, sans rien abîmer et de sorte que chaque produit soit à portée de main ? Avec l'équipe de manutentionnaires, le responsable d'entrepôt supervise la réception des marchandises, vérifie leur état, organise le stockage et coordonne le transfert vers les différents quais d'expédition. Véritable gestionnaire de l'espace, il détermine les meilleurs emplacements selon le type de marchandises. Il choisit le matériel (systèmes informatisés, chariots élévateurs...) et modifie, le cas échéant, les techniques de manutention et de stockage.

Le responsable d'entrepôt doit avoir un grand sens de l'organisation et savoir animer une équipe. De bonnes connaissances en informatique sont indispensables.

Après le bac Deux ans d'études pour préparer le BTS transport ou le DUT gestion logistique et transport, ou de trois à cinq ans d'études en logistique, dans une école spécialisée ou en école de commerce.

Responsable de casting

Il inspire à la fois de la terreur et de l'espoir à nombre de jeunes artistes. Et pour cause : c'est lui qui recherche et choisit les comédiens* pour un film, les chanteurs* ou les danseurs* pour un spectacle. Il les sélectionne en fonction de leur profil et des besoins du producteur* et du metteur en scène*.

Avant d'auditionner les artistes, il établit une sorte de « portrait-robot » des personnages. Puis, il part à la recherche de la star, des seconds rôles et autres figurants : en passant des annonces, en contactant des agents artistiques ou encore en faisant des repérages dans les rues, les lieux publics...

Spécialiste du recrutement, le responsable de casting est généralement bien introduit dans le milieu artistique et il est responsable de son choix face au producteur.

Seules les grandes productions font appel à un responsable de casting. Travailleur indépendant ou salarié d'une agence *[lexique/247]*, il est souvent issu du sérail et connaît bien les comédiens et leur parcours. Son salaire est en général calculé en pourcentage du cachet de l'artiste.

Après le bac Aucun diplôme n'est requis, mais une formation supérieure en droit, en économie ou en gestion est conseillée.

Responsable de maintenance des installations ferroviaires

Empruntées chaque jour par de nombreux trains, les installations ferroviaires s'usent et vieillissent. Heureusement, le responsable de maintenance veille à leur entretien.

Appelé chef de circonscription, il est chargé des installations de signalisation, d'énergie électrique, de télécommunications et de traction électrique. Sous le nom de chef de district, il s'occupe plus particulièrement des voies, des passages à niveau ou encore des bâtiments.

Dans un cas comme dans l'autre, il dirige une équipe d'agents de maintenance et organise des travaux de réparation ou de modernisation des équipements. Ses responsabilités l'entraînent souvent sur le terrain.

Disponible et réactif, il est à même d'intervenir rapidement en cas d'imprévu. Ses horaires de travail sont variables, et sa présence est souvent requise la nuit, le week-end et les jours fériés.

Après le bac Deux à trois ans d'études pour préparer un BTS ou un DUT, éventuellement complétés par une licence professionnelle en électromécanique, électronique, électrotechnique, génie électrique, maintenance... Formation interne en école SNCF au cours des cinq premières années d'expérience professionnelle.

Responsable HSE

Synonyme : chargé hygiène-sécurité-environnement.

Quand une entreprise atteint une certaine taille ou qu'elle présente un niveau de risques élevé, elle dispose d'une équipe d'agents de sécurité. À sa tête, le responsable hygiène-sécurité-environnement (HSE) a pour mission de réduire les risques : accidents du travail, maladies professionnelles, incendies, pollution et même espionnage industriel !

Ce spécialiste de la sécurité en entreprise a un rôle de prévention. Vérifier le bon fonctionnement des alarmes, cartes d'accès, portes coupe-feu, organiser des « exercices incendie » pour le personnel est de son ressort, tout comme la formation des agents aux techniques d'évacuation et d'intervention. Le responsable de sécurité a aussi un rôle de contrôle. Au quotidien, il veille au respect des normes et des consignes qu'il a définies. De l'interdiction de fumer dans les bureaux au port du casque obligatoire sur le chantier, il passe tout au crible.

Face à un risque plus spécifique, l'entreprise fait appel à un **ingénieur de sécurité** extérieur appartenant à un « service de conseil, sécurité et conformité ».

Spécialiste d'un domaine (chimie, biologie, électricité, bâtiment, informatique), il mesure et identifie les risques de dysfonctionnement, en analyse les causes et prévoit des solutions.

La fonction est accessible aux ingénieurs diplômés mais aussi aux techniciens supérieurs expérimentés.

Après le bac Deux ans d'études pour préparer un DUT hygiène, sécurité, environnement, pour le technicien supérieur. Ce diplôme peut être complété par une licence pro (un an post-bac + 2 en sciences et technologies). Cinq ans d'études en école d'ingénieurs ou à l'université (master), pour l'ingénieur.

Responsable qualité

Synonyme : qualiticien.

Zéro défaut : tel est l'objectif du responsable qualité. Dans les industries agroalimentaires, pharmaceutiques ou cosmétiques, la moindre anomalie dans la fabrication ou la conservation des produits peut avoir des conséquences graves pour la santé des consommateurs.

Pour qu'un plat surgelé ne subisse aucune rupture dans la chaîne du froid, pour que les comprimés soient dosés au micron près, sans aucune impureté, le responsable qualité veille au respect des normes de fabrication et de conditionnement des produits, ainsi qu'à l'hygiène des installations (lignes de production, laboratoires d'analyses...).

Chargé de mettre en place une démarche qualité au sein de l'usine, il passe au crible tous les maillons de la chaîne de production, depuis l'équipe qui gère les stocks de matières premières jusqu'au transporteur des produits manufacturés. Il établit un état des lieux avec les **ingénieurs contrôle qualité** et fixe des objectifs d'amélioration. Ses recommandations peuvent modifier l'organisation du travail.

Le responsable qualité doit être rigoureux, méthodique et posséder d'excellentes capacités d'analyse. Selon l'entreprise où il travaille, des compétences en biologie, chimie, marketing, communication... lui seront demandées.

Après le bac Cinq ans d'études à l'université (master) ou en école d'ingénieurs.

Restaurateur/trice

Synonymes : directeur de restaurant ; exploitant de restaurant ; responsable de restauration dans les collectivités.

Il gère un restaurant, comme patron ou comme salarié d'une chaîne. Avec deux impératifs : soigner la bonne image du restaurant tout en assurant sa rentabilité.

Le restaurateur indépendant assure le financement de son établissement et fixe ses critères de gestion économique. Il s'occupe des achats de matières premières et établit les menus en collaboration avec le chef cuisinier*.

Le **responsable d'établissement** dépendant d'une chaîne applique la politique définie par la direction et rend régulièrement des comptes. Quant au **gérant de restauration collective**, il tire parti au maximum du budget qui lui est attribué.

* métiers traités dans le dico

Le restaurateur a des tâches administratives et de gestion : achats, comptabilité, contrôle des stocks, suivi du budget. Son imagination est sollicitée pour la conception des cartes (entrées, plats, desserts au choix), son sens commercial pour l'accueil des clients.
Il recrute le personnel, le forme et entretient l'esprit d'équipe. Dans les collectivités, les horaires sont plus réguliers que dans la restauration.
Les postes de restaurateurs requièrent une dizaine d'années d'expérience dans la restauration. Les offres d'emploi de cadres (directeur de restaurant, exploitant de restaurant et responsable de restauration de collectivités) sont en augmentation. *À noter :* ce métier peut s'exercer également au sein de l'armée (notamment au mess des officiers).

Après la 3e Deux ans d'études pour préparer le CAP cuisine. Trois ans pour préparer les bacs pro restaurant ou cuisine ou encore le bac techno hôtellerie, bien adapté pour une poursuite d'études en BTS.

Après le bac Deux ans d'études pour préparer le BTS hôtellerie-restauration, ou trois à cinq ans en école de commerce, afin notamment de travailler dans les chaînes de restauration.

Restaurateur/trice d'art

Selon sa spécialité, le restaurateur d'art intervient sur des tableaux, des sculptures, des meubles, des vitraux, des céramiques, des poupées, des horloges, des tentures ou encore des photos. Il sait identifier une œuvre, son style, son auteur, la dater et en préciser la facture.

Les traitements varient selon les objets et les matériaux : désinfection, désinsectisation par irradiation gamma, ou encore consolidation, démontage, nettoyage, retouches, voire création de pièces. La connaissance de l'histoire de l'art est impérative ainsi que des notions en physique-chimie. La majorité des restaurateurs d'art ont une spécialité à laquelle ils ont été formés. Certains en associent plusieurs : peinture et dorure, cuir et reliure, arts textiles, photographie… Ce métier passionnant demande, outre l'habileté, des connaissances théoriques, et surtout plusieurs années d'expérience pratique.

Après la 3e Deux ans d'études pour préparer un CAP dans le domaine de la taille de pierre, des vitraux, de la tapisserie, de la céramique d'art… Il peut être complété, après deux années d'expérience au minimum, par un BP (deux ans) tailleur de pierre des monuments historiques, par exemple. Trois ans pour préparer un bac pro artisanat et métiers d'art. *À noter :* ce niveau d'études permet d'intervenir sur des petits travaux de restauration.

Après le bac Deux ans d'études pour préparer le DMA habitat option restauration de mobilier, ou cinq ans d'études en restauration d'art à l'Institut national du patrimoine (sur concours post-bac) ou à l'université (master conservation-restauration des biens culturels à Paris 1). *À noter :* quelques formations dans les écoles d'art.

Retoucheur/euse

Un pantalon trop long ou trop court, une jupe trop large. En un tounemain, le retoucheur vous fait un ourlet ou défait un revers, reprend une ou deux pinces… Disparu quelque temps avec la vogue du prêt-à-porter, le retoucheur revient au goût du jour. Certains préfèrent faire reprendre un vêtement trop grand plutôt qu'acheter du neuf à leurs mesures.
Couturier* au départ, il peut travailler comme salarié dans un grand magasin ou ouvrir sa boutique comme artisan *[lexique/247]*.

Après la 3e Deux ans d'études pour préparer le CAP couture flou, le CAP tailleur homme ou le CAP tailleur dame.

Roughman/woman

Virtuose du dessin, il campe sur le papier, en deux ou trois coups de crayon, l'idée exprimée par un directeur artistique*. Indépendant ou salarié d'une agence *[lexique/247]*, le *roughman* travaille toujours dans l'ombre. Pourtant c'est le *rough* (traduisez esquisse) qui permettra au créatif de se mettre d'accord avec le commanditaire sur un projet précis, qu'il s'agisse d'une affiche, d'une plaquette ou d'une couverture. Contrairement à l'illustrateur*, le *roughman* ne peut pas laisser libre cours à son imagination, il doit s'adapter à la ligne artistique de la demande. Il travaille très souvent dans l'urgence.

Après le bac Deux ans d'études pour préparer un BTS communication visuelle ou le DMA arts graphiques. Trois ans en école des beaux-arts pour préparer un DNAT design graphique, ou de trois à cinq ans d'études en école privée.

Ss

Sage-femme/maïeuticien

Aider un enfant à venir au monde, telle est la mission de la sage-femme. Professionnelle de santé, elle intervient avant le jour *J* en suivant les grossesses, établissant les diagnostics, prescrivant les analyses et les examens. Très féminisée, la profession est accessible aux hommes; on les appelle les maïeuticiens. La sage-femme a un rôle essentiel de soutien auprès des futures mères. C'est elle qui les prépare psychologiquement et techniquement à mettre leur enfant au monde.

Aidée des technologies de pointe (monitoring, échographie…), elle assure les trois quarts des accouchements, seule ou, en cas de problème, sous la houlette d'un médecin spécialiste (le gynécologue-obstétricien*). La sage-femme travaille aussi avec un chirurgien*, en cas de césarienne, et/ou avec un anesthésiste lorsqu'il est question de poser une péridurale ou de procéder à une anesthésie générale.

Sa responsabilité est grande pendant l'accouchement. Elle surveille que tout se passe bien et agit vite à la moindre difficulté. À la naissance, elle examine le nourrisson et vérifie avec la puéricultrice* s'il est en bonne santé.

Dans les jours qui suivent l'accouchement, elle surveille le rétablissement de la mère, procède aux éventuels soins et la conseille sur l'allaitement et l'hygiène du nourrisson.

Les conditions de travail (horaires, stress) sont très difficiles. Une grande résistance nerveuse et physique est indispensable. Seules 12% des sages-femmes exercent en libéral ***[lexique/247]***, car les naissances à domicile sont rares. La majorité d'entre elles travaillent à l'hôpital. Elles y assurent la préparation à l'accouchement, la surveillance des grossesses et des suites de couches, voire la rééducation postnatale.

À noter: ce métier peut s'exercer au sein des services de santé de l'armée.

Après le bac Cinq ans d'études pour préparer le diplôme d'État, obligatoire pour exercer. L'accès aux écoles se fait après réussite au concours de fin de première année de médecine.

Scénariste

Sans lui, le film n'existerait pas. Et, pourtant, ce professionnel est souvent ignoré du grand public. Le scénariste n'est pas un auteur ordinaire. Il développe une intrigue et trace le portrait des personnages avec des mots qui seront mis en images. Mais le scénario ne se présente pas comme un roman. C'est une sorte de pense-bête où tous les éléments du tournage (dialogues, décors, attitudes des acteurs) sont répertoriés, permettant à chacun de savoir ce qu'il a à faire. Parfois coécrit par le réalisateur*, le scénario n'est pas toujours une œuvre de l'imagination : très souvent, c'est une adaptation d'un texte littéraire (roman, pièce de théâtre…). Au scénariste, alors, de choisir entre la fidélité à l'original et la liberté créatrice. Le scénariste travaille parfois sur commande, à partir d'un thème et dans un genre donné, souvent pour la télévision.

Avec l'arrivée des produits multimédias (jeux vidéo, sites web, cédéroms…), est né le métier de **scénariste interactif**. Ce professionnel invente des histoires interactives (l'utilisateur y joue un rôle). S'il travaille sur le scénario d'un jeu, il lui faut créer un univers cohérent dans lequel les joueurs vont évoluer. Pour cela, il faut avoir une vision d'ensemble et anticiper le comportement des joueurs.

* métiers traités dans le dico

Exerçant la plupart du temps comme indépendant *[lexique/247]*, rétribué en droits d'auteur, le scénariste vit souvent une situation précaire. Des études littéraires ou de journalisme peuvent aider, mais l'écriture télévisuelle ou cinématographique a ses propres règles. Nombre de personnes se sont lancées dans le métier sans avoir suivi de formation. Quelques organismes proposent des stages ou des ateliers d'écriture.

Après le bac De trois ans (Conservatoire européen d'écriture audiovisuelle) à six ans d'études en école de cinéma (la Fémis abrite une filière écriture de scénario, en quatre ans, accessible sur concours après bac + 2). L'université propose des masters en études cinématographiques.

Scripte/script-boy

Munie de son cahier, de ses crayons et de son chronomètre, c'est la mémoire vivante du film. Bras droit du réalisateur*, la scripte (il s'agit le plus souvent d'une femme, sinon c'est un *script-boy*) observe tout ce qui se passe sur le plateau de tournage et relève scrupuleusement la moindre incohérence. Attitude des comédiens*, rythme des dialogues, maquillage, costumes, décors, accessoires, intensité de la lumière… rien n'échappe à son œil vigilant.

La scripte contrôle, par exemple, que le préminutage défini avant le tournage est respecté. Elle veille aux raccords, c'est-à-dire à la continuité entre deux scènes qui ne sont pas tournées à la suite l'une de l'autre, mais qui s'enchaîneront au montage final.
Son travail ne s'arrête pas au clap de fin. Elle doit rédiger pas moins de quatre documents : le journal de bord quotidien ; un rapport image pour le laboratoire, lui indiquant quelles scènes développer et le métrage du film utilisé ; un rapport montage pour le monteur*, décrivant chaque plan ; le « mouchard », qui s'adresse à la production, et indique le *timing* et recense les incidents de plateau.
Sens de l'observation très poussé, mémoire infaillible, rigueur et organisation, diplomatie sont de sérieux atouts dans cette profession. Il ne faut pas rechigner à travailler dans des conditions inconfortables et accepter d'être la personne sur laquelle toute l'équipe cinématographique compte.
La scripte exerce pour le cinéma, la télévision, la publicité, bien souvent avec le statut d'intermittent *[lexique/247]*.
De nombreuses scriptes se forment sur le tas. Néanmoins, il devient difficile de décrocher un stage lorsqu'on n'a encore aucune qualification.

Après le bac Trois ans ou quatre ans d'études au Conservatoire libre du cinéma français (CLCF) ou en école de cinéma (la Fémis ; accès sur concours post-bac + 2).

Sculpteur/trice sur bois

Armé de ciseaux, d'une gouge et d'un burin, il taille et creuse le bois, dégrossit et cisèle le motif sculpté. C'est ainsi qu'il habille les meubles, décore les manteaux de cheminée, les boiseries, les portes ou les balustres, travaillant souvent aux côtés d'un ébéniste, parfois aussi dans des fabriques de meubles haut de gamme spécialisées dans la copie d'ancien. Ce métier de création exige d'être excellent en dessin et en histoire de l'art ; dix ans de pratique sont nécessaires pour le maîtriser.
Le sculpteur sur bois travaille souvent comme artisan *[lexique/247]*, installé à son propre compte.

Après la 3e Deux ans d'études pour préparer le CAP arts du bois option sculpteur ornemaniste.

Après le bac Deux ans d'études pour préparer le DMA arts de l'habitat option ornements et objets ou décors et mobiliers.

Secrétaire

Synonyme : assistant.

Adaptabilité, initiative, discrétion font partie des qualités du secrétaire. Sans oublier une orthographe parfaite et une mémoire infaillible. Le secrétaire est polyvalent. Il doit parfois passer rapidement du coq à l'âne, par exemple suspendre la rédaction d'un rapport pour prendre un appel téléphonique important.
Prise de notes, saisie du courrier, réception et envoi de messages téléphoniques ou électroniques, organisation de réunions et accueil, stockage d'informations (traitement de texte, tableur) et tenue d'agendas… la liste de ses tâches est longue. De plus, c'est souvent le premier interlocuteur des personnes extérieures à l'entreprise, il doit aimer communiquer. Les secrétaires spécialisés sont recherchés : secrétaire médical* ou secrétaire juridique* en particulier.

Après la 3e Trois ans d'études pour préparer le bac pro secrétariat ou le bac techno STG (sciences et technologies de la gestion).

Après le bac Deux ans d'études pour préparer le BTS assistant de gestion de PME-PMI pour être le collaborateur d'un patron de moyenne entreprise, ou le BTS assistant/e de manager pour accéder à un niveau de responsabilité plus élevé en tant qu'**assistant de direction***, notamment.

Secrétaire d'édition

Ce n'est qu'après être passé entre ses mains qu'un manuscrit devient livre. Au sein d'une maison d'édition, sous l'autorité du responsable éditorial, le secrétaire d'édition suit l'ouvrage depuis sa conception jusqu'à son envoi pour l'impression. Il le lit plusieurs fois, et communique à l'auteur* ou au traducteur* les corrections de style et de contenu à apporter.
Il veille à la cohérence de la table des matières, à l'équilibrage des chapitres, et collecte ou commande, selon le cas, les photos, les dessins, les infographies…
Le texte prêt, il commande la maquette des pages et la couverture. Il accompa-

gne aussi la composition de l'ouvrage, en collaboration avec le graphiste*. C'est à lui que revient la lourde responsabilité de « préparer la copie », ultime version de l'ouvrage qui est confiée au compositeur pour impression.
La capacité à s'organiser est une qualité essentielle pour le secrétaire d'édition. Il doit à la fois gérer les plannings, parfois suivre le budget, coordonner le travail des intervenants extérieurs (correcteurs*, maquettistes*, illustrateurs*, photographes*, voire traducteurs*...), et vérifier les différentes étapes de conception, en veillant à respecter les délais impartis, car les dates de parution sont impératives. Il lui faut aussi de grandes capacités à dialoguer, car il est au centre de la chaîne éditoriale.
Une excellente maîtrise du français et des qualités rédactionnelles sont indispensables, ainsi qu'une bonne connaissance des logiciels informatiques (Word, éventuellement XPress ou InDesign).

Après le bac Trois ans d'études à l'université pour préparer un DUT information-communication option métiers du livre, complété par une licence pro métiers de l'édition. Cinq ans d'études à l'université pour préparer une licence générale (littéraire, mais aussi scientifique, économique), complétée par un master spécialisé en édition.

Secrétaire de mairie

Téléphoner à la préfecture pour un problème de subvention, régler la facture d'électricité d'une association, s'occuper d'un dossier d'aide sociale, préparer la réunion du conseil municipal, émettre les bulletins de salaire des employés de la mairie, accueillir et orienter le public... voilà quelques-unes des tâches qui incombent au secrétaire de mairie.
Collaborateur du maire, il assure la gestion des affaires d'une commune de moins de 2000 habitants. À l'état civil, c'est lui, par exemple, qui établit les reconnaissances de paternité ou les déclarations de décès. Avant des élections, il ne chôme pas : mise à jour des listes électorales, comptage des enveloppes... Il sert aussi quelquefois d'intermédiaire entre le public et la sous-préfecture, notamment pour les papiers d'identité (délivrance de passeports, de cartes grises...).

Ses responsabilités peuvent être encore plus importantes. Attribuer un permis de construire à un promoteur immobilier, demander au conseil général de financer la réfection d'une route, ou établir le budget de la commune, etc., autant d'actes qui portent à conséquence et exigent des compétences élevées.
Fonctionnaire territorial *[lexique/247]*, le secrétaire de mairie est recruté sur concours.

Après le bac Concours d'attaché territorial ouvert aux titulaires d'un diplôme de niveau bac + 3.

Secrétaire de rédaction

Surnommé SR par ses confrères, le secrétaire de rédaction est un **journaliste*** d'un genre un peu particulier. Installé à son bureau, il n'est pas sur le terrain. Son travail, c'est la mise en forme de l'information.
Sous la direction du rédacteur en chef (technique ou rédigeant), il veille à la hiérarchisation des infos (articles, photos, etc.) dans un journal, au temps d'antenne attribué à chaque sujet dans un flash radio ou à la télé. Il travaille surtout en bout de chaîne.
Dans un quotidien qui paraît le matin, son travail commence à 16 h et se termine à minuit ! Il intervient une fois l'article écrit. Il presse les rédacteurs retardataires, puis relit attentivement leurs sujets, à l'affût de la moindre erreur : plan du papier, style, fautes d'orthographe ou de syntaxe.
Critique, il veille à la clarté et à la cohérence du propos. Il peut remanier un article mal construit, couper un papier trop long pour tenir dans la page montée ou, au contraire, l'allonger. Il s'occupe aussi des titres, des légendes, plus globalement de tout ce qui peut relancer l'attention du lecteur. En collaboration avec le graphiste, parfois seul, il veille à la mise en pages, et suit la phase de fabrication.
Doté d'une parfaite orthographe et d'une solide culture générale, le secrétaire de rédaction maîtrise les logiciels de PAO (XPress, InDesign).

Après le bac De deux à cinq ans d'études pour décrocher un diplôme d'école de journalisme.

* métiers traités dans le dico

Secrétaire juridique

Synonyme : assistant juridique.

Parfaitement à l'aise dans l'univers juridique, il assiste tous les professionnels du droit : avocats*, avoués*, huissiers*, notaires*… en cabinets privés, mais il peut également travailler dans les services juridiques des entreprises, les banques, les assurances et les administrations. Comme tout secrétaire, il a en charge la saisie et le traitement de texte, l'accueil, le standard téléphonique, la gestion des agendas, la prise des rendez-vous, l'organisation des réunions, etc. Adaptable, disponible et discret, il a le sens du contact et de l'organisation, l'esprit d'analyse et de synthèse - bref, il est parfait.

Sa spécificité commence avec la préparation et le suivi des dossiers, la mise en forme des actes juridiques (contrat, procès-verbal, commandement de payer, bail…). Il rédige également le courrier et répond au téléphone en utilisant le vocabulaire juridique.

Après le bac Deux ans d'études pour préparer un DUT carrières juridiques, un DEUST assistant juridique, ou un BTS assistant(e) de manager(s) complété par une formation en droit. On peut aussi entreprendre une formation complémentaire en secrétariat après un cursus en droit.

Secrétaire médical/e

Le secrétaire médical travaille dans un hôpital, un cabinet médical, un centre de cure, un laboratoire d'analyses biomédicales ou encore une maison de retraite. Il ne se contente pas des tâches traditionnelles de secrétariat comme les prises de rendez-vous, la tenue du standard téléphonique, la saisie et l'archivage des documents, etc. Le métier comporte une dimension humaine. Josiane, qui épaule deux médecins au sein d'un cabinet médical, témoigne : *« Les patients sont souvent inquiets. Il faut les accueillir avec le sourire, les rassurer. On doit être attentif et clairvoyant, sans se laisser déstabiliser. »* Être disponible, courtois, diplomate est ici essentiel. Il faut aussi maîtriser le vocabulaire médical et la réglementation des soins.

À l'hôpital, il est possible d'évoluer comme **secrétaire médical principal**, **adjoint des cadres hospitaliers** ou **chef de bureau**. Pour exercer dans la fonction publique hospitalière, le concours est un passage obligé.

Après le bac Un an d'études après le bac ST2S (sciences et technologies de la santé et du social) ; certificats d'écoles privées, FCIL en alternance, formation à distance du Cned ou certificat de secrétaire médical délivré par la Croix-Rouge.

Serveur/euse de restaurant

« Qu'est-ce que je vous sers, Madame ? Le plat du jour est excellent ! » Avec le sourire, le serveur prend les commandes pour les clients attablés, et leur apporte les plats et boissons choisis.

Mais son service commence bien avant le déjeuner. Le matin, il fait la mise en place. C'est-à-dire qu'il prépare les consoles et dispose les couverts. À 11 h 30, la salle est prête. Le serveur attend les premiers clients. Pendant quatre heures, il se livre à un ballet ininterrompu, prenant les commandes, apportant les plats et débarrassant les tables. Toujours avec adresse, rapidité et gentillesse.

Dans les grands restaurants, la salle est divisée en rangs de plusieurs tables. Le **chef de rang** encadre les serveurs et assure le relais avec les cuisines. Avoir déjà de l'expérience est indispensable pour accéder à ce poste, tout comme celui de **maître d'hôtel***. La connaissance de l'anglais est souvent demandée.

À noter : ce métier peut s'exercer dans le cadre de l'armée, notamment au mess des officiers.

Après la 3e Deux ans d'études pour préparer un CAP restaurant ou agent polyvalent de restauration. Ce diplôme peut être complété après deux années d'expérience au minimum par le BP restaurant (deux ans). Trois ans d'études pour le bac pro restaurant. *À noter :* le bac techno hôtellerie, préparé en trois ans, permet une évolution de carrière plus rapide.

Skipper

Synonyme : marin de plaisance professionnelle.

Commander des voiliers de 25 m de long, transporter des passagers, pratiquer le charter, le convoyage… voilà les activités du skipper.

Maître à bord de son bateau, ce marin assure le transport et la prise en charge de passagers sur des navires de plaisance à voile. Il peut également piloter un voilier pour le compte d'un tiers propriétaire (organisme ou particulier). Et ce, dans le monde entier.

Être skipper requiert esprit de décision, sens des responsabilités, sang-froid et prudence. Le métier exige aussi une bonne condition physique et mentale. Le skipper doit maîtriser le droit maritime, la technologie du navire et les règles de navigation. Des connaissances en matière de « grutage », mise à l'eau, « mâtage », etc. sont des atouts supplémentaires.

Le skipper peut travailler pour une agence de location de bateaux, une agence de promenades-croisières ou exercer en indépendant. Son emploi est essentiellement saisonnier *[lexique/247]*, ce qui demande une grande disponibilité au temps fort de l'activité.

Après la 3e Le brevet de patron plaisance voile (BPPV) est obligatoire pour exercer en France. Ce brevet professionnel est délivré par les directions régionales des affaires maritimes. Accès sur examen sans condition de diplôme ; il faut justifier au minimum de 1 000 milles parcourus comme chef de bord. Pour exercer à l'étranger, le brevet certifié de norme internationale STCW 95 (*Seafarer's training, certification and watchkeeping code*) est indispensable. Autres conditions : avoir un brevet national de secourisme, un certificat restreint d'opérateur radiotéléphoniste et une attestation de natation sur 50 m départ plongé.

Sociologue

Synonyme : chercheur en sociologie.

Enquêtes de terrain, entretiens en petit groupe, sondages de consommateurs pour lancer un nouveau produit, évaluation des résistances des salariés au changement, observation des comportements politiques des électeurs… autant d'objets d'études potentiels pour un sociologue.

Il conçoit des enquêtes, des questionnaires afin de recueillir sur des thèmes d'études donnés une quantité d'informations qu'il traite ensuite informatiquement, analyse et présente sous forme de schémas, tableaux statistiques, synthèses écrites ou orales. Les grandes entreprises recrutent des sociologues pour leurs services marketing ou ressources humaines.

En tant que **consultant**, le sociologue réalise des audits sur le climat social dans l'entreprise, propose des changements dans l'organisation… Les instituts de sondage les emploient comme **responsables d'études**, chargés du traitement des données quantitatives ou qualitatives. Attention, les débouchés sont limités ! Beaucoup de sociologues sont enseignants-chercheurs* ou chercheurs*.

Après le bac Cinq ans d'études à l'université en sociologie (master).

Soigneur/euse d'animaux

S'occuper des dauphins, le rêve de nombreux enfants… et le métier de quelques adultes seulement. Le **soigneur d'animaux marins** n'est pas celui qu'on croit. Il ne passe pas sa journée à nager avec les dauphins, à communiquer avec eux… Le plus souvent, il nettoie les bassins, soigne et nourrit les animaux, découpe les poissons pour la nourriture…

Pour le dressage des animaux, les zoos marins préfèrent en effet recruter du personnel spécialisé, connaissant les difficultés du métier, parmi les personnes travaillant déjà sur place.

Les **soigneurs des zoos** et des parcs d'attractions sont également peu nombreux et assurent le même genre de tâches (nettoyage, alimentation, soins, observation…).

Après la 3e L'apprentissage du métier se fait sur le tas et peut durer plusieurs années. Trois centres de formation à Carquefou (Loire-Atlantique), Gramat (Lot), Vendôme (Loir-et-Cher).

Solier/ère-moquettiste

Pour habiller les sols et les murs, le solier-moquettiste a le choix entre du linoléum, de la moquette, de la mosaïque, une matière plastique ou du tissu ! Il doit tenir compte de l'usage de la pièce (séjour, salle de jeux, bureau), du style du mobilier, de l'esprit du lieu.

Ouvrier du bâtiment spécialisé dans la finition, le solier intervient après le maçon* et le plâtrier*. Tenture ou dallage, il coupe, puis pose les pièces en harmonisant les formes et les couleurs. Sols et murs doivent être parfaitement lisses. À lui de nettoyer, poncer, voire décaper les surfaces, de faire l'enduit… Un travail crucial dont dépend la bonne tenue du revêtement.

Pour ne pas gâcher de matériau, le solier planifie la quantité de revêtement nécessaire.

Il tient compte des mesures de la pièce, des angles, des ouvertures et du contour des obstacles. S'il s'agit d'un revêtement textile, l'ouvrier choisit les lés de tissu, les coupe et les coud ensemble. Dans le cas de dalles en lino, un plan de pose permet d'obtenir des coupes régulières. Une disposition étudiée avec intelligence et… bon goût. Les moquettes, elles, peuvent être collées, en pose libre, en pose tendue. Les instruments sont toujours adaptés au matériau : marteau de tapissier, tenaille, tendeuse, serpette, agrafeuse pneumatique.

Au fait des derniers matériaux et techniques de pose, le solier doit être extrêmement organisé et minutieux dans son travail. Polyvalent, il est très apprécié sur les chantiers.

Après la 3e Deux ans d'études pour préparer le CAP solier-moquettiste ou le CAP peintre-applicateur de revêtements, pour les ouvriers. Ces diplômes de base peuvent être complétés, après deux années d'expérience au minimum, par le BP peinture revêtements (deux ans), qui leur permet d'évoluer plus rapidement. Trois ans d'études pour préparer le bac pro aménagement et finition du bâtiment.

Après le bac Deux ans d'études pour préparer le BTS aménagement-finition.

* métiers traités dans le dico

Sommelier/ère

«Robe rubis», «nez de gibier», «cuisse légère»… le sommelier ne manque pas d'images pour qualifier le vin. Et s'il vit dans le monde raffiné des grands restaurants, il garde toujours un pied dans quelque vignoble. Le sommelier connaît tous les vins et sait conseiller celui qui mettra le plus en valeur le mets choisi par le client. Les grands millésimes (bonnes années) n'ont pas de secrets pour lui. Il compose la carte des vins et les achète aux producteurs en négociant ferme. La cave qu'il gère peut comporter jusqu'à 50 000 bouteilles. En salle, le sommelier conseille les clients, fait goûter les alcools choisis et les sert : il a une excellente présentation et sait transmettre son goût des vins.

Après la 3e Deux ou trois ans d'études pour préparer le CAP restaurant, puis la MC sommellerie. Ces diplômes de base peuvent être complétés, après deux années d'expérience au minimum, par le BP restaurant (deux ans). Trois ans d'études pour préparer le bac pro restaurant.

Soudeur/euse

Le soudage reste la technique la plus utilisée pour assembler des éléments métalliques : chauffe-eau, avion, oléoduc, pont, plate-forme pétrolière. Le soudeur effectue, à partir de documents techniques qui précisent la nature du métal utilisé, les procédés à mettre en œuvre, les montages à exécuter, les contrôles qualité à effectuer, etc. Lorsque la production est faite en série, il manie des machines automatisées extrêmement complexes, par exemple la machine à souder par faisceau d'électrons… L'automatisation des procédés a réduit de façon sensible les emplois peu qualifiés. Du coup, la demande en soudeurs hautement qualifiés se développe. Une tendance favorisée par l'industrie nucléaire (centrales EDF, etc.), qui vient s'ajouter aux secteurs traditionnels de la soudure (chimie, pétrochimie, aéronautique, construction navale).
Les conditions de travail varient énormément d'une entreprise à l'autre. Par exemple, quand le soudeur intervient sur une plate-forme maritime ou une centrale nucléaire, il travaille «sur site», ce qui l'oblige parfois à se déplacer très loin, pour des durées importantes. Rien de tel lorsqu'il reste en atelier et qu'il fabrique des objets usuels.

Après la 3e Deux ans d'études pour préparer un CAP de la métallerie ou de la chaudronnerie ; trois ans pour le bac pro technicien en chaudronnerie industrielle. Ces diplômes peuvent être complétés par la MC soudage (un an).

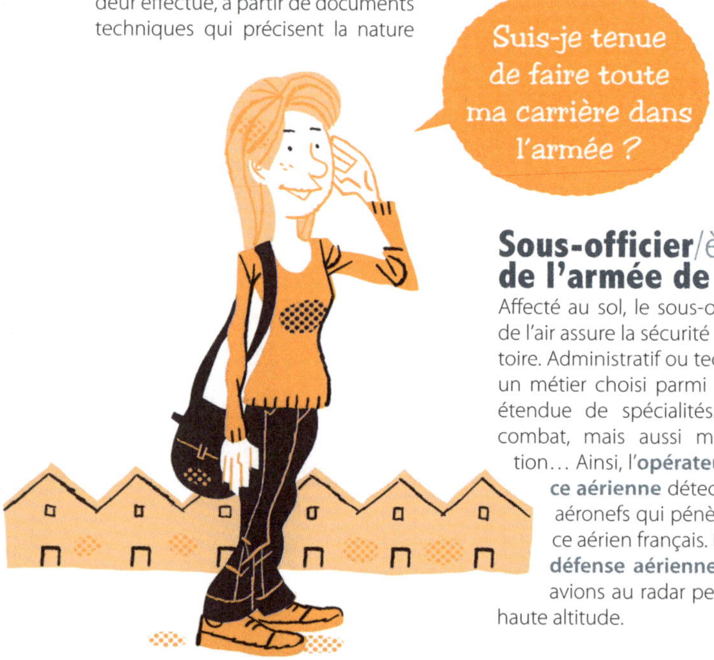

Sous-officier/ère de l'armée de l'air

Affecté au sol, le sous-officier de l'armée de l'air assure la sécurité aérienne du territoire. Administratif ou technicien, il exerce un métier choisi parmi une gamme très étendue de spécialités. Surveillance et combat, mais aussi maintenance, gestion… Ainsi, l'**opérateur de surveillance aérienne** détecte et identifie les aéronefs qui pénètrent dans l'espace aérien français. Le **contrôleur de défense aérienne**, lui, surveille les avions au radar pendant leur phase haute altitude.
De son côté, le **technicien spécialisé en électronique** assure la mise en condition technique et la maintenance des ensembles radars. Le **technicien transmissions**, lui, reçoit, déchiffre et achemine les messages jusqu'aux centraux radiotéléphoniques, télégraphiques, télématiques.
Le **technicien renseignements** exploite les photographies aériennes, les communications radio en langue étrangère, enregistre les émissions radiotélégraphiques.
Enfin, le **fusilier commando**, accompagné d'un chien de combat, protège la base.
Le sous-officier travaille en équipe, souvent dans un bureau ou dans un atelier selon sa spécialité. Fonctionnaire *[lexique/247]* recruté par le ministère de la Défense, le sous-officier de carrière change d'affectation (poste, base) tous les huit à neuf ans.

Après la 3e Accès sur concours pour les jeunes de 16 à 18 ans ayant suivi une classe de seconde, puis vingt mois de formation à l'École d'enseignement technique de l'armée de l'air à Saintes (Charente-Maritime), sous réserve d'obtention du bac. Enseignement professionnel de durée variable au sein d'une école d'application. Engagement de cinq à huit ans.

Après le bac Accès sur tests pour les jeunes de 17 à 24 ans avec le bac ou équivalent, puis seize semaines de formation à l'École de formation militaire des sous-officiers de l'armée de l'air de Rochefort. Enseignement professionnel de durée variable au sein d'une école d'application. Engagement de cinq à huit ans.

Sous-officier/ère de l'armée de terre

Parce qu'il sert dans le même régiment de six à dix ans, le sous-officier représente la continuité et une certaine stabilité au sein de l'armée de terre. Appelé à mettre en œuvre, au combat, des moyens performants et complexes, ce militaire doit être très qualifié dans son domaine : électronique, mécanique auto, navigation aérienne, télécommunications, gestion, logistique, travaux publics, alimentation, santé…
Chargé de la maintenance des matériels militaires, le sous-officier est spécialiste des technologies de pointe (système de transmission, télémétrie laser, optronique…).

En tant que **chef d'équipe réparation**, il encadre les mécaniciens qui réparent et entretiennent les véhicules de l'armée. Grâce au **chef d'escouade de ravitaillement**, la nourriture ou les munitions arriveront à coup sûr au bon endroit, dans les temps.
Le sous-officier est aussi un combattant. **Chef de char**, chef de pièces d'artillerie, chef de groupe de tir missile ou **pilote d'hélicoptère**, il commande un groupe d'hommes et les instruit. Il doit se montrer pédagogue, afin d'intéresser les jeunes recrues, les former, leur donner l'esprit d'équipe et le sens de la discipline.
Le sous-officier exerce au sein d'une unité de combat (infanterie, artillerie, génie…) ou d'un service (service de la solde, service financier, comptabilité, gestion du personnel…) ou d'un état-major. Véritable courroie de transmission entre les officiers* et les militaires du rang, il est soumis à un rythme de vie qui requiert une grande capacité d'adaptation.
Recruté en fonction d'aptitudes médicales et psychotechniques, le sous-officier choisit le domaine qui correspond à ses aptitudes et à ses affinités.

Après le bac Accès sur épreuves, de 18 à 25 ans, avec un bac ou équivalent. Formation militaire de huit mois à l'École nationale des sous-officiers d'active de Saint-Maixent, puis formation technique de quatre à trente-six mois dans une école d'armes ou de spécialisation. Engagement de deux à dix ans.

Sportif/ve professionnel/le

Le sportif bat des records et remporte des compétitions, monte sur le podium et déclenche l'enthousiasme des foules. Quelques rares champions et championnes gagnent des millions ; d'autres, plus nombreux, se dépensent juste pour… la gloire.
Le sportif professionnel pratique un sport de compétition. Sa mission : être le meilleur. Être le meilleur, oui, mais… Arriver au sommet et s'y maintenir exige un combat permanent : des heures d'entraînement, une hygiène de vie très stricte (ni alcool, ni cigarettes, un régime alimentaire adapté), des séances de rééducation après les blessures fréquentes.
Aucune défaillance n'est permise aux **athlètes de haut niveau**. L'enthousiasme doit rester assez fort pour supporter les échecs, la fatigue et la tension nerveuse.
Toujours dans les trains, les cars, les avions, en activité les samedis et les dimanches… la famille en pâtit souvent. Beaucoup de sacrifices et beaucoup de joies ! Quelle satisfaction, quand la première place du podium vous tend les bras.

Attention à l'avenir ! Passé un certain âge, les performances ne sont plus au rendez-vous ! Un champion doit penser à sa reconversion. Il lui faut envisager une autre profession et s'y former assez tôt : **gestionnaire du sport***, **entraîneur sportif***, **professeur de sport*** ou **d'EPS***, **animateur***, voire **vendeur***…

Après la 3e Une seule école, le club ! Mieux vaut y entrer très jeune. Les meilleurs atteindront le niveau national, puis international. Les plus doués seront peut-être repérés à l'occasion d'un championnat par les professionnels ou les cadres de la fédération.

Staffeur/euse ornemaniste

Avec ses corniches, ses moulures de style, ses plafonds unis ou ornés, le staffeur ornemaniste est un artisan d'art au service du bâtiment. Capable de réaliser des éléments de décoration en staff, il transforme un intérieur ou restaure une construction ancienne. À partir de dessins, le staffeur ornemaniste réalise des moules et des formes variées (coupoles, rosaces…). Le staff, versé dans le moule, prend la forme voulue. Après séchage, l'épreuve démoulée est prête à être posée.
Le staffeur travaille souvent avec des architectes* et des décorateurs d'intérieur*. Il fait preuve d'ingéniosité, de dextérité et de sens artistique. Des connaissances en histoire de l'art sont nécessaires pour s'adapter aux différents styles de décoration.

Après la 3e Deux ans d'études pour préparer le CAP staffeur ornemaniste complété par le BMA volumes option staff et matériaux associés (deux ans).

* métiers traités dans le dico

Statisticien/ne

Quelle est l'intention de vote des Français ? Quelles sont les chances pour un nouveau yaourt de plaire aux consommateurs ? Pour répondre à ces questions, le statisticien collecte l'information (par exemple par sondages), puis traite et analyse les données. Grâce à ce travail de synthèse, établi sous forme de graphismes et de courbes mettant en évidence le résultat de calculs complexes, son employeur peut prendre les bonnes décisions.
Mathématicien dans l'âme, il simplifie ses conclusions afin de les mettre à la portée des non-initiés. Sciences, industrie, économie – pour l'**actuaire*** par exemple –, gestion, administration, médias… ses domaines d'intervention sont multiples et variés.
Le système statistique public français emploie près de 10 000 personnes. Et les deux tiers d'entre elles travaillent à l'Institut national de la statistique et des études économiques (Insee).

Après le bac Deux ans d'études pour préparer le DUT statistique et informatique décisionnelle, suivi éventuellement d'un diplôme universitaire ou de l'une des trois écoles de statistique : l'Ensae (École nationale de la statistique et de l'administration économique), l'Ensai (École nationale de la statistique et de l'analyse de l'information) et l'Isup (Institut de statistiques de l'université Paris 6).

Styliste de mode

Synonyme : designer de mode.

Les vêtements, les accessoires comme le linge de maison sortent tous de l'imagination d'un styliste.
De la pointe de son crayon, naissent différents croquis qu'il assortit d'échantillons de tissus, de gammes de coloris, mais dont le choix n'est jamais laissé au hasard.
Le styliste tient en effet compte de l'air du temps et anticipe le désir des clients, sans jamais perdre de vue les contraintes techniques que lui imposent le chef de produit ou le directeur artistique.
Une fois le projet approuvé par ces derniers, le modèle est exécuté sur ordinateur. Le styliste travaille ensuite avec le modéliste* qui réalise le prototype du modèle et suit son produit tout au long de la fabrication. Celui qui élabore et coordonne des collections est un **styliste-concepteur**.

En tant que salarié, il a le statut cadre, et peut devenir **directeur de création** ou bien **chef de produit** s'il connaît bien le marketing.
Dans le prêt-à-porter de luxe ou la haute couture, il est le **créateur de mode**, et travaille en *free lance* ***[lexique/247]***, ou comme salarié d'une maison, d'une griffe (ou marque)…
Savoir dessiner, saisir l'ambiance du temps, faire preuve d'une insatiable curiosité sont des qualités indispensables pour exercer cette profession.

Après le bac Deux ans d'études pour préparer le BTS design de mode, textile et environnement ; deux ou trois ans pour préparer le diplôme d'une école de stylisme privée. Une spécialisation (accessoires, tissus d'ameublement, lingerie, vêtements pour enfants) est vivement recommandée.

Substitut/e du procureur

Qu'il officie au sein d'un tribunal d'instance, d'une cour d'appel ou à la Cour de cassation, le substitut du procureur assiste le **procureur** de la République pour défendre l'intérêt public. C'est lui qui décide de poursuivre ou non les suspects afin qu'ils soient jugés.
Magistrat du parquet, il intervient à toutes les étapes du processus judiciaire. Il conduit l'enquête en coordonnant les actions de la police judiciaire. Ensuite, il présente le dossier devant les juges et demande une sanction pénale. C'est le réquisitoire. Enfin, après la condamnation, il assure l'exécution de la peine.
Variée et intense, cette activité nécessite souvent une prise de décision rapide, car l'enjeu, à savoir la liberté et la dignité des personnes, est de taille !

Après le bac Quatre ou cinq ans d'études de droit à l'université (master) ou dans un IEP (institut d'études politiques), puis trente-six mois à l'École nationale de la magistrature (ENM) à Bordeaux. Accès sur concours à bac + 4.

Tt

Tailleur/euse

C'est le spécialiste de la fabrication des vêtements sur mesure. Costume trois-pièces, tailleur veste-pantalon ou jupe-pantalon n'ont pas de secrets pour lui.

Une fois les mesures prises sur le client (largeur du dos, tour de taille, longueur des jambes…), la forme définie (veste droite ou cintrée, pantalon droit ou à pinces…) et le tissu choisi (flanelle, gabardine, soie…), le tailleur trace un premier patron. Viennent ensuite la coupe du tissu et le montage des pièces.

Lors de l'essayage, le tailleur peut ajuster le vêtement sur le client. *« Il faut prendre en compte les petits défauts* (un bras plus long que l'autre, une épaule plus haute, de l'embonpoint…) *pour les corriger à la coupe et au montage. »* Il ne reste alors qu'à faire les finitions (poches, surpiqûres, doublures) et à coudre définitivement l'ensemble.

Patience, rigueur, minutie : telles sont les qualités du tailleur. *« Dans notre métier, tout est tellement précis et rigide que la moindre erreur est visible. »*

Après la 3e Deux ans d'études pour préparer un CAP tailleur homme ou tailleur dame, complété éventuellement par un BP vêtement sur mesure option tailleur homme ou femme (deux ans).

Tailleur/euse **de pierre**

Artiste du bâtiment, il tire le meilleur parti d'un bloc de pierre extrait d'une carrière et lui donne la forme voulue, en se fondant sur des croquis ou des gabarits.

Massette, ciseaux, gouge… il utilise les outils traditionnels pour tailler, poser ou ravaler. Mais le laser a fait son apparition sur les chantiers, merveilleux outil de nettoyage des pierres anciennes.

Que ce soit pour les constructions neuves ou la réhabilitation du patrimoine ancien, le tailleur de pierre qualifié est recherché.

Après la 3e Deux ans d'études pour présenter le CAP tailleur de pierre-marbrier du bâtiment et de la décoration. Ce diplôme peut être complété, après deux années d'expérience au minimum, par le BP tailleur de pierre des monuments historiques (deux ans). Trois ans d'études pour préparer le bac pro artisanat et métiers d'art option arts de la pierre.

Tapissier/ère **d'ameublement**

C'est l'héritier des artisans qui, du XVIe au XIXe siècle, garnissaient les bergères, voltaires, fauteuils crapauds et autres « commodités de la conversation ». Le tapissier travaille le tissu, la mousse, le cuir, la ouate… pour habiller canapés, lits et fauteuils. C'est aussi lui qui pose des voilages, tend des tissus muraux ou revêt sols et plafonds.

Le **tapissier-décorateur** coordonne l'habillage des murs et des accessoires (voilages, coussins et parures de lits). Il peut collaborer avec un architecte d'intérieur à la décoration d'appartements, d'hôtels, de bureaux… En plus des compétences techniques, qui demandent patience et habileté manuelle, le sens relationnel est indispensable pour comprendre et satisfaire la demande des clients.

Le tapissier travaille avec les ébénistes* et les décorateurs. Il peut être installé à son compte comme artisan ***[lexique/247]***.

* métiers traités dans le dico

Après la 3e Deux ans d'études pour préparer le CAP tapissier d'ameublement en décor ou le CAP tapissier d'ameublement en siège. On peut les compléter par la MC décors textiles permanents et éphémères (un an), par le BP ameublement-tapisserie-décoration (deux ans) ou par le BTM tapissier-décorateur. Trois ans pour préparer le bac pro artisanat et métiers d'art option tapisserie d'ameublement.

Après le bac Deux ans d'études pour préparer un DMA arts de l'habitat option décors et mobiliers.

Taxidermiste

Synonyme : naturaliste.

Comment rendre l'apparence de la vie à un animal mort ? Le taxidermiste réalise ce prodige. Observateur et doté de sens artistique, il connaît bien le monde animal et les procédés chimiques de conservation. Cet artisan *[lexique/247]* travaille le plus souvent seul en atelier. Une poignée de professionnels exercent dans les musées nationaux.

On compte une centaine de taxidermistes en France. Les débouchés sont rares en raison des lois protégeant les espèces animales.

Après la 3e Deux ans d'études pour préparer un CAP taxidermiste, par la voie de l'apprentissage, en CFA à Dijon (pas plus de cinq apprentis par promotion).

Technicien/ne biologiste

Pour obtenir la bonne formule qui permettra de créer un nouveau médicament ou d'améliorer la conservation d'un saucisson, de nombreuses manipulations en laboratoire de recherche sont nécessaires. Bien souvent, c'est le technicien biologiste, encadré par un **biologiste*** ou un pharmacien*, qui effectue ces travaux. Son rôle ? Faire des analyses biologiques et des contrôles de produits dans les laboratoires, assurer la maintenance des appareils, la mise au point des protocoles...

Avec l'automatisation et l'informatisation croissante des méthodes d'observation, ce métier évolue sans cesse : moins de tâches d'exécution, mais plus de contrôle, de surveillance, de responsabilités.

Les techniciens biologistes travaillent essentiellement pour la biologie médicale, l'industrie agroalimentaire, pharmaceutique ou cosmétique, ou encore la recherche... Quelques-uns exercent comme **techniciens de la police scientifique** (*voir ingénieur de la police scientifique**) ; recrutement sur concours.

Après le bac Deux ans d'études pour préparer un DEUST (analyse des milieux biologiques ; biotechnologies), un BTS (analyses de biologie médicale ; analyses agricoles biologiques et biotechnologiques ; bioanalyses et contrôles ; biotechnologie ; biophysicien de laboratoire), ou encore le DUT génie biologique. BTS et DUT peuvent être complétés par une licence pro (un an).

Technicien/ne chimiste

Synonyme : chimiste.

Réaliser des dosages et des réactions chimiques, effectuer des mesures, monter des appareils sophistiqués (chromatographes qui séparent les molécules, spectrophotomètres...).

En laboratoire de recherche et développement, le technicien chimiste seconde l'**ingénieur chimiste*** qui élabore de nouveaux produits (médicaments, matériaux).

Après la phase de laboratoire, avant que les produits ne soient fabriqués à l'échelle industrielle, il monte les appareils en unité pilote, prépare les échantillons et effectue les essais.

Dans un service de production, le technicien chimiste assure la surveillance et le contrôle d'une ligne de fabrication. Les machines des industries chimiques sont importantes et complexes (réacteurs, colonnes de distillation, broyeurs, filtres...). Ce spécialiste des procédés et des automatismes règle les appareils, déclenche la maintenance, propose des améliorations, participe à l'installation de nouveaux équipements. Au cœur de la fabrication des produits, il organise le travail des opérateurs, évalue les stocks de matières nécessaires selon les formules de fabrication.

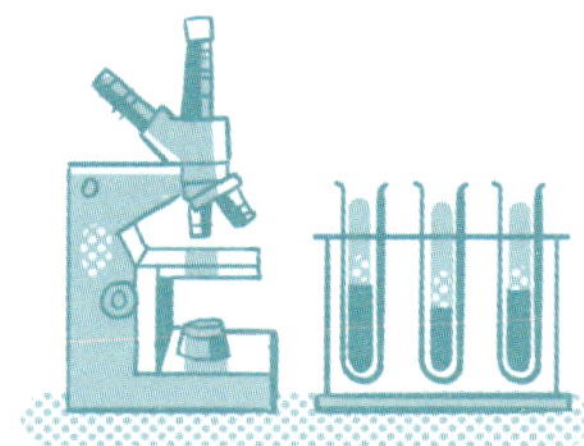

Après le bac Deux ans d'études pour préparer un DEUST technicien de laboratoire de contrôle et de mise au point analytique, un BTS chimiste, ou peintures, encres et adhésifs, ou encore un DUT en chimie ou génie chimique. BTS et DUT peuvent être complétés par une licence pro (un an).

Technicien/ne d'emballage

Peut-on mettre du chocolat dans des pots de verre ? Comment transporter plusieurs centaines de bouteilles sans les briser ? Dans quelle barquette la viande se conserve-t-elle le mieux ? Autant de questions qui se posent au technicien d'emballage. Il peut travailler à la conception (par exemple, mettre au point un carton qui absorbe le moins d'eau possible), à la production (fabrication, contrôle qualité de l'emballage et des conditions de stockage…) ou à la commercialisation de l'emballage. Mais c'est le designer packaging qui apporte la touche artistique : à lui de trouver la forme, la matière et le graphisme qui mettront en valeur un parfum ou un pot de yaourt.

Après le bac Deux ans d'études pour préparer le DUT génie du conditionnement et de l'emballage, éventuellement suivi d'une licence pro (un an).

Technicien/ne de l'intervention sociale et familiale

Synonyme : travailleur familial.

Allié des familles en difficulté passagère, il intervient dans des situations très précises. Si la mère est malade, vient d'accoucher ou élève un enfant handicapé, le technicien de l'intervention sociale et familiale la seconde dans ses tâches quotidiennes (ménage, courses…). Lorsqu'elle est absente (hospitalisation, internement), c'est lui qui prend soin des enfants (repas, toilette, habillage, aide aux devoirs).

Le technicien de l'intervention sociale peut également veiller au confort de personnes handicapées ou âgées.

Ce professionnel exerce souvent à domicile, mais aussi au sein d'établissements ou de services sociaux (foyers de l'enfance, résidences du 3e âge…).

Le travail s'effectue par demi-journée, ou se limite à la fin de l'après-midi, lorsque les enfants rentrent de l'école.

Être organisé, en bonne santé et ouvert aux problèmes des autres ne suffit pas. Il faut faire preuve de tact et respecter le mode de vie des familles.

Rémunéré à l'heure, ce technicien est employé par des organismes privés, des associations d'aide à domicile et des organismes publics ou semi-publics (conseils généraux, caisse d'allocations familiales ou mutualité sociale agricole).

Après le bac De dix-huit mois d'études à deux ans pour préparer le diplôme d'État. Accès sur examen à partir de 18 ans. Des dispenses d'épreuves sont accordées aux titulaires d'un diplôme de niveau bac.

Technicien/ne de laboratoire médical

Synonymes : laborantin ; technicien de laboratoire d'analyses de biologie médicale.

Le technicien en analyses biomédicales (dit parfois laborantin) effectue les analyses qui permettent au médecin* d'établir un diagnostic, de préconiser un traitement ou d'éviter un accident d'anesthésie.

Travaillant sur prescription médicale, il examine des prélèvements humains (sang, urine, sécrétions génitales, selles, tissus…). Objectif : rechercher dans l'organisme du patient la présence de virus, de bactéries, de mycoses ou de cellules suspectes.

D'autres fois, il s'agit de déterminer le taux, dans le sang, de glucose, de cholestérol, d'hormones, la proportion en globules et plaquettes… Solides connaissances en biologie-chimie exigées.

Pour chaque analyse, le technicien prépare les produits, manipule les échantillons à l'aide de pipettes ou utilise des appareils de mesure électroniques. Les résultats connus, il rédige des conclusions chiffrées.

Méthode, rigueur et précision sont de mise. Automatisation des procédés oblige, le technicien passe plus de temps devant un écran que sur sa paillasse.

Le technicien d'analyses biomédicales exerce surtout dans les laboratoires privés, les instituts de recherche ou les centres de transfusion, le plus souvent avec des horaires réguliers. En revanche, s'il travaille en milieu hospitalier ou médicalisé (c'est là que les possibilités d'évolution et les salaires sont les plus attractifs), il est soumis à des gardes, la nuit, les dimanches et jours fériés.

À noter : ce métier peut s'exercer au sein des services de santé de l'armée, des hôpitaux militaires…

Après le bac Trois ans d'études pour préparer le diplôme d'État (accès sur concours ou après la première année commune aux études de santé) ; deux ans d'études pour préparer le BTS analyses de biologie médicale, ou le DUT génie biologique option analyses biologiques et biochimiques, ou encore le DEUST spécialité analyses des milieux biologiques de Corte.

Technicien/ne de maintenance en micro-informatique

Synonymes : technicien de maintenance en informatique ; technicien micro/réseaux.

Remplacer la carte mère d'un ordinateur, installer un logiciel, comprendre pourquoi l'imprimante bloque… le technicien de maintenance en micro-informatique est un personnage clé dans les entreprises du tertiaire, toutes équipées en outils

* métiers traités dans le dico

informatiques. Spécialiste des matériels, il se situe à la croisée des utilisateurs et des informaticiens.

Dans le département informatique d'une entreprise ou dans une société de services et d'ingénierie en informatique (SSII), il est chargé de la gestion et de la maintenance du matériel et des logiciels.

Il forme les utilisateurs, les aidant, par exemple, à utiliser un nouveau logiciel. Ou bien il les conseille pour l'achat et l'installation d'équipements.

Les conditions de travail de ce technicien sont parfois difficiles (horaires lourds, déplacements nombreux, périodes d'astreinte, horaires décalés...), en particulier lorsqu'il travaille dans une SSII.

À noter : l'armée de terre offre des débouchés à ces spécialistes de la micro-informatique.

Après la 3e Trois ans d'études pour préparer un bac pro systèmes électroniques numériques.

Après le bac Deux ans d'études pour préparer un DUT ou un BTS dans le domaine de l'informatique, des réseaux, des télécoms...

Technicien/ne de scierie

Synonymes : opérateur de scierie ; scieur (de tête ou de reprise).

C'est le spécialiste de la coupe du bois. Le scieur transforme l'arbre en planches, poutres et pièces de bois utilisées pour l'ameublement, la charpente et la menuiserie.

Il sélectionne d'abord les troncs prêts à être écorcés et débités dans le parc à grumes (troncs ébranchés) de la scierie. Le scieur de tête (pour le premier sciage) découpe les planches et les poutres. Ces pièces de bois passent ensuite à la scie de reprise où elles sont affinées et prennent leur aspect définitif. Le sciage s'effectue à l'aide de machines à commandes numériques, pilotées par l'opérateur de scierie, une fois définis les réglages de précision.

Le scieur doit bien connaître les propriétés et qualités des différentes essences : dureté du bois, résistance à la torsion, fragilité à la coupe... afin de s'adapter aux imperfections de la bille, d'optimiser la coupe et de réduire les pertes.

La transformation du bois demande une attention de tous les instants. Goût de la précision exigé !

Il y a un regain d'intérêt pour la filière bois, dans le BTP (avec la construction de maisons) ou dans l'environnement (avec le retour au bois de chauffage), et donc, des emplois à la clé !

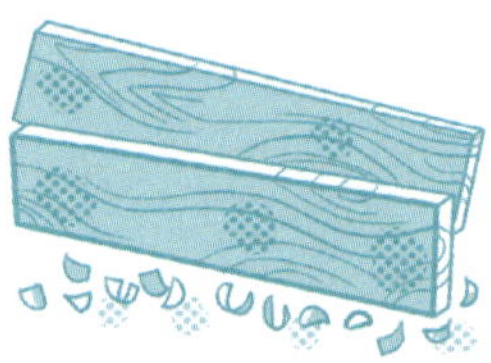

Après la 3e Deux ans d'études pour préparer le CAP conducteur-opérateur de scierie ou le CAP mécanicien-conducteur scieries et industries mécaniques du bois : mécanicien-affûteur de sciage, tranchage, déroulage. Trois ans pour préparer le bac pro technicien de scierie.

Technicien/ne des industries du verre

Verre plat des vitres et des miroirs, verre creux des bouteilles, des gobelets et des flacons, verre technique destiné à l'optique, fibres de verre... malgré la concurrence du plastique, le verre reste un matériau plein d'avenir.

De l'atelier de fabrication au service clientèle, en passant par le bureau d'études, le technicien des industries du verre peut exercer des fonctions diverses. En atelier, des machines pilotées automatiquement assurent, 24 heures sur 24, la fabrication de la pâte de verre, puis sa fusion. Viennent ensuite le formage des objets et leur cuisson.

Dans un environnement bruyant, le technicien veille à la bonne marche des opérations. Une tâche qui demande une attention soutenue, car il s'agit de réduire le nombre de pièces défectueuses et de tendre vers le « zéro défaut ». Dans les services d'essais, de contrôle et de recherche, le technicien seconde l'ingénieur.

Après la 3e Trois ans d'études pour préparer un bac techno STI (sciences et technologies industrielles) spécialité génie des matériaux.

Après le bac Deux ans d'études pour préparer un BTS ou un DUT du domaine de la chimie, de la physique, de l'électronique, de la mécanique, des matériaux... avant de se spécialiser en entreprise.

Technicien/ne du traitement des déchets

Synonyme : recycleur.

Vive les ordures ! Tel est le mot d'ordre que pourraient lancer les sociétés chargées de collecter et de traiter les quelque deux cents millions de tonnes de déchets produites en France, chaque année, par les ménages et les entreprises industrielles.

Plastique transformé en granulés ou en fibres synthétiques, papier recyclé en fibre de cellulose, morceaux de fer qui retrouvent le chemin des hauts fourneaux, résidus brûlés transformés en mâchefer qui servira à remblayer les routes... le technicien du traitement des déchets est le roi du recyclage. Sa mission consiste aussi bien à réduire la production de déchets d'une industrie polluante qu'à valoriser ces déchets par leur retraitement, voire leur vente.

Le travail s'effectue surtout en laboratoire : prélèvement et analyse de déchets ou surveillance technique des opérations de traitement... Ce métier de l'environnement est en plein essor avec la mise en place systématique du tri sélectif des ordures.

Après le bac Deux ans d'études pour préparer un DUT, un BTS ou un DEUST dans les secteurs de l'environnement, la biologie, la biochimie, la chimie, la plasturgie, la métallurgie..., selon le déchet à traiter. Ils peuvent être complétés par une licence pro (un an) en protection de l'environnement ou production industrielle, spécialisée dans le traitement des déchets.

Technicien/ne du traitement des eaux

Synonyme : technicien d'exploitation de l'eau.

Faire couler l'eau du robinet, rien de plus simple, semble-t-il. En réalité, pour qu'une eau parvienne aux habitations et soit potable, de nombreuses opérations complexes sont nécessaires : décantation, filtration, envoi de l'eau dans les canalisations... Homme de terrain et de laboratoire, le technicien du traitement des eaux est garant de la qualité du circuit.

Dans le bassin à truites de la station de traitement où il travaille, il vient, par exemple, de voir apparaître, grâce à un dispositif de surveillance, un changement dans le comportement des poissons. Une pollution serait-elle intervenue au cours de la nuit ? Des prélèvements seront effectués pour vérifier en laboratoire la composition chimique de l'eau du bassin.

Surveillance des canalisations, des branchements, des réservoirs ou des vannes, intervention immédiate en cas de modification importante du climat (orages par exemple), encadrement des agents de la qualité de l'eau qui contrôlent les différentes machines de traitement, tout cela fait partie du travail quotidien du technicien.

Un métier appelé à se développer, notamment dans le secteur du retraitement des eaux usées.

Après le bac Un an d'études pour préparer la MC métiers de l'eau ; deux ans pour le BTSA gestion et maîtrise de l'eau, le BTS métiers de l'eau, ou encore un BTS ou un DUT des domaines de l'environnement, de la chimie, de la biochimie, de la biologie, du contrôle industriel ou de l'électrotechnique. Ils peuvent être complétés par une licence pro (un an post-bac + 2).

Technicien/ne en électronique

Synonyme : technicien électronicien.

Freinage ABS, systèmes de navigation, cartes à puce... ces produits de haute technologie n'auraient pas vu le jour sans le technicien en électronique.

Ce professionnel exerce un large éventail d'activités. En maintenance, il réalise l'entretien et le dépannage de systèmes électroniques (systèmes de transmission, matériel médical...). Il peut aussi améliorer leurs performances.

En phase d'intégration, le technicien travaille à la fabrication d'un radar d'avion ou d'un simulateur de vol. Il procède alors au montage des divers éléments électroniques, assure leur interconnexion, puis effectue les vérifications finales.

Dans un service contrôle qualité, il réalise des essais sur prototype (le premier exemplaire d'un produit) ; il interprète les résultats obtenus, et apporte les corrections nécessaires pour que le « proto » soit conforme aux performances souhaitées. Il peut aussi créer un logiciel pour contrôler automatiquement les produits fabriqués en grande série.

Enfin, comme technicien d'études, il participe, sous la direction d'un **ingénieur en électronique***, à la création de nouveaux produits. Sur son ordinateur, il exécute un schéma où figurent tous les composants à utiliser avec leurs liaisons électriques. Puis il vérifie, par simulation ou par tests sur maquette, la validité du schéma obtenu.

Il peut concevoir un logiciel qui traite les signaux numériques circulant dans un téléviseur.

Débouchés : construction électronique, électroménager, automobile, aéronautique, télécoms, secteur médical, sociétés de maintenance industrielle, secteur public, défense (armée)...

Après la 3e Trois ans d'études pour préparer un bac pro systèmes électroniques numériques ou un bac techno STI spécialité génie électronique.

Après le bac Deux ans d'études pour préparer un BTS systèmes électroniques ou un DUT génie électrique et informatique industrielle, éventuellement complété par une licence pro (un an).

Technicien/ne en électrotechnique

Synonyme : technicien électrotechnicien.

Moteurs à très grande vitesse (60 000 tours à la minute), lignes à haute tension, batteries pour satellites, traction électrique des trains : partout où règne l'énergie, on trouve le technicien en électrotechnique. Son métier varie selon l'endroit où il travaille.

Dans une entreprise de construction de matériels électriques (moteurs, transformateurs...), il participe, sous la direction d'un ingénieur, à la création de nouveaux produits : calculs des bobinages, réalisation de plans ou de schémas... Il peut prendre en charge les essais de prototypes et définir les tests à réaliser sur les produits fabriqués par l'entreprise.

Chez un installateur-intégrateur, on peut lui confier la conception de l'installation électrique d'un immeuble ou d'une usine : calculs des caractéristiques électriques des équipements ou des appareillages (disjoncteurs, etc.) ; réalisation du schéma d'ensemble de l'installation...

Autres activités possibles : organisation et suivi d'un chantier d'installation électrique ; maintenance d'équipements électriques et de systèmes automatisés (diagnostic, dépannage, amélioration des performances...).

* métiers traités dans le dico

Débouchés : sociétés d'installation électrique, entreprises de construction électrique, services de maintenance des entreprises industrielles ou de transport (SNCF, RATP, EDF…).
À noter : l'armée forme et recrute des techniciens en électrotechnique au sein des écoles militaires.

Après la 3e Trois ans d'études pour préparer un bac pro électrotechnique, énergie, équipements communicants (notamment pour des fonctions de chef de chantier) ou un bac techno STI spécialité génie électrotechnique.

Après le bac Un an d'études pour préparer la MC technicien en énergies renouvelables option A énergie électrique. Deux ans pour un BTS électrotechnique ou un DUT génie électrique et informatique industrielle, éventuellement complétés par une licence pro (un an).

Technicien/ne en informatique industrielle

Produits alimentaires, chimiques et pharmaceutiques, pièces de métal et voitures sortent de chaînes et d'ateliers automatisés.
C'est grâce à l'informatique industrielle que l'on programme des machines pour qu'elles réalisent une production. Le technicien participe à la conception, à la mise au point et à l'amélioration des logiciels qui commandent ces systèmes automatisés.

L'installation du matériel fait également partie de ses fonctions. Un travail qui l'amène à collaborer avec l'ingénieur, le chef de projet, d'autres spécialistes (électronicien…), et l'oblige à bien connaître l'ensemble des systèmes de production. Il trouvera un emploi dans une entreprise industrielle, un bureau de développement ou de recherche. À moins qu'il ne choisisse une société de services et d'ingénierie en informatique (SSII) qui l'enverra en mission chez des clients. Expérimenté, il pourra accéder à un emploi d'ingénieur et, par la suite, de chef de projet, ou bien à des fonctions commerciales ou technico-commerciales.

Après le bac Deux ans d'études pour préparer un BTS informatique et réseaux pour l'industrie et les services techniques, ou bien un DUT réseaux et télécommunications.

Technicien/ne en mécanique

TGV, Airbus, centrale nucléaire, pont suspendu, boîte de vitesses, machine industrielle… toutes ces réalisations existent grâce à la mécanique.
Ces multiples applications permettent au technicien de travailler dans des environnements très variés : automobile, aéronautique, transports (RATP, SNCF...), construction navale, construction mécanique (fabrication de machines), construction de matériel électrique, sociétés de maintenance industrielle…
Dans un service d'études-développement, il crée l'image en 3D des pièces ou des produits à fabriquer (moteur, pompe, train d'atterrissage…) grâce aux logiciels de conception assistée par ordinateur (CAO).
Dans un service d'industrialisation, il prépare la fabrication des produits définis en CAO. Il établit la suite des opérations à effectuer, choisit les outillages, réalise les programmes informatiques qui piloteront les machines automatisées. Il détermine les contrôles à exécuter à l'issue de la fabrication (mesure des pièces obtenues, etc.).
Dans le service maintenance d'une entreprise industrielle (automobile, sidérurgie, chimie…), il effectue des interventions complexes (sur les lignes de production, par exemple). Améliorer le fonctionnement des matériels, installer des équipements nouveaux est aussi de son ressort.
La gestion d'un atelier lui est parfois confiée : planification des tâches, répartition du travail entre les opérateurs, conseils techniques, suivi de la fabrication…
À noter : l'armée forme et recrute des techniciens en mécanique au sein des écoles militaires.

Après le bac Deux ans d'études pour préparer un BTS mécanique et automatismes industriels, ou un DUT génie mécanique et productique, éventuellement complétés par une licence pro de la spécialité (un an).

Technicien/ne en optique de précision

Lentilles, miroirs, prismes sont les principaux composants optiques taillés, polis et assemblés par le technicien en optique de précision. Son activité peut inclure le montage et le réglage des composants qu'il a fabriqués. Évolution des techniques oblige, des machines effectuent une bonne partie de ces tâches de très haute précision. Minutie, dextérité et souci de la perfection des produits sont toujours attendus du technicien en optique.
Il doit également avoir de solides connaissances en mécanique et en électronique.
Lieux d'exercice de cette profession : les petites et moyennes entreprises (PME) fabriquant des composants élémentaires, des équipements de mesure ou d'analyse, mais aussi certaines grandes entreprises.
Le secteur de l'optique se développe et recrute de plus en plus de techniciens supérieurs et d'ingénieurs. Les techniciens qui sortent de formation, peu nombreux, trouvent leur place. Débouchés au sein de l'armée également.

Après la 3e Trois ans d'études pour préparer un bac techno STI spécialité génie optique.

Après le bac Deux ans d'études pour préparer le BTS génie optique (options optique instrumentale ou photonique) ou le DUT mesures physiques ; ils peuvent être complétés par une licence pro spécialisée en optronique, instrumentation optique, lasers...

Technicien/ne en radioprotection

Synonyme : technicien d'exploitation de centrale nucléaire.

De l'usine de retraitement de La Hague aux appareils de radioactivité des hôpitaux, en passant par les mines d'uranium ou les sous-marins atomiques, l'énergie nucléaire est partout.

Son défaut : elle produit des déchets qui créent des pollutions à long terme si l'on ne cherche pas à s'en protéger. Le technicien en radioprotection prévient les incidents éventuels : contrôle du taux de radiation des personnes exposées, compactage des déchets dans des containers spéciaux, transport du combustible nucléaire, surveillance de l'état du réacteur et des systèmes de sécurité... Aujourd'hui, les installations vieillissent et doivent progressivement être remplacées. Les exigences de sécurité devenant de plus en plus fortes, le métier devrait se développer. *À noter :* ce métier peut s'exercer au sein de l'armée.

Après la 3e Trois ans d'études pour préparer le bac pro environnement nucléaire.

Après le bac Brevet de technicien (BT) en radioprotection (un an d'études). DUT hygiène, sécurité, environnement (deux ans d'études), éventuellement complété par un bac + 3 en radioprotection : licence professionnelle ou BTS contrôle des rayonnements ionisants et applications techniques de protection (BTS en un an après un bac + 2 en physique, chimie, hygiène-sécurité).

Technicien/ne forestier/ère

À l'Office national des forêts (ONF), le technicien forestier est responsable d'un secteur qui représente environ 4 000 à 6 000 hectares de forêt. Il dirige un groupe technique de cinq à six agents forestiers et une équipe d'ouvriers sylviculteurs*.
Ses missions sont multiples : surveiller et protéger la forêt, aménager et équiper les espaces naturels gérés par l'ONF. C'est lui qui décide des arbres à abattre, des traitements à apporter en cas de maladie... Outre le personnel, il gère aussi le matériel. On le rencontre également en bureau d'études, au service commercialisation des produits ou en recherche-développement. Dans tous les cas, il est assermenté et porte l'uniforme ainsi qu'une arme de service.
Dans les directions départementales et régionales du ministère de l'Agriculture, il met en place la politique forestière. Sous l'autorité d'un ingénieur, il dresse des bilans, réalise des enquêtes et des études, effectue un contrôle économique et technique. Ensuite, il propose des solutions : par exemple, l'aménagement de sentiers dans des sites détériorés. À lui de sensibiliser la population, notamment les enfants.
En forêt privée, le technicien forestier conseille les propriétaires afin de mettre en valeur leur domaine. Il peut travailler dans les centres régionaux de la protection forestière (CRPF), les chambres d'agriculture ou les organismes de gestion et d'exploitation forestière.

Après le bac Le concours de l'ONF est ouvert aux titulaires d'un bac S (ou équivalent). Deux ans d'études pour préparer un BTSA gestion forestière, qui est le niveau demandé le plus souvent.

Technicien/ne frigoriste

De la chimie à l'agroalimentaire, en passant par les transports maritimes, le froid est l'auxiliaire indispensable de nombreuses activités humaines. Spécialiste de la fabrication et de l'installation d'équipements frigorifiques, le frigoriste intervient dans de nombreux secteurs. Présent lors

* métiers traités dans le dico

des tests à la fabrication, il collabore directement avec l'ingénieur frigoriste*.
Le technicien frigoriste exerce dans l'industrie (usines de construction ou de fabrication), dans des entreprises commerciales de matériels frigorifiques ou de produits alimentaires, dans des laboratoires publics ou des administrations. Ses horaires sont relativement réguliers, sauf lorsqu'il fait de la maintenance. Il se déplace alors fréquemment, surtout l'été quand les installations marchent à plein rendement.
Ce technicien doit faire preuve de rapidité, de perspicacité dans le règlement des problèmes, d'un sens aigu des responsabilités, étant donné la fragilité des produits concernés. *À noter :* ce métier peut s'exercer au sein de l'armée.

Après la 3e Trois ans d'études pour préparer un bac pro technicien du froid et du conditionnement de l'air, ou le bac techno STI spécialité génie énergétique, bien adapté à la poursuite d'études en BTS.
À noter : le BP monteur-dépanneur en froid et climatisation est accessible aux titulaires d'un CAP après deux années d'expérience au minimum.

Après le bac En un an : MC technicien en énergies renouvelables option B énergie thermique. En deux ans : BTS fluides-énergies-environnements options génie frigorifique, génie climatique, maintenance et gestion des systèmes fluidiques et énergétiques ; DUT génie thermique et énergie. Quelques licences pro (un an post-bac + 2) sont spécialisées dans le froid, tout comme le diplôme de responsable conception, mise en place et maintenance des installations frigorifiques de l'Iffi-Cnam à Paris (un an post-bac + 2).

Technicien/ne nucléaire

Au sein d'une centrale nucléaire, les techniciens ont pour mission d'assurer la production d'électricité en toute sécurité. Ils peuvent intervenir en amont ou en aval de la chaîne.

Le **technicien de la manutention** du combustible nucléaire est chargé de recevoir les éléments neufs livrés sur le site et de décharger le combustible lors des arrêts des réacteurs. L'**opérateur pilote de tranche** conduit, lui, la tranche nucléaire, c'est-à-dire le réacteur et le système de production d'électricité qui lui est associé. Il travaille dans la salle de commande des réacteurs et est assisté par un **rondier.** Cet agent de sécurité effectue des rondes de surveillance au cours desquelles il contrôle l'ensemble du matériel de la centrale, des tableaux électriques aux circuits d'eau, afin de détecter toute anomalie de fonctionnement.
Enfin, le **technicien en radioprotection*** intervient sur le site et aux alentours pour contrôler le taux de radiation et surveiller les systèmes de sécurité.
Quel que soit le poste choisi, travailler dans le nucléaire exige une grande vigilance et une bonne résistance au stress.

Après la 3e Trois ans d'études pour préparer le bac pro environnement nucléaire.

Après le bac FCIL, formation complémentaire en maintenance nucléaire (un an post-bac). BTS contrôle des rayonnements ionisants et applications techniques de protection (un an en alternance), après un bac + 2 scientifique ou technique (BTS, DUT). Chargé de maintenance en environnement nucléaire (Irup Saint-Étienne), un an en alternance, après un bac + 2 technologique (mécanique, électrotechnique, maintenance, automatismes, régulations, mesures physiques, électronique…). DNTS maintenance nucléaire en un an après un BTS ou un DUT maintenance industrielle, électrotechnique, mesures physiques… Quelques licences pro du nucléaire (maintenance, radioprotection…).

Technicien/ne paysagiste

Aimer la nature et les arbres est indispensable, mais pas suffisant. Le technicien paysagiste doit avoir de solides connaissances techniques, de réelles capacités d'organisation du travail, et des compétences en gestion de chantier. Selon la taille de l'entreprise où il travaille, et son expérience, il peut être chef d'équipe ou adjoint technique.

La mission du **chef d'équipe** est d'organiser le chantier. En contact avec les fournisseurs, il veille à l'approvisionnement en matières premières. Meneur d'hommes, il encadre et dirige les ouvriers paysagistes sur le terrain. Plusieurs années d'expérience sont indispensables pour obtenir ce poste.
L'**adjoint technique** participe, lui, au projet, de sa création à sa réalisation. Il prépare les devis, exécute les relevés sur le terrain, et dessine parfois les plans. Il se charge également de tout l'aspect administratif du chantier.
Les principaux employeurs sont les collectivités territoriales (villes, départements, régions), les entreprises d'espaces verts privées, et les entreprises de bâtiment et de travaux publics.

Après la 3e Trois ans d'études pour préparer un bac pro travaux paysagers.

Après le bac Deux ans d'études pour préparer un BTSA aménagements paysagers.

Technicien/ne pétrolier/ère

Synonyme : technicien d'exploitation pétrolière.

L'activité pétrolière pourrait disparaître avec la diminution annoncée des ressources naturelles… En attendant ce jour, des techniciens pétroliers travaillent à l'exploitation de l'or noir.

Le **technicien production** conduit les installations qui permettent de produire du pétrole. Il peut démarrer une pompe, activer des puits, etc. Ou bien il les pilote à partir d'écrans d'ordinateurs.
Le **technicien spécialisé en maintenance** contrôle et entretient les installations. Il répare les équipements qui tombent en panne et vérifie régulièrement leur fonctionnement : tests, contrôles, prévention (vidanges, etc.).
Ces techniciens travaillent sur les chantiers d'exploitation pétrolière, qu'ils se trouvent à terre (*on-shore*) ou en pleine mer (*off-shore*), sur des plates-formes ou des bateaux. Ils exercent essentiellement à l'étranger, dans des pays toujours différents, ce qui exige de réelles capacités d'adaptation.
Les conditions de vie sont parfois difficiles pour ces professionnels : températures extrêmes, éléments déchaînés, environnements techniques complexes. Il faut beaucoup de rigueur et de méthode, et être très vigilant.

Après le bac BTS géologie appliquée (deux ans d'études). Préparation en un an de la licence professionnelle transformations industrielles spécialité instrumentation pour l'exploration et l'exploitation pétrolière (Lannion) après un BTS, un DUT ou une L2 scientifique.

Technicien/ne pollution

Synonymes : technicien de la qualité de l'air ; technicien de mesure de la pollution.

Avant ou après le bulletin météo, une information sur la qualité de l'air est désormais diffusée. C'est le technicien pollution qui mesure cet indice au quotidien.
Aux différents points du territoire et dans la totalité des grandes agglomérations, des techniciens de mesure de la pollution gèrent les appareils d'enregistrement des données atmosphériques. Ils effectuent la surveillance de la qualité de l'air, mais contrôlent également la qualité des rejets d'installations industrielles dans les cours d'eau et les nappes phréatiques.
Le technicien pollution relève périodiquement, avec beaucoup de minutie, les mesures indiquées par les instruments. Il peut ainsi détecter la présence de substances toxiques dans l'air et alerter les pouvoirs publics si les taux de pollution dépassent les normes de sécurité préétablies.
Technicien de l'environnement, ce professionnel doit avoir des connaissances scientifiques et techniques, voire en maintenance électrotechnique, électronique ou appareils physiques.

Après le bac Deux ans d'études pour préparer un BTS hygiène, propreté, environnement ; métiers de l'eau ; bioanalyses et contrôles ; chimiste, ou un DUT mesures physiques ; qualité logistique industrielle et organisation ; génie biologique option génie de l'environnement.

Technicien/ne qualité

Synonyme : qualiticien.

Pour qu'une voiture soit fiable ou qu'un yaourt aux fruits soit bon, ils doivent répondre aux normes imposées aux industriels. Dans les usines de production, la qualité est désormais l'affaire de tous.
Tout d'abord, un responsable qualité* définit les objectifs et les moyens à mettre en œuvre pour que la fabrication des produits respecte les normes, ainsi que les attentes des clients. Il enquête auprès des consommateurs, recueille leur avis et, si nécessaire, intervient.
Ce sont les techniciens qualité qui procèdent aux mesures et contrôles qualité sur l'ensemble de la chaîne de production, depuis les bureaux d'études jusqu'aux ateliers de conditionnement, en passant par les lignes de fabrication. Ils travaillent sous la houlette des **ingénieurs contrôle qualité** chargés de traquer toute défaillance et d'en supprimer les causes. Dans les industries où les questions de qualité rejoignent des problématiques sanitaires (agroalimentaire, chimique, cosmétique, pharmaceutique...), un **animateur qualité** sensibilise le personnel aux normes d'hygiène, sécurité et environnement (HSE) à respecter.
Les techniciens qualité sont employés dans les grandes entreprises. Quelques postes sont accessibles aux débutants.

Après le bac Trois ans d'études à l'université pour préparer une licence pro dans le domaine de la qualité (de préférence *via* un BTS qualité dans les industries alimentaires et les bio-industries, ou un DUT qualité, logistique industrielle et organisation option métrologie et gestion de la qualité, de niveau bac + 2) pour les techniciens. Cinq ans d'études à l'université (master) ou en école d'ingénieurs, pour les ingénieurs.

* métiers traités dans le dico

A B C D E F G H I J K L M N O P Q R S T U V W X Y Z

Technicien/ne thermicien/ne

Synonyme : thermicien.

La thermique est la partie de la physique qui traite de la production, la transmission et l'utilisation de la chaleur, y compris dans les procédés frigorifiques qui utilisent des transferts de chaleur.

Les techniciens thermiciens se répartissent entre la thermique industrielle, le génie climatique (chauffage, ventilation, conditionnement de l'air de différents bâtiments) et le froid (ménager, commercial, industriel).

On en trouve dans toutes les industries : énergie (centrales nucléaires, turbines à gaz…), chimie, agroalimentaire, automobile… De solides connaissances en électronique, en physique et en informatique leur sont nécessaires.

Les activités du thermicien varient selon le secteur qui l'emploie. En bureau d'études, il participe à la conception d'un produit industriel ou d'une installation (four, chaudière, propulseur de fusée…). Sur un chantier, il peut suivre des travaux : montage d'équipements, installation frigorifique.

Après le bac Un an d'études pour préparer la MC technicien en énergies renouvelables option B énergie thermique.

Deux ans d'études pour préparer le BTS fluides-énergies-environnements (options génie climatique, génie frigorifique, génie sanitaire et thermique, maintenance et gestion des systèmes fluidiques et énergétiques), le DUT génie thermique et énergie ou le DUT génie civil. Ces diplômes peuvent être complétés par une licence pro (un an), diplôme également accessible après deux ans d'études scientifiques ou technologiques à l'université.

Technico-commercial/e

Synonymes : ingénieur commercial ; ingénieur des ventes.

Doublement compétent, le technico-commercial ? En effet. C'est un commercial qui vend ou achète des produits. Mais c'est aussi un conseiller technique, parce qu'on ne vend pas des radars, des chaudières ou des logiciels informatiques comme des baguettes de pain. Il faut faire une démonstration du produit, apporter une assistance technique et des conseils pour son utilisation. De plus, fidéliser la clientèle exige de proposer des solutions techniques efficaces, ou des produits et des services sur mesure.

Le technico-commercial fait des études de marché, prospecte la clientèle et négocie les contrats. Il identifie les besoins du client et établit un cahier des charges avant de proposer une offre commerciale. Il exerce dans tous les services et types d'entreprises, avec l'objectif de faire progresser le chiffre d'affaires. Le technico-commercial peut devenir **directeur commercial**, **responsable d'animation d'un réseau de vente**, après quelques années d'expérience.

Après le bac De deux ans d'études pour préparer un BTS ou un BTSA technico-commercial, un DUT techniques de commercialisation, à cinq ans d'études en école de commerce ou d'ingénieurs, selon les responsabilités et les produits.

Techniverrier/ère

Synonymes : miroitier ; monteur-poseur techniverrier ; vitrier.

Un regard porté sur le quartier de La Défense ou sur la Bibliothèque nationale de France suffit pour comprendre que le techniverrier est un monsieur très occupé. Certains immeubles semblent être intégralement construits en verre. Le métier fait appel à la fois aux techniques de la miroiterie et à celles du bâtiment.

Le techniverrier prépare les produits verriers à l'atelier. Sur le chantier, il réalise le châssis de la vitre. Il coupe, soude, scelle les éléments en bois, métal ou plastique. Le **vitrier** doit s'adapter en permanence à l'évolution foisonnante des nouveaux produits d'isolation. Selon la taille de l'entreprise, les opérations successives sont réalisées par un ou plusieurs ouvriers : le **coupeur**, le **façonnier sur glace** et le **monteur-poseur**. Parfois, c'est le techniverrier qui évalue les quantités nécessaires, réalise les plans et conduit le chantier. Les débouchés sont assurés et des diversifications existent dans le montage des serres et des vérandas, ainsi que dans la restauration de patrimoine.

Le techniverrier doit savoir s'organiser et se concentrer, car il manipule un matériau fragile. Station debout prolongée, poses en extérieur, parfois juché sur des échafaudages… il doit être en bonne condition physique, et surtout ne pas être sujet au vertige.

Après la 3e Deux ans d'études pour préparer le CAP constructeur d'ouvrages du bâtiment en aluminium, verre et matériaux de synthèse. Le CAP peut, après deux années d'expérience au minimum, être complété par le BP construction d'ouvrages du bâtiment en aluminium, verre et matériaux de synthèse (deux ans). Trois ans d'études pour préparer le bac pro ouvrages du bâtiment : aluminium, verre et matériaux de synthèse.

Teinturier/ère-blanchisseur/euse

Synonymes : employé de pressing ; technicien d'entretien des articles textiles.

Tachés et fripés à l'arrivée, les vêtements que vous confierez au teinturier sortiront comme neufs (enfin, presque !). Plusieurs étapes dans le travail de ce professionnel de la propreté : accueillir le client et trier

les articles, repérer les taches, décider des moyens et des produits à utiliser pour essayer de les enlever, ou programmer les machines pour le nettoyage à sec. Touche finale : la mise en forme sur le mannequin et le repassage à la vapeur. Dans les pressings, les conditions d'exercice (travail debout, atmosphère chaude et humide, produits chimiques) demandent une bonne résistance physique et l'absence d'allergies respiratoires ou cutanées.
À côté des petits commerces de quartier dirigés par des artisans *[lexique/247]*, se développent deux types d'entreprises industrielles : les blanchisseries hospitalières (un millier en France), intégrées ou non à un hôpital, et qui emploient des **ouvriers hospitaliers** (fonction publique) ; les blanchisseries privées et loueurs de linge qui traitent le linge des hôtels, restaurants, cabinets médicaux... Très mécanisées, ces entreprises emploient moins de personnel que les blanchisseries artisanales. Il s'agit souvent de **conducteurs de machines** et, pour les postes d'encadrement, de **techniciens**.

Après la 3e Deux ans d'études pour préparer le CAP métier du pressing (débouchés dans les entreprises artisanales) ou le CAP entretien des articles textiles en entreprises industrielles. Ces diplômes peuvent être complétés, après deux années d'expérience, par le BP maintenance des articles textiles option pressing (deux ans) ou encore par le BP blanchisserie (deux ans) pour accéder à un poste d'encadrement ou s'installer à son compte. Trois ans d'études pour le bac pro métiers du pressing et de la blanchisserie.

Téléconseiller/ère

Synonymes : assistant technique clientèle ; téléopérateur ; télévendeur.

« Pour passer une commande, tapez 1. Pour connaître nos points de livraison, tapez 2. Pour obtenir un renseignement, tapez 3. » Disponible 24 heures sur 24 et 7 jours sur 7, ce répondeur téléphonique met en relation les clients avec un centre d'appels. Ce dernier, plus connu sous le nom de *call-center*, regroupe des téléconseillers chargés d'effectuer des réservations, de répondre aux questions, de donner une information d'ordre bancaire, de vendre des produits. Ceux qui se consacrent au dépannage informatique à distance sont appelés *hot-liners**.

Les plates-formes de renseignements téléphoniques sont en plein essor. Pour survivre, les entreprises doivent soigner leurs relations avec le client et être de plus en plus disponibles. Banque, assurance, assistance technique, télécoms... tous les secteurs sont concernés.
Malgré un statut parfois mal défini, voire précaire, le téléconseiller peut être promu **superviseur** au sein de l'entreprise (il encadre alors une équipe de téléconseillers), puis **chef de plateau**. Autres possibilités : devenir **formateur*** ou se reconvertir dans la vente.

Après le bac Un an pour préparer la MC assistance, conseil, vente à distance, ou deux ans pour préparer un BTS du domaine commercial ou technico-commercial ou encore un DUT techniques de commercialisation. Parfois, des connaissances spécifiques du secteur sont exigées.

Testeur/euse **de produits informatiques**

Synonymes : chasseur de bugs ; testeur qualité en informatique.

C'est le spécialiste de la chasse aux bugs, ces erreurs qui empêchent le bon fonctionnement d'un logiciel. Le testeur effectue toutes les vérifications nécessaires en amont pour que le logiciel puisse être validé. Il s'assure que l'application correspond au cahier des charges, qu'elle ne détériore pas le système d'information, qu'elle est adaptée à tous les types de matériels et à tous les besoins.
Le testeur détecte les éventuels problèmes. Il travaille sur des applications en tout genre : il peut, par exemple, tester un logiciel médical, vérifier le contenu culturel et pédagogique d'un autre, ou encore s'assurer que l'accompagnement sonore et les dialogues d'un logiciel sont synchronisés...
Il travaille aussi bien dans l'informatique industrielle que dans les SSII (sociétés de services et d'ingénierie en informatique), mais aussi dans les agences Internet, chez les éditeurs de jeux vidéo, ou dans des cabinets spécialisés dans le test.
À lui d'adapter les tests à chaque type de produits et aux multiples configurations matérielles. Le testeur doit avoir une grande curiosité.

Après le bac De deux ans d'études pour préparer un BTS informatique de gestion, ou un DUT informatique, à cinq ans en école d'ingénieurs.

* métiers traités dans le dico

A B C D E F G H I J K L M N O P Q R S T U V W X Y Z

Testeur/euse **de produits multimédias**

Synonymes : testeur qualité jeux vidéo ; testeur qualité multimédia.

Le testeur peut rester huit heures d'affilée les yeux fixés sur un écran, à la recherche de la moindre anomalie de programmation dans un jeu, cédérom, logiciel ou site web. Tout produit multimédia passe entre les mains expertes d'un testeur avant d'être mis sur le marché.

L'éventail des dysfonctionnements qui sont décelés à ce stade est large : séquences inversées, tunnels sans sortie, erreurs de programmation, images déformées… Le testeur cherche avant tout à se mettre dans la peau de l'utilisateur, un débutant plein d'hésitations ou un joueur parfaitement rodé. Quand il repère une erreur, il renvoie le programme au développeur qui va tenter d'y remédier. On procédera alors à une nouvelle série de tests.

Pour un jeu vidéo ou une encyclopédie sur cédérom, la phase de tests peut s'étaler sur plusieurs mois. On trouve des testeurs dans les grosses sociétés de production ou, plus couramment, au sein de cabinets spécialisés dans le test.

Après le bac Aucun diplôme précis n'est requis à l'embauche, mais la tendance est à la professionnalisation du métier. Aussi, un bac + 2 est recommandé : DUT, BTS ou DEUST en informatique.

Thanatopracteur/trice

Du grec *thanatos*, la mort, et *praxein*, traiter. Le thanatopracteur s'occupe donc des morts. Il pratique des soins qui ont pour but de donner au visage du défunt un aspect naturel et apaisé, et de retarder la décomposition du corps, souvent traumatisante pour les proches.

Une bonne résistance physique et nerveuse est nécessaire, car les conditions de travail sont souvent difficiles, notamment lorsque ces soins ont lieu au domicile du défunt. Débouchés au sein des entreprises de pompes funèbres ou des collectivités locales.

Après le bac Formation de 195 heures pour la théorie (anatomie, médecine légale, microbiologie, hygiène, toxicologie…) et de douze mois au moins pour la pratique assurée par des thanatopracteurs diplômés. L'examen comprend une épreuve écrite et une évaluation pratique (100 opérations de soins à valider). Il débouche sur le diplôme national de thanatopracteur. Formation proposée dans sept centres, notamment dans les facultés de médecine d'Angers et de Lyon.

Toiletteur/euse **d'animaux**

Un caniche ne se toilette pas comme un bichon, ni comme un cocker. Un chien à poil ras (boxer) est brossé une à deux fois par mois ; celui à poil laineux nécessite de nombreux toilettages. Pour laver, peigner, tondre, en bref embellir les animaux, il faut connaître les particularités de chaque race, mais aussi suivre les canons de la mode et le goût des clients. Le toiletteur effectue les épilations, passe la tondeuse ou coupe aux ciseaux, démêle et fait un brushing. Pour les yorks, par exemple, on procède mèche par mèche. C'est dans la dernière phase de son travail que le toiletteur montre son sens artistique : à lui de trouver les volumes et les masses qui s'harmonisent pour faire au chien une coupe élégante. Gagner la confiance de son « client » remuant exige fermeté et adresse. Gare au coup de tondeuse malheureux !

Le toiletteur ne soigne pas les animaux, à la différence du vétérinaire. En revanche, il vend des accessoires, colliers, shampooings, parfums… Pour le salarié d'un salon de toilettage, une promotion : s'installer à son compte comme artisan *[lexique/247]*. Attention : beaucoup plus d'offres que de demandes.

Après la 3e Deux ans d'études en apprentissage pour préparer le certificat de toiletteur canin, seule certification reconnue par l'État. Attention, seuls neuf centres de formation sont agréés en France.

Trader

Synonymes : *broker* **; courtier ; opérateur de marché ou de Bourse.**

L'image du *golden boy* qui fait fortune en quelques transactions a fait long feu. En dix ans, quelques krachs boursiers ont imposé une vision plus réaliste : métier à haut risque !

Le *trader* vend et achète des actions ou des obligations, ou encore des devises – c'est la spécialité du **cambiste** –, en suivant en permanence la fluctuation de leur cours. Il agit pour le compte d'une banque ou d'une société de Bourse et de leurs clients, engageant des sommes parfois… colossales. But du jeu : réaliser des profits. Une activité qui exige concentration, esprit de décision et goût du risque…

Si le *trader* est bien connu, on trouve d'autres intervenants dans les salles de marché. Le ***salesman*** gère les relations avec la clientèle. Il la conseille en fonction de l'évolution des marchés et transmet les ordres au *trader*. À l'arrière, les **gestionnaires** et les **responsables de *back office*** contrôlent l'exécution des ordres, les transferts de titres, l'encaissement des ventes. Toute erreur juridique ou comptable doit être détectée.

Après le bac Cinq ans d'études en école de commerce et de gestion, en école d'ingénieurs ou à l'université (master). Les assistants gestionnaires de *back office* peuvent être recrutés à bac + 2 (avec un BTS comptabilité-gestion, par exemple).

Traducteur/trice

Qu'il traduise un roman, le scénario d'un film, le mode d'emploi d'un lecteur de DVD ou un contrat d'affaires, le traducteur fait le lien entre des personnes qui parlent deux langues différentes. Une mission qui exige de connaître les subtilités de ces langues.

Ne rêvez pas, vous avez très peu de chances de traduire un jour le dernier Philip Pullman (*À la croisée des mondes*). Très peu de professionnels vivent de la traduction littéraire ou d'édition (romans, biographies, essais, guides pratiques, ouvrages techniques ou de vulgarisation). De grandes qualités d'écriture sont indispensables, car il s'agit d'un véritable travail de création à partir des œuvres.

La majorité d'entre eux font de la traduction technique. Ils se spécialisent sur un domaine : droit, finance, économie, chimie, électronique, informatique… Les traducteurs exercent principalement comme travailleurs indépendants *[lexique/247]* et sont rémunérés à la page. Ils doivent prospecter et fidéliser leur clientèle. Les traducteurs littéraires sont payés en droits d'auteur. Les quelques salariés exercent dans de grands groupes, dans des organismes internationaux, dans des entreprises de traduction, ou au sein de l'armée pour quelques-uns.

Après le bac De deux à cinq ans d'études à l'École supérieure d'interprètes et de traducteurs (Esit), à l'Institut supérieur d'interprétation et de traduction (Isit), à l'Institut national des langues et civilisations orientales (Inalco), tous à Paris, ou à l'université (master).

Traiteur/euse **organisateur**/trice **de réceptions**

Un mariage, une soirée de remise de trophées, une réception commerciale, un festival… ces événements majeurs méritent un banquet à la hauteur.

C'est le traiteur qui est chargé d'organiser la réception. En s'adaptant à la demande du client, il va concevoir les menus, décorer la salle et les tables, éventuellement s'assurer les services de musiciens ou d'un disc-jockey*.

C'est lui qui prépare les plats, chauds ou froids selon le type de réception, la saison et le nombre de personnes invitées.

Rarement cuisinés sur le lieu même de la cérémonie, les plats seront ensuite livrés, disposés avec élégance sur un buffet ou bien servis aux convives attablés. Après la fête, le traiteur remet les lieux en ordre et remporte son matériel (vaisselle…). À charge pour lui d'employer le personnel nécessaire : cuisiniers*, serveurs*, chef de rang*, barman*…

Après la 3e Deux ans d'études pour préparer le CAP cuisine ou l'un des CAP des métiers de bouche (boucher, boulanger...). Ces diplômes peuvent être complétés par la MC employé traiteur (un an) ou, après deux années d'expérience au minimum, par le BP restaurant (deux ans). Trois ans pour préparer un bac pro du domaine de la restauration et de l'alimentation, ou encore le bac techno hôtellerie en vue d'une poursuite d'études en MC.

Après le bac Un an d'études après le bac pro ou le bac techno pour préparer la MC organisateur de réceptions.

Truqueur/euse, **truquiste**

Le premier crée les effets spéciaux, tandis que le second les réalise et les monte. En fait, ces fonctions très voisines sont souvent remplies par la même personne. Spécialistes des films d'horreur et de science-fiction, ils interviennent dans presque tous les films, quel que soit le genre. Ils travaillent seuls ou à la demande pour les petites productions, et sont sous l'autorité du directeur des effets spéciaux pour les grosses productions.

Ils peuvent être amenés à créer des décors entiers en maquette miniature, où évolueront des personnages virtuels, et à les insérer ensuite dans le film.

Le montage (ou *compositing*) consiste à fondre ensemble des images du film, avec des trucages, des incrustations, des images de synthèse… On parle alors de **monteur-truquiste**.

Pour être truqueur, il faut d'abord être inventif… Mais aussi savoir retoucher les images, connaître les logiciels d'effets spéciaux et les techniques de montage audiovisuel.

Après le bac De trois à six ans d'études en école d'infographie (Ensad à Paris, Sup'Infocom à Valenciennes, École de l'image à Angoulême, Les Gobelins à Paris...) ou de cinéma (la Fémis, Louis Lumière, Esra).

* métiers traités dans le dico

Uu

Urbaniste

L'urbaniste travaille sur l'espace, dessine la ville, organise le territoire pour offrir aux habitants un cadre de vie à la fois agréable et fonctionnel.

Il répond aux demandes des élus qui souhaitent développer de nouveaux quartiers ou en rénover d'anciens, créer une base de loisirs, un lycée ou un hôpital, prévoir des espaces verts, des axes de transport, des zones de stationnement, ou encore aménager des zones d'activité commerciale ou industrielles.

Il réalise des études de faisabilité, formule des orientations et conseille l'élu qui, au final, décide. Il prépare les documents réglementaires, établit les plans locaux d'urbanisme (PLU), examine les demandes de permis de construire. Il prend en compte la législation sur l'aménagement du territoire et évalue les conséquences financières de chaque opération envisagée.

L'informatique lui permet de présenter des maquettes en 3D, de simuler des projets d'aménagement, qui seront ensuite soigneusement expliqués à la population, lors de réunions publiques.

Se situant au croisement de nombreuses disciplines (sociologie, économie, droit, architecture, environnement...), ce métier n'a pas encore de statut bien défini.

L'urbaniste peut exercer en libéral ***[lexique/247]***, comme salarié dans une structure privée (bureau d'études) ou encore au sein de la fonction publique (services techniques d'une mairie, direction départementale de l'équipement...).

Après le bac Cinq ans d'études à l'université (filière géographie et aménagement), dans les instituts d'urbanisme, les écoles d'architecture ou d'ingénieurs.

J'essaie d'améliorer la vie des citadins. Qui suis-je ?

Vv

Veilleur/euse technologique

Synonyme : veilleur stratégique.

Informaticien très expérimenté, il est en quelque sorte l'« espion » d'une entreprise. Afin que la société qui l'emploie demeure compétitive, il a pour mission de surveiller la concurrence dans un domaine bien précis. Et il utilise tous les moyens mis à sa disposition : presse, congrès, séminaires, salons professionnels et, bien entendu, la véritable mine d'informations que constitue Internet ! Ni tout à fait technicien, ni tout à fait documentaliste, il se situe au croisement de l'information, de la recherche et du développement.
Une fois les informations recueillies et analysées, il les transmet aux dirigeants de son entreprise afin que ces derniers puissent adopter une stratégie de développement. Son expertise lui permet de proposer des projets innovants à son entreprise. Nécessitant une certaine expérience, ce poste est rarement confié à des débutants.

Après le bac Cinq ans d'études à l'université ou en école d'ingénieurs dans le domaine de l'intelligence économique. Une double compétence est souvent exigée (documentation et économie ou sciences politiques, par exemple).

Vendeur/euse

Un client satisfait reviendra ! Cela pourrait être la devise de tous les vendeurs. Professionnel qualifié, le vendeur sait écouter le client, l'informer et le conseiller en fonction de son profil et de ses besoins.
Dans un petit commerce ou sur les marchés, le vendeur prend en charge diverses activités : préparation du magasin (ou du kiosque) avant l'ouverture, tri des marchandises, étiquetage, disposition des articles sur les étalages, réassortiment des rayons ; il est davantage polyvalent que dans une grande surface ou un magasin spécialisé, où il ne vend qu'un type de produits (électroménager, ordinateurs, bijoux, articles de sport, voitures…).
Dans certains cas, son salaire est composé d'un fixe et d'un variable (commission ou pourcentage sur les ventes). Une excellente motivation pour faire du chiffre, mais aussi une pression pas toujours facile à supporter, surtout quand les résultats ne sont pas au rendez-vous et que la rémunération est en baisse.
Après une expérience de vendeur, plusieurs postes sont accessibles : **attaché commercial***, **chef de rayon***.

Après la 3e Deux ans d'études pour préparer le CAP employé de commerce multispécialités, le CAP employé de vente spécialisé (options produits alimentaires, produits d'équipement courant, services à la clientèle), ou le CAP vendeur-magasinier en pièces de rechange et équipements automobiles. Ces diplômes de base peuvent être complétés par une MC vendeur spécialisé en alimentation ou vendeur spécialisé en produits techniques pour l'habitat (un an). Trois ans pour préparer un bac pro commerce ; vente (prospection, négociation, suivi de clientèle) ; technicien conseil-vente de produits de jardin ; conseil-vente en alimentation (options vins et spiritueux ; produits alimentaires).

Après le bac Un à deux ans d'études dans les écoles consulaires pour préparer le certificat de technicien des forces de vente. Deux ans d'études pour préparer le BTS négociation et relation client, ou management des unités commerciales.

Vendeur/euse-**conseil en matériel agricole**

Synonymes : agent commercial ou technico-commercial en agroéquipement.

On ne vend pas un tracteur comme un stylo-bille. Cela demande des compétences techniques approfondies.

Ce professionnel commercialise du matériel agricole, neuf ou d'occasion : tracteurs, moissonneuses-batteuses, épandeuses, matériel d'irrigation ou d'entretien des espaces verts, équipements pour l'élevage, etc. Ses principaux clients : des éleveurs*, des exploitants agricoles* et des paysagistes* à qui il doit proposer les produits adéquats. Connaître les caractéristiques techniques des équipements et machines ne suffit pas : il faut aussi être initié aux pratiques de culture et d'élevage, et suivre de près l'actualité agricole.
Quand il rencontre ses clients, le vendeur étudie leur demande, les informe et les

A B C D E F G H I J K L M N O P Q R S T U V W X Y Z

* métiers traités dans le dico

conseille sur le matériel susceptible de répondre à leurs besoins. Il exécute des démonstrations et fait des essais.
Ce vendeur spécialisé peut être sédentaire et travailler dans une concession (magasin d'une marque de fabricant), une succursale ou être itinérant. Dans ce dernier cas, il couvre un secteur géographique particulier ou dispose d'un portefeuille précis de clients.
Des qualités d'écoute, de communication et le sens du contact sont indispensables pour exercer ce métier. Secteur méconnu, l'agroéquipement peine à recruter. Il y a donc des places à prendre.

Après le bac Deux ans d'études pour préparer un BTSA technico-commercial, un BTS agroéquipement ou le BTSA génie des équipements agricoles.

Vendeur/euse-conseil en pièces détachées

Synonymes : agent commercial ou technico-commercial en équipement automobile.

Phare, rétroviseur, pneu, autoradio ou siège bébé… ces équipements automobiles n'ont pas de secrets pour lui. Ce commercial vend des pièces de rechange ou des accessoires auto à une clientèle variée : particuliers, concessionnaires, agents commerciaux, garagistes ou techniciens d'atelier. Aux particuliers, il doit expliquer comment remplacer ou monter des pièces courantes (batterie ou filtre à air, par exemple) et indiquer les produits à utiliser (huile de moteur, antigel…). Ce qui suppose de bien connaître les caractéristiques techniques des équipements et leur utilisation.

Ce vendeur est aussi un gestionnaire qui prépare les commandes et les expéditions, réceptionne les livraisons de fournitures et contrôle la nature et la qualité de chaque pièce reçue.
Il partage ainsi son temps entre le comptoir pour la vente et la réserve pour la gestion des stocks. Sens du contact et rigueur exigés.
Ce vendeur spécialisé peut travailler chez un distributeur d'accessoires indépendant ou au service pièces détachées d'un garage (concession ou succursale Peugeot, Renault, Citroën…). On peut aussi le trouver dans une grande entreprise ou une administration qui possède un important parc de véhicules, comme La Poste, EDF ou Gaz de France.

Après la 3e Deux ans d'études pour préparer le CAP vendeur-magasinier en pièces de rechange et équipements automobiles, éventuellement complété par le CQP (certificat de qualification professionnelle) vendeur de pièces de rechange et équipements automobiles.

Vendeur/euse de mode

Synonymes : vendeur de luxe ; vendeur de prêt-à-porter.

« Cette veste vous va très bien. C'est tout à fait votre style ! » Conseiller un client en faisant preuve d'un peu de psychologie : c'est la qualité première du vendeur de prêt-à-porter.
Comme tous les vendeurs, il doit se préoccuper du chiffre des ventes. Mais en matière de mode, plus encore que dans les autres secteurs, la qualité du conseil au client, et même de la relation nouée avec lui, est essentielle pour le fidéliser. Il ne reviendra sûrement pas s'il se rend compte, une fois rentré chez lui, qu'on l'a convaincu d'acheter un vêtement qui ne correspond en définitive ni à ses goûts, ni même, parfois, à sa taille !
Le vendeur doit avoir du goût, une bonne intuition et le « coup d'œil » pour sentir ce qui va ou pas. Il se tient au courant des tendances de la mode, des produits et des marques qu'il vend, et même des textiles afin de conseiller les clients sur l'entretien des vêtements.

Il peut travailler dans une boutique, un corner (stand d'une marque de vêtements) de grand magasin, ainsi que dans les *show-rooms* (sites de démonstration des modèles haute couture).

Après la 3e Trois ans d'études pour préparer le bac pro commerce.

Vendeur/euse en animalerie

Entouré de chiens, de chats, de rongeurs et d'oiseaux, le vendeur animalier commence toujours sa journée par la toilette des animaux et la distribution de nourriture. Il doit aimer les animaux, mais aussi connaître les spécificités et les conditions de vie de chaque espèce. Vendeur, il guide les clients dans l'achat de leur animal : il leur conseille celui qui s'adapte à leur mode de vie et à leur personnalité. Il donne des indications sur la façon de s'en occuper. La vente des produits alimentaires et accessoires pour nos amies les bêtes fait partie de son travail.
Qu'il travaille dans une animalerie, dans le rayon spécialisé d'une jardinerie, pour le compte d'une société importatrice d'espèces tropicales ou asiatiques, le vendeur est toujours salarié.
Après quelques années d'expérience, il peut devenir **chef de rayon***, **responsable de magasin** ou **directeur**, voire ouvrir sa propre boutique et s'installer comme **commerçant** *[lexique/247]*.

Après la 3e Trois ans d'études pour préparer le bac pro technicien conseil-vente en animalerie.

Vendeur/euse spécialisé/e en bricolage

Synonyme : quincaillier.

Qui ne s'est pas senti perdu au beau milieu d'un rayon bricolage, à la recherche d'une perceuse facilement maniable ou d'un décapant miracle ? Là, plus qu'ailleurs, les conseils d'un vendeur spécialisé s'avèrent indispensables.

Qu'il soit **quincaillier** dans un magasin de proximité ou **chef de rayon*** dans une grande surface, le domaine de ce commercial s'étend des articles en métal aux matériels et outils servant à équiper une maison, en passant par les ustensiles ménagers. Des produits aux usages divers : isolation, électricité, entretien… qu'il lui faut connaître précisément.

Polyvalent dans une quincaillerie de quartier, le vendeur en bricolage est souvent plus spécialisé en grande surface : il y sera responsable d'une gamme de produits (par exemple, tout ce qui touche à la serrurerie ou à la peinture) et devra se montrer rigoureux dans la gestion des stocks. Grâce au regain d'intérêt pour les activités de bricolage, l'emploi dans ce secteur connaît une embellie. La plupart des professionnels sont salariés ; quelques-uns sont artisans *[lexique/247]*.

Après la 3e Trois ans d'études pour préparer le bac pro commerce, qui comporte un module d'approfondissement « produits pour l'habitat ». Ce diplôme peut être complété par une MC (mention complémentaire) vendeur spécialisé en produits techniques pour l'habitat (un an).

Verrier/ère au chalumeau

Synonyme : souffleur de verre au chalumeau.

Enseignes lumineuses, appareils pour les laboratoires (pipettes, robinets), objets décoratifs… telles sont quelques-unes des réalisations de ce professionnel qui travaille à partir de tubes en verre de différents diamètres. Chauffé au chalumeau, le verre devient malléable et le verrier peut l'étirer, le tordre, le couder… jusqu'à obtenir la forme désirée. Pour réaliser des bulles ou des renflements, il utilise un tuyau en caoutchouc souple relié au tube de verre, et dans lequel il souffle légèrement. Les dimensions de l'objet réalisé sont contrôlées à l'aide d'instruments de mesure. Pas question que le produit fini ne corresponde pas au modèle prévu dans le dossier de fabrication ! Le métier demande une grande habileté manuelle, le sens de l'observation, une bonne appréciation des couleurs et des volumes et aussi un certain goût artistique. Principaux recruteurs : les artisans, les laboratoires et les entreprises industrielles.

Après la 3e Deux ans d'études pour préparer le CAP souffleur de verre option verrerie scientifique ou enseigne lumineuse. Trois ans pour préparer le bac pro artisanat et métiers d'art dans les mêmes options.

Verrier/ère-cristallier/ère

Synonyme : souffleur de verre à la main.

Dans une cristallerie, les ouvriers ont un rôle précis à jouer. La lenteur ne pardonne pas. Un geste maladroit, et tout est perdu. À l'aide d'une canne d'acier creuse, le **cueilleur** prélève dans le four une boule de cristal en fusion, grosse comme une orange. Il la dépose dans un creuset.
En insufflant l'air dans la canne, puis en le maintenant prisonnier, le **souffleur** gonfle la boule de cristal. Il souffle et tourne l'ébauche, jusqu'à ce qu'elle prenne sa forme, soit « en libre », soit dans un moule en bois. Puis le souffleur passe la canne au **chef de place**. Celui-ci façonne les anses du vase ou la jambe de verre, à l'aide d'une pince et de ciseaux. Enfin, un **verrier** réalise le pied du verre. Après cuisson, l'objet est décoré à froid. Interviennent alors les **tailleurs** sur cristaux, les graveurs, les **décorateurs** qui travaillent à la meule, à l'acide, au crayon-graveur…

Après la 3e Deux ans d'études pour préparer le CAP arts du verre et du cristal ou le CAP arts et techniques du verre option décorateur sur verre. Ces deux diplômes peuvent être complétés par le BMA arts et techniques du verre (deux ans).

Vétérinaire

« Véto » des villes ou « véto » des champs, deux réalités sensiblement différentes. Chiens, chats, oiseaux, hamsters et, plus rarement, singes ou serpents sont les clients d'un cabinet en ville. À la campagne, les animaux sont d'un autre gabarit : vaches, chevaux, moutons, taureaux. Il faut se déplacer dans les fermes, les élevages ou les centres équestres pour les mises bas, vaccinations et autres soins.
Le vétérinaire apporte également une assistance technique et des conseils aux agriculteurs (suivi de fécondité, conseils d'alimentation…). Cajoler un panda dans un zoo ou aider un poulain à naître peut faire rêver… mais les places sont limitées.
Ce médecin « touche-à-tout » est à la fois généraliste, chirurgien, radiologue et dentiste. Il exerce souvent en libéral *[lexique/247]*, même s'il peut avoir le statut de salarié, dans une clinique vétérinaire par exemple.
De nombreux vétérinaires ne travaillent pas en contact direct avec les animaux, mais dans des laboratoires et dans l'indus-

* métiers traités dans le dico

trie pour la mise au point de médicaments ou d'aliments pour animaux, ou encore pour le contrôle sanitaire de la viande.

Après le bac Sept ans d'études (dont cinq en école vétérinaire) pour préparer le diplôme d'État. Accès sur concours après deux ans de prépas.

Visiteur/euse médical/e

Synonymes : attaché médico-pharmaceutique ; délégué de laboratoire ; délégué hospitalier ; délégué médical.

Il sillonne en voiture tout un département. Pourtant, son lieu de travail est le cabinet médical ou dentaire, l'officine du pharmacien ou l'hôpital. Équipé d'une lourde serviette remplie d'échantillons médicaux et de documents illustrés, le visiteur médical fait du « porte-à-porte » auprès des prescripteurs. Médecins*, sages-femmes*, dentistes*, vétérinaires* ou pharmaciens*… il en rencontre en moyenne six par jour, en se pliant à leurs contraintes horaires.

Attaché commercial, le visiteur représente un ou plusieurs laboratoires pharmaceutiques dont il dépend. Son rôle est de promouvoir leurs produits et de les faire prescrire aux malades. Avoir une bonne connaissance des médicaments, de leurs interactions et de leurs effets secondaires est impératif. Il faut aussi savoir communiquer.

Courroie de transmission entre les praticiens et les laboratoires, le visiteur est tenu, après chaque rendez-vous, de rédiger un compte-rendu. Le soir, il transmet par courriel les informations de la journée à son directeur régional, relayant, par exemple, les remarques du corps médical sur d'éventuels effets secondaires.

La concurrence est vive entre les laboratoires pharmaceutiques : des millions d'euros sont en jeu. Au visiteur médical de convaincre que telle crème ou tel médicament est plus efficace, plus facile d'utilisation et moins nocif qu'un autre.

La carte professionnelle, obligatoire pour exercer, est délivrée par le Comité professionnel national de la visite médicale (CPNVM) à la demande de l'employeur lors de la première embauche, et renouvelée chaque année à l'initiative de l'entreprise.

Après le bac Deux voies de formation possibles : une quinzaine d'universités préparent à des DEUST en deux ans d'études, à des DU ou à des licences professionnelles en un an. Une trentaine d'écoles privées, agréées par le CPNVM, proposent des formations de neuf à douze mois après un bac + 2.

Vitrailliste

« Quand on travaille avec le verre, on travaille avec la lumière. Et la lumière, c'est la vie… », s'émerveille Guillaume, maître verrier. Qu'il s'agisse d'une reproduction de vitrail du Moyen Âge, d'une verrière Tiffany ou d'un vitrail abstrait comme ceux de Manessier, les étapes sont toujours les mêmes.

Après avoir trouvé le motif de son dessin, le vitrailliste crée une maquette grandeur nature appelée « carton ». Chaque élément de ce modèle est reporté sur des feuilles de verre teintées et découpées au diamant. Provisoirement assemblées, les pièces de verre peuvent être peintes et cuites au four, avant d'être serties dans des rubans de plomb pour un montage définitif. L'artisan effectue alors la pose du vitrail sur le chantier.

Avoir un coup de crayon très sûr, savoir harmoniser les couleurs et les volumes est indispensable. L'histoire religieuse, les symboles… font partie intégrante de la culture du vitrailliste. La création pure ne représente, en général, que 20 % de l'activité des ateliers. C'est essentiellement dans la restauration d'art qu'exercent les vitraillistes.

Après la 3e Deux ans d'études pour préparer le CAP arts et techniques du verre option vitrailliste, puis le BMA arts et techniques du verre (deux ans).

Après le bac De trois à cinq ans d'études en école des beaux-arts, à l'École des métiers d'art d'Arras ou à l'Ensad après avoir acquis les bases avec le CAP ou le BMA.

Volcanologue

S'il est important d'aimer partir à l'assaut des volcans pour étudier leurs failles, cela ne suffit pas. Le volcanologue est d'abord un chercheur, pas un aventurier ou un alpiniste. Ses études concernent non seulement les volcans en activité mais aussi les volcans éteints, leur histoire, leur évolution, leur composition. C'est en découvrant l'histoire d'un volcan qu'on peut bâtir les théories nécessaires à la prévision des éruptions.

Sur le terrain, le volcanologue prélève les roches et les gaz. En laboratoire, il analyse les échantillons. Les volcanologues passent plusieurs mois par an sur le terrain, aux Philippines, au pied du Vésuve, au-dessus d'un volcan sous-marin. Si vous avez la vocation, assurez-vous une spécialité secondaire plus répandue, la géophysique par exemple. Le volcanologue est un chercheur* en géologie. Cette spécialité, qui fascine tant de jeunes, n'offre qu'un nombre limité d'emplois. La plupart des postes se situent à l'étranger.

Après le bac Huit ans d'études en géologie à l'université pour préparer un doctorat.

Ww

Webdesigner

Synonyme : directeur artistique web.

Mi-graphiste, mi-informaticien, cet artiste est spécialisé dans la création de pages web. Il conçoit tout l'aspect graphique du site (illustrations, animations, typographie…) en choisissant la place des photos, la taille des caractères, la couleur de chaque rubrique. Il crée aussi les pictogrammes qui facilitent la lecture et la navigation dans le site.

Dans certains cas, le webdesigner sera amené à établir la charte graphique et à créer l'identité visuelle du site. C'est un exercice délicat, car il faut respecter les vœux du client, les impératifs de marketing et de communication, le public visé… En plus, Internet a des spécificités. Par exemple, les images très lourdes sont à bannir : une durée de téléchargement trop longue peut décourager l'internaute dès la première connexion. Le webdesigner doit connaître les règles de l'ergonomie pour capter l'attention des visiteurs.

Embauché par des studios de création de sites, des *webagencies* ou encore des fournisseurs d'accès à Internet, le webdesigner est à l'aise avec les outils de production en ligne (DreamWeaver, Image Ready, Photoshop, Flash, Fireworks...).

Après le bac Trois à cinq ans d'études en école des beaux-arts, école d'arts appliqués ou école spécialisée en communication, design et multimédia.

Webmarketeur/euse

Synonymes : cybermarketeur ; responsable du marketing interactif ; responsable marketing on-line.

Jean-Cyril a acheté un livre sur Amazon.fr. Un site où on lui propose des ouvrages qui correspondent à ses goûts. Il reçoit aussi des courriers électroniques « personnalisés » qui l'incitent à acheter d'autres produits. Les sites commerciaux ne manquent pas d'idées pour attirer les internautes sur leurs pages… et ainsi augmenter leur chiffre d'affaires.

Le webmarketeur supervise ces opérations marketing. À lui de repérer les sites web susceptibles de devenir partenaires pour un échange de bannières ou de liens hypertextes. À lui aussi de référencer son site auprès des annuaires et moteurs de recherche en ligne. Sa tâche ne s'arrête pas là : une fois l'internaute connecté sur le site, il faut lui donner envie d'y rester et même d'y revenir. Pour fidéliser le visiteur, il met en place des jeux, des promotions, un bulletin d'informations par abonnement, etc.

* métiers traités dans le dico

Commercial dans l'âme, le webmarketeur connaît toutes les stratégies de la vente sur Internet. Une grande capacité d'analyse lui est nécessaire pour mesurer les résultats de ses actions en les confrontant avec la fréquentation du site.

Après le bac Quatre à cinq ans d'études en école de commerce et de gestion, ou master à l'université.

Webmestre

Synonymes : administrateur de site web ; développeur Internet.

Naguère, un internaute averti et un tantinet « bidouilleur » pouvait devenir webmestre du jour au lendemain : il lui suffisait de créer une page « perso », de connaître quelques principes de navigation et un peu de code HTML. Aujourd'hui, rien à voir. Jugez plutôt au vu de cette offre d'emploi récente : « Vous maîtrisez les langages HTML et JavaScript ; vous avez des compétences techniques : Java Server Pages et PHP/MySQL, et graphiques : Photoshop, Illustrator, Macromedia, Flash ; vous avez le sens du design et de l'ergonomie. »

Responsable de la gestion et du suivi d'un site web au quotidien, le webmestre doit « choisir son camp ». Le webmestre éditorial se charge du contenu du site (création de rubriques, collecte de l'information et mise en page des textes...), tandis que le webmestre technique concentre ses efforts sur le fonctionnement du site (administration du serveur, intégration du code HTML, gestion des bases de données...).

Les sites marchands cherchent des compétences commerciales et marketing pour générer du trafic et fidéliser les internautes… Quel que soit son profil, le webmestre doit maintenir le site à jour et assurer une veille technologique.

Après le bac Quatre à cinq ans d'études à l'université ou en école spécialisée.

Zz

Zoologiste

Étudier les animaux : un programme ambitieux, mais passionnant...

Le zoologiste se spécialise dans une catégorie d'animaux (reptiles, oiseaux…) ou dans un domaine de recherche (la biologie de la reproduction, la dynamique des populations…).

Pour décrire et classer la faune, il est recommandé de voir évoluer les animaux dans leur milieu naturel. Le zoologiste doit alors se faire photographe* ou cinéaste*.

L'observation sur le terrain est complétée par un travail minutieux en laboratoire, effectué à l'aide de microscopes mais aussi d'outils très performants mis au point en biochimie.

Les emplois sont rares : postes de chercheurs* ou d'enseignants-chercheurs* spécialisés en biologie animale dans des organismes de recherche ou à l'université. Le secteur de la protection de l'environnement se développe et devrait fournir des débouchés supplémentaires dans les années qui viennent.

Après le bac Cinq à huit ans d'études en biologie animale à l'université (master, puis doctorat).

Lexique

pages 247 à 255

Free lance, libéral, BTS, diplôme d'État…

Vous ne connaissez pas ces mots ou ne voyez pas exactement ce qu'ils signifient. C'est normal ! Pour vous aider à y voir plus clair, les termes les plus courants ont été réunis dans un lexique avec une petite définition.

Les statuts professionnels

Présentation des 14 statuts professionnels sous lesquels il est possible d'exercer un métier et que vous avez rencontrés dans cette publication.

Les diplômes

Définition des principaux diplômes qu'il est possible de préparer, avec un schéma permettant de visualiser le nombre d'années d'études à prévoir, soit après la 3e, soit après le bac.

Les métiers 14 façons de les exercer

Au fil des pages, vous avez pu remarquer que les métiers s'exerçaient de différentes manières. Pour vous aider à y voir plus clair, voici une définition des principaux statuts professionnels.

Apprenti

L'apprenti est un jeune travailleur en formation.

Âgé de 16 à moins de 26 ans, l'apprenti est lié à un employeur par un contrat de travail : le contrat d'apprentissage (d'une durée moyenne de 2 ans).

C'est un maître d'apprentissage qui assure la formation pratique de l'apprenti.

Salarié, l'apprenti travaille 35 heures par semaine (sauf dérogation). Le temps consacré à la formation générale inclut 400 heures au minimum par an dans un centre de formation d'apprentis (CFA).

L'apprenti perçoit un salaire (calculé en pourcentage du Smic) dont le montant varie en fonction de son âge et du diplôme préparé (du CAP au diplôme d'ingénieur).

Artisan

Environ 250 métiers peuvent être exercés sous ce statut.

L'artisan exerce un métier manuel pour son propre compte. C'est un chef d'entreprise qui participe à l'exécution de son travail (exemple : le toiletteur d'animaux). Il produit (boulanger), transforme (peintre en bâtiment), répare (cordonnier) ou fournit une prestation (esthéticienne).

Il peut employer un certain nombre d'apprentis et de salariés. Lorsqu'il travaille en couple, son conjoint peut bénéficier d'un statut particulier.

L'artisan qualifié doit justifier d'un CAP (ou d'un titre équivalent) ou d'au moins 6 ans de pratique professionnelle.

Le maître artisan possède un brevet de maîtrise (ou équivalent) et justifie d'au moins 2 ans de pratique professionnelle. L'artisan crée son entreprise et l'enregistre au répertoire des métiers. Il la dirige et en est responsable. Ses droits et ses obligations varient selon le statut juridique qu'il a donné à son entreprise.

Auteur

Créateurs de jeux vidéo, de romans ou de BD... ils sont considérés comme auteurs « d'œuvres de l'esprit ».

À ce titre, ils ont un droit de propriété sur leurs œuvres et reçoivent des droits d'auteur. Pour éviter, entre autres, la copie (plagiat) ou le détournement de ses œuvres, l'auteur doit s'inscrire auprès d'organismes spécialisés qui protégeront ses intérêts intellectuels et économiques.

Commerçant

Le commerçant vend un produit qu'il a acheté, sans lui faire subir de transformation.

Avec l'essor des grandes surfaces, s'installer en tant que petit commerçant est devenu une entreprise risquée. Mieux vaut bien choisir son emplacement, ses produits et surtout se former à la gestion.

L'investissement est important, en temps et en argent. Le commerçant loue ou achète son fonds de commerce.

Certains commerçants choisissent de travailler pour une marque commerciale en tant que franchisés. Ils s'acquittent alors d'un droit d'entrée, mais le magasin est installé par le franchiseur. Celui-ci apporte également une assistance (formation, aide à la gestion et à la promotion).

En échange, le franchiseur prélève un pourcentage sur les bénéfices du franchisé.

Parfois appelés commerçants parce qu'ils travaillent dans un magasin de proximité, les bouchers, pâtissiers, fleuristes, coiffeurs, teinturiers... sont avant tout des artisans *(voir ci-contre)*.

Exploitant agricole

L'agriculteur est son propre patron.

Il possède des terres (ou des élevages) ou les loue à un propriétaire. C'est généralement la famille ou même le chef d'exploitation seul qui fournit l'essentiel du travail. Cependant, certains exploitants emploient des salariés permanents ou des saisonniers.
Les exploitations individuelles sont de moins en moins nombreuses, alors que les sociétés se développent. Parmi elles, l'exploitation agricole à responsabilité limitée (EARL) et les groupements agricoles d'exploitation en commun (GAEC). La première permet l'association avec le conjoint. Les seconds, l'association de plusieurs membres d'une même famille.
L'État encourage l'installation des jeunes agriculteurs : dotations, prêts, allègements des coûts de transmission aux héritiers...

Fonctionnaire

Le fonctionnaire est un agent titulaire de l'État, des collectivités territoriales ou des hôpitaux.

Après avoir été admis à un concours de recrutement, l'agent de la fonction publique d'État ou hospitalière choisit son lieu d'affectation parmi les postes qui lui sont proposés.
À la différence de l'agent de la fonction publique territoriale qui, une fois le concours réussi, doit s'inscrire sur une liste d'aptitude et trouver une structure (commune, département, région, syndicat intercommunal…) qui pourra l'employer.
Les fonctionnaires sont classés en trois catégories selon leur niveau de recrutement : catégorie A (niveau bac + 3), catégorie B (niveau bac), catégorie C (niveau CAP).
La carrière des fonctionnaires obéit à des règles fixées par le statut de la fonction publique. Ils sont rémunérés selon une grille indiciaire qui tient compte de leur niveau de qualification et de leur ancienneté.
Sont assimilés aux fonctionnaires : les magistrats, les militaires, les personnels du Sénat et de l'Assemblée nationale. Ils bénéficient également de la sécurité de l'emploi.

Intérimaire

L'intérimaire exerce pour le compte d'une agence de travail temporaire.

Envoyé en missions de courte durée dans une entreprise, il remplace un salarié absent ou répond à une commande urgente.
Le salarié intérimaire est lié à son agence par un contrat de mission. Il s'agit d'un contrat de travail temporaire (CTT). Le salaire est versé par l'agence.
L'intérimaire peut accomplir des missions successives pour la même agence. De plus en plus souvent, ces missions débouchent sur des recrutements définitifs.

Intermittent du spectacle

Il travaille par intermittence (de façon ponctuelle) pour des entreprises du spectacle ou de production.

Ce sont des comédiens, des chanteurs, des danseurs et des musiciens, mais aussi des ouvriers, des techniciens ou des cadres de l'audiovisuel. Engagés sur une durée limitée pour une pièce de théâtre, un film, un festival… ils n'ont pas un, mais plusieurs employeurs successifs qui leur versent un salaire variable ou cachet (terme spécifique pour désigner la rémunération d'un artiste).
Un régime d'indemnisation particulier permet à ceux qui ont effectué le nombre requis d'heures de travail de bénéficier d'indemnités de chômage entre deux périodes d'emploi.

Libéral

C'est le terme utilisé pour désigner un professionnel qui exerce à titre libéral.

Non salarié, il est soumis à un statut particulier. C'est le cas du vétérinaire, du médecin, de l'avocat, de l'expert-comptable, de l'architecte...
Sa profession peut être réglementée (c'est le cas dans le domaine médical). Il doit alors posséder un titre, obtenu le plus souvent après de longues études.
Exercer en libéral, c'est réaliser une solide étude de marché avant de s'installer. C'est aussi trouver le financement pour acquérir un local et du matériel. Enfin, c'est se montrer disponible et compétent pour se constituer une clientèle et la fidéliser.

>>>

Pigiste

Il travaille ponctuellement pour un journal, une agence de presse, un service de communication...

Assimilé à un salarié, il n'a cependant pas de salaire fixe. Le statut de pigiste est fréquent chez les journalistes débutants. Il peut également concerner des rédacteurs, des photographes, des dessinateurs ou infographistes de presse, des techniciens de l'audiovisuel... Les contraintes sont nombreuses : il faut se faire connaître, proposer des sujets originaux, se montrer disponible, accepter d'être faiblement rémunéré. Cependant, ce mode d'exercice constitue le meilleur moyen d'intégrer une rédaction comme « permanent ».

Certains journalistes, même expérimentés, choisissent de rester pigistes. Ainsi, ils peuvent proposer leurs prestations à différents employeurs.

Saisonnier

Comme son nom l'indique, le saisonnier travaille le temps d'une saison.

Vendanges, cueillettes, exploitation forestière, accompagnement touristique, enseignement du ski ou de la voile… autant d'activités recensées sur la liste des emplois dits saisonniers.

Le contrat de travail peut être conclu pour la saison ou de date à date. Sa durée ne peut dépasser 8 mois.

Salarié

Est salariée toute personne rémunérée en échange de son travail.

Le salarié est recruté par un employeur public (État, collectivités territoriales…) ou privé (entreprises industrielles, artisanales, agricoles, commerciales ou de services).

Ses droits et devoirs sont fixés par le Code du travail. Chaque salarié est lié à son employeur par un contrat. Celui-ci définit certains éléments comme la fonction exercée, la durée, la rémunération… On distingue plusieurs sortes de contrats *(voir l'encadré)*…

Travailleur indépendant

Souvent appelée free lance, il travaille de façon indépendante.

Illustrateur, interprète, ingénieur du son, réalisateur audiovisuel… qu'il soit payé « à la planche », « à la page » ou au temps (on parle de « forfait horaire »), le professionnel *free lance* offre ses services pour une œuvre ou un projet particulier.

Ce mode d'exercice est exigeant : il faut se montrer très disponible, savoir « se vendre », négocier ses contrats et, bien souvent, travailler dans l'urgence !

L'activité indépendante peut s'effectuer à son domicile (correction d'épreuves, travaux de traduction...) ou imposer d'avoir un local (atelier de couture-retouche, par exemple). Dans les deux cas, il faut investir dans un équipement (ordinateur, machine…).

Travailleur intermittent

Le travailleur intermittent alterne des périodes travaillées et d'autres non travaillées.

Dans l'agroalimentaire (conserveries), le tourisme, la restauration… le travailleur intermittent peut exercer une semaine sur deux, en fonction de l'activité de son employeur. Contrairement au saisonnier, il est considéré comme un employé permanent, bénéficiant d'un contrat à durée déterminée (CDD) ou indéterminée (CDI).

Savoir de quoi on parle

Les contrats de travail > *On distingue plusieurs sortes de contrats.*

> Contrat à durée indéterminée (CDI)

Comme son nom l'indique, il ne précise pas la durée d'embauche. Ce qui ne signifie pas non plus que l'on est embauché pour toujours. Simplement, on bénéficie d'un emploi stable. En fait, le CDI ne cesse qu'à la demande du salarié ou de l'employeur, en respectant certaines règles (préavis, justification de rupture, indemnités de licenciement…).

> Contrat à durée déterminée (CDD)

Il est signé pour une durée précise et peut être renouvelé sous certaines conditions. Il peut comporter (ou non) une période d'essai (reconductible) d'une durée variable. C'est durant cette période que le salarié ou l'employeur peut rompre le contrat.

Si l'employeur garde le salarié au-delà de la date prévue de fin de contrat, son CDD se transforme en CDI. En revanche, si son CDD n'est pas renouvelé, il a droit à une indemnité en fin de contrat. Comme les autres salariés, il bénéficie de congés payés.

> Contrat de travail temporaire (CTT)

C'est le type de contrat proposé par une entreprise de travail temporaire (ou agence d'intérim). Celle-ci embauche une personne qualifiée et la paye pour la mettre à la disposition d'une entreprise, le temps d'exécuter une mission précise et ponctuelle. Deux contrats sont signés : l'un entre l'agence et l'entreprise utilisatrice, l'autre entre l'agence et le salarié. À chaque nouvelle mission, un nouveau contrat est établi.

> Et pour devenir son propre patron ?

Un projet bien construit a de grandes chances de réussir. Pour adopter la démarche qui convient, consultez le site de l'Agence pour la création d'entreprises (APCE, www.apce.com). Aides financières, fiches métiers, contacts… autant de conseils pour vous aider à franchir le pas en minimisant les risques.

Les diplômes préparés après la 3e

À la lecture du *Dico*, vous avez pris connaissance des niveaux de formation requis.
Pour les métiers accessibles en 2 à 4 ans après la 3e, voici les principaux diplômes en fiches.

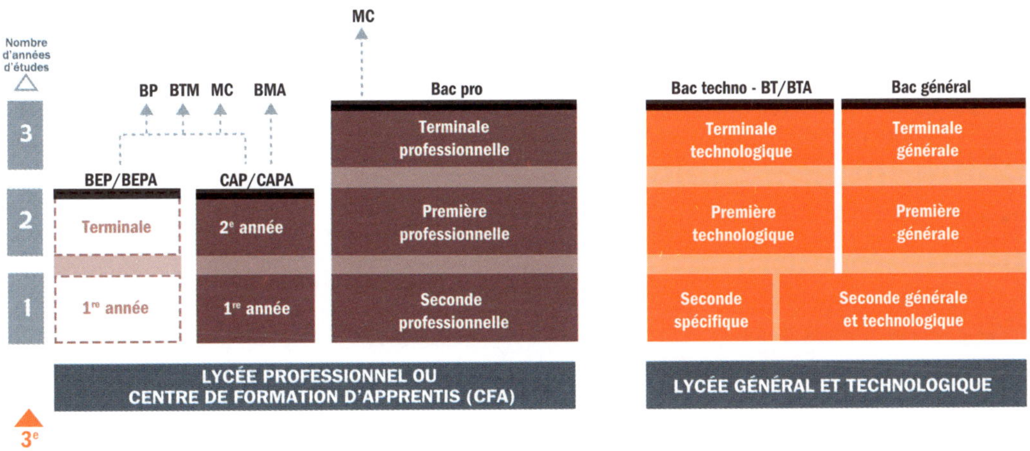

CAP Plus de 170 spécialités au choix.

→ Le certificat d'aptitude professionnelle forme des ouvriers et des employés qualifiés pour travailler dans un métier précis (ébéniste, coiffeur, peintre en bâtiment, boulanger, etc.).
→ Il se prépare, en **2 ans après la 3e**, en lycée professionnel (agricole pour les CAPA) ou par l'apprentissage. Certaines spécialités peuvent être passées en cours de cursus du baccalauréat professionnel.
→ Priorité à l'insertion professionnelle pour ce diplôme. Des poursuites d'études sont possibles : en 1 an pour préparer une MC ou un autre CAP, en 2 ans pour un bac pro, *via* une 1re professionnelle, ou pour un BP... À condition d'avoir un bon dossier scolaire.

Bac général 3 séries au choix.

→ Ce baccalauréat donne le niveau et la rigueur intellectuelle indispensables pour entreprendre des études supérieures longues (université, écoles d'ingénieurs, de commerce...).
→ Il se prépare en **3 ans après la 3e** *via* la 2de, la 1re, puis la terminale, en lycée général et technologique. Trois séries sont proposées, assorties de « profils » d'études :
- économique et social (bac ES) ;
- littéraire (bac L) ;
- scientifique (bac S).

>>>

Bac pro Plus de 80 spécialités au choix.

➔ Le bac professionnel forme des techniciens d'atelier, des employés ou des ouvriers hautement qualifiés dans un domaine d'activité donné (bâtiment, hygiène et sécurité, comptabilité…).
➔ Il se prépare en **3 ans après la 3e** (éventuellement en 2 ans après un CAP), en lycée professionnel (LP), en lycée agricole (pour les bacs pro agricoles) ou par l'apprentissage.
➔ Près de 7 bacheliers sur 10 entrent dans la vie active. Les autres poursuivent leurs études, principalement en BTS.
➔ Les élèves ayant obtenu leur bac pro avec mention « bien » ou « très bien » ont un accès de droit, à la rentrée suivante, dans un BTS du même domaine (les autres sont recrutés sur dossier).

Bac techno 8 séries au choix.

➔ Le baccalauréat technologique allie disciplines générales et technologiques (études théoriques et applications concrètes) et permet la poursuite d'études principalement en BTS, DUT, écoles spécialisées...
➔ Il se prépare en **3 ans après la 3e**, *via* la 2de, la 1re, puis la terminale, dans un lycée d'enseignement général et technologique ou un lycée agricole (pour le bac STAV) ou *via* une 2de spécifique pour les bacs hôtellerie et TMD. Il peut accueillir des élèves issus de la voie professionnelle (2de ou 1re professionnelle), après avis du conseil de classe.
➔ Huit séries sont proposées, souvent assorties de « spécialités » :
- hôtellerie ;
- sciences et technologies de l'agronomie et du vivant (bac STAV) ;
- sciences et technologies de la gestion (bac STG) ;
- sciences et technologies de la santé et du social (bac ST2S) ;
- sciences et technologies de laboratoire (bac STL) ;
- sciences et technologies du design et des arts appliqués (bac STD2A) ;
- sciences et technologies de l'industrie et du développement durable (bac STI2D) ;
- techniques de la musique et de la danse (bac TMD).

➔ Les titulaires d'un bac technologique poursuivent leurs études principalement en BTS et en DUT, où leur dossier de candidature fait l'objet d'un examen prioritaire par rapport à celui des bacheliers généraux. Certains entrent à l'université pour préparer une licence générale dans leur domaine, ou en école dans une spécialité adaptée à leur profil d'origine.
Les élèves ayant obtenu leur bac techno avec mention « bien » ou « très bien » sont admis de droit, à la rentrée suivante, dans un BTS ou dans un DUT du même domaine (les autres sont recrutés sur dossier).

BMA 14 spécialités seulement.

➔ Le brevet des métiers d'art forme des spécialistes en conception, mise au point, fabrication, réparation d'objets d'art ou fonctionnels (en joaillerie, reliure, verre, céramique, ébénisterie…) fabriqués en petites séries ou à l'unité. Il est orienté vers les savoir-faire traditionnels de l'artisanat d'art.
➔ Il se prépare en **2 ans après un CAP** des métiers d'art, principalement par l'apprentissage.
Ce diplôme permet d'entrer dans la vie active ou de poursuivre des études en DMA.

BP 59 spécialités au choix.

➔ Le brevet professionnel est un diplôme permettant d'atteindre un niveau de qualification plus élevé. Il est centré sur la maîtrise d'un métier (plombier, prothésiste dentaire, libraire…) et permet de s'installer à son compte (il est ainsi obligatoire pour ouvrir un salon de coiffure).
➔ Il se prépare en **2 ans après un CAP**, principalement par l'apprentissage, et souvent après une expérience professionnelle de 2 ans, au minimum.

BTM 12 spécialités seulement.

➔ Le brevet technique des métiers, délivré par les chambres des métiers, permet d'occuper, au sein d'une entreprise artisanale, un emploi de chef d'atelier ou de chef de fabrication dans les services de la production et de la commercialisation.
➔ Attention : le BTM n'est proposé que dans certains domaines (métiers de bouche, énergie-électricité, bois-ameublement, photographie, agriculture, paramédical).
➔ Il se prépare en **2 ans après un CAP**, principalement par l'apprentissage.

MC 50 spécialités au choix.

➔ La mention complémentaire permet de se spécialiser dans un domaine précis. Par exemple, après un CAP du bâtiment, on peut envisager une MC béton prêt à l'emploi. La MC favorise l'insertion dans la vie active des titulaires d'un premier diplôme professionnel.
➔ Elle se prépare en **1 an après un CAP** (plus rarement après un bac pro ou techno), en lycée professionnel (LP) ou par l'apprentissage.

Les diplômes préparés après le bac

À la lecture du *Dico*, vous avez pris connaissance des niveaux de formation requis.
Pour les métiers accessibles en 2 à 8 ans après le bac, voici les principaux diplômes en fiches.

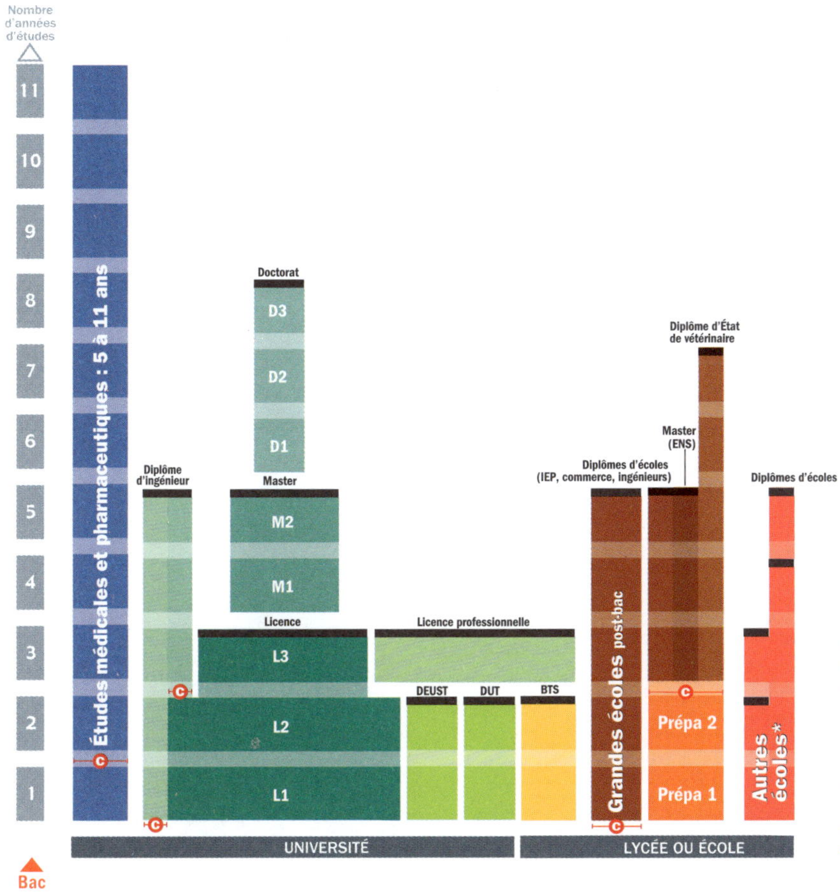

BTS : brevet de technicien supérieur
DEUST : diplôme d'études universitaires scientifiques et techniques
DUT : diplôme universitaire de technologie
***Autres écoles** : on en trouve dans les domaines du paramédical, du social, des arts, de l'architecture, de la vente, de la distribution, de l'industrie, du tourisme, des transports, de la communication...

Diplôme
Concours

>>>

BTS 11 spécialités au choix.

Diplôme d'insertion, le brevet de technicien supérieur forme des spécialistes d'un domaine professionnel, capables d'occuper des postes de collaborateur d'ingénieur ou de chef de service.

➔ Il se prépare, en 2 ans après le bac (technologique ou général, voire bac pro), en lycée, en école, ou par l'apprentissage.

➔ Accès sur dossier et entretien (et présentation de travaux personnels pour les spécialités des arts appliqués).

Les élèves ayant obtenu leur bac techno ou leur bac pro avec mention « bien » ou « très bien » sont admis de droit en BTS à la rentrée suivante, dans une spécialité proche de la leur.

➔ Les titulaires de BTS sont recherchés sur le marché du travail. Cependant, un tiers des diplômés poursuivent leurs études, le plus souvent en licence professionnelle ou en formation complémentaire (pour 1 an), mais aussi, selon la spécialité, en classe préparatoire (prépa ATS en 1 an dans les domaines industriels), en école d'ingénieurs ou de commerce (pour 3 ans).

DUT 45 spécialités au choix.

Le diplôme universitaire de technologie, plus généraliste que le BTS, forme des professionnels polyvalents dans un large domaine d'activité : gestion logistique et transport, génie civil, carrières juridiques…

➔ Il se prépare, en 2 ans après le bac (technologique ou général), en institut universitaire de technologie (IUT). Certains établissements proposent une formation par l'apprentissage.

➔ Accès sur dossier, tests et/ou entretien de motivation.

Les élèves ayant obtenu leur bac techno avec mention « bien » ou « très bien » sont admis de droit en DUT à la rentrée suivante, dans une spécialité proche de la leur.

➔ 7 diplômés sur 10 poursuivent des études, principalement en licence pro ou en formation complémentaire (pour 1 an), mais aussi en licence générale et, selon la spécialité, en classe préparatoire (prépa ATS en 1 an dans les domaines industriels), en école d'ingénieurs ou de commerce (pour 3 ans). Insertion possible dans la vie active.

DEUST Plus de 52 spécialités au choix.

Diplôme d'insertion, le diplôme d'études universitaires scientifiques et techniques sanctionne une formation professionnalisée très pointue dans de nombreuses spécialités : arts, commerce, gestion, bâtiment, environnement…

Il répond souvent aux besoins des entreprises de la région.

➔ Il se prépare en 2 ans après le bac, à l'université.

Certains établissements proposent une formation par l'apprentissage.

➔ Accès sur dossier et entretien et/ou tests.

DMA 27 spécialités au choix.

Le diplôme des métiers d'art propose une formation plus pointue que les BTS du domaine des arts appliqués. Il vise l'acquisition des techniques traditionnelles des métiers d'art (bijouterie, reliure, céramique, cinéma d'animation, par exemple), sans exclure pour autant les nouvelles technologies. Il mène au métier de créateur-concepteur.

➔ Il se prépare en école supérieure d'arts appliqués et dans plusieurs lycées, en 2 ans après un BMA ou le bac (de préférence STI spécialité arts appliqués qui deviendra sciences et technologies du design et des arts appliqués, bac STD2A, en 2011 en classe de 1re, et en 2012 en terminale).

➔ Accès sur dossier scolaire et présentation de travaux artistiques personnels, puis tests et entretien de motivation.

➔ Très appliqué, il permet d'entrer dans la vie active, mais sert aussi de tremplin vers le DSAA.

DNAT 3 options au choix.

➔ Le diplôme national d'arts et techniques (DNAT) forme des assistants dans les domaines de l'image, de l'aménagement d'espaces et de la création industrielle. Il comporte trois options : design d'espace, design graphique, design de produit.

➔ Il se prépare en 3 ans après le bac dans les écoles d'art municipales, régionales et nationales relevant du ministère de la Culture et de la Communication.

➔ Admission sur concours. Première année commune avec le DNSEP (diplôme national supérieur d'expression plastique).

DNSEP 3 options au choix.

➔ Le diplôme national supérieur d'expression plastique (DNSEP) forme les futurs concepteurs et directeurs de projet des agences de publicité, de communication ou de design. Il comporte trois options : arts, communication, design.

➔ Il se prépare en 5 ans après le bac, *via* le DNAP (diplôme national d'arts plastiques), ou en 3 ans après le DNAT dans les écoles d'art municipales, régionales et nationales relevant du ministère de la Culture et de la Communication.

➔ Admission sur concours.

DSAA 9 spécialités au choix.

Le diplôme supérieur d'arts appliqués (DSAA) forme des concepteurs-créateurs en arts appliqués, capables d'occuper des postes de responsable dans des studios de création, en entreprise ou en agence.

➔ Il se prépare dans un lycée ou une école supérieure d'arts appliqués, en 2 ans après un BTS du domaine des arts appliqués ou un DMA. L'enseignement est d'ordre professionnel, artistique, général, complété de stages en entreprise.

➔ Admission sur dossier et entretien.

Licence De nombreuses mentions au choix.

La licence générale est le premier niveau d'études fondamentales universitaires. On distingue une trentaine de voies de formation, de la biologie au sport en passant par les arts, la médecine et le droit. Organisée en parcours types, définis par chaque université, la licence permet d'acquérir une culture générale solide et des compétences dans un domaine précis.

→ Elle se prépare en 6 semestres, soit 3 ans après le bac (décomposés en L1, L2, L3), à l'université.

→ Accès de droit en 1re année pour les bacheliers. Certaines mentions, très demandées, organisent des tests (arts, langues étrangères, par exemple).

→ Après une 2e année de licence validée, possibilité de poursuivre en licence professionnelle (pour 1 an).

La licence validée (L3) permet une poursuite d'études en master (pour 2 ans), mais aussi, selon le domaine de formation, en école spécialisée, de commerce ou d'ingénieurs (pour 2 ou 3 ans).

Licence pro Plus de 2 000 spécialités au choix.

Diplôme d'insertion, la licence professionnelle est présente dans tous les secteurs professionnels. Elle favorise l'accès à l'emploi des techniciens supérieurs en leur apportant une qualification dans un métier ou bien une double compétence.

→ Elle se prépare en 2 semestres, soit 1 an, à l'université, parfois par l'apprentissage.

→ Accès sur dossier avec un bac + 2 (BTS, BTSA, DUT, ou 2e année validée de licence sous conditions).

Master Plus de 6 500 spécialités au choix.

Ce diplôme, qui se décline en master à finalité professionnelle et master à finalité recherche, se prépare en 4 semestres, soit 2 ans, à l'université. Certains cursus sont proposés en apprentissage.

→ Accès sur dossier avec un bac + 3 (licence, diplôme d'école…).

→ Le master prépare à un métier ou à une fonction, et vise l'insertion professionnelle.

Après un master, possibilité de poursuivre des études en doctorat sous certaines conditions.

Doctorat Objectif bac + 8.

→ Ce diplôme consiste à mener des travaux de recherche originaux, dans un domaine pointu des sciences humaines, de la biologie, de l'agronomie, de la zoologie, des mathématiques… au sein des universités et des différents laboratoires de recherche (avec rédaction d'une thèse).

→ Il se prépare en 3 ans après un master ou un diplôme de niveau bac + 5 (diplôme d'ingénieur, par exemple).

DE 30 professions concernées.

Les secteurs médical, paramédical et social ont leurs filières de formation et leur titre de référence : le diplôme d'État (DE) ou, dans certains cas, le certificat de capacité ou d'aptitude. Sans lui, impossible d'exercer la profession d'infirmier, de kiné, d'assistant social ou d'éducateur spécialisé.

→ Le diplôme d'État, propre à chacune des 30 professions concernées, se prépare le plus souvent en 3 ans après le bac, en école spécialisée, parfois à l'université.

→ Seuls les DE de sage-femme, chirurgien-dentiste, pharmacien et médecin demandent de 5 à 11 ans d'études.

→ L'accès aux formations menant aux DE est sélectif (recrutement sur dossier, tests, concours ou examen). Une expérience préalable dans le secteur est parfois requise.

Savoir de quoi on parle

L'apprentissage, qu'est-ce que c'est ? >

L'apprentissage est un mode de formation alternant une période dans un centre de formation d'apprentis (CFA) et une autre dans une entreprise. Très souvent, le rythme est de 1 semaine en CFA et de 2 semaines chez l'employeur.

> Apprendre un métier

Quasiment tous les métiers peuvent s'acquérir dans le cadre d'une formation en apprentissage, du CAP au diplôme d'ingénieur ! C'est le cas désormais pour ceux du secrétariat, de la comptabilité, du management, etc. Ainsi, plus d'un nouveau contrat d'apprentissage sur deux concerne les métiers des services.

> Pour qui ?

Pour tout jeune âgé de 16 ans et de moins de 26 ans (30 ans pour les jeunes dont le handicap est reconnu ; autres dérogations possibles) et qui s'engage à préparer un diplôme (du CAP à bac + 5).

> Comment ?

Une formation par apprentissage ne devient effective qu'à la signature d'un contrat d'apprentissage entre l'apprenti et l'entreprise. Ce contrat est un contrat de travail rémunéré, à durée déterminée. Le jeune doit chercher lui-même une entreprise susceptible de l'accueillir en tant qu'apprenti. Puis, c'est l'entreprise qui doit l'inscrire en CFA pour la préparation du diplôme.

> La formation en CFA

Selon le secteur professionnel choisi et le niveau de diplôme envisagé, sa durée peut représenter de 400 heures par an à 1 850 heures (bac pro 3 ans). En général, les journées se déroulent entre 8 h et 19 h. Comme à l'école, les cours sont assurés par des enseignants sous contrôle pédagogique de l'État. La formation en entreprise est confiée à un maître d'apprentissage qui possède une certaine expérience dans le domaine qui intéresse l'apprenti, et qui justifie d'un diplôme au moins égal à celui préparé par le jeune. C'est lui qui définit le poste de travail et qui confie des tâches à l'apprenti en lui apprenant son métier.

> Un salaire

L'apprenti perçoit un salaire calculé en fonction du Smic, selon son âge et le diplôme préparé. Par exemple, âgé de 18 à 20 ans, en 2e année de contrat, il reçoit un salaire équivalent à 49 % du Smic.

> Pour quels débouchés ?

Près de 4 jeunes sur 5 sont embauchés à l'issue de leur formation en apprentissage. Face à deux jeunes titulaires du même diplôme, certains secteurs professionnels (alimentation, commerce, soins esthétiques, réparation automobile, construction en maçonnerie, électrotechnique, maintenance mécanique…) donnent souvent la préférence à celui qui l'a préparé par l'apprentissage. Des passerelles permettent de réintégrer le système scolaire à temps plein : une possibilité à envisager en fonction de ses motivations et de son projet professionnel.

Index des métiers

pages 256 à 296

Instituteur ou professeur des écoles ?

Certains métiers portent plusieurs noms. De même, certains intitulés utilisés dans le langage courant recouvrent en réalité plusieurs métiers. C'est le cas par exemple de l'informaticien, du dessinateur, du garagiste, du policier… L'index qui répertorie tous les métiers, cités sous leurs noms usuel et officiel, vous aide à retrouver facilement les pages où ils sont décrits.

Renvoi aux pages de la partie « Les métiers selon vos goûts ».

Renvoi à la page où le métier est décrit dans la partie « Les métiers de A à Z ».

Niveau de formation requis

Nom du métier	Descriptif	Goûts associés	Études
	74 à 246	20 à 73	accès à la formation
Aa			
Accessoiriste	76	26 • 58	Après la 3e, Après le bac
Accompagnateur de moyenne montagne	76	20 • 26 • 28 • 50	Après la 3e
Accompagnateur de tourisme équestre	77	20 • 26 • 28 • 50	Après la 3e
Accompagnateur de voyages *voir* Guide-accompagnateur de tourisme	155		Après le bac
Accordeur de pianos *voir* Facteur d'instruments de musique	143		Après la 3e, Après le bac
Acheteur	77	46 • 52 • 62	Après le bac
Acousticien	77	24 • 38	Après le bac
Acrobate *voir* Artiste de cirque / *voir* Cascadeur	90 / 102		Après la 3e, Après le bac / Après le bac
Acteur *voir* Comédien	112		Après le bac
Actuaire	77	42	Après le bac
Administrateur de base de données	77	42 • 44	Après le bac
Administrateur de biens	78	48	Après le bac
Administrateur de production *voir* Directeur de production	130		Après le bac
Administrateur de réseau	78	44	Après le bac
Administrateur de site *voir* Webmestre	246		Après le bac
Administrateur de théâtre *voir* Manager culturel	178		Après le bac
Administrateur judiciaire	78	42 • 48 • 72	Après le bac
Agenceur de cuisine ou salle de bains *voir* Menuisier	185		Après la 3e, Après le bac
Agent artistique	79	48 • 50 • 54 • 64	Après le bac
Agent d'accueil de tourisme	79	50 • 52 • 54	Après le bac
Agent d'entretien des cours d'eau *voir* Garde-rivière	149		Après la 3e, Après le bac
Agent d'entretien du réseau gaz	79	38	Après la 3e
Agent d'entretien nature *voir* Garde du littoral	148		Après la 3e
Agent d'escale *voir* Agent d'accueil de tourisme	79		Après le bac
Agent d'exploitation des compagnies aériennes	79	52	Après le bac
Agent de comptoir	80	50 • 52	Après le bac
Agent de constatation des douanes *voir* Douanier / voir Garde-côte	132 / 148		Après la 3e, Après le bac / Après la 3e
Agent de constatation des impôts *voir* Contrôleur des impôts	119		Après le bac

onisep.fr Le dico des métiers | 257

Nom du métier	Descriptif	Goûts associés	Études
	74 à 246	20 à 73	accès à la formation
Aa			
Accessoiriste	76	26 • 58	Après la 3e Après le bac
Accompagnateur de moyenne montagne	76	20 • 26• 28 • 50	Après la 3e
Accompagnateur de tourisme équestre	77	20 • 26 • 28 • 50	Après la 3e
Accompagnateur de voyages *voir* Guide-accompagnateur de tourisme	155		Après le bac
Accordeur de pianos *voir* Facteur d'instruments de musique	143		Après la 3e Après le bac
Acheteur	77	46 • 52 • 62	Après le bac
Acousticien	77	24 • 38	Après le bac
Acrobate *voir* Artiste de cirque *voir* Cascadeur	90 102		Après la 3e Après le bac Après le bac
Acteur *voir* Comédien	112		Après le bac
Actuaire	77	42	Après le bac
Administrateur de base de données	77	42 • 44	Après le bac
Administrateur de biens	78	48	Après le bac
Administrateur de production *voir* Directeur de production	130		Après le bac
Administrateur de réseau	78	44	Après le bac
Administrateur de site *voir* Webmestre	246		Après le bac
Administrateur de théâtre *voir* Manager culturel	178		Après le bac
Administrateur judiciaire	78	42 • 48 • 72	Après le bac
Agenceur de cuisine ou salle de bains *voir* Menuisier	185		Après la 3e Après le bac
Agent artistique	79	48 • 50 • 54 • 64	Après le bac
Agent d'accueil de tourisme	79	50 • 52 • 54	Après le bac
Agent d'entretien des cours d'eau *voir* Garde-rivière	149		Après la 3e Après le bac
Agent d'entretien du réseau gaz	79	38	Après la 3e
Agent d'entretien nature *voir* Garde du littoral	148		Après la 3e
Agent d'escale *voir* Agent d'accueil de tourisme	79		Après le bac
Agent d'exploitation des compagnies aériennes	79	52	Après le bac
Agent de comptoir	80	50 • 52	Après le bac
Agent de constatation des douanes *voir* Douanier voir Garde-côte	132 148		Après la 3e Après le bac Après la 3e
Agent de constatation des impôts *voir* Contrôleur des impôts	119		Après le bac

Nom du métier	Descriptif	Goûts associés	Études
	74 à 246	20 à 73	accès à la formation
Animateur 3D	85	26 • 56	Après le bac
Animateur de film d'animation	85	26 • 56	Après le bac
Animateur de site web	86	54 • 56	Après le bac
Animateur de tourisme	86	26 • 50 • 52 • 66	Après le bac
Animateur du patrimoine	86	50 • 66	Après le bac
Animateur nature	87	20 • 25 • 50 • 66	Après la 3e Après le bac
Animateur prévention sécurité *voir* Responsable HSE	217		Après le bac
Animateur qualité *voir* Technicien qualité	235		Après le bac
Animateur radio ou télé	87	54	Après le bac
Antiquaire	87	46 • 48	Après le bac
Approvisionneur *voir* Acheteur	77		Après le bac
Aquaculteur	87	20 • 22 • 48	Après la 3e Après le bac
Arbitre	88	28 • 32	Après la 3e
Archéologue	88	26 • 52	Après le bac
Archetier *voir* Luthier-archetier	175		Après la 3e Après le bac
Architecte	88	26 • 38 • 48 • 60	Après le bac
Architecte d'intérieur	89	48 • 60	Après le bac
Architecte de réseau *voir* Ingénieur télécoms et réseaux	167		Après le bac
Architecte naval	89	60	Après le bac
Architecte-paysagiste *voir* Paysagiste	200		Après le bac
Archiviste	89	54	Après le bac
Aromaticien	90	40	Après le bac
Artificier *voir* Démineur *voir* Pisteur secouriste	125 205		Après la 3e Après le bac Après la 3e
Artiste de cirque	90	22 • 26 • 28 • 32 • 64 • 66	Après la 3e Après le bac
Artiste interprète *voir* Chanteur *voir* Comédien voir Danseur *voir* Marionnettiste *voir* Musicien	103 112 124 181 191		Après la 3e Après la 3e Après la 3e Après la 3e Après la 3e Après la 3e
Ascensoriste	90	36 • 38 • 68	Après la 3e Après le bac
Assistant d'édition *voir* Éditeur	135		Après le bac
Assistant de direction	91	52	Après le bac
Assistant de production *voir* Directeur de production	130		Après le bac
Assistant de service social	91	50 • 66 • 68	Après le bac

Nom du métier	Descriptif	Goûts associés	Études
	74 à 246	20 à 73	accès à la formation
Auteur dramatique *voir* Auteur	93		Après le bac
Auteur-compositeur *voir* Chanteur *voir* Musicien	103 191		Après la 3e Après la 3e
Automaticien	94	40	Après le bac
Auxiliaire de puériculture	94	50 • 66 • 68 • 70	Après la 3e
Auxiliaire de vie sociale	94	50 • 68	Après la 3e
Auxiliaire spécialisé vétérinaire	95	22 • 50	Après la 3e Après le bac
Avocat	95	48 • 50 • 68 • 72	Après le bac
Avocat-conseil *voir* Avocat	95		Après le bac

Bb

Bagagiste *voir* Employé d'hôtel	138		Après la 3e
Barman	96	50 • 52	Après la 3e
Batelier	96	20 • 30	Après la 3e Après le bac
Berger *voir* Éleveur	137		Après la 3e
Bibliothécaire	97	50 • 54 • 66	Après le bac
Bijoutier-joaillier	97	34 • 46 • 48 • 60 • 62	Après la 3e Après le bac
Billettiste	97	46 • 50 • 52	Après le bac
Bio-informaticien	14	40 • 42	Après le bac
Biologiste	97	24 • 40 • 52 • 70	Après le bac
Biologiste en environnement *voir* Écotoxicologue	134		Après le bac
Booker *voir* Agent artistique	79		Après le bac
Botaniste	98	20 • 40 • 52	Après le bac
Bottier *voir* Cordonnier	120		Après la 3e
Boucher	98	34 • 46 • 48	Après la 3e
Boulanger	98	34 • 46 • 48	Après la 3e
Brocanteur *voir* Antiquaire	87		Après le bac
Bruiteur	99	36 • 56 • 58	Après le bac
Bûcheron	99	20	Après la 3e

Nom du métier	Descriptif	Goûts associés	Études
	74 à 246	20 à 73	accès à la formation
Chasseur alpin *voir* Gendarme *voir* Militaire	 150 187		 Après la 3e Après le bac Après la 3e Après le bac
Chasseur de bugs *voir* Testeur de produits informatiques	237		Après le bac
Chasseur de têtes *voir* Consultant en recrutement	119		Après le bac
Chaudronnier	105	34	Après la 3e
Chauffagiste	106	36 • 38 • 48 • 68	Après la 3e
Chauffeur d'entreprise *voir* Chauffeur particulier	101		Après la 3e
Chauffeur de maître *voir* Chauffeur particulier	107		Après la 3e
Chauffeur de taxi	106	30 • 48 • 50	Après la 3e
Chauffeur-livreur	106	30 • 48	Après la 3e
Chauffeur particulier	107	30 • 48 • 50	Après la 3e
Chef monteur *voir* Monteur de films	190		Après le bac
Chef comptable *voir* Comptable	114		Après le bac
Chef d'établissement scolaire	107	42 • 48 • 50 • 66	Après le bac
Chef d'orchestre	107	26 • 32 • 48 • 64	Après le bac
Chef de chantier du BTP	107	26 • 38 • 48	Après le bac
Chef de char *voir* Sous-officier de l'armée de terre	224		Après la 3e
Chef de cuisine *voir* Cuisinier	123		Après la 3e Après le bac
Chef de fabrication en imprimerie	108	54	Après le bac
Chef de mission humanitaire *voir* Chef de projet humanitaire	108		Après le bac
Chef de partie *voir* Cuisinier	123		Après la 3e Après le bac
Chef de produit marketing	108	46 • 62	Après le bac
Chef de produit multimédia *voir* Chef de projet multimédia	108		Après le bac
Chef de projet biodiversité	10	20 • 22	Après le bac
Chef de projet culturel *voir* Médiateur culturel	185		Après le bac
Chef de projet humanitaire	108	28 • 32 • 48 • 52 • 68	Après le bac
Chef de projet multimédia	108	48 • 56	Après le bac
Chef de projet sites et sols pollués	10	20 • 22	Après le bac
Chef de publicité	109	46 • 54 • 62	Après le bac
Chef de rang *voir* Maître d'hôtel *voir* Serveur de restaurant	 178 222		 Après la 3e Après le bac Après la 3e
Chef de rayon	109	46 • 48	Après le bac

Nom du métier	Descriptif	Goûts associés	Études
	74 à 246	20 à 73	accès à la formation
Chef du personnel	109	42 • 48 • 50	Après le bac
Chef machiniste *voir* Machiniste	176		Après la 3e
Chef maquilleur *voir* Maquilleur	180		Après la 3e
Chef mécanicien *voir* Capitaine de la marine marchande	101		Après le bac
Chef monteur *voir* Monteur de films	190		Après le bac
Chef opérateur	109	26 • 58	Après le bac
Chef opérateur son *voir* Ingénieur du son	163		Après le bac
Chercheur *voir* Agronome *voir* Archéologue *voir* Biologiste *voir* Botaniste *voir* Démographe *voir* Écotoxicologue *voir* Ethnologue *voir* Généticien *voir* Hydrobiologiste *voir* Ingénieur chimiste *voir* Ingénieur R&D en agroalimentaire *voir* Linguiste *voir* Océanologue *voir* Paléontologue *voir* Physicien *voir* Sociologue *voir* Volcanologue *voir* Zoologiste	110 82 88 97 98 125 134 141 151 159 162 167 174 193 199 204 223 244 246	24 • 26 • 40 • 52	Après le bac
Chevrier *voir* Éleveur	137		Après la 3e
Chimiste *voir* Ingénieur chimiste *voir* Technicien chimiste	 162 228		 Après le bac Après le bac
Chirurgien	104	34 • 50 • 70	Après le bac
Chirurgien-dentiste *voir* Dentiste	126		Après le bac
Chocolatier confiseur	110	34 • 46 • 48	Après la 3e
Chorégraphe	111	26 • 28 • 32 • 48 • 64	Après le bac
Choriste *voir* Chanteur	103		Après la 3e
Chroniqueur *voir* Journaliste radio et télé	171		Après le bac
Cinéaste *voir* Réalisateur de films	213		Après le bac
Circassien *voir* Artiste de cirque	90		Après la 3e Après le bac
Ciseleur *voir* Orfèvre	196		Après la 3e
Clerc de notaire	111	50	Après le bac

Nom du métier	Descriptif	Goûts associés	Études
	74 à 246	20 à 73	accès à la formation
Climaticien	111	26 • 38 • 68	Après la 3e Après le bac
Clown *voir* Artiste de cirque	90		Après la 3e Après le bac
Codeur web *voir* Intégrateur HTML	169		Après le bac
Coffreur-boiseur *voir* Maçon	176		Après la 3e Après la 3e Après le bac
Cogniticien	111	44	Après le bac
Coiffeur	113	34 • 48 • 62	Après la 3e
Comédien	113	26 • 64	Après le bac
Commandant de bord *voir* Pilote d'avion	204		Après le bac
Commandant de navire *voir* Officier de la Marine	194		Après le bac
Commerçant	113	42 • 46 • 48 • 50	Après la 3e Après le bac
Commercial	113	26 • 28 • 46 • 50 • 52 • 62	Après le bac
Commercial export	113	26 • 46 • 50 • 52 • 62	Après le bac
Commis de cuisine *voir* Cuisinier	123		Après la 3e Après le bac
Commissaire aux comptes *voir* Expert-comptable	142		Après le bac
Commissaire de l'air *voir* Officier de l'armée de l'air	193		Après le bac
Commissaire de police	113	28 • 32 • 48 • 68 • 72	Après le bac
Commissaire-priseur	114	48 • 72	Après le bac
Community manager	14	54 • 56	Après le bac
Compositeur *voir* Musicien	191		Après la 3e
Comptable	114	42	Après la 3e Après le bac
Concepteur de jeu vidéo *voir* Game designer	147		
Concepteur de voyages	114	26 • 50 • 52	Après le bac
Concepteur en microtechniques *voir* Microtechnicien	186		Après la 3e Après le bac
Concepteur multimédia	114	56	Après le bac
Concepteur-rédacteur	115	54	Après le bac
Conchyliculteur *voir* Aquaculteur	87		Après la 3e Après le bac
Concierge *voir* Gardien d'immeuble	149		Après la 3e
Concierge d'hôtel *voir* Employé d'hôtel	138		Après la 3e Après le bac
Conducteur d'autobus, d'autocar	115	26	Après la 3e
Conducteur d'engins de travaux publics	110	30 • 36 • 38	Après la 3e
Conducteur de chien *voir* Maître-chien	177		Après la 3e Après le bac

Nom du métier	Descriptif	Goûts associés	Études
	74 à 246	20 à 73	accès à la formation
Conservateur des Archives *voir* Archiviste	83		Après le bac
Conservateur des Bibliothèques *voir* Conservateur du patrimoine	118		Après le bac
Conservateur des monuments historiques *voir* Conservateur du patrimoine	118		Après le bac
Conservateur du patrimoine	118	48 • 54	Après le bac
Conservateur en archéologie *voir* Conservateur du patrimoine	118		Après le bac
Consignataire de navire	118	46	Après le bac
Constructeur de canalisations *voir* Canalisateur	100		Après la 3e Après le bac
Constructeur de maisons bioclimatiques	12	20 • 22 • 38	Après le bac
Constructeur de routes	118	16 • 38	Après le bac
Constructeur en béton armé *voir* Maçon	176		Après la 3e Après le bac
Consul *voir* Diplomate	129		Après le bac
Consultant	119	42 • 48 • 50	Après le bac
Consultant bilan carbone	12	22 • 42	Après le bac
Consultant en recrutement	119	48 • 50	Après le bac
Consultant Green IT* (Green Information Technology)	14	22 • 44	Après le bac
Contrôleur de croissance *voir* Contrôleur de performance	119		Après le bac
Contrôleur de défense aérienne *voir* Sous-officier de l'armée de l'air *voir* Sous-officier de l'armée de terre	224 224		Après la 3e Après le bac Après le bac
Contrôleur de gestion	119	42	Après le bac
Contrôleur de la navigation aérienne *voir* Aiguilleur du ciel	83		Après le bac
Contrôleur de la sécurité ferroviaire *voir* Aiguilleur du rail	83		Après le bac
Contrôleur de performance	119	22 • 50	Après le bac
Contrôleur des douanes *voir* Douanier *voir* Garde-côte	132 148		Après la 3e Après le bac Après la 3e
Contrôleur des impôts	119	42 • 72	Après le bac
Contrôleur du travail	120	68 • 72	Après le bac
Contrôleur laitier *voir* Contrôleur de performance	119		Après le bac
Contrôleur technique auto	120	36 • 48	Après la 3e
Convoyeur de fonds *voir* Agent de sécurité	81		Après la 3e
Convoyeur de l'air *voir* Officier de l'armée de l'air *voir* Infirmier	193 160		Après le bac Après le bac

Nom du métier	Descriptif	Goûts associés	Études
	74 à 246	20 à 73	accès à la formation
Décorateur (vitrines, rayons) *voir* Étalagiste-décorateur	141		Après la 3e Après le bac
Décorateur-scénographe	124	26 • 48 • 58 • 60 • 64	Après le bac
Délégué commercial *voir* Commercial	113		Après le bac
Délégué de laboratoire *voir* Visiteur médical	244		Après le bac
Délégué hospitalier *voir* Visiteur médical	244		Après le bac
Délégué médical *voir* Visiteur médical	244		Après le bac
Déménageur	125	26 • 30 • 48	Après la 3e
Démineur	125	26 • 28 • 32 • 68	Après la 3e Après le bac
Démographe	125	52	Après le bac
Dentiste	126	48 • 50 • 66 • 68	Après le bac
Dépanneur en électroménager *voir* Dépanneur en produits grand public	126		Après la 3e
Dépanneur en installation climatique *voir* Chauffagiste *voir* Climaticien	 106 111		 Après la 3e Après la 3e Après le bac
Dépanneur en produits grand public	126	36	Après la 3e
Designer	126	48 • 54 • 60 • 62	Après le bac
Designer d'espace *voir* Architecte d'intérieur	89		Après le bac
Designer de mode *voir* Styliste de mode	226		Après le bac
Designer graphique *voir* Designer	126		Après le bac
Designer industriel *voir* Designer	126		Après le bac
Designer mobilier *voir* Créateur de meubles	123		Après le bac
Designer textile *voir* Créateur textile	123		Après le bac
Dessinateur *voir* Cartographe voir Graphiste *voir* Illustrateur *voir* Roughman	 102 153 160 218		 Après la 3e Après le bac Après le bac Après le bac Après le bac
Dessinateur de bande dessinée	126	54 • 60	Après le bac
Dessinateur en construction mécanique *voir* Dessinateur projeteur	127		Après la 3e Après le bac
Dessinateur projeteur	127	38 • 44 • 60	Après la 3e Après le bac
Détective	127	26 • 48 • 68	Après le bac
Développeur d'applications pour téléphones mobiles	15	44	Après le bac
Développeur informatique	128	44	Après le bac

Nom du métier	Descriptif	Goûts associés	Études
	74 à 246	20 à 73	accès à la formation
Domoticien	132	38 • 44	Après le bac
Douanier	132	52 • 68 • 72	Après la 3e Après le bac
Dresseur d'animaux	132	22 • 32	Après la 3e

Ee			
Ébéniste	133	34 • 36	Après la 3e Après le bac
Éboueur *voir* Agent de propreté urbaine	81		Après la 3e
Écailler *voir* Poissonnier	207		Après la 3e
Éclairagiste	133	26 • 64	Après le bac
Éco concepteur	11	20 • 22	Après le bac
Écoconseiller *voir* Conseiller en environnement	117		Après le bac
Éco-interprète *voir* Animateur nature	87		Après la 3e Après le bac
Économe	133	42	Après la 3e Après le bac
Économe de flux	134	24	Après le bac
Économiste de la construction	134	38	Après la 3e Après le bac
Écotoxicologue	134	24 • 50	Après le bac
Ecrivain *voir* Auteur	93		Après le bac
Écrivain public	134	48 • 50 • 54	Après le bac
Ecuyer *voir* Artiste de cirque	90		Après la 3e Après le bac
Éditeur	135	48 • 54	Après le bac
Éducateur de chiens	135	22 • 50 • 68	Après la 3e
Éducateur de chiens-guides d'aveugles	135	22 • 50 • 68	Après le bac
Éducateur de jeunes enfants	136	50 • 66 • 68	Après le bac
Éducateur de la protection judiciaire de la jeunesse (PJJ)	136	50 • 66 • 68 72	Après le bac
Éducateur spécialisé	136	50 • 66 • 68	Après le bac
Éducateur technique spécialisé	136	50 • 66 • 68	Après le bac
Élagueur	137	20 • 32	Après la 3e
Électricien auto	137	36	Après la 3e
Électricien d'équipement	137	36 • 38	Après la 3e
Électricien du bâtiment *voir* Électricien d'équipement	137		Après la 3e
Électronicien *voir* Ingénieur en électronique *voir* Technicien en électronique	164 226		Après le bac Après la 3e Après le bac
Électronicien auto *voir* Électricien auto	137		Après la 3e

Nom du métier	Descriptif	Goûts associés	Études
	74 à 246	20 à 73	accès à la formation
Électrotechnicien *voir* Ingénieur en électronique *voir* Technicien en électronique	 158 231		 Après le bac Après la 3e Après le bac
Éleveur	137	20 • 22 • 48	Après la 3e
Éleveur de poissons, coquillages ou crustacés *voir* Aquaculteur	 87		 Après la 3e Après le bac
Employé d'hôtel	138	50 • 52 • 68	Après la 3e
Employé de banque *voir* Chargé de clientèle voir Conseiller financier *voir* Guichetier	 104 117 155		 Après le bac Après le bac Après le bac
Employé de librairie *voir* Libraire	 173		 Après la 3e Après le bac
Employé de petit commerce et libre-service *voir* Vendeur	 241		 Après la 3e Après le bac
Employé de pressing *voir* Teinturier-blanchisseur	 236		 Après la 3e
Employé en restauration collective *voir* Cuisinier	 123		 Après la 3e Après le bac
Encadreur	138	34 • 36 • 46 • 48	Après la 3e
Énergéticien *voir* Économe de flux	 134		 Après le bac
Engagé volontaire de l'armée de terre (EVAT)	138	26 • 28 • 30 • 32	Après la 3e
Enquêteur professionnel *voir* Détective	 127		 Après le bac
Enseignant-chercheur	139	40 • 42 • 52 • 68	Après le bac
Enseignant spécialisé	139	50 • 66 • 68	Après le bac
Entraîneur sportif	139	28 • 48 • 66	Après le bac
Épicier *voir* Vendeur	 241		 Après la 3e Après le bac
Ergonome	139	50 • 68	Après le bac
Ergothérapeute	140	50 • 66 • 68 • 70	Après le bac
Esthéticien	141	34 • 48 • 50 • 62	Après la 3e
Étalagiste-décorateur	141	34 • 46	Après la 3e Après le bac
Étanchéiste	141	38	Après la 3e Après le bac
Ethnologue	141	26 • 52	Après le bac
Expert auto	141	36	Après le bac
Expert-comptable	142	42 • 48	Après le bac
Expert de la répression des fraudes	142	68 • 74	Après le bac
Expert en assurances *voir* Gestionnaire de contrat	 152		 Après le bac
Exploitant agricole *voir* Agriculteur *voir* Aquaculteur *voir* Éleveur	 82 87 137		 Après la 3e Après le bac Après la 3e Après le bac Après la 3e Après le bac

Nom du métier	Descriptif	Goûts associés	Études
	74 à 246	20 à 73	accès à la formation
Ff			
Fabricant	143	54	Après le bac
Façadier	143	38 • 48	Après la 3e Après le bac
Facteur	143	26	Après la 3e
Facteur d'instruments de musique	143	36 • 48 • 60	Après la 3e Après le bac
Facteur d'orgues *voir* Facteur d'instruments de musique	143		Après la 3e
Facteur de guitares *voir* Luthier-archetier	175		Après la 3e Après le bac
Facteur de pianos *voir* Facteur d'instruments de musique	143		Après la 3e Après le bac
Femme de chambre	144	50 • 52	Après la 3e
Femme de ménage *voir* Agent de propreté et d'hygiène	80		Après la 3e
Ferronnier d'art	144	34 • 36 • 48	Après la 3e Après le bac
Fleuriste	145	20 • 34 • 46 • 48	Après la 3e
Fondeur	145	34 • 40	Après la 3e Après le bac
Footballeur	145	28	Après la 3e
Forfaitiste *voir* Concepteur de voyages	114		Après le bac
Forgeron	145	34 • 40	Après la 3e Après le bac
Formateur	146	44 • 50 • 52 • 68	Après le bac
Formulateur	146	40	Après le bac
Frigoriste *voir* Ingénieur frigoriste *voir* Technicien frigoriste	 166 233		 Après le bac Après la 3e Après le bac
Fromager	146	34 • 46 • 48	Après la 3e Après le bac
Funambule *voir* Artiste de cirque	90		Après la 3e Après le bac
Fundraiser	17	42 • 50 • 54 • 68	Après le bac
Fusilier commando *voir* Sous-officier de l'armée de l'air	224		Après la 3e Après le bac
Fusilier marin *voir* Officier marinier	195		Après le bac

Nom du métier	Descriptif	Goûts associés	Études
Gg			
Game designer	147	48 • 56 • 60	Après le bac
Garagiste *voir* Carrossier-réparateur *voir* Mécanicien auto *voir* Mécanicien moto	 101 182 183		 Après la 3e Après le bac Après la 3e Après le bac Après la 3e Après le bac
Garçon de café	147	50 • 52	Après la 3e

Nom du métier	Descriptif	Goûts associés	Études
	74 à 246	20 à 73	accès à la formation
Gestionnaire de site *voir* Animateur de site web	86		Après le bac
Gestionnaire de stocks *voir* Magasinier	177		Après la 3e
Gestionnaire du sport	152	28 • 40 • 48	Après le bac
Glacier-sorbetier	152	34 • 46 • 48	Après la 3e
Gouvernant d'étage	153	48 • 50 • 52	Après la 3e Après le bac
Grand reporter *voir* Journaliste	170		Après le bac
Graphiste	153	48 • 50 • 54 • 56 • 58	Après le bac
Graphiste multimédia *voir* Designer	126		Après le bac
Graphiste-décorateur *voir* Peintre en lettres	202		Après la 3e
Graveur sur métal	153	34 • 48 • 60	Après la 3e Après le bac
Greffier des services judiciaires	153	68 • 72	Après le bac
Greffier des tribunaux de commerce	154	68 • 72	Après le bac
Greffier en chef *voir* Greffier des services judiciaires	153		Après le bac
Groom *voir* Employé d'hôtel	138		Après la 3e
Grutier	154	30 • 38	Après la 3e
Guichetier	155	50	Après le bac
Guide accompagnateur de tourisme	155	26 • 48 • 52 • 66	Après le bac
Guide animateur *voir* Animateur nature voir Accompagnateur de tourisme équestre voir Garde d'espace naturel	87 77 148		Après la 3e Après le bac Après la 3e Après la 3e
Guide conférencier	155	50 • 54 • 66	Après le bac
Guide de haute montagne	155	20 • 28 • 34 • 50 • 66	Après la 3e
Guide de randonnée *voir* Accompagnateur de moyenne montagne	76		Après la 3e
Guide interprète	156	50 • 52 • 54	Après le bac
Gynécologue-obstétricien	156	48 • 50 • 70	Après le bac

Hh

Habilleuse *voir* Costumier	121		Après le bac
Homme de ménage *voir* Agent de propreté et d'hygiène	80		Après la 3e
Horloger	157	34 • 36 • 46 • 48	Après la 3e Après le bac
Horticulteur-pépiniériste	157	20 • 34 • 46 • 48	Après la 3e Après le bac
Hôtelier	157	26 • 42 • 48 • 50 • 52	Après le bac

Nom du métier	Descriptif	Goûts associés	Études
	74 à 246	20 à 73	accès à la formation
Ingénieur commercial *voir* Technico-commercial	236		Après le bac
Ingénieur contrôle-qualité *voir* Responsable qualité *voir* Technicien qualité	217 235		Après le bac Après le bac
Ingénieur d'affaires	162	38 • 40 • 44 • 46	Après le bac
Ingénieur d'études de prix *voir* Économiste de la construction	134		Après la 3e Après le bac
Ingénieur de la police scientifique	162	40 • 44	Après le bac
Ingénieur de la sécurité aérienne	162	36 • 44	Après le bac
Ingénieur de recherche *voir* Chercheur	110		Après le bac
Ingénieur de travaux *voir* Ingénieur du BTP	163		Après le bac
Ingénieur des Eaux et Forêts *voir* Ingénieur forestier	166		Après le bac
Ingénieur du BTP	163	38	Après le bac
Ingénieur du contrôle aérien *voir* Aiguilleur du ciel	83		Après le bac
Ingénieur du contrôle ferroviaire *voir* Aiguilleur du rail	83		Après le bac
Ingénieur du son	163	56 • 58 • 66	Après le bac
Ingénieur efficacité énergétique des bâtiments	13	22 • 40	Après le bac
Ingénieur électricien	163	38 • 40 • 42	Après le bac
Ingénieur électronicien *voir* Ingénieur en électronique	164		Après le bac
Ingénieur en acoustique *voir* Acousticien	77		Après le bac
Ingénieur en automatismes *voir* Automaticien	94		Après le bac
Ingénieur en construction aéronautique	163	40 • 44	Après le bac
Ingénieur en construction navale	164	40	Après le bac
Ingénieur en électronique	164	40 • 44	Après le bac
Ingénieur en électrotechnique *voir* Ingénieur électricien	163		Après le bac
Ingénieur en mécanique	165	40	Après le bac
Ingénieur en optique industrielle	165	40 • 44	Après le bac
Ingénieur en télécommunications *voir* Ingénieur télécoms et réseaux	167		Après le bac
Ingénieur environnement	165	20 • 24	Après le bac
Ingénieur forestier	166	20	Après le bac
Ingénieur frigoriste	166	36 • 38 • 40	Après le bac
Ingénieur logiciel	166	40 • 44 • 56	Après le bac
Ingénieur météo *voir* Météorologiste	186		Après le bac

Nom du métier	Descriptif	Goûts associés	Études
	74 à 246	20 à 73	accès à la formation
Jj			
Jardinier-paysagiste *voir* Ouvrier paysagiste	198		Après la 3e
Joaillier *voir* Bijoutier-joaillier	97		Après la 3e Après le bac
Jockey *voir* Lad-jockey	173		Après la 3e
Jongleur *voir* Artiste de cirque	90		Après la 3e Après le bac
Journaliste	171	24 • 26 • 28 • 50 • 52 • 54 • 58	Après le bac
Journaliste radio et télé	171	24 • 26 • 28 • 50 • 52 • 54 • 58	Après le bac
Journaliste reporter d'images (JRI)	171	24 • 26 • 28 • 48 • 52 • 54 • 58	Après le bac
Journaliste web *voir* Rédacteur web	214		Après le bac
Juge	171	66 • 68 • 72	Après le bac
Juge aux affaires familiales *voir* Juge	171		Après le bac
Juge d'application des peines *voir* Juge	171		Après le bac
Juge d'instruction *voir* Juge	171		Après le bac
Juge des enfants *voir* Juge	171		Après le bac
Juriste d'entreprise	172	28 • 48 • 68 • 72	Après le bac
Juriste en droit de l'environnement	172	24 • 48 • 68 • 72	Après le bac
Juriste en propriété intellectuelle	172	48 • 54 • 68 • 72	Après le bac

Kk			
Kinésithérapeute *voir* Masseur-kinésithérapeute	182		Après le bac

Ll			
Laborantin *voir* Technicien de laboratoire médical	229		Après le bac
Lad-driver *voir* Lad-jockey	173		Après la 3e
Lad-jockey	173	22 • 28	Après la 3e
Lapidaire *voir* Bijoutier-joaillier	97		Après la 3e Après le bac
Layoutman *voir* Animateur de film d'animation	85		Après le bac
Libraire	173	46 • 48 • 54	Après la 3e Après le bac

Mm

Nom du métier	Descriptif	Goûts associés	Études
	74 à 246	20 à 73	accès à la formation
Maquilleur	180	50 • 58 • 62	Après la 3e
Marchandiseur	180	46	Après le bac
Marchandiseur visuel *voir* Étalagiste-décorateur	141		Après la 3e Après le bac
Maréchal-ferrant	180	22 • 48	Après la 3e
Mareyeur	181	20 • 48	Après la 3e Après le bac
Marin-pompier *voir* Pompier	207		Après la 3e
Marin de commerce	181	20 • 26 • 30 • 52	Après la 3e
Marin de plaisance professionnelle *voir* Skipper	222		Après la 3e
Marinier *voir* Batelier	96		Après la 3e Après le bac
Marionnettiste	181	34 • 36 • 48 • 60 • 64	Après la 3e
Maroquinier	181	34 • 48 • 60 • 62	Après la 3e Après le bac
Marqueteur *voir* Ébéniste	133		Après la 3e Après le bac
Masseur-kinésithérapeute	182	28 • 34 • 48 • 66 • 70	Après le bac
Matelot	182	20 • 26 • 30	Après la 3e
Mathématicien *voir* Statisticien	226		Après le bac
Mécanicien *voir* Technicien en mécanique *voir* Ingénieur en mécanique	232 165		Après le bac Après le bac
Mécanicien auto	182	36 • 48 • 68	Après la 3e Après le bac
Mécanicien bateau	182	36 • 48 • 68	Après la 3e
Mécanicien d'entretien d'avion	183	36	Après la 3e Après le bac
Mécanicien de pêche	183	26 • 30	Après la 3e
Mécanicien moto	183	36 • 48 • 68	Après la 3e Après le bac
Mécanicien-réparateur en matériel agricole	184	36 • 48 • 68	Après la 3e Après le bac
Médecin généraliste	184	40 • 48 • 50 • 66 • 68 • 70	Après le bac
Médecin spécialiste	184	40 • 48 • 50 • 66 • 68 • 70	Après le bac
Médiaplanneur	184	54	Après le bac
Médiateur culturel	185	50 • 54 • 66	Après le bac
Médiathécaire *voir* Bibliothécaire	97		Après le bac
Menuisier	185	34 • 36 • 38 • 48	Après la 3e Après le bac
Menuisier en sièges	185	34 • 36 • 38 • 48 • 60	Après la 3e Après le bac
Métallier	185	38 • 48	Après la 3e Après le bac
Météorologiste	186	20 • 24	Après le bac
Métreur *voir* Économiste de la construction	134		Après la 3e Après le bac
Metteur en scène	186	26 • 48 • 64	Après le bac

Nom du métier	Descriptif	Goûts associés	Études
	74 à 246	20 à 73	accès à la formation
Microtechnicien	186	34 • 36 • 40	Après la 3e Après le bac
Militaire	187	26 • 28 • 30 • 32 • 68	Après la 3e Après le bac
voir Ingénieur militaire	166		
voir Officier de l'armée de l'air	193		
voir Officier de l'armée de terre	194		
voir Officier de la Marine	194		
voir Officier marinier	195		Après le bac
voir Sous-officier de l'armée de l'air	224		Après la 3e Après le bac
voir Sous-officier de l'armée de terre	224		Après la 3e
Mime *voir* Comédien	112		Après la 3e
Miroitier *voir* Techniverrier	236		Après la 3e
Mixeur image *voir* Monteur de films	190		Après le bac
Mixeur son	187	56 • 58	Après le bac
Modéliste	187	34 • 62	Après le bac
Modérateur de site *voir* Animateur de site web	86		Après le bac
Modiste	188	34 • 46 • 48 • 60 • 62	Après la 3e
Moniteur d'auto-école	188	30 • 48 • 50	Après la 3e
Moniteur d'équitation	188	20 • 26 • 28 • 50 • 66	Après la 3e
Moniteur d'escalade	189	20 • 26 • 28 • 50 • 66	Après la 3e
Moniteur de ski	189	20 • 26 • 28 • 50 • 66	Après la 3e
Moniteur de tir			
voir Gardien de la paix	149		Après la 3e
voir Gendarme	150		Après la 3e Après le bac
Moniteur de voile	189	20 • 26 • 28 • 50 • 66	Après la 3e
Moniteur-éducateur	190	50 • 66	Après la 3e
Monteur-câbleur	190	36	Après la 3e
Monteur de films	190	56 • 58	Après le bac
Monteur en ascenseurs *voir* Ascensoriste	90		Après la 3e Après le bac
Monteur en chauffage et climatisation *voir* Chauffagiste	106		Après la 3e
Monteur en installations climatiques *voir* Chauffagiste	106		Après la 3e
Monteur en installations sanitaires *voir* Plombier	206		Après la 3e
Monteur-vendeur en optique-lunetterie	190	34	Après la 3e
Monteur image/son *voir* Monteur de films	190		Après le bac
Monteur-dépanneur en installation climatique *voir* Climaticien	111		Après la 3e Après le bac
Monteur-poseur techniverrier *voir* Techniverrier	236		Après la 3e
Monteur-truquiste *voir* Truqueur	239		Après le bac

Nom du métier	Descriptif	Goûts associés	Études
	74 à 246	20 à 73	accès à la formation
Mosaïste d'art	191	34 • 36 • 48 • 60	Après le bac
Motard	191	26 • 28 • 30 • 72	Après la 3e
Motion designer	15	56 • 58	Après le bac
Motoriste à la pêche *voir* Mécanicien de pêche	183		Après la 3e
Mouleur-noyauteur *voir* Fondeur	145		Après la 3e Après le bac
Musicien	191	26 • 32 • 56 • 58	Après la 3e
Musicien intervenant *voir* Professeur de musique	210		Après la 3e Après le bac

Nn			
Naturaliste *voir* Taxidermiste	228		Après la 3e
Négociateur immobilier	192	42 • 48 • 50	Après le bac
Netsurfeur *voir* Référenceur	214		Après le bac
Nettoyeur web	15	56	Après le bac
Nez	192	40 • 62	Après le bac
Notaire	192	48 • 50 • 68 • 72	Après le bac
Nourrice agréée *voir* Assistant maternel	92		Après la 3e

Oo			
Obstétricien *voir* Gynécologue-obstétricien	156		Après le bac
Océanologue	193	20 • 26 • 40 • 52	Après le bac
Œnologue	193	20 • 52	Après le bac
Officier de l'armée de l'air	193	26 • 28 • 30 • 32 • 48	Après le bac
Officier de l'armée de terre	194	26 • 28 • 30 • 32 • 48	Après le bac
Officier de la Marine nationale	194	26 • 28 • 30 • 32 • 48	Après le bac
Officier de police judiciaire *voir* Gendarme *voir* Lieutenant de police	150 173		Après le bac Après le bac
Officier de port	195	30 • 48	Après le bac
Officier marinier	195	26 • 28 • 30 • 32 • 48	Après le bac
Opérateur de forge *voir* Forgeron	145		Après la 3e Après le bac
Opérateur de la circulation des trains *voir* Aiguilleur du rail	83		Après le bac

Nom du métier	Descriptif	Goûts associés	Études
	74 à 246	20 à 73	accès à la formation
Paysagiste	200	20 • 48 • 60	Après le bac
Pêcheur	200	20 • 26 • 30 • 48	Après la 3e
Pédiatre	201	48 • 52 • 66 • 68 • 70	Après le bac
Pédicure-podologue	201	34 • 48 • 50 • 68 • 70	Après le bac
Pédologue *voir* Géologue	151		Après le bac
Peintre en bâtiment	201	32 • 34 • 38 • 48	Après la 3e
Peintre en lettres	202	34 • 54 • 60	Après la 3e
Pépiniériste *voir* Horticulteur-pépiniériste *voir* Paysagiste	157 200		Après la 3e Après le bac Après le bac
Perchman	202	26 • 58	Après le bac
Pharmacien	202	48 • 50 • 68 • 70 • 72	Après le bac
Pharmacien dans l'industrie	202	40 • 70	Après le bac
Photographe	203	20 • 22 • 26 • 28 • 58 • 62	Après le bac
Photographe de laboratoire	203	26	Après la 3e Après le bac
Photographe de presse *voir* Reporter-photographe	216		Après le bac
Photograveur	204	48	Après la 3e
Physicien	204	40 • 52	Après le bac
Pilote automobile	204	28 • 30 • 32	Après la 3e
Pilote d'avion	204	30 • 32 • 52	Après le bac
Pilote d'engins blindés *voir* Engagé volontaire de l'armée de terre	138		Après la 3e
Pilote d'hélicoptère *voir* Sous-officier de l'armée de l'air *voir* Sous-officier de l'armée de terre	225 225		Après la 3e Après le bac Après la 3e
Pilote d'installation automatisée	205	36	Après le bac
Pilote de chasse *voir* Officier de l'armée de l'air *voir* Officier de la Marine	193 194		Après le bac Après le bac
Pilote de ligne *voir* Pilote d'avion	204		Après le bac
Pilote de port	205	30	Après le bac
Piqueur	205	62	Après la 3e
Pisciculteur *voir* Aquaculteur	87		Après la 3e Après le bac
Pisteur-secouriste	205	20 • 28 • 32 • 68	Après la 3e
Plaquiste *voir* Plâtrier	206		Après la 3e
Plâtrier	206	34 • 38 • 48	Après la 3e
Plombier	206	34 • 36 • 38• 48 • 68	Après la 3e
Podologue *voir* Pédicure-podologue	201		Après le bac

Nom du métier	Descriptif	Goûts associés	Études
	74 à 246	20 à 73	accès à la formation
Podo-orthésiste	206	34 • 36• 48 • 50 • 66 • 68	Après la 3e Après le bac
Poissonnier	207	46 • 48	Après la 3e
Policier *voir* Commissaire de police *voir* Gardien de la paix *voir* Gardien de police municipale *voir* Lieutenant de police	 113 149 150 173		 Après le bac Après la 3e Après la 3e Après le bac
Pompier	207	28 • 30 • 32 • 68	Après la 3e
Porcher *voir* Éleveur	 137		 Après la 3e
Portier *voir* Employé d'hôtel	 138		 Après la 3e
Potier *voir* Céramiste d'art	 102		 Après la 3e Après le bac
Preneur de son *voir* Perchman	 202		 Après le bac
Préparateur en pharmacie	208	40	Après la 3e Après le bac
Préparateur physique *voir* Entraîneur sportif	 139		 Après le bac
Présentateur du journal télévisé *voir* Journaliste radio et télé	 171		 Après le bac
Principal de collège *voir* Chef d'établissement scolaire	 107		 Après le bac
Procureur *voir* Substitut du procureur	 226		 Après le bac
Producteur	208	42 • 48 • 58 • 64	Après le bac
Producteur audiovisuel *voir* Producteur	 208		 Après le bac
Producteur en art du spectacle *voir* Producteur	 208		 Après le bac
Producteur multimédia *voir* Producteur	 208		 Après le bac
Professeur d'art	208	50 • 60 • 66	Après le bac
Professeur d'EPS	209	28 • 50 • 66	Après le bac
Professeur d'université *voir* Enseignant-chercheur	 139		 Après le bac
Professeur de collège ou de lycée	209	42 • 44 • 50 • 52 • 66 • 68	Après le bac
Professeur de danse	209	28 • 50 • 64 • 66	Après le bac
Professeur de musique	210	50 • 64 • 66	Après le bac
Professeur de sport	210	28 • 50 • 66	Après le bac
Professeur des écoles	210	42 • 50 • 52 • 66 • 68	Après le bac
Professeur documentaliste *voir* Documentaliste de CDI	 131		 Après le bac
Programmeur *voir* Développeur informatique voir Développeur multimédia	 128 128		 Après le bac Après le bac
Projectionniste	210	36 • 58	Après la 3e

Nom du métier	Descriptif	Goûts associés	Études
	74 à 246	20 à 73	accès à la formation
Prothésiste dentaire	211	34 • 48 • 68 • 70	Après la 3e
Proviseur de lycée *voir* Chef d'établissement scolaire	107		Après le bac
Psychanalyste	211	48 • 50 • 66 • 68	Après le bac
Psychiatre	211	48 • 50 • 66 • 68 • 70	Après le bac
Psychologue	211	48 • 50 • 66 • 68	Après le bac
Psychologue clinicien *voir* Psychologue	211		Après le bac
Psychologue du travail *voir* Psychologue	211		Après le bac
Psychologue scolaire	212	50 • 66 • 68	Après le bac
Psychomotricien	212	48 • 50 • 66 • 68 • 70	Après le bac
Psycho-sociologue *voir* Psychologue	211		Après le bac
Puéricultrice	212	50 • 66 • 68 • 70	Après le bac

Qq			
Qualiticien *voir* Responsable qualité *voir* Technicien qualité	217 235		Après le bac Après le bac
Quincaillier *voir* Vendeur spécialisé en bricolage	243		Après la 3e

Rr			
Radiologue *voir* Médecin spécialiste	184		Après le bac
Réalisateur de films	213	20 • 26 • 58	Après le bac
Réalisateur 3D	213	26 • 58	Après le bac
Réceptionniste	213	48 • 52	Après la 3e Après le bac
Recherchiste *voir* Iconographe	160		Après le bac
Recycleur *voir* Technicien du traitement des déchets	230		Après le bac
Rédacteur *voir* Journaliste	170		Après le bac
Rédacteur en assurances *voir* Gestionnaire de contrat	152		Après le bac
Rédacteur en chef *voir* Journaliste	170		Après le bac
Rédacteur technique	214	48 • 50	Après le bac
Rédacteur territorial	214	42 • 50	Après le bac
Rédacteur web	214	24 • 26 • 28 • 48 • 52 • 54 • 56	Après le bac

Nom du métier	Descriptif	Goûts associés	Études
	74 à 246	20 à 73	accès à la formation
Référenceur	214	56	Après le bac
Régisseur cinéma	215	26 • 58	Après le bac
Régisseur général *voir* Régisseur cinéma *voir* Régisseur spectacles	 215 215		 Après le bac Après le bac
Régisseur lumière *voir* Éclairagiste *voir* Régisseur spectacles	 133 215		 Après le bac Après le bac
Régisseur plateau *voir* Machiniste *voir* Régisseur spectacles	 176 215		 Après la 3e Après le bac
Régisseur son *voir* Régisseur spectacles	 215		 Après le bac
Régisseur spectacles	215	26 • 48 • 54 • 64	Après le bac
Régulateur *voir* Ambulancier	 84		 Après la 3e
Relieur-doreur	215	28 • 36 • 50	Après la 3e Après le bac
Réparateur audio-vidéo *voir* Dépanneur en produits grand public	 126		 Après la 3e
Reporter *voir* Journaliste	 170		 Après le bac
Reporter-photographe	216	26 • 48 • 50 • 54 • 58 • 62 • 64	Après le bac
Reporter radio *voir* Journaliste radio et télé	 171		 Après le bac
Représentant de commerce *voir* Commercial	 107		 Après le bac
Représentante en cosmétique *voir* Esthéticien	 140		 Après la 3e
Responsable achats en développement durable	11	22 • 46	Après le bac
Responsable d'entrepôt	216	48	Après le bac
Responsable d'un SMUR *voir* Ambulancier	 84		 Après la 3e
Responsable de back-office *voir* Trader	 238		 Après le bac
Responsable de casting	216	52	Après le bac
Responsable de la communication interne *voir* Chargé de communication	 104		 Après le bac
Responsable de maintenance des installations ferroviaires	216	36	Après le bac
Responsable de régie publicitaire *voir* Chef de publicité	 109		 Après le bac
Responsable de salles multisports *voir* Gestionnaire du sport	 152		 Après le bac
Responsable de sécurité *voir* Responsable HSE	 217		 Après le bac
Responsable des achats *voir* Acheteur	 77		 Après le bac

Nom du métier	Descriptif	Goûts associés	Études
	74 à 246	20 à 73	accès à la formation
Responsable des relations publiques *voir* Chargé de communication	104		Après le bac
Responsable des ressources humaines (RH) *voir* Chef du personnel	109		Après le bac
Responsable des ventes *voir* Commercial	113		Après le bac
Responsable diversité	17	50 • 68	Après le bac
Responsable éditorial *voir* Éditeur	135		Après le bac
Responsable hygiène sécurité environnement (HSE)	217	24 • 32 • 48	Après le bac
Responsable logistique *voir* Logisticien	174		Après le bac
Responsable publicité *voir* Chef de publicité	109		Après le bac
Responsable qualité	217	24 • 32 • 48	Après le bac
Restaurateur	217	26 • 34 • 42 • 46 • 48 • 50	Après la 3e Après le bac
Restaurateur d'art	218	34 • 36 • 48 • 60	Après la 3e Après le bac
Retoucheur	218	34 • 36 • 46 • 48 • 62	Après la 3e
Retoucheur photo *voir* Photographe de laboratoire	203		Après la 3e Après le bac
Réviseur *voir* Correcteur	121		Après le bac
Roboticien *voir* Automaticien	94		Après le bac
Roughman	218	54 • 60	Après le bac
Routier *voir* Chauffeur-livreur	106		Après la 3e

Ss			
Sage-femme	219	34 • 48 • 66 • 68	Après le bac
Sapeur-pompier *voir* Pompier	207		Après la 3e
Sauveteur en mer *voir* Maître nageur sauveteur	178		Après la 3e Après le bac
Sauveteur en montagne *voir* Pisteur-secouriste	205		Après la 3e
Scénariste	219	58	Après le bac
Scénariste interactif *voir* Concepteur multimédia *voir* Scénariste	114 219		Après le bac Après le bac
Scénographe *voir* Décorateur-scénographe	124		Après le bac
Scieur *voir* Technicien de scierie	230		Après la 3e

Nom du métier	Descriptif	Goûts associés	Études
	74 à 246	20 à 73	accès à la formation
Scripte	220	26 • 54 • 58	Après le bac
Sculpteur sur bois	220	34 • 48	Après la 3e Après le bac
Secouriste *voir* Pisteur-secouriste *voir* Maître nageur sauveteur	 205 178		 Après la 3e Après la 3e Après le bac
Secrétaire	220	52 • 68	Après la 3e Après le bac
Secrétaire d'édition	220	54	Après le bac
Secrétaire de direction *voir* Assistant de direction	 91		 Après le bac
Secrétaire de mairie	221	68	Après le bac
Secrétaire de rédaction	221	54	Après le bac
Secrétaire des Affaires étrangères *voir* Diplomate	 129		 Après le bac
Secrétaire juridique	222	68	Après le bac
Secrétaire médical	222	68	Après la 3e Après le bac
Sélectionneur de variétés *voir* Agronome	 82		 Après le bac
Serrurier *voir* Métallier	 185		 Après la 3e Après le bac
Serveur de restaurant	222	26 • 52 • 68	Après la 3e
Serveur *voir* Garçon de café *voir* Maître d'hôtel	 147 178		 Après la 3e Après la 3e Après le bac
Skipper	222	20 • 26 • 28 • 30	Après la 3e
Sociologue	223	52	Après le bac
Soigneur d'animaux	223	22	Après la 3e
Soigneur de chevaux *voir* Palefrenier	 199		 Après la 3e
Soldat *voir* Engagé volontaire de l'armée de terre *voir* Militaire	 138 187		 Après la 3e Après la 3e Après le bac
Solier-moquettiste	223	38 • 48	Après la 3e Après le bac
Soliste *voir* Chanteur *voir* Musicien	 103 191		 Après la 3e Après la 3e
Sommelier	224	50 • 52	Après la 3e
Soudeur	224	32 • 34	Après la 3e
Souffleur de verre *voir* Verrier-cristallier *voir* Verrier au chalumeau	 243 243		 Après la 3e Après la 3e
Sous-officier de gendarmerie *voir* Gendarme	 150		 Après la 3e Après le bac
Sous-officier de l'armée de l'air	224	26 • 28 • 30 • 32 • 48	Après la 3e Après le bac
Sous-officier de l'armée de terre	224	26 • 28 • 30 • 32 • 48	Après la 3e
Sous-officier de la marine *voir* Officier marinier	 195		 Après le bac

Nom du métier	Descriptif	Goûts associés	Études
	74 à 246	20 à 73	accès à la formation
Spécialiste affaires réglementaires	11	22 • 68	Après le bac
Sportif professionnel	225	28 • 30	Après la 3e
Staffeur ornemaniste	225	32 • 34 • 36 • 48	Après la 3e
Statisticien	226	40	Après le bac
Stéréographe	16	56 • 58	Après le bac
Steward *voir* Hôtesse de l'air	158		Après le bac
Story-boarder *voir* Animateur de film d'animation	85		Après le bac
Stucateur *voir* Plâtrier	206		Après la 3e
Styliste de mode	226	48 • 50 • 60 • 62	Après le bac
Styliste photo *voir* Photographe	203		Après le bac
Styliste visagiste *voir* Coiffeur	112		Après la 3e
Substitut du procureur	226	68 • 72	Après le bac
Surveillant *voir* Agent de sécurité	81		Après la 3e
Surveillant d'établissement pénitentiaire *voir* Gardien de prison	150		Après la 3e
Surveillant de baignade *voir* Maître nageur sauveteur	178		Après la 3e Après le bac
Syndic de copropriété *voir* Administrateur de biens	78		Après le bac

Tt			
Tailleur	227	34 • 48 • 60 • 62	Après la 3e
Tailleur de pierre	227	34 • 38 • 48	Après la 3e
Tapissier d'ameublement	227	34 • 36 • 48	Après la 3e
Taxidermiste	228	22 • 48	Après la 3e
Technicien agricole *voir* Conseiller agricole	116		Après le bac
Technicien ascensoriste *voir* Ascensoriste	90		Après la 3e Après le bac
Technicien biologiste	228	40	Après le bac
Technicien chimiste	228	40	Après le bac
Technicien d'élevage *voir* Conseiller agricole	116		Après le bac
Technicien d'emballage	228	36	Après le bac
Technicien d'entretien des articles textiles *voir* Teinturier-blanchisseur	236		Après la 3e

Nom du métier	Descriptif	Goûts associés	Études
	74 à 246	20 à 73	accès à la formation
Technicien du traitement des eaux	231	24 • 40	Après le bac
Technicien électronicien *voir* Technicien en électronique	231		Après la 3e Après le bac
Technicien électrotechnicien *voir* Technicien en électrotechnique	231		Après la 3e Après le bac
Technicien en électronique	231	44	Après la 3e Après le bac
Technicien en électronique grand public *voir* Dépanneur en produits grand public	126		Après la 3e
Technicien en électrotechnique	231	44	Après la 3e Après le bac
Technicien en génie climatique *voir* Climaticien	111		Après la 3e Après le bac
Technicien en informatique industrielle	232	44	Après la 3e Après le bac
Technicien en mécanique	232	36	Après le bac
Technicien en optique de précision	233	44	Après la 3e Après le bac
Technicien en radioprotection	233	24 • 32 • 70	Après la 3e Après le bac
Technicien forestier	233	20	Après le bac
Technicien frigoriste	233	36 • 38	Après la 3e Après le bac
Technicien météo *voir* Météorologiste	186		Après le bac
Technicien nucléaire	234	24 • 32 • 40	Après la 3e Après le bac
Technicien opérationnel forestier *voir* Garde forestier	148		Après la 3e
Technicien paysagiste	234	20	Après la 3e Après le bac
Technicien pétrolier	234	26	Après le bac
Technicien photo *voir* Photographe de laboratoire	203		Après la 3e Après le bac
Technicien pollution	235	24• 40	Après le bac
Technicien qualité	235	24 • 40	Après le bac
Technicien télécoms réseaux *voir* Installateur en télécommunications	169		Après la 3e Après le bac
Technicien thermicien	236	36 • 38	Après le bac
Technico-commercial	236	26 • 46 • 52 • 62	Après le bac
Techniverrier	236	34 • 38	Après la 3e
Teinturier-blanchisseur	236	46 • 50	Après la 3e
Téléconseiller	237	46 • 50	Après le bac
Télévendeur *voir* Téléconseiller	237		Après le bac
Terrassier *voir* Conducteur d'engins de travaux publics	115		Après la 3e
Testeur de produits informatiques	237	44	Après le bac

Nom du métier	Descriptif	Goûts associés	Études
	74 à 246	20 à 73	accès à la formation
Vendeur	241	28 • 44 • 46 • 48	Après la 3e Après le bac
Vendeur-conseil en matériel agricole	241	46 • 50	Après le bac
Vendeur-conseil en pièces détachées	242	46 • 50	Après la 3e
Vendeur de luxe/de prêt-à-porter *voir* Vendeur de mode	242		Après la 3e
Vendeur de mode	242	46 • 48 • 62	Après la 3e
Vendeur en animalerie	242	22 • 46 • 48	Après la 3e
Vendeur export/international *voir* Commercial export	113		Après le bac
Vendeur spécialisé en alimentation *voir* Boucher *voir* Boulanger *voir* Charcutier-traiteur *voir* Chocolatier confiseur *voir* Fromager *voir* Glacier-sorbetier *voir* Pâtissier *voir* Poissonnier	 99 99 103 110 146 152 199 207		Après la 3e Après la 3e Après la 3e Après la 3e Après la 3e Après la 3e Après le bac Après la 3e Après la 3e
Vendeur spécialisé en bricolage	243	36 • 50	Après la 3e
Vendeur spécialisé en librairie *voir* Libraire	173		Après la 3e Après le bac
Vendeur spécialisé en produits de la mer *voir* Mareyeur *voir* Poissonnier	 181 207		Après la 3e
Vendeur spécialisé en produits horticoles et de jardinage *voir* Fleuriste *voir* Horticulteur-pépiniériste	 145 157		Après la 3e Après la 3e Après le bac
Vendeur spécialisé en vins et spiritueux *voir* Caviste	102		Après la 3e
Verrier au chalumeau	243	34 • 38	Après la 3e
Verrier industriel *voir* Technicien des industries du verre	230		Après la 3e Après le bac
Verrier-cristallier	243	34 • 48 • 60	Après la 3e
Vétérinaire	243	22 • 48 • 50	Après le bac
Vigile *voir* Agent de sécurité	81		Après la 3e
Visiteur médical	244	46 • 70	Après le bac
Viticulteur *voir* Agriculteur	82		Après la 3e Après le bac
Vitrailliste	244	34 • 36 • 38 • 60	Après la 3e Après le bac
Vitrier *voir* Techniverrier	236		Après la 3e
Voiturier *voir* Employé d'hôtel	138		Après la 3e